少年に対する刑事処分

Sanctions Against Juvenile Defendants in Criminal Courts

HONJO Takeshi
本庄 武

現代人文社

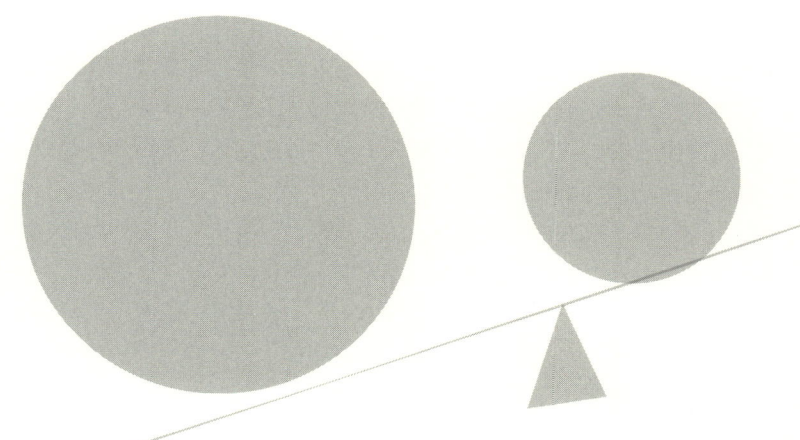

はしがき

　本書は、筆者にとっての初めての論文集である。
　筆者は元々、刑事責任の本質という思弁的なテーマに関心を抱き研究者を志した者である。しかしながら、一橋大学の大学院に進学した後はプラグマティックな学風の影響を受け、責任論の延長線上にあって、より実践的な研究テーマである量刑論を専攻することとした。ところが大学院進学後まもなく、日本は組織犯罪対策立法及び少年法改正を嚆矢とする刑事立法の時代に突入していった。当時の大学院には、大学院生であっても一人の研究者として、重要な立法課題には一家言持つべきとの気風があった。筆者もまた、その気風の影響をまともに受け、本来の研究テーマに関する研究と並行して、立法課題に関する文献を読み漁り、ゼミナールでの議論に備えるという研究スタイルを採るようになっていた。
　その後、問題関心は必ずしも立法問題に限らず、現実社会で問題になっている刑事法現象全般に拡がった。現在では、専攻としては刑事制裁論を標榜しつつ、具体的には、死刑、交通法、裁判員制度、犯罪者処遇論、少年法などの研究に取り組んでいる。これらの研究テーマの選定も、実務とのつながりを強く意識した結果であった。
　自らの能力の限界を顧みず、同時並行的に複数の研究テーマを持つ形態の研究スタイルを採ったことには、功罪両面があったように思う。研究テーマの幅とともに視野は広がったものの、一つのテーマを追求し研究を完成させることが難しくなった。当初志した量刑論の研究は、その後裁判員時代を迎え、飛躍的に多くの研究が公刊されるようになったにもかかわらず、なお未完成なままである。
　本書が対象とした少年に対する刑事処分の問題も、元々は特定領域での量刑問題の一つとして取り組んだものであったが、この分野については、求められるままに執筆を重ねていくうちに一書としてまとめられる程度の本数の論稿を執筆することができた。それを一書にまとめ世に問うことにも幾ばく

かの意味があるのではないかと考え、この度、一橋大学大学院法学研究科選書に選定していただき、本書を公刊するに至った次第である。

　各論稿はその時々の問題意識を反映しているものである。また現在の筆者の置かれている環境における時間的制約から、全面的に書き直すことは、断念せざるを得なかった。そのため書物としての体裁を整えたり誤字を修正したりした他は、各論稿は原則として刊行当時のままの姿で収められている（具体的な加筆部分については、初出一覧をご参照いただきたい）。

　ここで本書の構成を簡単に概観しておきたい。第1部は基礎理論として、子どもの権利論から、少年に特有の刑事責任論の有り様を模索した第1章と、少年に対する刑事処分選択の基礎として不可欠と考えられる専門的知見の導入方法として重要な、情状鑑定の在り方を論じた第2章により構成されている。

　第2部は、逆送決定及びそれと裏腹な関係にある刑事裁判所から家庭裁判所への移送決定の在り方を論じたものである。第3章は、もともと新入生向けに法解釈論の有り様を紹介するための素材として、少年法20条2項を取り上げたものであるが、同時に、20条2項は必ずしも逆送を拡大するものと解釈する必然性はないのではないかとの疑問を試論的に提示したものである。第4章は、その問題意識を背景として、20条2項及び55条に関する裁判例を分析したものである。第5章は、2000年改正少年法の運用に関する司法研究報告書の刊行を契機として、20条2項解釈の在り方をさらに深めたものである。最後の第6章は、私見に対して一定の論評を得たこともあり、改めて55条の解釈論を論じたものである。筆者としては、20条2項の存在及びその運用は少年法の根幹に関わるものと考えており、本書が今後の議論の発展に些かでも寄与することを願っている。

　第3部では、少年に対する刑事処分選択の在り方を論じている。第7章は、少年に対する刑事処分選択を成長発達権保障の観点から純化した場合の有り様を論じたものである。この論文での立論については、現在でも基本的には修正の必要がないと考えているが、実務との距離が大きいことも否めない。そこで、保護不適という理由で逆送が行われたことを前提に、刑罰を犯罪に対する応報であると観念する一般的立場を受け入れた上での立論を試みたのが第8章である。続く第9章では、そこでの考察をより一般的に量刑基準論

としてまとめ直すとともに、不定期刑に関する立法論を扱っている。さらに第10章では、法制審議会への諮問を通じて具体化した少年有期刑の引上げに関する立法提案を検討している。第11章は第10章を補完するものであり、法制審議会の答申に対して具体的な評価を試みている。筆者の問題意識は、少年に対する刑事処分を少年法の理念と整合させるためには、単に成人刑を一段軽くすればよいというものではなく、少年が成長発達を遂げることにより社会復帰を果たすことを促進するための実効的な措置を組み込んでいなければならないというものである。

　第4部は少年に対する死刑問題を扱っている。第12章は、アメリカの判例法が世論を重視する立場から、少年は未成熟故に有責性が低減しているとの専門的知見を重視する方向で展開していることを示し、少年に対する死刑を抑制し、さらには廃止することを展望している。第13章から第16章は、光市事件及び石巻事件を素材とした、少年に対する死刑事件のケース研究である。特に第15章で扱った、光市事件第2次上告審判決の含意を正確に読み解くことが今後の運用にとって鍵になると考えている。

　終章は、少年に対する仮釈放のない終身刑を抑制する方向に舵を切り、これまでの厳罰化政策からの揺り戻し期に入ったように見えるアメリカ判例法を踏まえ、日本法においても少年に対する刑事処分を、成人に対するそれとは異なり、少年法の理念により支配されたものと位置づけるべきとの観点から、今後を展望している。

　本書を恩師、福田雅章先生(一橋大学名誉教授)に献げたい。福田先生には大学3年次に学部ゼミナールに所属させていただいて以来、お世話になり続けている。先生は、必ずしも勤勉なゼミ生ではなかった筆者が大学院進学を希望した際に、即座に受け入れてくださり、納得いくまで自分を試してみなさいとおっしゃってくださった。実際にも筆者に自由に研究させてくださり、それでいて筆者が相談をお願いすると、いつでも快く応じてくださった。福田先生に受けとめていただけなかったならば、今の筆者は間違いなく存在していない。また先生は、ご自身がその時々に取り組んでいらっしゃる研究の構想を筆者に示され、議論をされることを好まれた。先生の研究室にて、長時間にわたり、議論の相手を務める中でご指導を受けたことが、筆者のかけ

がえのない財産となっている。福田先生には感謝してもしきれない。

　また本書の公刊に辿り着けたことには、改正少年法検証研究会の皆さん（葛野尋之、岡田行雄、中川孝博、渕野貴生、正木祐史、武内謙治の皆さん）が、筆者を研究メンバーに加えてくださったことが大きく作用している。研究会では改正された少年法の運用状況について、一線で活躍されている弁護士実務家に多くのインタビュー調査を行った。またインタビュー調査の前後には、研究会内部で多くの議論をする機会があった。本書収録の論文のいくつかは研究会での活動の成果であり、それ以外のものについても研究会での議論が多く活かされている。第一線で活躍する少年法研究者と膝を交えて議論できたことは、大変な勉強になった。研究会の皆さんに感謝したい。

　最後に、本書の刊行に当たっては、大学院時代からの研究仲間でもある現代人文社の桑山亜也さんに大変お世話になった。本書が日の目を見ることができるのは、桑山さんのお陰である。

2014年1月
紙まみれの研究室にて
本庄　武

はしがき……2
初出一覧……12

第1部
少年刑事手続における処分選択の基礎

第1章
少年刑事事件における、憲法上の権利としての手続的・実体的デュー・プロセス

1 はじめに……15
2 出発点としての、憲法上の成長発達権……15
3 少年法制で具体化される成長発達権……19
4 少年審判における適正手続……20
5 少年の刑事裁判における適正手続論の展開……30
6 少年の刑事裁判における実体的デュー・プロセス……39
7 成人に達した後の適正手続保障……46
8 結びに代えて……48

第2章
情状鑑定の活用——発達障害を抱えるケースを手がかりに

1 はじめに……49
2 情状鑑定の意義と課題……50
3 裁判員裁判での情状鑑定消極論の検討……53
4 発達障害のケース……62
5 発達障害以外のケース……74
6 おわりに……80

第2部
逆送決定と移送決定

第3章
少年法は厳罰主義を採用したと解すべきか
――法解釈論への招待を兼ねて

1 はじめに ……… 85
2 法解釈論の必要性 ……… 85
3 少年法とはいかなる法律か ……… 88
4 少年に刑罰を科すべき場合 ……… 93
5 少年法20条2項の解釈 ……… 98
6 解釈の優劣を決めるものは何か ……… 105
7 結びに代えて ……… 107

第4章
少年刑事裁判における55条移送決定と量刑
――裁判例の検討を中心として

1 はじめに ……… 109
2 55条移送の基準 ……… 111
3 少年法改正後の55条移送率 ……… 113
4 改正後に55条移送が問題となった事例の分析 ……… 116
5 少年量刑の問題 ……… 129
6 結びに代えて ……… 133

第5章
逆送決定の基準論――司法研究報告書の検討

1 はじめに ……… 137
2 『運用研究』の理論的基盤 ……… 137
3 『運用研究』の分析について ……… 146
4 おわりに ……… 153

第6章
保護処分相当性判断・再考

1　問題の所在 ……………… 155
2　20条2項に関する解釈 ……………… 157
3　55条における保護処分相当性 ……………… 174
4　おわりに ……………… 183

第3部
少年に対する刑事処分

第7章
少年に対する量刑判断と家庭裁判所への移送判断

1　はじめに ……………… 187
2　少年法改正前後の量刑の動向 ……………… 188
3　少年量刑についての基本的視座 ……………… 193
4　刑罰の上限を画する少年の責任 ……………… 195
5　宣告刑形成の基準 ……………… 201
6　少年に刑罰を科す前提条件 ……………… 206
7　家庭裁判所への再移送 ……………… 213
8　おわりに ……………… 216

第8章
少年の刑事裁判における処分選択の原理
——保護不適概念を前提に

1　はじめに ……………… 217
2　55条移送の基準 ……………… 219
3　少年量刑の基準 ……………… 233
4　結びに代えて ……………… 243

第9章
少年刑についての検討

1 現行少年刑制度 ……… 245
2 少年刑事事件の量刑基準 ……… 246
3 不定期刑の立法的課題 ……… 251

第10章
少年有期刑の引上げ——厳罰化か適正化か

1 はじめに ……… 257
2 法制審議会への諮問内容 ……… 257
3 不定期刑改正の要否の検討 ……… 258
4 現行不定期刑制度の意義 ……… 262
5 不定期刑改正案の検討 ……… 266
6 厳罰化か適正化か ……… 268

第11章
刑事処分規定に関する少年法改正要綱（骨子）について

1 はじめに ……… 271
2 要綱（骨子）の内容 ……… 271
3 少年法部会での議論とその評価 ……… 272
4 おわりに ……… 285

第4部
少年に対する死刑

第12章
少年事件で死刑にどう向きあうべきか
——世論と専門的知見の相克の中で

1 はじめに ……… 289
2 少年と死刑を巡る最近の議論 ……… 289
3 アメリカ判例における少年に対する死刑 ……… 291
4 アメリカ判例に見る世論と専門的判断の関係 ……… 296
5 少年の有責性低減に関する科学的知見 ……… 299
6 裁判所独自の判断の検討 ……… 303
7 日本法への示唆 ……… 305
8 おわりに ……… 308

第13章
ケース研究①
──光市事件第1次上告審判決（最判2006（平18）・6・20判時1941号38頁）

1 事実の概要 ……… 311
2 判決の要旨 ……… 311
3 判例の解説 ……… 312

第14章
ケース研究②
──光市事件差戻控訴審判決
（広島高判2008（平20）・4・22判時2167号122頁）

1 事実の概要 ……… 319
2 判決の要旨 ……… 320
3 判例の解説 ……… 320

第15章
ケース研究③
──光市事件第2次上告審判決
（最判2012（平24）・2・20裁判集刑事307号155頁）

1 事実の概要 ……… 327
2 判決要旨 ……… 329
3 評釈 ……… 329

第16章
ケース研究④
―― 石巻事件第一審判決（仙台地判2010（平22）・11・25裁判所ウェブサイト）

1 早期の死刑判決 ……………… 343
2 いかなる基準に従って死刑が下されたのか ……………… 344
3 少年事件に相応しい審理がなされたのか ……………… 347
4 石巻事件が提起するもの ……………… 350

終わりに

終章
少年に対する刑事処分のこれから
―― 近時のアメリカ判例法の動向を手がかりに

1 グラハム判決 ……………… 355
2 ミラー判決 ……………… 358
3 両判決の意義 ……………… 360
4 日本法への示唆 ……………… 363

初出一覧

第1章	「少年刑事事件における、憲法上の権利としての手続的・実体的デュー・プロセス」水谷規男・上田信太郎・山口直也・本庄武（編）『刑事法における人権の諸相―福田雅章先生古稀祝賀論文集』227-261頁（成文堂、2010年）
第2章	「情状鑑定の活用―発達障害を抱えるケースを手がかりに」武内謙治（編）『少年事件の裁判員裁判』325-356頁（現代人文社、2014年）
第3章	「少年法は厳刑主義を採用したと解すべきか――法解釈論への招待を兼ねて」一橋論叢133巻4号95-118頁（2005年）
第4章	「少年刑事裁判における55条移送決定と量刑―裁判例の検討を中心として」葛野尋之（編）『少年司法改革の検証と展望』133-159頁（日本評論社、2006年）
第5章	「逆送決定の基準論」改正少年法検証研究会『司法研修所編・改正少年法の運用に関する研究』の批判的検討」立命館法学307号348-362頁（2006年）
第6章	「保護処分相当性判断・再考」浅田和茂・川崎英明・葛野尋之・前田忠弘・松宮孝明（編）『刑事法理論の探求と発見――斉藤豊治先生古稀祝賀論文集』571-601頁（成文堂、2012年）
第7章	「少年に対する量刑判断と家庭裁判所への移送判断」龍谷大学矯正・保護研究センター研究年報1号100-119頁（2004年）
第8章	「少年の刑事裁判における処分選択の原理――保護不適概念を前提に」龍谷大学矯正・保護研究センター研究年報5号191-208頁（2008年）
第9章	「フォーカス［52条］少年刑事事件の量刑基準」、「フォーカス［52条］不定期刑の立法課題」守屋克彦・斉藤豊治（編）『コンメンタール少年法』579-585頁（現代人文社、2013年）〔加筆〕
第10章	「少年有期刑の引上げ―厳罰化か適正化か」法律時報85巻1号64-69頁（2013年）
第11章	書き下ろし
第12章	「少年事件で死刑にどう向かうべきか――世論と専門的知見の相克の中で」季刊刑事弁護70号101-111頁（2012年）〔加筆・修正の上、福井厚（編）『死刑と向きあう裁判員のために［第1版第2刷］』231-251頁（現代人文社、2012年）に所収〕
第13章	「当時18歳の少年であった被告人が、主婦を強姦目的で殺害した上姦淫し、さらにその場で生後11カ月の同女の長女をも殺害するなどしたとされる事案で、第一審の無期懲役の科刑を維持した控訴審判決が量刑不当として破棄された事例」法学セミナー増刊・速報判例解説1号209-212頁（2007年）
第14章	「当時18歳の少年であった被告人に対する無期懲役の科刑が最高裁で破棄差戻しされた事案の差戻後控訴審で、死刑が言い渡された事例」法学セミナー増刊・速報判例解説4号145-148頁（2004年）
第15章	「当時18歳であった少年が母子を殺害した事実について、第1審の無期懲役判決を是認した差戻前控訴審判決を第1次上告審判決が破棄し、差し戻したところ、差戻後控訴審判決が死刑を言い渡したことから被告人が上告した事案の第2次上告審で、差戻後控訴審判決の死刑の科刑が是認された事例」刑事法ジャーナル34号105-111頁（2012年）〔加筆〕
第16章	「少年事件での死刑判決―石巻事件における裁判員裁判」法学セミナー678号38-41頁（2011年）
終 章	書き下ろし

第1部

少年刑事手続における処分選択の基礎

第1章 少年刑事事件における、憲法上の権利としての手続的・実体的デュー・プロセス

1 はじめに

　少年法制は2000年、2007年、2008年と3度の改正を経て大きく様変わりした。現在はそれに加えて裁判員制度にどう対応するかが問われ、また今後成人年齢引き下げの動向との関係で少年法の適用領域をどう考えるべきかが問題になると予想される。このように近時の制度改革は少年法を翻弄しているといってもよい状況にあるが、そのことはとりもなおさず手続にのせられる少年自身に多大なる影響を及ぼすものである。その時々の様々な要請により制度が変わっていくことはもちろん必要な場合もある。しかし同時に変わってはならない制度の根幹が存在することも明らかであろう。そして少年法に少年の自由と人権を制約する側面がある以上、憲法上少年に保障された人権は制度改革の方向性を規定すると同時に制度改革の限界をも画するはずである。本稿ではこのような問題意識から、特に近年深刻な問題となっている逆送後の刑事裁判において少年に保障されるべき憲法上の人権の内容を明らかにしようと試みるものである。

2 出発点としての、憲法上の成長発達権
(1)子どもの成長発達権
　日本の子ども法制は、普遍的に適用される教育基本法、生活の困難から福祉的対応を必要とする子どもに対する児童福祉法、非行を犯した子どもに対

する少年法を三つの柱として構成されている。三つの法律は共通して、教育基本法にいう「個人の尊厳を重んじ、真理と正義を希求する」(前文)人間の育成を目標として志向している。それら子ども法制の目指すべき理念をより具体化するためには、子どもに成長発達権を保障することが有意義である。

　このことは、子どもの権利条約6条が明らかにしていることであるが、条約が締結される以前に既に日本の最高裁が、憲法26条「教育を受ける権利」の背後には、「国民各自が、一個の人間として、また、一市民として、成長、発達し、自己の人格を完成、実現するために必要な学習をする固有の権利を有すること、特に、みずから学習することのできない子どもは、その学習要求を充足するための教育を自己に施すことを大人一般に対して要求する権利を有するとの観念が存在していると考えられる」と判示することを通じて、承認していたことでもある[1]。最高裁は、成長発達権は子どものみならずすべての国民に存在するとしているが、子どもに対してはそれが特有の現れ方をすることを認めている。この子どもに特有の権利が、本稿でいう「少年(子ども)の成長発達権」のことである。子どもに特有の成長発達権が認められる理由は、憲法13条は「すべて国民は、個人として尊重される」と規定しているところ、子どもを実質的に個人として尊重するためにはこの権利を承認しなければならないからである。子どもは未だ「人格の完成を目指す」(教育基本法1条)べき発達途上にありながら、自らの力だけでその目標を達成することが困難な未成熟な存在である。しかし同時に、適切な支援を提供されれば、飛躍的に成長発達を遂げる潜在能力を秘めた存在でもある。そのような存在に対し、大人と同じ扱いをすることは、却って個人として尊重しないことにつながり得る。そのため憲法は26条により子どもに対して、特別な成長発達権を保障することにした。子どもに対しては、国を含む大人一般から成長発達のための適切な支援を提供される権利を保障することではじめて、13条の要請が満たされることになるのである。これに対して、大人はなおも成長発達過程にあるとはいえ、その時点での人格を前提に「個人として尊重」されなければならないために、成長発達は原則として自律的に達成すべ

---

[1] いわゆる旭川学テ事件に関する、最大判1986 (昭51)・5・21刑集30巻5号615頁。

きものとされる。同じく成長発達権といっても、大人のそれは成長発達の機会を阻害されないという自由権的保障が前面に出るのに対し、子どものそれは成長発達の機会の提供を受ける権利である。子どもの成長発達権は憲法上特有の構造を有しているのである。

(2) 成長発達権の実効的保障装置としての意見表明権

　子どもには成長発達権があり、国を含む大人一般に対し適切な支援を提供することが義務づけられるとしても、それは一歩間違えば、大人にとって都合のよい人格を作り上げることになりかねない。この懸念は強大な権威と権力を有する国が支援の提供主体である場合には一層強く妥当する。

　そうならないためには、子どもが成長発達の主体であることを承認する必要がある。子どもは、自ら成長発達していく存在でなければならず、大人はそれを側面から支援するということでなければならないといえる。しかし、子どもは未成熟であるが故に、しばしば不合理な決断をしてしまい、自ら成長発達の芽を摘んでしまうおそれがあり、大人同様の自律性を承認するわけにはいかない。そこで注目されるのが、子どもの権利条約12条が保障する意見表明権である[2]。この権利は、表明された意見の内容が尊重されることを権利化したものではなく、自らの利害に関わる決定がされる際に、成長発達の程度に応じて、必要な情報を提供され、それを踏まえた上で自分自身がどうしたいのかについての見解を表明する機会を子どもに保障したものである。大人は子ども自身の見解を踏まえた上で、子どもの成長発達にとって最善の支援は何かを検討する。そして、その結果を子どもに伝達し、できる限り納得を得た上で、支援を実施していくことが義務づけられるのである。これが子どもの最善の利益(子どもの権利条約3条)の確定のプロセスである。そのプロセスを反復していくことにより子どもの人格は完成し、幸福追求の権利を十分に活用して自己実現を図っていくことのできる自律的な存在へと

2　12条では1項で「自己に影響を及ぼすすべての事項について自由に自己の意見を表明する権利」が保障され、それを受けて2項で、「自己に影響を及ぼすあらゆる司法上及び行政上の手続において、国内法の手続き規則に合致する方法により直接又は代理人若しくは適当な団体を通じて聴取される機会」を保障することが「特に」必要だとされている。

成長していくのである。成長発達権はその実効性を担保するための手続的権利としての意見表明権を併せて保障することにより、初めてその意味を十全に発揮するといわなければならない[3]。憲法上の成長発達権保障はその本質的な保障原理としての意見表明権を内包していると考えることができる[4]。

(3)成人以降にもなお保障される特別な成長発達権

既に見たように、成長発達権には大人一般に保障されるものと子どもに保障される特別な権利性を有するものの2種類が認められる。しかし、子どもの成長発達権が、大人一般に子どもの成長発達のための適切な支援を提供することを義務づけていることからすれば、不幸にも子ども時代に適切な支援の提供を受けられないままに成人してしまった場合、適切な支援を受けて成人した人と同様の一般的な成長発達権を保障するだけでは十分ではないだろう。例えば、何らかの事情で義務教育を受けられずに成人してしまった人に対しては、国は、なお成長発達権を保障するために同様の教育内容を提供することを義務づけられると考えられる[5]。これは、子ども時代に適切な支援を受けられなかった成人に対する権利保障であり、第3の成長発達権と呼び得るものである。

対象者が成人である以上、子どものようにパターナリスティックに支援を提供することはできないが、大人一般に対するよりも手厚い成長発達の機会が提供されなければならないと思われる。適切な成長発達過程を経ていない場合、自律性を阻害しない範囲で実体的権利としての成長発達権が保障されなければならない。それとともに、子ども期に成長発達権を保障されなかった場合、意見表明を必要に応じて適時かつ適切に行うことが難しくなっていることが多いと思われる。そのため安心して意見表明をできる環境を整える必要性は子ども期同様に高い。意見表明をできる環境の整備は自律的な成長

---

3 成長発達権と意見表明権の関係につき、福田雅章「『子どもの権利条約』の基本原則と少年司法」同『日本の社会文化構造と人権』(明石書店、2002年) 482頁以下参照。

4 以上につき、福田雅章「人間の尊厳の権利化―子どもの意見表明権を手がかりに、21世紀のあたらしい人権を展望する」同『日本の社会文化構造と人権』(明石書店、2002年) 12頁以下参照。

5 十分とはいい難いが、夜間中学が作られているのはこの要請に応えようとするものといえる。

発達を阻害せずに行うことができるため、子ども期同様に最大限の保障が目指されるべきである。

3　少年法制で具体化される成長発達権

　以上のことは、子ども法制の一翼を担う、非行少年を対象とする少年法の適用場面においても当然に妥当する。少年の健全育成(少年法1条)は、少年に特有の成長発達権保障の観点から捉え直されなければならない。

　少年事件における仮名報道が少年法61条に違反するかが争われた事件で、名古屋高裁は、「(1)少年は、未来における可能性を秘めた存在で、人格が発達途上で、可塑性に富み、環境の影響を受けやすく教育可能性も大きいので、罪を問われた少年については、個別的処遇によって、その人間的成長を保障しようとする理念(少年法一条「健全育成の理念」)のもとに、将来の更生を援助促進するため、社会の偏見、差別から保護し、さらに、環境の不十分性やその他の条件の不充足等から誤った失敗に陥った状況から抜け出すため、自己の問題状況を克服し、新たに成長発達の道を進むことを保障し、さらに、少年が社会に復帰し及び社会において建設的な役割を担うことが促進されるように配慮した方法により取り扱われるべきものである。そして、このような考えに基づいて少年に施されるべき措置は、翻っていえば、少年にとっては基本的人権の一つとも観念できるものである。(2)そして、過ちを犯した少年が、自己の非行を反省し、他の者の人権及び基本的自由を尊重する規範意識を涵養するため、更生の道を進み、社会復帰を果たすことは、このような権利の具体的行使であるとともにその責務であるが、大人(成年者)及び社会には、少年が非行を克服し、社会に復帰し及び社会において建設的な役割を担うことが促進されるようにするため、環境の整備を初めとする適切な援助をすることが期待、要請されているのである。」と述べている[6]。これは子どもの成長発達権を、少年法の適用場面における非行少年の成長発達権として具体化したものである。本判決は最高裁で破棄されているが、成長発達権については、手続的な理由から評価が下されていないだけで、その権利性

6　名古屋高判2000(平12)・6・29判時1736号35頁。

が否定されたものではない[7]。

　非行少年に特有の成長発達権及びその手続面での現れである意見表明権の保障の観点から、少年法制全体が捉え直されるとすれば、犯罪に密接な関連のある手続である少年司法手続におけるこれらの権利保障は、憲法31条において、刑事事件に関する保障に一定の修正を加えた上で具体化されると理解するのが素直であろう。憲法31条が、刑事手続が適正なものであることを保障するばかりでなく、その際に適用される実体刑罰法規の内容が適正であること(実体的デュー・プロセス)をも保障しているということについては、今日異論を見ない。憲法31条は、犯罪とそれに対する処分に関わる法規の適正さを保障する総則的規定として、少年司法に関しても手続面・実体面の適正さを保障していると見るべきである。

　すなわち、非行少年を対象とする少年司法手続においては、憲法26条を踏まえた憲法13条の「個人としての尊重」としての子どもの成長発達権及び意見表明権の保障が、憲法31条の規律する手続的・実体的デュー・プロセスの内容を少年に相応しいものに修正するという関係にあるのである。

　そして、後述する逆送後に成人した被告人に対する適正手続保障は、第3の成長発達権に由来するということになる。

　以下、具体的に詳述する。

4　少年審判における適正手続
(1)憲法の要請としての適正手続

　周知のように、少年法は少年審判を運営する上での手続規定をほとんど備えておらず、あたかも、「健全育成」(少年法1条)の理念に従って、審判廷を非公開とし「懇切を旨としてなごやかに」(少年法22条)審判が行われさえすれば足りるのだとしているように見える。刑事裁判のような厳格な適正手続の保障は少年審判では要求されていない。国親としての裁判官がケースワー

7　最判2003(平15)・3・14民集57巻3号229頁は、被上告人は原審で成長発達権を被侵害利益と主張していなかったという理由で判断対象から除外したに過ぎない。なおその後の差戻控訴審(名古屋高判2004(平16)・5・12判時1870号29頁)も、成長発達権侵害の主張を時機に遅れた攻撃防御方法として却下したにとどまる。

ク的に少年に働きかけを行うためには、むしろ審判手続は非定型的で非形式的なものであるべきだというのが伝統的な思想であった。ところが保護主義に基づいて未成熟な少年にパターナリスティックに介入するためであるとはいえ、保護処分により一定期間自由を拘束・制約される点は刑事処分と同一の性質を持ち、審判に必要であれば保護処分決定以前でも観護措置により自由を拘束される点は未決勾留に類似し、審判自体もそこへの出頭が強制される点は刑事裁判と同じであるというように、少年司法手続においても、その不利益性が正面から承認されなければならないという思想が有力化した。そうなると、少年審判においても適正手続が保障されなければならないことになる。その下で少年審判においても黙秘権や付添人選任権が保障されなければならず、自白法則や補強法則が適用されるべきことなどが主張された。

　最高裁判所も、1983年には、いわゆる柏の少女殺し事件に関して「保護処分が、一面において、少年の身体の拘束等の不利益をも伴うものである以上、保護処分の決定の基礎となる非行事実の認定については、慎重を期さなければならない」との理由で、保護処分決定確定後に保護処分の基礎とされた非行事実が存在しないことが明らかにされた場合においても何らかの救済の途が開かれていなければならない、と述べ、少年法27条の2「本人に対し審判権がなかったことを認め得る明らかな資料を発見したとき」を柔軟に解釈し、本条に刑事再審規定に類似する機能を持たせることを承認した[8]。さらに最高裁判所は、同年、流山中央高校放火未遂事件に関して「少年保護事件における非行事実の認定にあたっては、少年の人権に対する手続上の配慮を欠かせないのであって、非行事実の認定に関する証拠調べの範囲、限度、方法の決定も、家庭裁判所の完全な自由裁量に属するものではなく、少年法及び少年審判規則は、これを家庭裁判所の合理的な裁量に委ねた趣旨と解すべきである」と述べた[9]。

　これらの事件において抗告趣意はいずれも憲法違反であると述べていたが、柏事件決定は抗告趣意に対する判断を省略し、また流山事件決定は憲法

8　最決1983（昭58）・9・5刑集37巻7号901頁。

9　最決1983（昭58）・10・26刑集37巻8号1260頁。

31条違反の主張を明示的に斥けており、いずれも少年法レベルの解釈問題として処理している。しかしながら流山事件決定に付された、団藤重光裁判官の補足意見が、「おもうに、保護処分（法24条）は少年の健全な育成のための処分であるとはいえ、少年院送致はもちろん、教護院・養護施設への送致や保護観察にしても、多かれすくなかれなんらかの自由の制限を伴うものであつて、人権の制限にわたるものであることは否定し難い。したがつて、憲法31条の保障する法の適正手続、すくなくともその趣旨は、少年保護事件において保護処分を言い渡すばあいにも推及されるべきことは当然だといわなければならない」と述べ、中村次朗裁判官の補足意見も「少年に対する保護処分は、刑罰とは異なるとはいえ、やはり少年に対して一つの汚名を与えるものとして受けとられ、その経歴及び今後の社会生活関係に不利益を及ぼし、また、当該少年の心理にも深い傷跡を残す処分であることを否定できず、この点からも、その要件である非行事実の認定については、憲法上の適正手続の要求を無視することはできないと考える」と述べていることに注目しなければならない。両補足意見は柏事件決定と同様に保護処分の不利益性に着目し、それを根拠に、憲法上の適正手続保障、少なくともその趣旨が少年審判にも及ぼされるべきことを主張している。これらが「補足」意見であることからすると、法廷意見も暗黙の内に、少年審判において適正手続が保障されなければならないことは実質的に憲法の要請であると認めているともいえるし、また柏事件決定も同様に理解することができる。行政手続について、刑事手続でないとの理由のみで、当然に憲法31条の保障の枠外にあると判断するのは相当でないとする判例を踏まえると[10]、このように解することが一層説得的である。

　学説上は端的に少年審判における適正手続は憲法上の要請であると解する立場がむしろ有力となっている。例えば、猪瀬慎一郎は、アメリカ連邦最高裁の一連の判例がデュー・プロセスが少年手続においても保障されるべきことを打ち出したことで、憲法31条の適正手続の保障が少年審判手続にも及ぶとする見解に異論はほとんど見られなくなりつつあった時期に、流山決定

10　いわゆる成田新法事件に係る、最大判1992（平4）・7・1民集46巻5号437頁など。

の団藤・中村両補足意見が、非行事実の認定には憲法上の適正手続の要請の及ぶことを明確に判示し、この考え方はその後の実務にほぼ完全に定着するに至ったと指摘しているところである[11]。

　確かに、判例上は、流山事件決定以降も憲法上の適正手続が少年法に適用されることを明言したものはない。しかしながらこれは少年審判の特質に由来すると考える余地がある。流山事件決定・団藤補足意見は「わたくしは、少年審判においては、万事なるべく実質的に考えるべきものとおもう。したがつて、わたくしは、原則としては、かならずしも証人尋問の方式による必要はないものと解する。法が「参考人」の取調べを家庭裁判所が家庭裁判所調査官に命じて調査を行わせる関係だけで規定しているのは（法8条2項）、家庭裁判所調査官には証人尋問の権限がないからであるが、実務上は裁判官も参考人の形式で取調べをするばあいが多いようである。これは少年審判においては無用の形式性をなるべく避けるのが相当だからであり、これは重要な目撃者を取り調べるばあいであつても、かならずしも別異に考える必要はないとおもう」と述べている。少年審判においては実質的に不利益を生じないのであれば必ずしも形式的な手続に拘らない方が望ましく、硬直した運用につながりかねない憲法レベルでの規範定立は避け、個別事案の運用が合理的裁量の範囲内かを吟味するという発想が採られている可能性がある。

　このような発想も一般論としては成り立つだろう。しかし、一律の権利保障になじまないとしても、事案に応じて審判の運営方式が憲法に反するという事態は十分にあり得るはずである。例えば、補充捜査依頼に対する回答の存在を付添人に了知させなかった措置は妥当性を欠くものとしながら、具体的な防御上の不利益が発生していないとして原決定を是認した判例があるが[12]、裏返せば、具体的な事案によっては憲法に違反する事態が招来されていた可能性が含意されているのである。判例が憲法上の適正手続保障を少年審判に及ぼすべきとの言明を慎重に控えている背景には、この様な事情があると考えられる。

11　猪瀬慎一郎「少年審判制度の諸問題」同ほか（編）『少年法のあらたな展開』（有斐閣、2001年）68頁参照。
12　最決1998（平10）・4・21刑集52巻3号209頁。

近年、少年司法における適正手続は、法改正を通じて大きく前進している。2000年少年法改正では、観護措置に対する異議申立て(法17条の2)、検察官関与の場合の国選付添人の保障(法22条の3)、保護処分終了後の保護処分取り消し(法27条の2第2項)、検察官関与事件での一事不再理効(法46条2項)、観護措置決定の際の黙秘権・付添人選任権の告知と非行事実の要旨の告知を受ける権利(規則19条の3)、付添人の審判出席権(規則28条4項)、審判期日冒頭で黙秘権及び非行事実の告知を受ける権利(規則29条の2)、証拠調べ申出権(規則29条の3)、追送書類等に関する通知を受ける権利(規則29条の5)などの規定が新設され、さらに2007年・2008年改正では、国選付添人保障の範囲が拡充された(法22条の3第2項、22条の5)。

　確かにこれらの改正は憲法上の要請を適えるためという理由でなされたわけではなく、すべてが直ちに憲法上の要請ということまではいえないかもしれない[13]。しかしながら、検察官関与や観護措置期間の延長など少年に不利益を与え得る措置が導入されるにつれて、個別事案で実質的に保障すべき適正手続は、より手厚く法形式として一律に保障されるべきものへと高まるという関係にある。少年審判における適正手続のあり方は審判の有り様に応じて可変的なのである。しかも少年は成人よりも防御能力が弱いことを加味すると、成人の刑事手続において適正手続保障の内容と解されていないものであっても、少年に対しては適正手続の内容であると解する余地がある。一連の法改正も少なくともその多くは憲法上の要請に応えたものと位置づけられなければならない。

　なお仮に憲法上の適正手続が少年審判に適用されないという立場を採った場合にも、流山決定は判例として機能しているのであるから、合理的な裁量を逸脱するような審判運営は判例違反になる。このことは、複数の最高裁判例[14]が、流山決定を先例として引用していることから明らかである。故に立法によらなくとも保障できる限度の適正手続は既に判例法として保障されて

13　川出敏裕「審判過程(3)」法学教室343号(2009年)152頁は、特定の手続的権利や証拠法則が適正手続の内容をなすかどうかという問題と、そこまでいえなくても、刑罰と保護処分の機能的同質性の観点から、刑訴法の規定が準用される余地がないのかという問題を区別すべきと指摘する。

14　最決2005(平17)・3・30刑集59巻2号79頁及び、後述の最決2008(平20)・7・11刑集62巻7号1927頁。

いるといえる。

(2) 少年審判に特有の適正手続論の展開

　憲法あるいは判例によって、少年審判において適正手続が保障されるとしても、その内容が問題である。注意しなければならないのは、一連の法改正で実現した適正手続とは、刑事裁判における類似の適正手続保障を少年審判にも及ぼすという趣旨のものであったということである。それだけを見ると、あたかも適正手続保障の不十分な少年審判手続を刑事手続に近づけるという意味を有しているかにみえる。少年保護手続に刑事手続に準じる適正手続を保障すべき根拠は、保護処分にスティグマと自由剥奪という制裁的機能があるからである（が、保護処分の不利益性は刑罰には劣るため刑事手続上の適正手続そのものまでは要求されない）との見解からすれば、そのようになるだろう[15]。

　しかし、この見解では少年の適正手続論が憲法上の成長発達権保障に基づくものであるということが看過されている。少年審判での適正手続保障は、上記・団藤意見にも現れている通り、刑事裁判における適正手続保障とは、淵源を異にするものである。実際に、刑事裁判における適正手続保障の根幹である当事者主義の少年審判への採用は、「事実認定の適正化」に資することは疑いないにもかかわらず、見送られているのである。その根拠は当事者主義による手続の対審化が審判を対立的なものとし、少年審判がそもそも重視している価値である、「懇切を旨として和やかな」運営を阻害し、ひいては保護主義に悖ると考えられることにあるのであろう。これを適正手続論の視点から捉え直すと、少年を萎縮させ審判における意見表明を十分に保障し得なくなることが懸念されるためということになる[16]。また、少年司法における成長発達権保障に欠くことのできない社会調査記録について、少年自身も知らない出生の秘密などが記載されている場合があり、少年の保護のために少

15　佐伯仁志「少年保護手続における適正手続保障と弁護人の援助を受ける権利」法曹時報48巻2号（1996年）18頁。

16　他方で意見表明権の保障は、少年に対し非行事実を争う権利を十全に保障すべきことも要請する。

年自身には閲覧させるべきでないことがあり得るとされているところ、適正手続保障の観点からすればこのような極限的な場合は、むしろ閲覧させないことが適正であると考えられることになる[17]。また例えば、非行事実認定に「合理的な疑いを容れない証明」が必要とされる場合のように、少年に対する適正手続として、刑事手続と同様の保障がなされる根拠は保護処分の制裁機能にあるのではなく、非行事実を犯していない少年が誤って保護処分に付されることが、当該少年の成長発達にとって決定的なダメージを与えるからに他ならない。さらに黙秘権が保障されるべき根拠についても、刑事手続の場合と同じではなく、少年が安心して自らの見解を表明できる環境を保障しようとの趣旨によるものである[18]。

このように少年審判に特有の適正手続保障があり得るという考えは、学説上は以前から有力であったが[19]、近時、大阪地裁所長襲撃事件に関して最高裁でも承認された[20]。この決定は、流山事件決定を引用しつつ、非行事実を認定した家裁決定に重大な事実誤認があるとして抗告審が取り消した場合で、新たな証拠調べで抗告審の結論が覆る蓋然性がない場合、受差戻審が新たな証拠調べを行わなかったことは合理的な裁量の範囲内であるとしたものである。注目されるのは、本決定がこの結論を導くに当たり、「早期、迅速な処理が要請される少年保護事件の特質」に言及していることと、田原睦夫裁判官の「補足」意見が「本件は、事件関係者が、客観的証拠と明らかに矛盾する

17　葛野尋之「少年審判の処遇決定手続と少年の手続参加」同『少年司法における参加と修復』（日本評論社、2009年）336頁参照。

18　服部朗「少年法における適正手続の保障—黙秘権の告知をめぐって—」同『少年法における司法福祉の展開』（成文堂、2006年）130頁以下など参照。黙秘権告知について、少年審判規則19条の3や同29条の2は「供述を強いられることはないことを分かりやすく説明する」と規定している。これについて、少年審判に黙秘権保障が及ぶかという問題を確定させたものではないとの解説もみられるが（『少年審判規則等の一部を改正する規則の解説』（法曹会、2002年）361頁）、黙秘権が保障されることを前提としたと見る方が自然であろう。むしろこの規定の意義は、形式的な告知を戒め、言いたくないことを言わないでよいことを「分かりやすく」説明する中で、言いたいことを躊躇なく言える環境を整えることを必要的に義務づけたことにあると考えられる。

19　例えば、斉藤豊治「少年司法と適正手続」同『少年法研究1・適正手続と誤判救済』（成文堂、1997年）3頁、葛野尋之「少年の適正手続と手続参加」同『少年司法の再構築』（日本評論社、2003年）407頁など参照。

20　最決2008（平20）・7・11刑集62巻7号1927頁。

事実について、捜査機関の意向に迎合して、比較的安易に自白することがあり、殊に少年事件においては、そのような危険性が高いことを如実に示す一事例であり（本件では、送致事実には全く関与していないことが後に明らかとなった少年も、一旦自白している。）、刑事事件、少年事件に関与する者には、証拠の評価、殊に自白と客観的証拠との関連性につき慎重な判断が求められることを示す一事例として、実務に警鐘を鳴らすものと言えよう」と述べていることである。これらのことからすれば、本決定は、事例判断ではあるものの、少年保護事件の特質を踏まえた証拠評価が行われるべきことが判例上要請されるとしたものであり、また必要性の薄い証拠調べはそれを行わないことが合理的裁量の範囲内であるとするのみならず、早期・迅速な処理という少年保護事件の要請からすれば「すべきでない」ことであると宣明したものと理解できる[21]。これこそ、刑事裁判にはない少年審判独自の適正手続の具体的現れであろう。この決定が問題としているのもまた、憲法レベルではなく法令レベルでの解釈問題ではあるが、その根拠に遡るとやはり実質的に憲法上の適正手続の要請の現れであると理解できるし、少なくとも判例法である流山事件決定の要請であるといえよう。

(3) 刑事裁判における適正手続論との相違

　さらに少年審判独自の適正手続保障には、刑事裁判のそれとは著しく異なる特色がある。そのことも既に、流山事件決定・団藤補足意見で言及されていたことである。団藤意見は、「わたくしは、このような要請は、ひとり適正手続条項からだけのものではなく、実に法1条の宣明する少年法の基本理念から発するものであると信じるのである。少年に対してその人権の保障を考え納得の行くような手続をふんでやることによって、はじめて保護処分が少年に対して所期の改善効果を挙げることができるのである」と述べている。団藤意見が述べるように、憲法31条以下の適正手続条項は少年法の基本理念を前提とすることにより、刑事裁判に適用される手続保障のあり方から一

21　守屋克彦「判批」ジュリスト増刊・平成20年度重要判例解説（2009年）228頁、廣瀬健二「判批」刑事法ジャーナル16号（2009年）114頁参照。

定の変容を受ける。しかしそれだけではない。少年法が少年の健全育成すなわち少年が健やかな成長発達を遂げることにより主体的に非行を克服していくことを目指していることからしても、人権を保障して納得の行く手続を踏む事が要請されるのである。換言すると、適正な手続を保障することは司法手続を適正なものとするだけでなく、少年法の究極目的との関係で要請される保護のための措置(保護処分のみならず、保護的措置を執る場合や審判段階での要保護性解消を理由として敢えて不処分とされる場合も含む)の適正さにとっても必要とされる関係にある。これは刑事事件における適正手続論には見られない特色である。

　確かに刑事手続においても、適正手続を保障することは無辜の不処罰を確保することに資し、さらに情状立証を適正化することは刑罰が適正に賦科されることに資する。しかしながら刑罰が本質的に害悪であることに由来して、手続の適正さと実体面での適正さとが相互に関連しなかったり、場合によっては相反することすらあり得る。刑罰に関する実体的デュー・プロセスは具体的には、処罰対象が明確であること及び処罰の範囲が適正であることと並び、罪刑が均衡していることをも要請する[22][23]。このうち、処罰対象の明確性及び処罰範囲の適正さの問題は、少年審判でも当然に適用されるものの、基本的には刑罰法規自体の憲法審査により判断されるのであり、手続の適正さとは独立した問題である。また罪刑均衡の原則からは、犯罪の重さに釣り合わないような重い刑を科してはならないという処分の適正さが導かれ

---

[22] 憲法31条の保障内容に罪刑の均衡が含まれることは、猿払事件に関する最大判1974(昭49)・11・6刑集28巻9号393頁で前提とされている。なお、尊属殺違憲判決(最大判1973(昭48)・4・4刑集27巻3号265頁)は罪刑均衡を憲法14条の問題として扱っているが、これは尊属殺と普通殺の比較という相対的罪刑均衡が問題になったが故であり、絶対的罪刑均衡は憲法31条の問題と見るべきである。

[23] なお、罪刑均衡を憲法36条の問題として論じる判例(最大判1948(昭23)・6・30刑集2巻7号777頁など)及び学説もあるが、さしあたり31条においても問題となることが確認されれば足りる。また学説には、憲法31条による場合は法定刑レベルでの違憲性のみが問題となるが、36条による場合は宣告刑や執行刑レベルにまで罪刑が均衡しているかが審査されると解するものもあるが(岡上雅美「いわゆる『罪刑均衡原則』について」『理論刑法学の探究2』(成文堂、2009年)4頁)、憲法31条にいう「法律の定める手続」に手続内で適用される実体法まで含め、かつその内容の適正さも保障の範囲内にすることが前提となるのであるから、31条においても個別に言い渡される刑が犯した罪に均衡しているかを含めて違憲審査が行われる、と考えることに障害はないと思われる。

る。罪刑均衡にいう「罪」とは犯罪のことであり、違法性だけでなく有責性をも含む概念である。故に、責任を超える刑罰を科してはならないという量刑における責任主義の要請[24]は、実体的デュー・プロセスの一内容として憲法上の地位を有していることになる[25]。しかしながら、量刑において責任主義を真の意味で実質化するためには、少年審判でなされるように犯行に至る動機形成過程が科学的に探求される必要があると解されるところ、刑事裁判における適正手続としてその保障が含まれるとは解されていない。この調査は不可避的にプライバシーに深く関わっており、また科学的調査の結果、矯正は困難であるなど被告人に不利な結論が出る可能性があるため、被告人の同意なしに実施することはできないからであろう。刑事裁判において、適正手続の保障を通じて、実体的デュー・プロセスをも確保しようとすることには本質的限界があるといわざるを得ない。

それに対して、少年審判の適正手続はほぼ必然的に処分の適正さをも担保する関係にある。このような手続と実体の密接な関係は少年司法手続の著しい特色をなす。実際に、審判での働きかけを通じて要保護性が解消されたとして不処分決定で終結する事件が審判が開始された事案のかなりの部分を占めていることは、少年審判の実態としても手続と実体の関係の密接であることを物語っている。

このように考えると、少年審判における適正手続とは、少年の納得を得ることが第一の目標であるべきである。そのためには科学的に非行原因を解明し、少年自身の置かれた環境を調査すること(少年法9条)を前提に、具体的な処遇の有り様に見通しを付けた上で、それを適切な形で少年に伝達し、少年自身の意見をも聴取した上で、意欲的に処遇に取り組めるよう促すことが必要となる。納得を得るためには、まずは少年自身が非行事実についてどう考えているのか、今後どのように生きていこうと考えているのかを把握する必要がある。そして少年自身の適切な意見を引き出すためには、「懇切を旨

24　今日、量刑においても責任主義が適用されることについては圧倒的多数の学説が承認するところである。

25　岡上・前掲注(23)24頁は、責任主義は罪刑均衡原理の役割を果たしてきたとする。端的に責任主義を憲法上の原則と位置づけるものとして、浅田和茂『刑法総論』(成文堂、2005年)45頁、平川宗信『刑事法の基礎』(有斐閣、2008年)138頁以下、井田良『講義刑法学・総論』(有斐閣、2008年)39頁などがある。

として和やか」な審理が必要であり、また科学主義に則った調査を行っておく必要があるという関係にある。このように少年法が伝統的に重視してきた審理運営方式や科学主義も少年審判における適正手続の一内容に組み込まれることになる。さらに納得を得るために必要な少年の意見の聴取というのは、子どもの権利条約12条が保障する意見表明権、それを少年司法に特化して具体化したものと見られる北京ルールズ（少年司法運営に関する国連最低基準規則）14.2が保障する手続参加権[26]が、日本の判例が展開してきた少年審判の適正手続論において先取りされていたことを示す。

5　少年の刑事裁判における適正手続論の展開
(1)少年審判と刑事裁判の連続性と断絶性

　2000年少年法改正以降、重大事件における検察官送致が拡大するようになり、それと共に刑事裁判で裁かれる少年の保護のために特別な措置が必要ではないかという議論が広く提起されるようになった。公開の法廷で対審構造を採用する刑事裁判において、少年は傍聴人の厳しい視線や検察官による厳しい弾劾にさらされ、また迅速さの点で少年審判よりも大幅に後退し、拘置所で適切なケアを受けることなく長期間未決勾留を強いられることが問題視された。この特別措置をとる必要性は、とりわけ裁判員制度が開始され重大少年事件が裁判員裁判で審理されるようになると格段に高まると思われる。

　少年法は1条で少年の刑事裁判にも少年法の理念が及ぶことを明確に宣言し、50条では少年に対する刑事事件の審理は、9条の趣旨に従ってなるべく科学的な調査を活用して行われなければならないと定めている。また刑事訴訟規則277条も「少年事件の審理については、懇切を旨とし、且つ事案の真相を明らかにするため、家庭裁判所の取り調べた証拠は、つとめてこれを取り調べるようにしなければならない」と規定しているところである。このように法令上、少年の刑事裁判においては特別な配慮がされなければならない

26　14.2「手続きは，少年の最善の利益に資するものでなければならず、かつ、少年が手続きに参加して自らを自由に表現できるような理解し易い雰囲気の下で行われなければならない」は、14.1で「少年犯罪者の事件が、ダイバージョンされなかった場合には、少年は、公平かつ適正な審理の原理に従って、権限ある機関によって扱われなければならない」という規定を承けたものである。

ことは明らかである。この要請は、被告人が少年審判を受ける者と同様の憲法上の地位を有する少年であることからすれば、憲法上の要請であると考えられる。

しかしながら、少年の刑事裁判において少年審判におけるのと全く同じ手続保障を求めることは不可能である。刑訴規則277条が「懇切」のみを規定し、少年法22条にいう「和やか」に敢えて言及していないのも、それが刑事裁判では不可能であるからであろう。また刑事裁判でも迅速な裁判を受ける権利が保障されるとはいえ(憲法37条1項)、当事者主義を採用している以上、そこでの迅速さは、先に引用した判例が少年保護事件の特色とした「早期、迅速な処理」には及ぶべくもないものである。そして、審理の結果言い渡される刑事処分もまた、少年の「健全育成」を直接の目的として科されるものではないとされている[27]。故に、少年法や刑訴規則は、刑事裁判の中で保護主義の理念が大幅に後退することは甘受しつつも、なお出来る限り少年審判と連続性を保つことを要請しているとみることが出来る。

(2)成人に保障される適正手続の延長としての少年の適正手続

それを実現するための理論構成としてまず考えられるのは、成人に保障される適正手続の延長線上で、少年に対する適正手続と類似のものを保障することである。

その手がかりになるのが、聴覚障害者の訴訟能力に関する最高裁判例である[28]。この判例は、重度の聴覚障害者である被告人が、刑訴法314条1項にいう「心神喪失の状態」にないこと、すなわち「重要な利害を弁別し、それに従って相当な防御をする能力」たる訴訟能力[29]を有することを認定したも

---

27 筆者は、刑事処分もまた少年の成長発達に資するといえる限りで科し得ると考えることも不可能ではないと考えるが(本庄武「少年に対する量刑判断と家庭裁判所への移送判断」龍谷大学矯正・保護研究センター研究年報1号(2004年)100頁以下【本書第7章】)、実務の採用するところではないし、学説上も少数説にとどまる。本稿では実務及び通説を前提とする。

28 最判1998(平10)・3・12刑集52巻2号17頁。

29 訴訟能力には、訴訟行為能力と公判手続続行能力の区別があるとされるが(川口政明「判解」『最高裁判所判例解説(刑事)平成7年度』131頁参照)、ここでは、より程度の低いもので足りるとされる、いわゆる公判手続続行能力が問題とされている。

のであるが、その際に、「弁護人及び通訳人からの適切な援助を受け、かつ、裁判所が後見的役割を果たすこと」を前提条件としたものである。この判例は、防御能力が弱い被告人に対して実効的に裁判に参加する権利を保障するためには、弁護人及び通訳人といった援助者から適切な援助を受けていること、及び裁判所の後見的配慮を受けていることが必要であることを宣明したものである。その趣旨は、類型的に防御力が弱い少年被告人にも当然及ぶべきであろう。

　この発想を具体化するに当たり参考になるのが、欧州人権裁判所が、欧州人権条約6条1項の「公正な裁判を受ける権利」はその具体的内容として、「自己の裁判に実効的に参加する権利」を含み[30]、刑事裁判の被告人が少年の場合においては特別な措置がとられなければならないと判示していることである。人権裁判所は、1999年にいわゆるブルジャー事件に関して、犯罪について告発された少年は、その年齢や成熟度、知的・情緒的能力を十分に考慮した仕方で扱われ、手続の理解と手続への参加を促進するために必要な措置がとられることが不可欠であるとし、11歳の少年に対し、年齢を考慮すると、十分な厳格さをもつ成人用の公開裁判を行うことは、自己に対する刑事上の告発に関する決定に実効的に参加する機会を奪うもので、人権条約6条1項に違反するとした[31]。さらに2004年には、実効的手続参加の権利は、在廷権だけでなく、手続を知り理解する権利を含むとした上で、少年の場合、年齢、成熟度、知的・情緒的能力を十分考慮した取扱いを受けつつ、怯えや抑制の感情を可能な限り弱める仕方で審問することを含め、手続の理解と手続への参加を促進するための措置がとられることが不可欠であると踏み込んだ判示を行い、具体的には検察側証人の供述したことを理解すること、弁護人に対

30　See, *Stanford v. the United Kingdom*, 1994, Application no. 16757/90.「人権条約6条は全体として見れば、被告人が刑事裁判に実効的に参加する権利を保障しており、この権利は一般的には、とりわけ、在廷する権利だけでなく、手続の内容を聴き、理解する権利も含む。このような権利は、当事者主義手続という観念自体に内在しているものであり、人権条約6条3項の (c) 自己を防御する権利、(d) 証人を審問する権利、(e) 裁判所で用いられる言語を理解し話すことができない場合に、無償で通訳人の援助を受ける権利にも由来するものである」と判示されている。

31　See, *T. v. the United Kingdom*, 1999, Application no. 24724/94, *V. v. the United Kingdom*, 1999, Application no. 24888/94. 詳細については、葛野尋之「少年の手続参加と公開刑事裁判」同『少年司法の再構築』(日本評論社、2003年) 428頁以下を参照。

して自己の立場からみた事実を説明し、納得のいかない証言があればそれを指摘し、自己の防御のために提示すべき事実を教えることができる必要だと判示している[32]。

　刑事裁判においてもなお保障されなければならない少年の適正手続の中核とは、やはり意見表明権保障を通じて少年の納得を得ることであろう。もとより、場合によっては長期間の自由剥奪にも及ぶ刑事罰が科される場合にはそれを受け入れて、自らの犯罪克服につなげていくことは非常な困難を伴う。傍聴人に見られ、検察官と対立する当事者という立場では、安心して自らの意見を表明することも難しいからである。

　そこで、成熟度、知的能力や情緒的能力といった観点から判断される被告人の防御能力の弱さに着目し、欧州人権裁判所判例のように実効的手続参加権を保障しようとの発想を採ることが検討に値する。防御能力の弱さを補うという場合、被告人以外の第三者がパターナリスティックに被告人の最善の利益を考慮して判断を下すというのでは、被告人を主体と位置づける当事者主義の訴訟構造と相容れない。被告人に対して丁寧な説明を提供し、理解を促すことで最終的には被告人自身が納得をした上で訴訟上の決断が下されなければならない。従って、この理論構成は、実質的には刑事裁判内で少年に特有の適正手続たる意見表明権を保障することに資する。

　ただし、この理論構成が治癒不能の障害を有する被告人も対象として念頭に置いていることから明らかな通り、北京ルールズで保障された少年の手続参加権とはなお径庭があることも見逃してはならない。確かに、手続面での適正さに着目する限りは、このような理論構成で十分であるが、少年の適正手続論は憲法上の成長発達権保障に由来しており、実体面における処分の適正さをも保障の射程に収めている。そこに少年の適正手続論の本質があると考えられることからすれば、あくまでも少年の適正手続論を刑事裁判にも及ぼすことを目指すべきではないかと思われる。

32　See, *S. C. v. the United Kingdom*, 2004, Application no. 60958/00. 詳細については、葛野尋之「少年の手続参加と刑事裁判」同『少年司法における参加と修復』(日本評論社、2009年) 211頁以下を参照。

(3) 少年の適正手続論の刑事裁判における展開

2000年少年法改正以降、少年の刑事裁判の弊害が顕著になってきた。そのための対策として、運用上、人定質問において住所・氏名が特定されないようにした例、少年と傍聴席の間に遮へい措置を講じた例、傍聴席から少年の表情がみえないよう着席させた例などが見られるようになっている。学説上このような運用を適正手続保障の一環と位置づける主張もある[33]。しかし実務上はあくまでも裁判所の裁量として実施されているにとどまり、裁判体により運用のばらつきが避けられず、また採り得る手段に限界があって、少年の萎縮を回避し得ない。

そのこともあって、解釈論又は立法論として少年の刑事裁判では非公開措置を採るべきとの提言も見られるようになっている[34]。そして、注目すべきことに、この種の提言は研究者からだけではなく、裁判官の論者からもなされるに至っている。角田正紀は、「少年事件は、それが家庭裁判所での審判手続から地方裁判所での刑事手続に移行したからといって、少年の特性やその情操保護の必要性それ自体には変更がないのに、一挙に事案の真相解明、適正・迅速な処罰の実現を目指し、公開・対審で審理が行われる刑事訴訟手続によって審理を行うというのは、もともとやや問題を孕んでいた」とした上で、立法により対傍聴人の関係で遮へいの措置をとることなどを許容する一般的基準を示す規定を設けることが望ましいとし、さらに、「中長期的課題としては、少なくとも年少少年の被告人の刑事裁判については、憲法上の公開制限の要件に該当する大きな事情の一つになると考えて審理を非公開」とすることなど抜本的な制度改正が検討されるべきと提言している[35]。この提言は、「公開法廷に一人で立ち、3人の裁判官と検察官及び弁護人（これはやむを得ないことである。）、更に傍聴人にまで注視されながら、自分の言いたいことを述べ、自分のした行為（事件）と向きあって審理を受けることがで

33　渕野貴生「逆送後の刑事手続と少年の適正手続」葛野尋之（編）『少年司法改革の検証と展望』（日本評論社、2006年）120頁。

34　笹倉香奈「裁判員裁判と少年のプライバシー・情操保護」季刊刑事弁護57号（2009年）51頁。

35　角田正紀「少年刑事事件を巡る諸問題」家庭裁判月報58巻6号（2006年）23頁以下。

きるであろうか。私自身、約3年間程度ではあるが、実際に少年審判を経験した者としては、それは著しく困難なことだというのが率直な感想なのである」という実務感覚に裏づけられたものであり、その意味は重い。

このような問題意識は極めて正当であると思われるが、裁判の公開原則は憲法上の要請であるところ、既存の公開停止規定（人事訴訟法22条、特許法105条の7、不正競争防止法13条、種苗法43条）は憲法上の公開の例外事由である「公の秩序」（憲法82条2項）に該当することを根拠としたものであり、少年の保護の要請に基づく非公開を正当化するためには、それらに匹敵する公の利益が関係していることが示されなければならないと思われる[36]。この点で、少年の適正手続保障は、それを通じて成長発達が達成され犯罪が克服されれば、間接的に公の利益にも資するといえる。公開停止を正当化するためには、少年に特有の適正手続保障が刑事裁判にも適用されるとするしかないと思われる。すなわち、現在の議論状況は、刑事裁判における少年の保護のための特別措置が憲法上の人権保障に由来するという主張を強く後押しするものといえるのである[37]。

少年特有の適正手続は憲法上の要請として少年の刑事裁判においても保障されなければならない。もともと少年の刑事手続に関する規定が不十分であることは制定当初から継続的に意識されてきたものである[38]。その弊害は、2000年少年法改正に伴う逆送の増加及び裁判員制度開始とともに顕著なも

---

36 既存の規定はいずれも、特定の事項に関する十分な陳述が行えない場合に、審理の一部を公開しないのに対して、少年の刑事裁判では十分な陳述が行えないのは被告人の特性に由来しており、より広範に非公開措置が求められている。また既存の規定は、「当該陳述を欠くことにより他の証拠のみによっては適正な裁判ができない」という要件を加重することで、裁判結果が誤ってしまうことにより適正な裁判が確保されないおそれが生じることが「公序」に該当する根拠とされているのに対し、少年の刑事裁判の場合は、憲法上の権利という視点を加味しなければ、同様の結論を導くことは難しいと考えられる。笹倉・前掲注（34）51頁は、成長発達権や健全育成などの利益にも裏打ちされる少年のプライバシーの権利の保護が「公序」に当たるとの構成により、公開原則の例外を承認し得るとしている。

37 民事裁判では公開制限の根拠は憲法32条に求められるのが一般であり、刑事裁判でも同様の構成を採ることが考えられる。しかし少年の刑事裁判における公開制限は、単なる裁判を受ける権利の保障だけの問題ではないため、直接的に32条を根拠にするとしても、究極的には憲法31条に根拠が求められるべきである。

38 圓井正夫『少年保護事件と少年刑事事件との関係』司法研究報告書第6輯第7号（1954年）308頁、坂井智「少年に対する刑事裁判における若干の問題」『中野次雄判事還暦祝賀・刑事裁判の課題』（有斐閣、1972年）277頁など。

のとなり、実務を担当する裁判官にとってすら耐え難いものと感じられるに至っている。そもそも、憲法上の権利保障は名宛人が誰かにより保障されるものであり、その人がどのような手続を受けるかにより変わるとは考え難いため、少年審判で適正手続が必要であれば、その名宛人である少年が刑事裁判を受ける際にも少年に相応しい適正手続が要請されるのは論理必然の関係にあった。それに加えて、現下の状況は、少年の刑事裁判における適正手続を憲法上の要請として捉える必要性を格段に上昇させたといえるのである。

(4)少年の刑事裁判における適正手続保障の特色

それでは少年の刑事裁判における適正手続保障の特色とは何であろうか。前述のように、少年の適正手続論は脆弱な防御主体に対する防御権保障という側面のみならず、実体面へも波及し、少年に納得を得させて主体的に非行を克服するよう促すことに眼目があった。そのために公開制限措置を活用するなどして、法廷の場で少年が意見表明を行うことを支援することが目指されているのは、既に見た通りである。

さらに欠かすことができないものとして、第1に、少年法50条を介して刑事裁判にも適用される少年法9条の科学主義の要請がある。家裁段階での社会調査記録の取調べがされなければならず、さらに社会記録自体が十分でない場合、あるいは逆送後に少年に大きな変化があった場合は、社会記録を補うための鑑定等が必須となる。少年法9条及び刑訴規則277条はこれを努力義務にとどめているように見え、前者につき訓示規定であるとした判例もあるが[39]、その実質的根拠に遡ると原則として取調べが要請されると見るべきである。少年は未成熟であるが故に、しばしば理性的でない判断の下に犯行を犯してしまう。しかも犯行を犯したこと自体あるいはその後に司法手続の経験が、少年を動揺させ、冷静な判断ができない状況に追い込んでしまう。このままでは、いかに少年に対して働きかけを行っても、有効性に欠ける状態になる。そこで、少年自身が自らがなぜ犯行を犯してしまったのかを振り返り、その意味づけを行うことで、将来再び同じ過ちをしないことを動機

---

[39] 最判1949（昭24）・8・18刑集3巻9号1489頁。

づけられるためには、客観的科学的な視点からの犯行の原因解明を行い、今後自らがどのように振る舞うべきかを考える際の手がかりを提供することが、本質的に重要となるのである。「裁判所が自ら専門的知識を活用してこれを行うと他の専門家に命じて行わせると公判審理において調査すると記録について調査するとを問わない」とする先の判例は、成長発達権という権利が生成される以前のものであり、先例性に乏しい。

　第2に、可塑性に富む少年に対し、その潜在的な成長発達の可能性を十全に発揮させるためには、裁判後の処分における働きかけに期待するだけでなく、審理過程において既に成長発達を促す措置がとられなければならない。これを達成するためには、科学的解明を行うのみならず、その内容を弁護人等の援助者が少年に対し分かりやすく説明し、それを踏まえた上で犯行をどう意味づけるか、今後のようにしていこうと思うのかを法廷で少年自身に語らせることが必要である。成長発達が主体的に行われるべきものである以上、少年自身の受け止め方が決定的に重要であるからである。そのためには適正手続の内容として、少年自身が十分に内容を咀嚼できたことを確認した上で、自ら法廷の場でそれに対する評価を語る機会を保障しなければならない。これには、公判で鑑定が行われた場合に、その内容を十分に理解するための時間的余裕を少年に保障することも含まれる。これが審理過程における意見表明権の保障の中核である。

　第3に、科学的な調査の結果、及びそれを踏まえて少年が行った主張の内容について、裁判所は適切な評価を加え、その結果を少年自身に向けて分かりやすく説明しなければならない。科学的調査のうち、中心となる家裁から取り寄せた社会調査記録については、その取調べは、所定の方式である朗読（刑訴305条）ではなく、要旨の告知（刑訴規則203条の2）によりなされており、その告知も「社会調査の結果」とのみ述べるなどごく簡潔に行われることが多かったといわれている。また原供述者である家庭裁判所調査官の証人尋問については、調査官は公務上の秘密を理由に証言を拒絶できるため（刑訴法144条）、証人尋問はできないという扱いであったとされる[40]。さらに、弁

40　司法研修所（編）『難解な法律概念と裁判員裁判』（法曹会、2009年）65頁は、「調査官報告書を作成し

護人の閲覧謄写権を認める刑訴法40条にもかかわらず、少年審判規則7条が特則となり、弁護人は社会調査記録を閲覧できるのみで、謄写は制限される扱いが一般であるとされている[41]。これらの措置は、社会調査記録が性質上、少年や関係者のプライバシーに深く関わる内容を含んでいるという理由で正当化されてきた。具体的運用のあり方が妥当かについては争いがあるが、一般論として社会調査記録について特殊な取り扱いをすることは、それが家裁からの取り寄せを円滑に行わせ、刑事裁判における利用を促進するのであれば、むしろ少年の刑事裁判における適正手続の要請とすらいえることになる。しかしながらそれは直接主義・口頭主義という刑事裁判の原則や憲法上の証人審問権(37条2項)との衝突を引き起こしてしまう。すなわち、この場面は少年の刑事裁判に特有の適正手続の要請が刑事手続一般の適正手続の要請を後退させている場面ということになる。そのため、これらの措置が正当化されるためには、少なくとも、適正手続論一般が目指している、十分に争う機会を保障するための代替措置が必要となる。それが、社会調査記録の内容やそれを踏まえた少年の言い分をどのように評価して裁判結果を導いたかを裁判官が判決理由において説明しなければならないという要請である。加えて、公判廷で形式的にしか取り調べられていない社会調査記録については、それを読み込み十分に理解したことが分かるような判決理由が必要となる。これは少年の意見表明権を裁判過程で保障することの具体的な意味内容であり、適正手続の一内容とされなければならない[42]。

た家裁調査官を証人として尋問することは、刑事訴訟法上の証拠方法としての意義が不明確である(厳密には証人でも鑑定人でもない)。家裁調査官は、当該事件の調査を担当し守秘義務を負う裁判所の職員であり、人事訴訟同様に証人適格にも疑問なしとしないので、刑事裁判における証拠方法として相当でないものと考える」と、従来よりも踏み込んだ表現で、家裁調査官の証人尋問に否定的姿勢を明確にしている。

41 社会調査記録の取り扱い及び家裁調査官の証人尋問については、横田信之「刑事裁判における少年調査記録の取り扱いについて」家庭裁判月報45巻11号(1993年)1頁、仲家暢彦「若年被告人の刑事裁判における量刑手続」『刑事裁判における理論と実務:中山善房判事退官記念』(成文堂、1998年)329頁、岡田行雄「改正少年法における社会調査」葛野尋之(編)『少年司法改革の検証と展望』(日本評論社、2006年)56頁、相川裕「裁判員裁判における社会記録の取扱いの問題点」季刊刑事弁護57号(2009年)56頁などを参照。

42 中川孝博「証拠評価をめぐるコミュニケーションの適正化」同『刑事裁判・少年審判における事実認定』(現代人文社、2008年)296頁も参照。なお、判決において主張内容の評価を受ける権利は、裁判を受ける権利に内在する何人にも保障される権利ともいえるだろう。その場合でも、少年に対しては、社会調査記録を十分に取り調べたことを少年自身が理解できるような、他の場合よりも丁寧な説明を受ける権利が保障さ

最後に、成人の適正手続論の延長線上としてではなく、少年の適正手続論を刑事裁判に導入することの意義として、処分選択という実体面における適正も保障されなければならない。非公開措置などの手続上の配慮と実体的デュー・プロセス、すなわち処分決定における適正さを切り離して考える立場もあるが[43]、その場合、結局のところ少年の話しやすい雰囲気を作ることの目的は、審理の円滑さという審理運営の円滑さという専ら裁判所にとっての便宜に過ぎないことになりかねず、それでは、憲法上明示された公開原則の例外を認めることは困難であることは前述した通りである。憲法論として考えた場合、少年の適正手続保障は成長発達権論の司法手続における具体化として、科学的調査を前提に、本人に意見表明の機会を保障し、それに対する裁判所の誠実な応答を義務づけることで、本人が処分に納得し、過去の犯罪を克服し、その時点や将来における成長発達を促進することに主眼があるのであり、必然的に実体法への波及効果を考慮せざるを得ない。以下、項を改めて少年の刑事裁判における実体的デュー・プロセスの保障について論じる。

6　少年の刑事裁判における実体的デュー・プロセス
(1) 処分選択の原理の相違

　刑事処分は、保護処分のように少年の成長発達にとって必要であるからではなく、社会の秩序を維持する必要性から科されるのだとすると、通説である相対的応報刑論とそれに基づく幅の理論からは、刑事処分は基本的には犯罪の重大性に対応する刑事責任の量を基準として科されることになる。ただし責任の量は一定の刑の幅を形成し、その内部で、一般予防や特別予防といった犯罪予防目的（及び一定の政策目的）を考慮して、幅の内部で最終的に宣告刑を決めることになる[44]。このような判断プロセスによる場合、少年の

れなければならない。

43　非公開措置を提案する角田・前掲注 (35) 12頁以下は、同時に「適正な量刑」の名の下で、厳罰化を志向している。

44　遠藤邦彦「量刑判断過程の総論的検討（第1回）」判例タイムズ1183号（2005年）20頁、井田良「量刑をめぐる最近の諸問題」同『変革の時代における理論刑法学』（慶應義塾大学出版会、2007年）221頁など。筆

成長発達に資するという観点から処分が決められるものでないことは明らかである。裁判例には、少年に対して長期間の拘禁刑を科す際に「刑罰といえども、一般予防的、応報的側面ばかりでなく、受刑者の教化改善、更生を図ることが重要な目的とされているのであって、当該少年の特性を配慮しつつ、事案にふさわしく社会感情にも適合した量刑がなされ、その執行を進める中で、少年に自己の罪責に対する反省と社会の一員としての自覚を促し、改善更生に努めさせることは、広く少年法の理念に沿う所以でもある。」と述べるものもあるが[45]、成長発達権という視点からは、刑事処分を科され、とりわけ長期間の拘禁生活を送らせることが自律的存在へと成長発達することを促進するということは稀有の事態であると思われる。刑事処分は原則として公共の福祉(憲法13条)の観点からする成長発達権の制約と捉えざるを得ない。その上で、刑事処分下という悪条件の中であってもなお、できる限り成長発達を保障せよというのが憲法の要請であると見るべきである。

　公共の福祉により個人としての尊重が制約されるにもかかわらず、なおも成長発達権が保障されるのは成長発達権の権利としての特殊性に由来する。成人の場合は13条の保障する自律的主体として個人として尊重される権利は、処罰を受ける場合、公共の福祉により端的に制約を受ける。この権利はその時点で自己の主体的な意思決定に基づいて幸福を追求していくことを保障内容としているからである。それに対して子どもの成長発達権の場合は、成長発達に向けた相応しい支援の提供が権利の内容なのであり、困難ではあるが処罰を受けることと両立可能である。公共の福祉の制約が最小限度でなければならないことはいうまでもないことであるから、少年の成長発達権保障はなお否定されてはならないのである。

　実定法レベルでも、少年法1条が刑事処分を科す場合にも適用されることは明らかで、この理解に合致している。少年に対する処分選択は成人の場合とは異なる基準の下で行われなければならない[46]。

者自身は必ずしも幅の理論を支持するものではないが、ここでは通説を前提とする。

45　東京高判1991(平3)・7・12判時1396号27頁以下。同趣旨の判示はしばしば見られるところである。

46　筆者は、本庄武「少年刑事裁判における処分選択の原理」龍谷大学矯正・保護研究センター研究年報

(2) 家庭裁判所への移送判断の余地

　第1に、保護不適あるいは保護不能として逆送されてきた場合であっても、刑事裁判所が少年の適正手続を尽くす中で、家裁が見落としていた成長発達の可能性や逆送後に新たに生じた成長発達の可能性を見出すに至る可能性がある。その場合、できる限り少年法55条に基づく家庭裁判所への再移送の可能性を追求しなければならない。保護手続に戻された場合、純粋に成長発達を促進するための最善の措置を執ることが可能となるため、これが最も実体的デュー・プロセスに適うことはいうまでもない。

(3) 少年の刑事責任の評価

　問題となるのは刑事処分が科される場合である。第2に、刑罰が科される以上、実体的デュー・プロセスの一内容として責任主義が適用されるが、この責任主義は成人に対するそれとは異なる現れ方をすると考えられるため[47]、必要な限度で責任主義の意義に言及しておきたい。そもそも、責任とは他行為可能性の存在を前提とした非難であるとするのが通説である。これは、具体的には違法性という客観的に社会に惹起された害悪がどの程度行為者に帰責できるかという判断を意味する[48]。しかし、責任判断の基準については行為者基準説と平均人基準説の対立がある。行為者基準説は行為者の犯罪傾向が強ければ自由の余地は狭まり、責任は否定されることになってしまうとして平均人基準説が通説となっている[49]。しかし平均人標準説には、行為者自

5号（2008年）191頁以下【本書第8章】で、少年の刑事処分は応報や一般予防の要請から保護主義の貫徹を断念したものであるという通説的立場を前提とした上で、少年法レベルの解釈論を試みた。本意見書はこれを憲法レベルの問題として位置づけ直そうとするものである。解釈論の詳細についてはこの論文をあわせて参照されたい。

47　なお、保護処分に責任能力が必要かという論点については実務上判断が分かれており、東京家決1985（昭60）・1・11家月37巻6号96頁、大阪家決1995（平7）・2・10家月47巻7号206頁など不要説も有力である。不要説からは責任主義は、刑事裁判に特有の少年の実体的デュー・プロセスの現れということになる。

48　これを有責な不法という。日本の学説では明確ではないがドイツでは通説的な考え方である。本庄武「量刑責任の刑罰限定機能について（2・完）」一橋研究24巻2号（1999年）136頁、小池信太郎「量刑における消極的責任主義の再構成」慶應法学1号（2004年）311頁など参照。

49　井田・前掲注（25）356頁など。しかし、行為者に抗う余地のないような圧倒的要因により犯罪が生じ

身の他行為可能性を判断するわけではないため、結局は他行為をできなかった者にすべきであったとの非難を加えることになるという理論的難点があり、行為者基準説も一定の支持を得ている状況にある[50]。この対立を人権論の視点から捉え直すならば、成人であれば憲法上自律した存在と推定されているため、特に自律性を疑わせる事情がなければ自律した存在＝平均人として扱われる。故に、責任阻却減軽事由の存在が疑われない限り、検察官は積極的に責任について立証する責任を負わない。しかし責任能力、違法性の意識の可能性、期待可能性という責任要素のいずれかに自律的判断を損なわせる事情が認められれば、行為者自身の意思決定に影響を及ぼす諸事情をきめ細かく判断して行為者基準により他行為可能性が判断されるという関係にあると考えられる。実際、責任能力を判断する場合には実務上も行為者基準により判断されている。このようにいうと、行為者の個別事情をきめ細かく判断基底に取り入れることと、行為者を判断基準とすることとは別の問題であるとの反論が予想されるが、行為者の内心について情況証拠により認定する過程を念頭におけば、行為者の立場に立つこととは行為者の置かれている状況を深く理解するよう努めることを意味すると思われる。

　これに対して、被告人が少年である場合には自律した存在であるとの推定は働かない。他行為可能性は、冷静に状況を把握し、合理的な損得勘定ができるほど、大きくなるところ、少年は未成熟であり、しばしば短絡的かつ刹那的な利益を追求する傾向があるために、自律的判断を行うという事態は考えにくい。そこで、少年が被告人である場合には、常に行為者自身の意思決定に影響した諸事情をきめ細かく判断し行為者基準による判断が求められ、その手続的担保として科学的知見を活用した審理が必要となる。検察官は常に有責性の有無・程度についての立証責任を負うと考えなければならない[51]。科学的な調査を通じて、少年の成長発達を阻み非行へと駆り立てた要因が明

るような場合は極限的な例外であるから、この批判は誇張である。

50　浅田・前掲注（25）358頁など。

51　朝倉京一「少年刑法の現代的課題」『日本刑事法の理論と展望：佐藤司先生古希祝賀・下巻』（信山社、2002年）198頁も参照。

らかになれば、そのことは同時に理性的な判断により犯行に至ったのではないことを示す。このような事態は少年の社会的実態に即して考えればむしろ通常の事柄である。故に少年の責任は原則として低下しており、成人が被告人である場合よりも寛刑化されなければならないということが憲法上の要請とされることになる。

　以上のことは少年のみならず類型的に責任を減少させ得る事由である統合失調症などの精神障害等についても妥当することである。しかし、少年に対する責任判断の特殊性はこれだけにとどまらない。少年の責任が減少し得るのは、未だ十分な成長を遂げていないがために理性的な判断が為し得ないからであるが、その反面として少年には十分な成長発達の可能性が残されている。少年司法手続・刑事手続において意見表明権を十分に保障し続けることにより、少年はしばしば成長発達を遂げ、自らの行いを冷静に見つめ直すことでその行いを対象化し、罪の重大さを事後的に理解し、少なくともそのきっかけをつかむ。そして手続の終了後も引き続き適切な働きかけや援助を受け、一層成長発達し続けることにより、自分が取り返しのつかないことをしたということを自覚して、深く反省するとともに、被害者に対してどうすれば償いを果たしていけるかを模索していくようになることが現実的に期待できる。少年の特性を踏まえると、将来自ら犯罪を克服し自発的に責任を取ることをもって、その時点で処罰により他律的に責任を取らせることを一部代替することが認められると考えられる。自ら犯罪を克服していくことにより、責任を取るというやり方は近年注目されている修復的司法が予定する修復責任の考え方[52]にも通ずるものであり、処罰により他律的に責任を取らせるよりも人権侵害的でないため、憲法的にも好ましいということができる。もちろん自律的に犯罪を克服できるかどうかは将来予測に係る事柄であり、安易にこれを用いることは許されないであろうが、少年が非行に至った原因としては、成長発達権を保障されていなかったことが大きく、その分だけ大きな成長発達の余地が残されているところ、手続の過程で成長発達のプ

52　修復責任について、例えば、葛野尋之「少年司法改革の展望」同『少年司法における参加と修復』（日本評論社、2009年）351頁を参照。

ロセスを歩み始める状態になれば、将来自発的に責任を果たす状態になることが現実的に期待可能なものとなる。そのため、類型的にこのような責任の取り方を加味することは許容されるばかりでなく、憲法上も成長発達権保障の観点から要請されていると見ることができる。少年の責任判断においては、犯した行為に対する非難可能性という回顧的要素だけでなく、成長発達の可能性という展望的要素を併せて考慮されるべきことが、実体的デュー・プロセスの内容となる[53]。

以上のように、少年の刑事責任は回顧的な非難可能性の程度が低減するとともに、展望的な成長発達の可能性を加味して判断されるため、成人に対する場合よりも大幅に低くなることがあり得ることになる。さらに責任の程度を刑量における幅に変換する過程において、少年の場合、刑罰の苦痛が、成人に比して少年に苛酷に働くおそれがあるため、もう一段階の刑の緩和の余地があることになる。それにより、刑罰の賦科・執行が成長発達を阻害する程度が緩和されることが憲法上の要請と見るべきであり、少年法51条以下に見られる少年刑の特則が寛刑化を図っているのはそれを受けたものと考えられる[54]。

なお、以上の論述から分かる通り、ここで問題としている責任の減少とは、刑法39条の責任能力規定とは別の次元の問題である[55]。少年であっても、「人を殺すことは悪いことである」といった、自然犯についての是非善悪を弁別する能力は原則として有していよう。また行動制御能力については、短絡的に犯行に及びがちであることからは限定されているとみることもできるものの、著しく減退し心神耗弱との評価を受けるまでに至るのは稀であろう。

---

[53] 近時、実務では自白・反省という事情を事後的に責任を低下させる事情として扱っているとの指摘がなされるに至っている（井田・前掲注（44）219頁、川合昌幸「被告人の反省態度等と量刑」判例タイムズ1268号（2008年）49頁等）。この思考は一見本文に示した考え方と類似するが、本文の発想は自白や反省そのものではなく、それらから将来の成長発達に向けた現実的基盤が看取されることに着目したものである。

[54] とりわけ、少年法が犯行時18歳以上でかつ処分時20歳未満の少年に対して有期刑を言い渡す場合、犯行時18歳未満の少年に対して選択できる10年以上の定期刑の余地を認めず（少年法51条2項）、最長10年の不定期刑しか予定していないことは（少年法52条）、この観点からでないと理解が難しいと思われる。この点につき特に、本庄・前掲注（46）202頁参照。

[55] 渡邊一弘『少年の刑事責任』（専修大学出版局、2006年）259頁も参照。

にもかかわらず、少年の責任は低く評価されることになる。

(4)宣告刑決定過程における成長発達の可能性の考慮

　第3に、責任の幅の範囲内において具体的な宣告刑を決定する場合、一般予防及び特別予防等の観点が考慮されることになる。このうち、一般予防は未成熟の故に理性的思考が期待できない少年の場合はとりわけ働きにくく、重視されるべきではない。他方、特別予防の考慮は一般的には改善更生の可能性という視点から判断されることになるが、少年の場合は、憲法上成長発達権が保障されているために特有の判断がなされなければならない。科学的な調査を行い、少年自身がそれを受け止めて意見表明を行う過程は、責任判断の基礎を提供するだけでなく、同時に成長発達を促進するためにいかなる働きかけを行えばよいかを明らかにする役割も持つ。例外的に早熟で人格が固定化してしまったような場合を除けば、原則として少年には成長発達の可能性が残されており、適切な支援を提供することにより、成長発達を遂げることが可能である。ここで問題となる成長発達とは、過去の犯罪の克服ということにとどまらず、教育基本法にも通底する人格の全面的な発展であり、自律的に自らの人生を構築していく能力を身につけることである[56]。将来自発的に責任を果たす現実的可能性が看取できるかにかかわらず、この意味での成長発達は少年の場合、原則として期待できる。ただし、成長発達にとって弊害の多い刑事処分が科される前提であるから、求められるのはそのような悪条件の下でもなお成長発達を支援するためにいかなる措置が相応しいかについての処方箋を明示することである。

　具体的に少年の場合は、少年に特有の責任主義の要請から導かれた刑の幅の内部で、この意味での成長発達の見通しを前提にして、それを阻害しないような宣告刑が決められなければならない。元々少年の成長発達の阻害要因である刑罰の賦科・執行という悪条件が前提となっているのであるから、宣告刑は原則として幅の下限に位置しなければならないことになる。これは、

---

[56] 責任の幅を評価する際に考慮される成長発達の可能性が、犯罪事実や被害者に向き合う姿勢から判断されるのに対し、宣告刑形成の際に考慮される成長発達の可能性は犯した罪との関係ではなく、少年自身の全人格的評価となる点で、判断の視点及び判断の資料において差違があると考えられる。

成長発達に不利な環境の下でもなお成長発達を遂げる可能性が否定されないという形でなんとか少年法の理念との調和を図ろうとするものであり、刑罰執行下で国に対して成長発達の支援を義務づける憲法上の実体的デュー・プロセスの最低限の要求と見るべきである。少年法が52条において不定期刑原則を採用しているのは、成長発達の最終的な見通しを判決時に立てるならば誤りが生じ得ることを意識して、できる限り少年の成長発達を阻害しない刑の執行を目指しているからということになる。

　以上のように、少年の刑事裁判において保障される憲法上の適正手続の保障は、同じく憲法上の要請である実体的デュー・プロセス保障と密接に結びついており、刑事裁判の場面で子どもの成長発達権保障を具体化するのである[57]。

7　成人に達した後の適正手続保障

　最後に、行為時に少年であったが、その後に成人してしまった被告人に以上の保障が及ぶかどうかを検討する。少年法の適用は一般に処分時年齢を基準とするとされている。成人に達してしまった場合、少年司法手続では検察官送致が義務づけられ（少年法19条2項）、刑事裁判においても、行為時年齢を基準とする少年法51条を除き、再移送の可能性（少年法55条）や不定期刑を科す可能性（少年法52条）等少年法の特則を適用する余地は失われる。この扱いは、司法運営の統一性から年齢という形式的観点で区切る必要があるという実際上の理由のみにより正当化されるものではない。成人に対しては憲法13条の「個人として尊重」しなければならないとの要請が働くために、刑事手続における適正手続保障の本質的な要請が無視できない。そのため、当事者主義手続により十全に防御権を保障する必要性が生じ、少年司法手続にのせることが理論上もできないのである。

　他方で実務上は、成人後であっても、訴訟運営や量刑等への有用性の観点

---

[57]　社会調査記録を不利な情状として用いて刑を重くするかどうかにつき見解が分かれるが（積極説として横田・前掲注（41）15頁、消極説として岡田・前掲注（41）69頁）、そのような事態が生じるとすれば、それは成長発達権を基軸とする少年の適正手続と実体的デュー・プロセスの有機的な連関が十分に理解されていないためである。

から、社会調査記録の取調べは許されるといわれている[58]。この扱いの根拠もまた、憲法上の適正手続論から導かれると考えるべきである。というのも、少年時代に未成熟さの故に犯罪を犯したということは、当該被告人は少年期に成長発達のための適切な支援の提供を受けられなかったということを意味する。しかも司法手続にのせられて以降、意見表明権の保障を通じて、成長発達を促されるとはいえ、そこには大きな限界があることは否めない。とりわけ逆送後に未決勾留されている場合は、鑑別所と異なり十分なケアの体制のない拘置所に置かれることから、原則として成長発達阻害要因の方が大きいと見るべきであろう。ある意味で、成長発達の機会が国により制限された状態で成人を迎えてしまったのである。

　他方で、成長発達が停滞していることからは、その潜在的可能性は通常の成人よりも大きいはずである。そのような状態のまま成人に達してしまったとしても、特別な支援を提供する必要性はなお失われない。ただし、刑事手続に相応しい防御権保障を制限することとなる、パターナリスティックな形での支援はできない[59]。成人に達した後に可能であるのは、純粋に援助的な形での支援の提供による成長発達権保障ということとなる。この視点からは単に社会調査記録が取り調べられるだけでなく、その内容は被告人に全面的に開示されなければならない。それを踏まえた被告人の意見表明が促進されるとともに、判決書において、科学的調査をどう咀嚼し、被告人の言い分をどのように受け止めたのかが示されなければならない。そこでは、自律的な成長発達をどのように保障していくかの見通しが提示されなければならないことになり、量刑にあたっても可能な限り社会復帰に資するような処分選択がされなければならない。成人に対しては自律性が尊重されなければならないが、それと両立可能な限りでの成長発達の支援の提供はなお国に義務づけられなければならない。これが、成長発達の機会を奪われたまま成人してし

58　横田・前掲注（41）19頁、仲家・前掲注（41）335頁。

59　社会調査記録の取調や調査官尋問、罪体に関する死因鑑定書等の取調べの際は、少年の退廷を認めるべきとの主張がある（川村百合「少年の裁判員裁判の問題点と解決策を考える」自由と正義59巻10号（2008年）93頁）。少年審判段階でも少年に対して社会調査記録を全面開示しない運用があり得ることからは理解できる主張であるが、この措置も、被告人が少年であるからこそ許されるのであり、成人に達した場合は正当化が難しい。

まった者に対する憲法上の特別な成長発達権保障を、刑事裁判の場面で具体化するものである。

8　結びに代えて

　以上の考察から、なお不十分ではあるが、少年に保障されるべきデュー・プロセスの特殊性が明らかになった。少年を刑事手続にのせ、刑事処分の対象とすることを少年法の理念と整合させることには大きな困難がある。それでもなお、公共の福祉による少年の人権の制約として刑事裁判・刑事処分を認めるのであれば、本稿で主張するような手続的・実体的デュー・プロセスを保障しなければならない。それが憲法の要請であり、同時に制度変革によっても乗り越えられない限界であると考えるべきである。

第2章
情状鑑定の活用
発達障害を抱えるケースを手がかりに

1　はじめに

　少年の刑事裁判において最も重要なことは、少年法50条の要請に従い、いかにして「少年、保護者又は関係人の行状、経歴、素質、環境等について、医学、心理学、教育学、社会学その他の専門的智識」(同9条)を活用した審理を実現するかである。従来それは、刑訴規則277条にあるように、「家庭裁判所の取り調べた証拠」すなわち社会調査記録をつとめて取り調べることにより行われてきた。

　しかし直接主義・口頭主義の徹底を重視する裁判員裁判においては、従来のように社会調査記録をある意味で融通無碍に用いることが許されなくなっている。司法研究報告書は、社会調査記録のうち、基本的には少年調査票の「調査官の意見」欄だけを証拠とすれば足りると提言し[1]、実際の裁判員裁判においても多くはこの方針に従って、断片的な情報のみが取り入れられるにとどまっている。学説において、様々な対案が提示されているものの[2]、とりわけ家庭裁判所調査官の証人尋問が実現する兆しは実務には存在していない。

　現状で、裁判員裁判実施前と同じ情報量を確保するために唯一あり得る現実的な方策は、社会調査記録の全体を証拠採用し、法廷では要旨を告知するにとどめ、必要に応じ休廷するなどして裁判員及び裁判官が読み込むという

1　司法研修所 (編)『難解な法律概念と裁判員裁判』(法曹会、2009年) 64頁。
2　葛野尋之「社会記録の取調べと作成者の証人尋問」武内謙治 (編)『少年事件の裁判員裁判』(現代人文社、2014年) 269頁以下。

形である[3]。しかしながら、社会調査記録は専門用語を多用して書かれている。書面を読み込むだけで、裁判員裁判の精神鑑定において実践されているような、書面作成者によるプレゼンテーションによる解説と尋問を通じたさらなる内容の明確化を図る措置を伴わなければ、無作為に抽出された裁判員の理解・内容の咀嚼を得るには大きな限界を伴うといわざるを得ない。

しかも重大事件に関して原則逆送制度と裁判員制度といった、素朴な処罰感情や市民感情を重視する制度が相次いで導入され、専門的知識を活用した科学主義に基づく裁判とは反対のベクトルが指向されていくなかで、肝心の社会調査記録の内容自体が形骸化しているのではないかということも指摘されている[4]。少年法50条の趣旨を実現する上で、社会調査記録だけに依拠していてよいのか、という疑問はますます増大することになる。

もちろん社会調査自体を活性化すること、作成者を証人尋問することを含め刑事裁判で社会調査記録を真に有効な形で利用することの追求は断念されるべきではない。しかし、仮にそれが実現したとしても、逆送後の刑事手続を経験した少年の現在の状態を適切に把握するために科学的な調査が必要になる場合があることは否定できないはずである。ましてや、現在の裁判員裁判の運用を前提とした場合、少年法50条の趣旨を実現するために、裁判員に分かりやすく提示可能な科学的な調査が実施される必要性は極めて高いと思われる。本稿は、その方策として、情状鑑定をより積極的に活用していく方向性を検討するものである。

2　情状鑑定の意義と課題

情状鑑定とは、「訴因事実以外の情状を対象とし、裁判所が刑の量定、すなわち被告人に対する処遇方法を決定するために必要な智識の提供を目的とする鑑定である[5]」とされる。売春防止法制定時に盛り上がった判決前調査制

3　加藤学「保護処分相当性と社会記録の取扱い」『植村立郎判事退官記念論文集第1巻』(立花書房、2011年) 490頁。

4　岡田行雄「社会調査実務の変化」武内(編)・前掲注(2) 204頁以下。

5　上野正吉「刑の量定と鑑定―情状鑑定の法理」同ほか編『刑事鑑定の理論と実務』(成文堂、1977年) 114頁。

度導入に向けた議論が頓挫して以降、それに代わり、量刑の科学化を推し進めるための手段とされてきた。1967年に東京地裁刑事部裁判官有志と同家庭裁判所調査官有志との間で、家庭裁判所調査官による情状鑑定に関する協議が行われて以降、全国的に調査官に対する鑑定命令が急増し、1971年6月から1973年5月までの2年間に、家庭裁判所調査官で刑事裁判所より鑑定命令を受けた者は48名に及んだという[6]。ところが、この動きは70年代中盤からほとんど見られなくなる。その理由は、家裁調査官の本務の遂行に支障を生じるおそれがあったからだと指摘されている。しかし、80年代中盤以降、情状鑑定は家裁調査官の退職者を中心的担い手として再び実施されるようになってきたとされる[7]。そして元家裁調査官達は、1993年に社団法人(現・公益社団法人)家庭問題情報センター(FPIC)を組織化し、情状鑑定を組織的に引き受ける体制をとっている[8]。

しかしながら、情状鑑定の実施件数については正確な統計がないものの、組織的に受託しているFPICの推薦依頼を受けた件数が年間一桁から多くて十数件であることから、非常に少数ではないかと推測される[9]。

上記のように、情状鑑定の主たる担い手は(元)家庭裁判所調査官であるが、これ以外にも近時、精神鑑定を担ってきた精神科医の中で情状鑑定の重要性を強調する主張がされるようになってきている[10]。これは精神医学が対象とする事象の範囲が広がり、必ずしも責任能力に影響しないが精神医学の専門的知見を踏まえた鑑定を要する事案が増加してきたことを受けたものだと思

---

6 上野・前掲注(5)119頁。実際の家庭裁判所調査官による鑑定の報告として、兼頭吉市「刑の量定と情状鑑定」法律のひろば27巻3号(1974年)44頁。

7 萩原太郎「情状鑑定について」日本法学60巻3号(1995年)201頁。

8 守屋克彦「情状鑑定について」季刊刑事弁護30号(2002年)41頁。

9 上野正雄「情状鑑定」菊田幸一ほか(編)『社会のなかの刑事司法と犯罪者』(日本評論社、2007年)361頁は、2004年にFPICが鑑定人の推薦依頼を受けた件数10件は、終局総人員中の0.01%であることから、情状鑑定が実施されることは非常に稀であることは明らかであろう、とする。

10 高岡健『精神鑑定とは何か』(明石書店、2010年)118頁。ただし、中谷陽二・岡田幸之・中島直・高岡健「座談会・裁判員裁判下の刑事精神鑑定はどうあるべきか」精神医療(第4次)66号(2012年)22頁からは、精神科医の中では情状鑑定に消極的な立場も依然として有力であることが分かる。

われ、注目されるところである[11]。

　情状鑑定の鑑定事項は、①人格調査(被告人の知能、性格、素質、気質、行動傾向、精神病質の有無等)、②環境調査(被告人の家庭環境、生育歴等の被告人の人格形成ないし本件犯行に影響を及ぼしたと思われる諸要因)、③犯行動機(本件犯行の動機・原因等の心理学的・社会学的解明、あるいは心理学、社会学等の観点から見た本件犯行の動機・原因、又は本件犯行前後の心理(精神)状態)、④再犯予測ないし予後判定(被告人の社会的予後、再犯危険性、更生の意欲、社会復帰の適応性、職場復帰の可能性、受入れ環境、保護観察への適応性、短期収容の影響等)、⑤処遇意見(処遇上留意すべき事項。施設内処遇を相当とするか、社会内処遇を相当とするか、その場合の処遇のあり方についての勧告の内容等、あるいは、施設内処遇を相当とする場合における刑務所に対する処遇勧告の内容、社会内処遇を相当とする場合における保護観察所に対する処遇勧告の内容等)の5項目に分類されるが、実際には、①被告人の知能、性格などの資質、②犯行の動機、原因に関する心理学的あるいは社会学的な分析、③処遇上参考とすべき事項の三つが鑑定事項とされることが多いとされる[12]。

　情状鑑定の対象事件については、論者により様々に説明されるものの、概ね、犯罪の原因、動機あるいは犯罪行為そのものが理解不能、若しくは困難な場合、被告人の知能や性格、心理状態若しくは精神状態、あるいはそれをとりまく環境又はそれへの適応の可能性の有無などが不明確な場合、被告人の社会的危険性の程度、再犯危険性の有無すなわち社会的予後等の診断、把

11　さらに、知的障害者や高齢者等の事件に関して、福祉関係者が福祉施設に入所するなどして再犯をせずに生活していける具体的な見通しを提示する「更生支援計画書」を作成し、情状証人として出廷する取組みも、情状鑑定の一種と位置づけることが可能であろう。先駆的な取組みについては、内田扶喜子ほか『罪を犯した知的障がいのある人の弁護と支援』(現代人文社、2011年)参照。また組織的な取組みとして、南高愛隣会が提唱する「長崎モデル」が著名である。これについては、長崎新聞社「累犯障害者問題取材班」『居場所を探して』(長崎新聞社、2012年)参照。こうした取組みも注目に値するものではあるが、主として軽微な事件での施設収容回避を目指して行われるものであるため、重大事件で逆送され裁判員裁判を受けることとなった少年を念頭に置く本稿においては、検討の対象から除外する。

12　守屋・前掲注(8)42頁。ただし、実際の鑑定事項には非常に多くのバリエーションがある。佐藤學「情状立証と情状鑑定」日本弁護士連合会(編)『現代法律実務の諸問題・平成14年版』(第一法規出版、2003年)97頁には17種類の鑑定事項が掲げられている。

握が不能若しくは困難な場合、被告人に対する処遇の種別、方法、期間等が不明確で何れとも決め難いとき、という説明[13]で包摂可能だと思われる。しかしながら本稿が対象とする少年事件においては、全件調査主義が採られているように、犯罪原因や予後の科学的な見極めは必須と考えられている。社会調査記録の取調べを代替し補充するために情状鑑定を実施するのであるから、少年の裁判員事件については、いわゆる「異常な」事件[14]に限らず、全事件を対象として情状鑑定の実施を検討すべきだと思われる。

　前述のように、情状鑑定は必ずしも活発に活用されるに至ってはいない。なぜ法律実務家が情状鑑定に消極的なのかについては、的確なまとめがされている。それによれば、(1)裁判官サイドからの消極論として、①情状鑑定の信頼性への疑問、特に処遇問題については法律実務家こそ専門家であるとの意識、②実施事件がわずかであるため生じる、被告人への不公平性、③鑑定人の専門分野の多様性により、鑑定結果が不等質になるおそれ、④情状鑑定による動機の解明と量刑判断との必然的関連性の不存在、⑤個別事情の過度の重視による、裁判官毎の量刑のばらつきへの懸念、⑥かなりの費用と時日の必要性、(2)検察官サイドからの消極論として、⑦動機や犯行時の心理状態等の裁判官の専権事項性、(3)弁護人サイドからの消極論として、⑧当事者主義においては、第三者の判断に委ねるのではなく、被告人質問や証人によるべきとの情状立証のあり方論、⑨中途半端な心理鑑定による被告人像の歪曲、⑩情状鑑定により、かえって刑が重くなることへの懸念などが指摘されている[15]。以下ではこれらの指摘を意識しながら、検討を行い、筆者の見解は「6　おわりに」において総括的に述べることとする。

3　裁判員裁判での情状鑑定消極論の検討

　現状では、少年事件の裁判員裁判であっても、被告人に発達障害等の精

13　上野・前掲注(5) 122頁。

14　情状鑑定が実施される事件の「異常性」を強調するものとして、萩原・前掲注(7) 207頁がある。

15　米山正明「被告人の属性と量刑」大阪刑事実務研究会(編)『量刑実務体系第3巻』(判例タイムズ社、2011年) 153頁。

神障害の疑いがある場合を別にすれば、情状鑑定が実施される例はさほど多くないと推測される。その要因として、前項で述べた情状鑑定一般にまつわる問題以外にも推測されるものがある。それは、裁判員裁判では裁判員の負担を軽減するために証拠の厳選を図る必要があるという裁判員裁判側の要因、裁判員裁判において行為責任主義が一層強調されるようになったという量刑や55条移送にかかる処遇選択側の要因、さらには冒頭で指摘した、原則として社会調査記録を活用すれば足りると考えられてきた少年の刑事裁判側の要因とに分けることができよう。以下ではこのうち、裁判員裁判に起因する要因と処遇選択論について検討する。

(1) 裁判員の負担軽減論

まず裁判員裁判側の要因について検討したい。この問題は、司法研究報告書が責任能力鑑定に関して複数鑑定回避論を打ち出していることに関連する[16]。同報告書は、複数鑑定を可能な限り防ぎ、複数を調べざるを得ない場合には、裁判員が混乱しない方策を採る必要があるとし、その理由を、「裁判員にとって、一つの鑑定でもその専門性のために理解するのに負担が大きい上、『目で見て耳で聞いて心証の採れる公判審理』では、従来のような記録の精査を求めることはできない」ことに求める。そうだとすれば、同じことは情状鑑定にも妥当し、できる限り回避した方が望ましいということになってしまう。

しかしながら、複数鑑定の実施に弊害があるという立論には疑問がある。鑑定の分かりやすさは、第一義的には個々の鑑定が専門用語の多用や分かりにくい説明を回避することで達成されるべきものである。分かりやすい鑑定が複数存在した場合、鑑定人や当事者が意識的に対立点を浮き彫りにするよう努めれば、裁判員が理解できないという事態は回避できるはずである。また相互に優劣の付け難い複数の見立てが提示され得る場合に、無理に鑑定を一つに絞るとすれば、適正さが犠牲にされたり、真実発見から遠ざかったりするおそれがある。これに対して責任能力鑑定に関しては、鑑定事項を精神

---

16 司法研修所・前掲注（1）48頁。

障害が犯行に及ぼした機序に絞るのであれば鑑定人間での結論の相違は必ずしも大きくならないともいわれる[17]。しかしこれでは鑑定が本来的に言及すべき事柄についてまで十分に言及できないことになりかねない[18]。

　しかも、情状鑑定については性質上、責任能力鑑定以上に多様な鑑定結果が想定される。犯行と因果性を有すると想定される要因も精神障害にとどまらず人格的要因や環境要因にも及ぶし、鑑定事項自体も予後の判定や処遇意見をも含む広範囲なものとなり得る。そして、一般に精神鑑定では精神障害と事件の関係について説明する過程で、精神病理的な解釈を交えて推測することには非常に慎重な姿勢が取られているのに対し、情状鑑定では性格、生い立ち、家族関係といった事件に対してはより間接的な要因についての心理学的な解釈や、それらが事件にどのような影響を与えたかといった推測についても積極的に求められるという違いがあるとされる[19]。そもそも情状鑑定にあっては、鑑定人のバックグラウンドが心理学、社会学、精神医学等と多岐に及ぶ。情状鑑定において、社会調査記録とは別の視点が提示される可能性は、責任能力鑑定以上に高い。

　さらに既に（典型的には捜査段階で）責任能力鑑定が実施されている場合であっても情状鑑定を実施する必要性は否定されない。責任能力を担当した鑑定人に対する尋問の過程では、治療の必要や今後の処遇上の留意点について質問されることが稀ではないとされる。そして、情状や処遇に関する見解に

17　森裕「裁判員裁判における鑑定事項と精神医学的判断について」法律時報85巻1号（2013年）14頁は、裁判所が精神疾患名の差異を問題にせず、かつ、鑑定において妄想のような精神症状が犯行に影響した「程度」も問題にせずに、精神症状の存否やそれと犯行との因果関係性という定性的判断を行うことを提言する。確かにそのように考えれば、異なる鑑定結果が出現することは回避できるかもしれない。しかし、精神医学的判断では可知論に立つか不可知論に立つかに関わりなく、不可知な領域が残り、その領域を経験的な推論で埋めていく作業が不回避だと思われるところ、そこまで判断内容を刈り込んだ場合に情報量が大きく減少し、本来伝達すべき情報が伝達されない結果、責任能力判断における規範的判断すなわち裁判官と裁判員の常識的な判断に委ねられる領域が大きくなり過ぎ、かえって責任能力判断の適正性が阻害されるおそれが大きいのではないだろうか。

18　以上について詳細は、本庄武「裁判員制度下における精神鑑定の課題」法律時報84巻9号（2012年）24頁以下参照。また私見と基本的論調を同じくするものとして、高倉新喜「裁判員裁判における公判前整理手続と刑事精神鑑定」白取祐司（編）『刑事裁判における心理学・心理鑑定の可能性』（日本評論社、2013年）187頁がある。

19　安藤久美子「裁判員制度における情状鑑定の利用」青少年問題647号（2012年）33頁。

ついて同じ鑑定人が言及することにより、刑務所に入れるのではなく病院で治療を受けさせた方がよいため心神喪失にするといった判断がされるおそれがあるため、責任能力に関する鑑定意見と情状に関する鑑定意見は分かりやすく切り分ける必要があるし、ケースによっては責任能力鑑定とは別に情状に関する鑑定が行われた方が裁判員には理解しやすいのではないか、と指摘されているところである[20]。それだけでなく、前述のように、責任能力鑑定が意識的に掘り下げたり言及したりすることを控えている部分にも積極的に光を当てていくのが情状鑑定なのだとすると、単なる裁判員にとっての分かりやすさの問題だけでなく、たとえ同じ鑑定人が鑑定を実施する場合であっても、鑑定事項が責任能力に関するものなのか、情状に関するものなのかに応じて、鑑定の内容自体が変わってくる可能性がある。責任能力鑑定が実施され、そこから付随的に明らかになった情状に関する判断を活用すれば十分とはいい切れない場合も多いと思われる。

　裁判員裁判で充実した判断を行うためにも、情状鑑定は積極的に行われるべきであり、それは職務に真剣に取り組む傾向の高い[21]裁判員のニーズにも合致しているといえる。審理の早期の時点で、情状鑑定の実施を予定して審理計画を立てることが容易でなく、その結果、具体的に実施の必要性を検討すべき段階になった場合、実施による裁判員の負担の増加を考えて、従来に比べて情状鑑定の実施が見送られてしまうことが増えるという見通しも示されている[22]。しかしだからこそ、公判前の段階での情状鑑定の必要性判断は緩やかに行うべきであろう。元々情状鑑定が問題になる事件は、少なくとも犯人性に争いがないことが前提であるため、必要な審理の絶対量は多くない。情状鑑定に過度に抑制的な姿勢は裁判員制度開始当初に見られたように、極限まで証拠量を減らすという極端な方針の残滓であり、制度が順調に運用されている現時点においては克服すべき対象である。

20　安藤・前掲注（19）35頁。

21　裁判員経験者へのアンケートによれば、評議において「十分に議論できた」との回答が各年度とも70％を超えている。最高裁判所事務総局『裁判員裁判実施状況の検証報告書』（2012年）22頁。

22　植村立郎「裁判員裁判における事実認定に関する若干の考察」木谷明（編）『刑事事実認定の基本問題（第2版）』（成文堂、2010年）462頁。

(2) 裁判員裁判での処遇選択論──量刑と55条移送

　従来より日本の刑事裁判では、行為責任主義の下で量刑は基本的に犯罪の重さに基づく可罰性の評価により決められ、またそれが公平に適うとされてきた。この可罰性の評価は、社会的な評価や感覚に基づくため本来的に一定範囲の幅を持ち、この幅の範囲内で合理的理由に基づく裁量的判断によって宣告刑が最終的に決定されるとされる。この合目的的裁量判断の幅が狭いことが、情状鑑定が積極的に活用されない理由の一つとされてきた[23]。

　この傾向は裁判員裁判においては一層強まっている。司法研究報告書は、量刑の本質を被告人の犯罪行為に相応しい刑事責任を明らかにすることと考えるならば、犯罪行為それ自体に関わる事情（犯情）が刑量を決めるに当たっての基本となり、第1次的に考慮されるとする。その上で、刑罰には、同じような犯罪を予防する目的と被告人を更生させて社会復帰を図るという目的もあるので、これらの点に照らして考慮すべきその他の事情も踏まえるが、これらの目的は、犯情によって決められる責任の枠を基本として刑量を調整する要素として位置づけられることになり、2次的に考慮されるべきとする[24]。具体的には、動機・行為態様・結果等の主要な犯情事実に着目して当該事件の社会的類型を確定させた後、社会的類型を構成する各犯情事実を量刑検索システムの検索項目として入力することで得られる量刑分布グラフにより把握される量刑傾向を一つの目安とした上で、最終的な刑の数量化が行われる[25]。そして、このような形で量刑を行うことの機能として、判断資料が過度に拡散することなく、当該犯罪に相応しい安定的かつ説得的な量刑が可能となる上、量刑判断の公平性も担保されることが指摘されている[26]。

　このように犯情を基本とした量刑は、判断資料の限定に結び付き、情状鑑

23　松本時夫「刑の量定・求刑・情状立証」『現代刑罰法大系第6巻・刑事手続II』（日本評論社、1982年）156頁及び176頁。

24　司法研修所（編）『裁判員裁判における量刑評議の在り方について』（法曹会、2012年）6頁。

25　司法研修所・前掲注（24）18頁及び24頁。

26　司法研修所・前掲注（24）7頁注（2）。

定で提供され得る情報を軽視することにつながっているかに見える。

　しかしながら司法研究報告書を子細に見ると、異なる面が見えてくる。というのも、かつての代表的見解は、犯罪事実そのものを構成する事情は、犯行の手段、結果、態様、被害の程度、犯行の誘因、直接的な動機、共犯者との関係などとされる一方で、情状として考慮されるのは被害感情の宥和、被害弁償への誠意、被告人の精神的・肉体的素質、生立ち、性格、前科前歴、社会に復帰した場合の社会的境遇や家庭環境、被告人自身の更生意欲などであると分類してきた[27]。また別の代表的見解によっても、犯情を構成するのは犯罪の動機、方法及び態様、結果の大小・程度・数量であり、被告人の性格、一身上の事情は特別予防の観点から考慮されるものと分類されている[28]。これらの見解は暗黙のうちに、ある量刑事情は犯情と一般情状のどちらかに分類されることを前提に、犯情に属するのは犯罪構成要件該当行為及びその外延に属する主観的・客観的事情であると考えていたといえる。

　これに対して、司法研究報告書は、「犯行に至る経緯」の項目について、被告人の当該犯罪行為の意思決定に対し、どのように、あるいはどの程度影響したかという観点から考慮されるべきであり、また「動機」「犯行の至る経緯」「被害者の落ち度」「被告人の生育歴」等について併せて主張される場合は、これらを個別分断的に捉えるのではなく、全体として犯罪行為の意思決定にどのような影響を及ぼしたかという観点から検討することになると指摘する[29]。また「被告人が若年であること」、「被告人の生育歴」の項目では、被告人が少年であること(それによる人格の未熟等)が犯行態様や結果等にどのように結び付き責任非難の程度に影響するか、更生可能性の程度にどのように影響するかを説得的に主張・立証することが求められるとされ、また被告人の生育歴については、それが責任非難の程度に影響するものか、あるいは、性格や生活環境等が将来変化する蓋然性があり、その変化が改善に結び付くかなどとの関連で特別予防に影響するものかという観点から、量刑上の考慮の程度

27　松本・前掲注（23）156頁及び160頁。

28　原田國男「量刑基準と量刑事情」同『量刑判断の実際（第3版）』（立花書房、2008年）8頁。

29　司法研修所・前掲注（24）46頁。

を具体的に検討する必要があるとされる。そして、生い立ちが不遇であることの主張はそれが単なる行為者の主観的事情の指摘にとどまる場合は量刑上大きく考慮されることはなく、重要なのはそうした事情が犯罪行為の意思決定にどのように関連し、当該事案をどのようなものとしてみればよいのかを、量刑の本質を踏まえながら裁判員に説得的に提示することであるとされる[30]。

　司法研究報告書は、裁判員裁判を念頭に置いて、個別の量刑事情の位置づけを裁判員に理解してもらえるように検討し直している。その結果、「若年であること」「生い立ち」等の従来一般情状と分類されてきた事情も、犯罪行為の意思決定に影響を及ぼす限りにおいて犯情要素にもなることが示されている[31]。そうだとすると、犯情中心の量刑を行う傾向が強まっていてもなお、情状鑑定を実施して犯情の重さ自体を科学的に分析する必要性は否定されないことになるのである。また、司法研究報告書の枠組みは、量刑事情の再編を促している。正確にいえば、量刑事情として取り上げるべきなのは犯罪行為の意思決定の自由度であり、従来量刑事情として捉えられてきた「犯行に至る経緯」や「生い立ち」等はそれを指し示す間接事実ということになる。そのため当然に、各間接事実は単独で意味を有するわけではなく、総合的に考慮されなければならないことになる。複雑に絡み合う様々な事情の関係を解きほぐし、犯行時の意思決定にいかなる影響が及んだのかを明らかにする上では、裁判官や裁判員の素人的判断を行うより、専門家の意見に耳を傾けることの方が有効であろう。さらに、「生い立ち」に関して、単に不遇であると強調するだけで、被告人への同情を誘うような主張は有効でないとされる。そうだとすると司法研究報告書の立場では、「生い立ち」が犯行にどう影響したかを経験科学の知見を活用して明らかにする情状鑑定は、裁判員が適切に量刑事情を評価するためにむしろ積極的に取り入れられるべきことになるは

30　司法研修所・前掲注（24）70頁。生い立ちが責任非難の程度に影響する場合としては、①不遇な生い立ちが精神的成長や人格形成を阻害して遵法精神や規範意識の涵養が十分になされず、それが犯罪への反対動機形成を阻害した場合、②被告人が少年や若年の成人で、幼少期から被害者に虐待を受けていたことが犯罪の動機となっているような場合が例示されている。

31　これらの事情が責任非難の程度と特別予防の両者に関係することは既に、米山・前掲注（15）96頁及び135頁でも認められていたが、司法研究報告書はより明確な位置づけを行ったといえる。

ずである。

　次に、情状鑑定において犯行理解と共に重視される被告人の予後や被告人に相応しい処遇については、確かに犯情重視の量刑の枠組みでは相対的に軽視されることになってしまう。しかしながら、死刑の是非、無期懲役刑の是非、刑の執行を猶予することの是非といった質的に異なる刑同士の選択が問題となる場面では、一般情状の評価が結論を左右する場合が多くなる。実際にも、裁判員裁判対象犯罪において、裁判員裁判では裁判官裁判よりも執行猶予付き判決が下される割合がわずかに高く、また執行猶予に保護観察が付された割合は大幅に高いという検証結果が存在している[32]。保護観察が付されることが好ましいかどうかは議論のあるところであるが、いずれにしても裁判員が被告人の更生に高い関心を有していることが分かる。少年の裁判員裁判対象事件では重い刑が言い渡される場合が多いが、鑑定によって長期の施設収容が更生に与える弊害が分かりやすく提示されるとすれば、裁判員がそのことを重視して、思い切った判決を下すこともないわけではないだろう[33]。また鑑定を実施して犯行要因の科学的な解明が行われ、今後の対処方法の処方箋が描かれることは、仮に量刑に影響がなかったとしても、少なくとも被告人の更生には積極的な意義を有している[34]。

　そして、少なくとも刑事施設に収容されることが有する意味については、裁判員に正確に理解してもらった上で判断してもらう必要がある。少年の裁判員裁判においてはしばしば、刑事施設であっても被告人の問題性に働き掛ける少年院類似の処遇が実施されるようになってきている、ということが指摘される。しかしながら、重大事件で長期間刑事施設に収容される少年の場

32　最高裁判所事務総局・前掲注（21）23頁。

33　その際に、①10代、20代での受刑の意味合いは、それ以降の年代での受刑とは比較にならないほど出所後に悪影響を及ぼし得るという意味で苛酷に働き得ること、②可塑性が高い少年の場合は刑事責任の感受性が成人よりも高いと予想されるため、同程度の刑事責任を果たすために必要な刑罰量は成人よりも少ないと考えられること、といった視点があわせて提示される必要がある。本庄武「少年有期刑の引上げ」法律時報85巻1号（2013年）68頁【本書第10章】。

34　情状鑑定がたとえ量刑に影響を与えずとも、鑑定を受ける過程で、被告人が納得すれば、受刑生活を有意義に送り、更生の道を歩むことの実例について、高野嘉雄「更生に資する刑事弁護」奈良県弁護士会（編）『更生に資する弁護—高野嘉雄弁護士追悼集』（現代人文社、2012年）206頁。

合、少年受刑者処遇が最も充実した川越少年刑務所でも、少年用に特化した処遇を受けるのは20歳まで若しくは収容後1年間のどちらか長い期間だけであり、心理・教育スタッフによる個別担任制も刑執行開始から3年経過時までとなっている[35]。残り26歳に達するまでは若年成人として少年刑務所で処遇を受けるが、特段のプログラムはない。そして、26歳を過ぎると一般刑務所に移送され、名実ともに通常の処遇を受けることになる。従って、長期間収容される場合、収容されてから受ける主たる処遇は成人用のそれである。確かに、成人施設であっても収容期間中、特別改善指導等を受けることがある。しかし、それらが人的物的資源の限界の下で必要な被収容者全員に行き渡っていないことや、実施される場合にも数か月間に5ないし10回程度の指導やグループミーティングが行われるだけであり、長い収容期間からすると極めてわずかな期間の出来事であることが、どこまで理解されているのか疑問である。刑事施設収容に社会復帰を阻害する弊害があることは、犯罪学の常識であるが、こうした一般論だけでなく、当該被告人が収容された場合の予後が好ましいものでなかったとして、その弊害を甘受してまでも長期の施設収容が必要かどうか、という「悩ましい」判断を裁判員に行ってもらうためにも、情状鑑定は極めて有効であろう。

　なお、情状鑑定は55条移送の当否を検討する際にも有用な資料となり得る。しかしこの場面でも司法研究報告書が示した方針が障害となる。司法研究報告書は、55条移送を行う際、少なくとも20条2項で逆送された事件については、まず少年についての凶悪性、悪質性を大きく減じて保護処分を許容し得るような特段の事情を要求する。そしてこの特段の事情の判断要素は、狭義の犯情を中心とした量刑事情と大差ないと主張し、犯情説への傾斜を濃厚に示している[36]。しかしながら別稿で詳細に検討したように、司法研究報告書の方針には幾多の理論的難点が存在しており、55条移送決定において犯情を特別視するのみならず特段の事情を要求する理論的根拠は存在し

35　法務省「第4回平成20年改正少年法等に関する意見交換会議事録」(2012年) 1頁以下。

36　司法研修所・前掲注 (1) 60頁。

ない[37]。55条移送が争点となる場合は、そうでない場合に比して一層情状鑑定を実施する必要性は高くなるであろう。

量刑や55条移送との関係で、情状鑑定はむしろ積極的に実施されなければならないのである。

4　発達障害のケース
(1) 発達障害の特性

少年の裁判員裁判で情状鑑定が採用されやすいのは、少年が発達障害を抱えている疑いのあるケースであろう。公刊物等に掲載されているものにおいて、奈良地判2010（平22）・11・23LEX/DB25470185と大阪地堺支判2011（平23）・2・10LEX/DB25470389の2件が確認できる。今後もこの類型が情状鑑定が実施される事件の中心になると思われるため、まずは発達障害のケースについて取り上げる。

発達障害とは、法令上「自閉症、アスペルガー症候群その他の広汎性発達障害、学習障害、注意欠陥多動性障害その他これに類する脳機能の障害であってその症状が通常低年齢において発現するもの」と定義されている（発達障害者支援法2条1項）。しかし刑事事件で問題となるのは広汎性発達障害であるため、以下では単に発達障害と称する場合にも広汎性発達障害の意味で用いる。

アメリカ精神医学会で作成され、日本でも大きな影響力を持つ診断基準であるDSM-IV-TRによれば、広汎性発達障害は自閉症障害、アスペルガー障害、特定不能型の広汎性発達障害の三つのサブタイプに分類される[38]。自閉症障害とアスペルガー障害には共通する二つの診断的特徴として、「対人相互的反応の質的障害」と「強迫的なこだわり・没頭・反復」があり、さらに「早期からの言語や遊びの発達の問題」が存在すれば自閉性障害と診断され、この問題がなく、かつ明らかな認知発達の遅れ（知的障害）がない場合はアスペ

37　本庄武「保護処分相当性判断・再考」『刑事法理論の探求と発見―斉藤豊治先生古稀祝賀論文集』（成文堂、2012年）571頁【本書第6章】。また原則逆送事件における55条移送判断は20条2項の基準の裏返しとして、保護処分の許容性を示す特段の事情が必要だとの前提を置きつつも、特段の事情は犯情に限られず、広く一般情状に関わる事情も考慮すべきとする見解として、加藤・前掲注（3）478頁。

38　ただし、2013年5月に公表された最新のDSM-5においては、広汎性発達障害は、自閉症スペクトラム障害と名称が変更され、アスペルガー障害等の下位分類も廃止されている。

ルガー障害と診断されるとのことである。言い換えると、対人相互的反応の障害が最も重いのが自閉性障害であり、対人相互的反応の障害がそれより軽く、知的障害もないのがアスペルガー障害となる。特定不能型の広汎性発達障害は、両者の基準を満たさない場合であり、知的障害があるが対人相互的反応の点では自閉性障害の基準を満たさない場合(アスペルガー障害よりも障害は重度で自閉性障害に近い場合)と、対人相互的反応の障害が少ないか臨床域下であり、強迫的傾向が目立たず、知的障害もない場合(アスペルガー障害よりも障害が軽い場合)の両者が含まれる[39]。

「対人相互的反応」の障害とは、他人との自然な意思疎通が困難、相互的な対人関係が構築できない、興味や関心をうまく共有できない、情緒発達が未分化で共感性が発達しづらい、といったことにより社会生活に著しい困難を生じるとされる。また「強迫的傾向」がある場合、思考の柔軟性が乏しくなりやすく、一度着想した計画に自らが囚われてしまい、同じパターンの行動を反復したり、行動がエスカレートしてしまいやすい、という特徴があるとされる[40]。

(2)責任能力判断

発達障害について鑑定が実施された従来の裁判例のほとんどにおいて、責任能力が争われている。管見の限り、裁判例の中では完全責任能力を認めたものが大部分を占め、心神喪失を認めた者は見当たらず[41]、心神耗弱を認めたものが2件あるという現状にある。

(a)心神耗弱事例①

心神耗弱を認めたうち、1件は東京高判2007（平19）・5・29東高刑時報

---

39 以上につき、十一元三「少年・成人の司法事例と広汎性発達障害」発達障害研究34巻2号（2012年）111頁。

40 十一元三「広汎性発達障害が関与する事件の責任能力」精神医学53巻10号（2011年）966頁。

41 東京地判2008（平20）・5・27LEX/DB25420977は、アスペルガー障害を基盤として解離性障害に罹患していた場合で、一部訴因について心神喪失を認めているが、アスペルガー障害の程度は責任能力に影響を及ぼすものではない、とされている。

58巻1～12号32頁である。この事件は特定不能の広汎性発達障害に起因する攻撃的衝動の影響下にある被告人が、6か月余りを隔てて2件の殺人未遂を犯したというもので、原判決は第2事件については心神耗弱を認めたものの、第1事件については完全責任能力を認めていた。第2事件について心神耗弱を認めた理由は、本件犯行は、心的負荷の高まりに被害者の訪問という外部的な刺激が加えられたことをきっかけとして、思路の狭窄を生じ、攻撃的衝動に突き動かされるようにして行われた行動であって、行動抑制能力が著しく減退していた疑いは払拭できない、というものであった[42]。他方で原判決が、第1事件について完全責任能力を認めた理由は、①犯行を決意する以前に両親に相談することや自傷行為を行う等、攻撃的な衝動を解消するための他の手段に思い至ることができていること、②標的の選択や攻撃の態様といった点でなるべく自分が危害を加えられるおそれの少ない行動を選択していると考えられること、③被告人が粗暴行為の行動化を避けるだけの能力を欠いていたとはいえないと結論づける捜査段階の鑑定が信用できることにあった。しかし本判決は、①被告人に攻撃的な衝動が発生する機序は、強迫的観念や侵入的想起に近縁のものといえ、この強迫的観念等が、両親への相談や自傷行為を思い立たせ、かつ、これを否定させて他害行為に及ばせた可能性を払拭できないこと、②標的の選択に関しては、被害者に悪意を感じたからという捜査段階の鑑定の意見の方に説得力があること、③捜査段階の鑑定が依拠した、犯行時までの経過に記憶の欠損がない、犯行が計画的であった、犯行直前に被害者を選択するだけの冷静さを保持していたという判断の前提となる重要な事実に誤りがあることから結論に賛同し難い、とした。その上で、第1事件についても、特定不能の広汎性発達障害に起因する攻撃的衝動の影響により、行動抑止能力が著しく減退した心神耗弱の状態にあった疑いを払拭できない、と結論づけている。

　この判決は、司法研究報告書における裁判例類型化の元になっている。報告書によれば、広汎性発達障害の影響が問題になる事例は、(1)不測の事態

---

[42] 原判決は未公刊であるが、第2事件についての判示は、司法研修所・前掲注(1)239頁に紹介されている。

が生じ、広汎性発達障害が原因で混乱や思路狭窄が生じた類型、(2)犯行動機や犯行に至る経緯に特殊な価値観やこだわりなどが影響した類型、(3)独自の価値観等に基づく計画を実行する過程で不測の事態に混乱し、問題解決の手段として他害行為に至った類型((1)と(2)の混合型)などに分けられる。(1)は(1-a)混乱から他害行為に至れば、責任能力に影響が及ぶが、(1-b)他害行為を選択した原因が混乱とは別にある場合は完全責任能力と評価され、(2)は(2-a)広汎性発達障害の影響が強迫観念類似のものにまでなっていれば責任能力に影響が及ぶが[43]、(2-b)単に影響が認められるにとどまる場合は完全責任能力と評価される。(1-b)と(3)については該当裁判例なしとされ、本件第1事件は(2-a)に、第2事件は(1-a)に、そして検討対象とされた残りの裁判例でいずれも完全責任能力を認めたものがすべて(2-b)に分類されている[44]。

このような、発達障害に起因する混乱等に抗えず犯行に至る場合か精神障害に起因する強迫観念類似の統制が困難な衝動に支配されている場合に責任能力に影響が及ぶという整理は、犯行時に自らの意思を主体的に働かせる余地が制限されているといえる場合に責任能力に影響が及ぶという発想を前提にしているように思われる[45]。これは、統合失調症について司法研究報告書が提案するような平素の人格と障害とを二分する発想[46]の延長にあるが、広汎性発達障害は生まれつきの資質特性であるとされるのであるから、統合失調症の延長線上で考えることには無理が生じる。敢えて理論的に考えるなら、被鑑定人の示す人格の特徴から広汎性発達障害の特徴を差し引いたものが"元来の人格"に相当する、との理解も示されているものの[47]、障害と人格とは分かち難く結び付いているのであろうから、障害特性だけを差し引くこ

---

43 この類型ではさらに、強迫観念が強固で、他の選択肢を全く思いつかず、社会のルールと照らし合わせが一切できないというところまで至れば、理念的には心神喪失の余地があるとされるが、他の障害が重複することなしに、現実にそのような事例があり得るのかについては疑問がある。

44 司法研修所・前掲注(1) 279頁。

45 幻覚妄想等精神病状態やこれと等価な異常な精神状態がなかったことを決め手に完全責任能力と判断した、大阪地判2011(平23)・1・11LEX/DB25470190には、この傾向が顕著に表れている。

46 司法研修所・前掲注(1) 36頁。

47 十一・前掲注(40) 969頁。

とは理論上の想定としても困難ではないかと思われる[48]。しかも、発達障害の障害特性を踏まえずに統合失調症とパラレルに考えることは、発達障害の責任能力への影響は不当に狭めてしまうおそれがある。すなわち、統合失調症の場合、精神障害の影響には程度が付され、著しい影響があれば犯行を支配するところまで至ってなくても、心神耗弱の余地が認められている。それに対して発達障害については、犯行への影響がどれだけ大きくてもそれだけでは責任能力に影響はなく、強迫観念類似の衝動が発生しなければならないとされるのである。実務上多く見られる(2-b)の類型においても、障害の影響が強ければ、責任能力に影響すると考えるべきではないかと思われる。

（b）心神耗弱事例②

　発達障害に心神耗弱を認めたもう1件は、東京地立川支判2011（平23）・5・30LEX/DB25480350である[49]。被告人は広汎性発達障害のうちの自閉性障害に罹患しており、境界知能であったが、鬱憤を晴らすために1年半の間に計3回路上生活者を鉄パイプで襲撃し、うち1名を死亡させたという事件である。判決は、嫌悪している路上生活者を襲うことで苛立ちを解消するという犯行動機それ自体は通常了解できないものではないが、繰り返し職務質問を受けること等で警察への被害意識や不信感を抱いたというストレスの形成、そのストレスを適切に発散する手段を持つのが困難であったこと、清潔や洗浄に固執し父親から路上生活者の悪口などを繰り返し聞かされたため、汚く、臭い路上生活者は価値が低く、殴ったり痛めつけても構わない存在であるとの考えを抱いたため攻撃相手として路上生活者を選択したことのいずれにおいても、自閉性障害による影響を強く受けており、動機の形成過程を含めた全体でみると、各犯行動機は自閉性障害の特性等を考慮しなければ了解が困難なものだと評価した。結論として、事理弁識能力の減退は著しい程度のものに至っていたとして、心神耗弱を認めた。

48　後述する、東京高判2012（平24）・3・5LEX/DB25482208は、この見解について「明らかに無理な説明」と形容する。

49　本判決は、心神耗弱に加えて、殺意の存在を否定し、懲役12年とした。

しかしこの判決は、東京高判2012（平24）・3・5LEX/DB25482208で破棄され、完全責任能力が認められた[50]。この判決では、自閉性障害の影響は、いらいらのはけ口の対象の選択理由の一部及びいらいらを解消するための手段の過剰性に現れているにとどまるため、動機については、自閉性障害の特性等を考慮しなければ了解が困難であるとまではいえず、自閉性障害の特性等を考慮しなくても一応了解が可能であるというべきである、とされた[51]。
　本件は(2-b)の類型であり、上級審で破棄されたとはいえ、裁判所がこの類型で心神耗弱を認めたことに意義がある。本件の焦点は動機の了解可能性であったが、発達障害に関しては、常に平素の人格に重なる形で障害特性（主要症状）が現れるため、動機の理解にあたり暗黙のうちに障害特性を踏まえてしまった結果、"了解可能"と判断してしまいやすい、との指摘に留意しなければならない[52]。この点で、一審判決の、「犯行動機は通常可能だが、動機形成過程を含めた全体でみると了解が困難である」、との判示が問題となる。この判示は分かりづらいものであり、控訴審はそこを突いたものと思われる。しかし、「通常」とは、精神障害を抱えていない者にもあり得るという意味であろうと思われるが、精神障害を抱えていなければ、ほとんどの人はそうした動機では犯行に至らないはずである。にもかかわらず、了解可能

50　同時に、殺意も認定され、量刑は懲役22年とされた。

51　一審と控訴審の責任能力判断を分けたもう一つのポイントは、違法性の認識の点である。一審は、被告人の各犯行が許されるか否かについての認識は、犯行が露見すると、警察に捕まって、入りたくない刑務所や病院に入れられてしまうという程度にとどまっており、それ以上に被害者に対してどのような苦痛を与えるか、社会的にどのような重大さや深刻さをもって受け止められるかといった社会的な意味合いについてはほとんど認識していないとした。それに対し、控訴審は、露見すれば警察に捕まって刑務所に入れられるような行為であることの認識があれば、当該行為が犯罪として許されないものであることの認識があることは明らかであり、その程度の認識があれば、自己の行為を思いとどまることもできるため、刑事責任を問うことに支障はないとした。この点は、いかなる「違法性」の認識を欠けば、違法性の錯誤になるか、という論点に関係している。判例（関根橋事件にかかる、最判1957（昭32）・10・18刑集11巻10号2663頁）は、法定刑の寛厳に関する錯誤は違法性の錯誤に含まれないとするが、近時の学説では含まれるとする見解も有力である（例えば、西田典之『刑法総論（第2版）』（弘文堂、2010年）239頁）。犯罪としての許されなさにも程度があるはずで、例えば起訴猶予になる程度の犯罪との認識であれば、重大犯罪に相応しい違法性の認識とはいえないように思われる。一審の論理の方が説得的ではないだろうか。なお、十一・前掲注（40）969頁は、犯行の重大さの認識を欠くが違法の認識を有していることがあるのは、広汎性発達障害の特徴の一つであると指摘する。

52　十一・前掲注（40）968頁。

と判断されるのは無意識のうちに性格特性等を補うからだと思われる。本件被告人の場合、本人に帰責できない障害特性を考慮に入れなければ、いらだちが襲撃にまで飛躍することがなかった、というのであれば、了解可能であるとの控訴審の判断は、暗黙のうちに障害特性を踏まえてしまっている可能性があり、一審の、全体として了解困難であるとの評価も成り立ち得るのではないだろうか。

　今後、(2-b)の類型を中心に、発達障害者に対する責任能力判断を見直していく必要があると思われる[53][54]。

(3)量刑判断への影響

　責任能力への影響が否定されたとしても、広汎性発達障害を抱えているという事情は量刑判断において当然に意味を持つと考えられる。その際、多くの裁判例は適切な環境の下で支援を受けられれば更生が可能であることを被告人の有利に考慮しているが[55]、前述のように犯情中心の量刑基準の下で、一般情状である更生可能性が量刑に及ぼす影響力は限られている。

53　金岡繁裕「発達障害のある人の刑事責任について」発達障害研究34巻2号（2012年）68頁は、犯行が全く回避不能であったといい得るまでの事案は多くないだろうが、限定責任能力判断がされるべき事案は相当数にのぼると考えており、判断枠組み自体の再構成が必要であろう、と指摘する。

54　十一元三・崎濱盛三「アスペルガー障害の司法事例」精神神経学雑誌104巻7号（2002年）580頁は、広汎性発達障害の有する固有のハンディキャップにつき、弁識能力や行動制御能力が障害されていたと定式化すると、本人は常に心神耗弱状態にあることになり、広汎性発達障害を有するすべての者が心神耗弱状態にあると判断されることにもつながると指摘する。その上で、心神喪失でも心神耗弱でもないが、障害のない者と比べ、犯罪行為の抑止上不利であったことにより、責任能力は完全ではない、との定式化の方が望ましいと述べる。しかし、慣例に基づく徹底した不可知論がもはや採られていない現状においては、責任能力とはあくまで個別の行為についての判断であり、心神耗弱が常態化しているとの含意を有するものではない。また弁識と行動制御以外の別の能力が毀損されていると表現しても、その能力が常態的に毀損されているのであれば同じ問題が生じるし、別の能力といっても、結局は善悪判断の能力か行動をコントロールする能力のいずれかに還元されるものであり、単に伝統的な精神障害とは判断方法が異なるというにとどまるように思われる。

55　例外が、十分な反省のないまま被告人が社会に復帰すれば、被告人が本件と同様の犯行に及ぶことが心配され、親族が支援を断り、アスペルガー症候群への社会内での受け皿が何ら用意されていない状況では再犯のおそれがさらに強く心配されるとして、検察官求刑が懲役16年であったのに対し、「許される限り長期間刑務所に収容する」との観点から懲役20年に処し、物議を醸した、大阪地判2012（平24)・7・30賃社1575号11頁である。本判決への批判として、「大阪アスペルガー事件判決（大阪地裁平成24年7月30日）に関する声明」賃金と社会保障1575号（2012年）14頁、高岡健『続・やさしい発達障害論』（批評社、2013年）などがある。

ここではむしろ、広汎性発達障害を抱える者の犯行に見られる特徴として指摘されている点に注目したい。すなわち、①偶発的状況から影響を受けつつ、生来の強迫的傾向により、局所的にみると周到な準備とも映るような行動が見られることがまれでないため、犯行の計画性判断は慎重に行われるべきである、②裁判上不利に働く可能性があるような供述、言動がしばしば見られる、③局所的には合目的的に振る舞いつつ、全体からみるとつじつまの合わない奇妙な行動がみられることが多い、④犯行後に凶器を遺棄したのは、持っていても仕方ないからであり、衣服に付着した血液を洗い流したのは、血が付いていると目立つし、親に変に思われるからであるというように、罪証隠滅のための行動に見えるものが必ずしも自己防御・危険回避行動を意味しない[56]、⑤悪意や隠蔽の意図を欠いた非社会的感覚に基づく行動様態が、大胆、悪質と映りやすい、⑥意識障害や激しい情動を伴わず、清明な意識のもとで行われたことでも、犯行準備を開始してからは実行すること以外は行動の修正に関する思念が生じない場合がある、⑦パニック状態に陥っていても、局所的な知覚及びそれに基づく記憶が保たれている場合が多い[57]、といった諸点が指摘されているのである。

　これらの諸点はいずれも犯情評価に関わる点である。広汎性発達障害の犯行への影響を適切に評価すれば、犯情評価を異ならせ、量刑に大きな影響を及ぼす可能性がある。

　しかしながら、管見の限り、裁判例の量刑判断における広汎性発達障害の扱いは必ずしも適切であるとはいい難いように思われる。第1に、発達障害の存在があるため「単に同情の余地がある」と述べるものがある[58]。これは障害の存在が量刑にどう影響すべきかを説得的に考慮することを放棄しており、

56　①〜④につき、十一・前掲注（40）968頁。

57　⑤〜⑦につき、十一元三「広汎性発達障害と精神鑑定」こころのりんしょうà・la・carte28巻3号（2009年）104頁。

58　神戸地判2012（平24）・5・25LEX/DB25481700、鹿児島地判2012（平24）・5・31LEX/DB25482493、奈良地判2012（平24）・7・25LEX/DB25482445（障害に基づく衝動性が犯行に少なからず影響を与えた等を指摘しつつ、「そうすると、本件の背景事情には、同情の余地がある」と判示する）。この類型が、近時の裁判員裁判の判決に集中しているのは、司法研究報告書が提言する「量刑理由の簡素化」と関係があるのかもしれない。司法研修所・前掲注（24）83頁以下参照。

分析的な情状の評価とはいい難い。単に量刑を若干軽くしておけばよいだろうという安易な発想に至りやすく問題である。

　第2に、犯行に至る経緯や動機について「短絡的」等との評価を行いつつ、それらに障害の影響があることを指摘するものがある[59]。これらの裁判例については、障害特性があったが故に犯行に駆り立てられたり、あるいは動機を抱いてしまったという側面があるのであれば、それを短絡的と評価することはできないのではないかという疑問がある。特に経緯や動機は短絡的だが、アスペルガー症候群の影響があるから、強く非難できないと判示する裁判例[60]には、評価に矛盾が内包されているように思われる[61]。こうした裁判例では結局のところ、障害の影響が量刑にどの程度影響を与えるのかが見えにくくなってしまっている。

　第3に、第2と同様に障害の影響を認めつつ、犯行に至る経緯や動機を「短絡的」と評価し、かつその理由を説明しようとする裁判例がある。それが犯行決意と実行自体は意思に基づいていることと完全責任能力であることを理由に、障害が影響したことの考慮には自ずと限界があると指摘する裁判例である[62]。しかしこれについては、犯行決意と実行の意思自体が障害特性の影

59　東京地八王子支判2007（平19）・7・31（少年事件。被告人が、被害者に対して強いこだわりを持ち、突然被害者方を訪れるに至った経緯や犯行直前の被害者とのやりとりが直接のきっかけとなり犯行に及んだ過程には、広汎性発達障害の影響があったことは否定できないが、この点を最大限考慮しても、本件の経緯及び動機に、酌むべき点はない、とする）、奈良地判2010（平22）・11・24LEX/DB25470185（少年事件。経緯や動機はまことに身勝手であって、本来そこに酌むべき点は全くないとしつつ、被告人の有する障害が本件に間接的に影響していることなどは酌むべき事情というべきである、とする）、大阪地堺支判2011（平23）・2・10LEX/DB25470389（少年事件。動機は余りに理不尽としつつ、広汎性発達障害の影響があったことも無視できず、責任能力に影響のある事情がある以上、ある程度刑を減ずる事情として考慮する、とする。ただし本判決は、少年法の認める不定期刑の範囲が狭過ぎるため、十分な刑を言い渡せなかったとして、法改正を求める異例の判示を行っている）、青森地判2012（平24）・6・22LEX/DB25482347。

60　岡山地判2012（平24）・7・11LEX/DB25482578。

61　司法研修所・前掲注（24）32頁は、「個々の量刑事情を他と切り離し、量刑事情全体における重みを踏まえずに、分断的・断片的に検討した場合には、その事案の特徴を把握できず、ひいてはその犯罪行為に相応しい刑事責任を見誤ることになりかねない」と一般論を述べた上で、具体例として、「ときに量刑判断に当たって行為態様の悪質性がまず強調されることがある。しかし、例えば、同情できる動機・経緯や被告人の精神状態等が、被告人がそうした行為に出ることの意思決定に大きく影響するような場合は、行為態様の客観的な危険性等を中心とした悪質性ばかり強調することは事案の特徴を見失わせかねない」と指摘する。正当な指摘だと思われる。

62　大阪地判2011（平23）・1・11LEX/DB25470190。前提として、借金の取立てで被害者ら（実母及び実

響によって形成されたのではないかという疑いがあり、また完全責任能力だからといって、定型発達者と同様の意思形成を行ったわけではないのであるから、このような評価が妥当かどうかには疑問がある。同様に、広汎性発達障害の影響により、自殺まで考えて自暴自棄になったという経緯は理解できる面があるとしつつ、責任能力が一般人と比べて低かったとはいえない、と指摘する裁判例[63]もある。これについても一般人と同様の過程を経て動機が形成されていないことを適正に評価していない疑いがある。

　第4に、障害の影響の程度に言及し、刑を量定するに当たっても相応に考慮していると思われる裁判例がある。それが、動機は短絡的で自己中心的としつつも、是非弁識能力・行動制御能力はいずれも若干低下しており、衝動的犯行であったことを明示するもの[64]や、経緯・動機に酌むべきものは乏しいとしつつ、他方で犯行に至る経緯には不幸な事情が積み重なっており、アスペルガー症候群の影響で極限状態で父親殺害したという事情は相当程度有利に考慮する必要があるとするもの[65]である。これらについても、第2と同様に評価矛盾が内包されてはいるものの、障害の影響の大きさの言及している関係で量刑への影響も大きかったのだろうと推測することができる。

　さらに、原判決[66]が動機形成にアスペルガー症候群が影響しているが、被告人は殺害が社会に到底受け入れられない犯罪であることを分かっていたし、殺害計画を立て最終的には自分の意思で犯行に踏み切っており、影響を量刑上大きく考慮することは相当でない、としたのを破棄自判して、犯行に至る経緯や動機形成過程にはアスペルガー障害が大きく影響しており、この点は

妹）を苦しめることになると思い悩み、殺害を決意したのは、被害者らに何ら落ち度がないことなどに照らすと、極めて短絡的な動機に基づき、最悪の選択をした犯行というべきとしつつ、経緯を含めた犯行動機の形成過程には、広汎性発達障害や、これを基盤とした適応障害が相当程度影響しており、広汎性発達障害を有することは被告人の責任ではないから、相応に考慮すべきと述べている。

[63]　東京地判2009（平21）・11・9LEX/DB25460253。就職活動がうまくいかなかったことなどから自暴自棄になり、死んでしまおうと思ったが、自分で死ぬこともできないため、死刑になるために見ず知らずの人を殺そうとしたという犯行の動機は身勝手で短絡的であるとの評価も行っている。

[64]　富山地判2005（平17）・9・6裁判所ウェブサイト。

[65]　大阪地判2010（平22）・5・24裁判所ウェブサイト。

[66]　前掲・大阪地判2012（平24）・7・30賃社1575号11頁。

犯罪行為に対する責任非難の程度に影響するものとして、犯情を評価する上で相当程度考慮されるべき事情であるとした裁判例がある[67]。

　第3と第4の違いは、責任能力判断の過程で是非弁別能力・行動制御能力が著しく減退まではしていないことのみを判断したか、さらに進んで能力の程度がどのくらいであるかについてまで確認したか、の違いであるように見える。心神喪失・心神耗弱の有無だけでなく、そこまで至らない場合にも責任能力の程度について、検討するように鑑定人も裁判官も心がける必要があるように思われる。

　第5に、犯行に至る経緯や動機形成過程への障害の影響を超えて、発達障害の影響をより多面的に考慮しているものがある。それが、経緯に本件を正当化できる事情はなく、犯情は極めて悪質であるとしつつも、障害が犯行に相当程度影響しただけでなく、障害特性を考慮すると計画性が高いとは評価できず、残虐さや悪質さを誇張する公判供述をそのまま受け取ることができないとした裁判例[68]や、行動制御能力はある程度損なわれており、強い反対動機を形成することは困難であったものの、単なる強迫観念に強く支配された行動とまではいえず、障害に由来する特異な精神状態の影響を過大視することはできないと述べつつも、心からの謝罪の念が生じないのも障害による共感性の貧困さの影響が大きいものとみられると指摘する裁判例[69]、犯行の動機の形成や凶悪かつ残忍な犯行態様については、自閉性障害にり患し、知的水準も境界知能の状態にあるという被告人の精神障害が大きく影響していることが明らかであって、そのため、殺意は未必的なものにとどまり、責任能力についても、著しいとまではいえないものの、相当程度減退した状態にあったということができ、量刑に当たっては、この点を十分しん酌する必要があるとする裁判例[70]である。

67　大阪高判2013（平25）・2・26判タ1390号375頁。本件については、本庄武「アスペルガー障害と量刑」新・判例解説Watch刑法No.72（TKCローライブラリー）も参照。

68　松江地判2009（平21）・10・22LEX/DB25462717。

69　大阪地判2006（平18）・10・19裁判所ウェブサイト（少年事件）。

70　責任能力判断の項で取り上げた、東京高判2012（平24）・3・5 LEX/DB25482208。

裁判例を踏まえると、広汎性発達障害が関わる事案では、まず犯行に至る経緯や動機形成の過程に障害がどの程度影響したのかを見定める必要がある。その上で、一定程度の影響が及んでいるのであれば、被告人としては犯行に至るのを抑制することが困難であったことになるため、決して短絡的とか身勝手とかの形容はできなくなるはずである。この点の評価が統一されることが必要である。

　また、発達障害の影響はそうした行為者の内面に関わる事情にとどまらない。一見して強固な殺意、計画的な犯行、悪質な態様の犯行といった形で評価されるものが、実は発達障害の故に引き起こされていることがあり得る。仮に障害の影響で、いったん抱いた殺意を修正することができなかったり、局所的ではあるが周到な計画が立てられたり、犯行態様が過剰になったりした場合、それらの要素は障害の影響がない場合とは異なる評価を受けるはずである。なぜなら、これらは行為の主観面である。通常客観面の悪性が強い場合、それを行為者が認識していれば、対応する主観面の悪性も強いとされ、それが犯情としての悪さの評価につながっていく。しかし、障害の影響がある場合は主観面の悪性評価は客観面ほどではないことになる。そうした場合に、通常の場合と同様の形容を行うことは適切でないはずである。行為は主観面と客観面の複合的な評価であり、分断的な評価は避けなければならない。従来の裁判例に現れた事案の中には、犯情に係る要素への障害の影響を精査すれば、犯情の評価が異なってくるものが含まれる可能性があると思われる。

　裁判例において、発達障害を抱える被告人に対する量刑判断が不十分なことの要因の一つは、先に紹介した発達障害者の犯行の特徴とは、専門家である鑑定医ですら判断を誤りやすい点であるとされていることからも分かるように、鑑定が十分な解明を行っていないことにある可能性がある。とりわけ弁護人は、犯行に至る経緯や動機形成過程にとどまらず、犯罪行為の各要素の主観面への障害の影響の有無及び程度について丁寧に確認していくべきであろう。そして、裁判官や裁判員は自らが発達障害の素人であることを自覚して、（できれば複数の）専門家の意見を丁寧に聴取し、慎重に検討することが必要である。

5 発達障害以外のケース

(1) 少年犯罪一般における情状鑑定の意義

これまで発達障害の事例を検討してきたが、そこでの検討結果は少年犯罪一般に応用可能ではないかと思われる。というのも、発達障害自体が犯行の動機を形成することはなく、影響が及ぶのは強迫的に追い求めることや規則を頑なに守ろうとすることといった犯行の形式面だけであるとされる。そして発達障害者にとって非行や犯行への閾値を低下させているのは、叱責・暴力・いじめなどによってもたらされる自己価値の低下に伴い、他人を大切に感じることができなくなったことや、周囲から追いつめられた結果として、アルコールへと依存したり、幻聴が生じたりといった二次障害の発症のゆえだとされている[71]。他方で未成熟さを特徴とする少年の場合、犯行の態様に特徴が現れる他、親を中心とする対人関係の不具合が原因となって逸脱行動が生じる場合が多い。少年には発達障害者の場合と類似のメカニズムが働いている可能性があり、それ故に、少年が特段の障害を有していない場合であっても、鑑定を行って少年犯罪を科学的に分析することが求められているのである。

そして発達障害者の場合の分析を応用する場合、少年事件においても分析の重点は少年の更生可能性と並んで犯情の分析に置かれなければならない。情状鑑定にあってはもともと、主として家庭裁判所調査官が担い手であった関係で、事件自体の分析には必ずしも重点がなく、原因の解明を行って、いかなる処遇によれば原因を解消できるかという入口と出口の問題が重視されてきたように思われる。しかしそれでは、現在のように犯情を重視した量刑の傾向がますます強まる中で、情状鑑定をせっかく実施しても量刑に与える影響がわずかしかなかったり[72]、そもそも裁判官が情状鑑定の実施や私的に

---

71 髙岡・前掲注（55）22頁以下参照。

72 宮尾耕二「情状鑑定」季刊刑事弁護6号（1996年）116頁が紹介する実践例では、被告人に善良な自分と悪しき自分という二つの対照的な自己概念があり、悪しき自分に自暴的に支配され犯行に至ったとの鑑定結果が出されたが、求刑懲役15年に対し判決は懲役13年であった。弁護人は、被告人の納得という点で鑑定を高く評価しつつも、刑を軽くする手段としてどれだけの成果が上がったのか、疑問なしとしない、としている。

実施された情状鑑定の採用に消極的になる要因にもなる。犯行に至る経緯や動機形成過程、故意の強度、計画性の程度、犯行の態様といった各犯情要素において、少年の未成熟さや抱えている問題性がどのような役割を果たしたのかを解明すれば、それがされない場合とは犯情の評価が変わってくる可能性がある。それがまさに、現在の裁判員裁判の下で裁かれる重大な少年刑事事件において情状鑑定を実施する意義なのではないだろうか[73]。

とはいえ、犯情まで視野に入れた情状鑑定はあまり例がなく、その具体的な有り様は今後の実践に待つところが大きい。ここでは二つの先行例を示して、今後の発展を期待するにとどまらざるを得ない。

(2) 事例の検討
（a）耳かき事件

一つは、裁判員裁判初の検察官死刑求刑事件として著名な、いわゆる耳かき事件における精神科医木村一優による情状鑑定である。木村は発達障害(自閉症スペクトラム)の場合に高次対人状況による混乱等の不適応の深刻化に伴って、困惑状態から意識狭窄が生じ、そこにパニックが加わって犯行に至る場合がある、とのメカニズムに注目する。本件被告人の場合は、発達障害者ではないが、物事を考えるに当たり様々な可能性を考え、その妥当性を検討するという思考過程を持てずにおり、一つの考えのみに支配され、その広がりを持てない状態であった。殺害に対して逡巡するものの、逡巡すればするほど、殺すしかないと思い直すようになっていった。この状態は意識狭窄である。それにより、被害者に対して抱いていた愛憎の両価的感情のう

---

73 被告人の更生可能性に焦点を当てた情状鑑定を実施した場合、さいたま地判2001 (平13)・6・28判タ1073号230頁のように、「性格の矯正が不可能ではない」とされた点が死刑回避の決め手になるような場合もあるが (ただし、控訴審である東京高判2002 (平14)・9・30高裁刑速 (平14) 86頁で破棄され、逆転死刑判決が確定している)、岡山地判2003 (平15)・5・21判タ1152号290頁、広島高判2004 (平16)・4・23高裁刑速 (平16) 185頁、鹿児島地判2004 (平16)・6・18LEX/DB28105098、前橋地高崎支判2005 (平17)・12・9LEX/DB28135338と、矯正困難という判断が下され、むしろ被告人に不利に作用している例が目に付く。これらの多くにおいて、被告人は人格障害 (パーソナリティ障害) との診断が下されている。刑事責任を評価する際のパーソナリティ障害の意義の検討は他日を期したいが、さしあたり、現状ではパーソナリティ障害との診断が下されると矯正困難との判断が導かれやすい。そうすると、情状鑑定を実施する場合、被告人の更生可能性のみに焦点を当てると、かえって刑が重くなるおそれがあり、被告人の抱える内面の問題性が犯情要素にどう影響したのかをあわせて鑑定する必要があると思われる。

ち愛情が後景化し、憎しみが全面に出てきて、殺そうと思うほどに先鋭化した。犯行時は、意識狭窄状態で、被害者祖母が予想外に登場するという事態では、パニック状態となり、被害者祖母を殺害し、その際の記憶は欠損、被害者殺害時は怒りの感情のみに支配され、その際も記憶が欠損していた。被告人の殺害行為は情動行為である。それに加えて想起障害が生じ、犯行の形式は、一定程度計画的に見えるが、どこか合理的ではない思考や行動が混入し、犯行時は、残虐な結果を残す犯行様式となり、その後は、その余波のため、困惑状態のままに行動するため、時には一見合理的にみえるが、犯行前と同様にどこか合理的ではない思考や行動が混入した、という[74]。

判決[75]は、①当時の被告人が、被害女性に対して恋愛に近い強い好意の感情を抱いていたからこそ、同人から来店を拒絶されたことに困惑し、抑うつ状態に陥るほど真剣に思い悩み、もう同人に会えないとの思いから絶望感を抱き、抑うつ状態をさらに悪化させ、結局、同人に対する強い愛情が怒りや憎しみに変化してしまったことから殺害を決意するに至っており、このような被告人の心理状態の形成には、約1年間にわたって店に通い詰めていた当時の被告人と被害女性との表面上良好な関係が、少なからず影響していることからすると、本件犯行に至った経緯や被害女性殺害に関する動機は、極刑に値するほど悪質なものとまではいえない、と評価する。②その上で被害女性の祖母まで殺害したことに関して、何の恨みもない祖母に対してこれほど執拗かつ残虐な攻撃を加えてしまったのは、被告人が、被害女性に対する殺意にとらわれている心理状態において、祖母に遭遇するという想定外の出来事によって激しく動揺した結果であり、祖母殺害後、そこで犯行を思いとどまることなく、被害女性の殺害を実行しているのも、それほど被害女性の殺害にとらわれていたからと考えられ、祖母殺害後、被害女性の殺害を実行する一方で、同人の母親や兄に対して何ら攻撃を加えていないことはこれを裏づける、とする。さらに、本件犯行に至ってしまった最も大きな原因は、相手の立場に立って物事を見ようとしない被告人の人格・考え方にあるのに、

---

74 木村一優「意識狭窄及び情動行為と情状鑑定」精神医療（第4次）66号（2012年）77頁。
75 東京地判2010（平22）・11・1LEX/DB25470396。

公判の最後に至ってなお、そのことに気づかない言動には許し難いものがあるが、他方で、被告人の言動や態度は、被告人の人格の未熟さ、プライドの高さなどに起因するものであって、ことさら被害女性の名誉を傷つけたり、遺族を傷つけたりしようとする意図があったとまでは認められず、また、今現在被告人が置かれた立場からすれば、被告人が必要以上に防御的になるのは理解できないことではない、とも判示している。

　木村鑑定は、正常人の情動についても、発達障害者が犯行へと駆り立てられるのと類似のプロセスがあると指摘している。被告人に犯行時の記憶が欠損している場合には、このような意識が狭窄し情動行為に至るというメカニズムの存在を疑い、情状鑑定を実施することが有用であろう。この事例で注目されるのは、特異な心理状態が形成されたという理解が、犯行に至る経緯や動機に対して悪質であるとの評価を免れさせ、さらにそのことが祖母殺害について計画性がないというだけでなく、動揺の結果であるとして、態様の悪性についての評価も下げるという形で、犯行に至る経緯や動機の解明が、犯情の理解の見直しをもたらしている点である。しかも被告人の性格特性は、反省が十分でないことの背景理解にも用いられている。ただし、本件では、被害者との表面上良好な関係性が犯行に影響したという形で、被害者の落ち度に類似したものが裁判員の同情を誘ったことが、死刑回避の決め手となった可能性がある。しかしそれがなかったとしても、情動行為であることが解明された場合、犯行に至る経緯や動機の評価のみならず、犯行の計画性や態様といった犯情要素についても、見直される可能性を示した重要な先例であるといえる。

（b）大高緑地アベック殺害事件

　もう一つは、犯罪心理鑑定の提唱者である加藤幸雄による大高緑地アベック殺害事件控訴審での鑑定である。加藤は、一審判決[76]について、「平然と」といった表現をしており、十分な吟味なしに行動を評価してしまう態度に、加害者の内面の準拠枠をふまえて事実を判断しているとは思えない点があっ

76　名古屋地判1989（平1）・6・28判時1332号36頁。

たとしている。また、判決が「本件各犯行は、それらにより被害者らに与える損害及びその重大性を必ずしも十分に認識し得ない精神的にも未成熟な少年らが集団を形成し、相互に影響し合い刺激し合い同調し合って敢行した」との評価を加えつつ、この判断が一般的情状の一つ以上の扱いではなく、他にあげられた不利な情状に凌駕され、犯罪や犯罪に至る経緯、動機、原因などの解明に全く生かされていないと感じたという。そのような疑問を背景に、加藤鑑定は、共犯者間の関係の希薄さ、一見計画的と見える行動が日常的行為に過ぎないこと、犯行が行き過ぎた原因、殺害計画の計画ともいえない杜撰さ、一刻も早くこの事態から逃れたいとの動機からの殺害といった形で、事件を読み解いていった[77]。

　控訴審判決[78]は、「当時、17歳から20歳の被告人らが、被害者らを拉致して連れ回すうちに、自らが惹き起こした事態の適切な解決への途を選択し得ないまま、次第に自縄自縛の状態に陥っていったと解される事情も認められるのであって、社会的に未成熟な青少年らの、短絡的な発想からの、無軌道で、思慮に乏しい犯行といえる性格を帯びており、綿密な計画に基づいて周到な準備を行い、これを冷徹に実行した犯罪と評価すべき側面は見出しがたい」と指摘している。

　ここには集団力学の中で、少年達が自らの言動に翻弄され最悪の事態へと追い込まれていく様子が描写されており、鑑定内容を踏まえた形跡が見られる。そのことにより、「冷徹に実行したのではない」として主観面で犯情評価が下がり、さらには計画性という犯情の客観面についても評価が下がっている。このように犯情評価の見直しがされたことが、主犯格の少年に対して1審が言い渡した死刑判決が控訴審で無期懲役に減軽されたことにつながったように思われる。本鑑定は、情動行為のような異常な精神状態が見られないような事案であっても、少年事件では特有の犯行に至るメカニズムが伏在し

77　加藤幸雄「非行臨床活動からみた『子どもの人権』」同『非行臨床と司法福祉』(ミネルヴァ書房、2003年)112頁以下。

78　名古屋高判1996 (平8)・12・16判時1595号38頁。

ている可能性があることを示す[79]。

　その際に重要なのは、加藤が犯罪心理鑑定において、犯罪心理の解明自体を目的とするだけでなく、その解明の際に、被告人の成長を促し、その理解を深めるという非行臨床心理学の立場を加味していることである。そのため、被告人にとっての非行の意味を明確にさせ真の動機を解明しようとする。そこで、法律的事実とは異なる心理・社会的事実を明らかにすることが目指される。それまでの人格形成の歴史を背景に、直近の言動や共犯者の人間関係などが加味されて、被告人の言動の意味が考察されることになる。それにより、人間行動の科学的解明によって、認定された事実をもくつがえす契機になることもあり、そこまでいかなくても、被告人を中心とする人間関係の深まりによって、新たな事実、取り上げられなかった事実、事実への意味づけの違い、新たな視点による意味づけなど、捜査機関での供述や法廷証言では得られない発見がされる、といわれる[80]。このように被告人自身になぜ事件を起こしてしまったのかを了解させ、それを更生の契機につなげようとするところから、犯罪事実自体を徹底的に調査し、法的観点から重視されてこなかった事実を掘り起こしたり、事実に新たな意味づけを行ったりする作業が行われる。これが結果的に、被告人の心理状態が犯情要素にどう影響したのかを解明し、鑑定が量刑判断で大きな意味を持つことにつながったのではないか。加藤鑑定は今後の少年刑事事件で行われる情状鑑定の方法論として一

---

[79] なお、女子高生監禁殺人事件第一審（東京地判1990（平2）・7・19判時1396号32頁）において、精神科医の福島章が行った情状鑑定も、加藤鑑定と類似の役割を果たしているように思われる。すなわち、福島鑑定は、特段の精神障害もないのに、極限状態に置かれた被害者の痛みや気持ちを全く思いやれず、さしたる心理的抵抗感もないまま、犯行を重ねた理由について、性衝動・攻撃衝動の統御が不良な傾向を有する人格を形成した少年達の資質面での問題点が、相乗的に増幅して事態の悪化を拡大し、自らの行動の正当化を図るために、許されないこと、自らに不都合なこと等の感情を隔離・否認するという自己防衛的心理機制を用いて、過剰な攻撃に至ったもので、死体の処理も、現実の必要に迫られたことによるもので、意識的に残虐・酸鼻を求めたものでない、と説明している。ここでも、客観的な犯行態様の悪性を十分に認識していたわけではなく、主観面の悪性は必ずしも客観面に見合うものではないことが示されている。ただし、本判決における被告人4名中3名についての量刑判断は、控訴審（東京高判1991（平3）・7・12判時1396号15頁）で重い方向で破棄されており、その際に、上記の心理機制を理由として、罪責を大幅に軽減するのが相当であるとは認め難い、と判示されている。この評価の相違は、控訴審判決が、客観的事情と主観的事情を別個独立に評価し、客観的な態様の悪性を重視したことに由来し、そこには注（61）で指摘した問題があるように思われる。

[80] 加藤幸雄「犯罪心理鑑定の意義と方法」同・前掲注（77）179頁以下。

つのモデルを提供しているように思われる。

6　おわりに

　本稿では、発達障害を抱える被告人の事件で多くなされている鑑定を手がかりに、それを一般事件へと応用する形で、とりわけ少年事件において情状鑑定を活用していく方策を検討してきた。その際に、裁判員裁判において犯情中心の量刑傾向が強まってきていることを前提に、今後活用されるべき情状鑑定とは、被告人の更生可能性だけでなく、被告人の心理状態が犯行にどう影響したのかを解明することを目的とすべきであることを主張した[81]。情状鑑定はただ単に実施すればよいというものではない。鑑定事項を設定する際から意識的に鑑定の目的を明確にしなければならない。また、鑑定内容が、裁判所の注目するポイントに適切に言及するものでなければならない。そうすることにより初めて、裁判官や裁判員は、犯罪の見た目の重大性に目を奪われることなく、犯行の際の被告人の内面を併せ総合的に考慮することにより、当該犯罪自体についての見方を改める可能性が開けるのである[82]。

　重大事件で実施される情状鑑定には精神科医による精神鑑定と元家裁調査官等による犯罪心理鑑定がある。このうち被告人に精神障害が疑われる場合やそうでなくても記憶の欠損等により情動行為が疑われる場合は前者を実施することが検討がされるべきであろう。後者は前者のような所与の診断枠組みへの当てはめではなく、被告人の主観を了解的に受けとめ、その意味づけを行っていくものであるから[83]、精神異常が特段疑われない場合でも、とりわけ少年事件については実施が検討されるべきである。もちろん、両者は交錯し、とりわけ精神鑑定に重ねて犯罪心理鑑定を実施することに意味がある場合もあると思われる。

81　従って、情状鑑定が必要となるのは、犯情以外の狭義の情状のうちの主観的情状についてであるという、上野・前掲注（9）360頁の整理は疑問である。また、量刑を微調整するに過ぎない一般情状に関して判決前調査をすることに果たしてどんな意味があるのかとの発言（『法制審議会・新時代の刑事司法特別部会第11回会議議事録』31頁〔酒巻匡委員〕）にも、同様の疑問が妥当する。

82　情状鑑定の主たる意義を責任の量の確定との関係で理解するものとして、守屋・前掲注(8)43頁がある。

83　加藤・前掲注（80）183頁。

最後に、本稿での検討の結果、2の末尾で紹介した情状鑑定消極論に対して、得られた回答をまとめておきたい。まず①情状鑑定の信頼性については、確かに③鑑定人の専門分野の多様性と相まって、必ずしも信頼できる鑑定がされるとは限らない。しかしながら、精神鑑定については、情状に関しても精神障害の有無とそれが犯行に及ぼす影響が明らかにされる点は、責任能力鑑定と変わらない。信頼性が欠けるように見えるのは、例えば社会内での更生資源の有無等の精神科医にとって専門外のことまで鑑定人に期待したり、児童精神医学の専門家ではない精神科医に少年事件の鑑定を依頼したり、といったミスマッチが生じているからではないだろうか。鑑定人の選任や鑑定人に相応しい鑑定事項の設定により信頼性は維持できると思われる。他方で、犯罪心理鑑定の場合は、精神鑑定以上に定型性を欠くことは認めざるを得ない。⑦動機等の認定といった裁判所の専権的判断の領域に立ち入ることも多いと思われる。しかし、結論が多様であり得るのは精神鑑定でも同様であるし、多様な動機理解が示された場合でも、刑事責任判断にとって重要な犯行への影響というポイントに着目すれば、結論の多様性は思ったより大きくないということもあると思われる[84]。②実施事件数がわずかで被告人に不公平であるとの問題は、少なくとも少年事件では実施を原則化すれば解消される。④動機解明と量刑判断の関連性の問題は、まさに本稿で中心的に検討してきたことであり、動機の解明自体ではなく、それが犯行に至る意思決定、さらには計画性や行為態様等にどう影響したかを意識して鑑定をしてもらえるよう鑑定事項を設定すべきであるし、鑑定人もそれを意識すべきであろう。そうすれば量刑判断への影響は明確になると思われる。⑤個別事情の重視による量刑のばらつきの問題は、現在の量刑基準の枠組みではそもそもあまり問題になり得ない。また犯情に影響が及び量刑の枠自体が変動することは、何

---

[84] なお、河本雅也「情状の性質と鑑定の意義から」青少年問題647号（2012年）10頁は、鑑定を行う際は、裁判所に知識経験が不足し専門家の調査報告が必要となる事項なのか、という分析・検討が必要であると主張する。問題は、裁判所に知識経験が不足する事項の範囲である。情状鑑定、とりわけ犯罪心理鑑定が、法律家が常識的に判断しがちのことについて、心理学や社会学の見地から異なる見方を提示してきたことは、本稿で検討した通りである。裁判官としては、自らの常識的判断が覆されることがあり得るという前提で、鑑定の要否を判断すべきであるし、鑑定内容を受けとめるべきである。動機鑑定と裁判所の判断の不一致の原因を探り、法律家は鑑定を尊重すべきことを説くものとして、萩原・前掲注（7）228頁以下がある。

ら不当なことではない。むしろ積極的に新たな判断を行っていき、新たな量刑傾向を作っていく必要がある。⑥費用と時日の問題は、既に膨大な費用を投じて裁判員裁判を実施しているのであるから、そこでの審理をさらに充実させるための費用と時日は惜しむべきではないだろう。⑧情状は被告人質問や証人尋問で立証すべきとの考え方については、裁判員裁判において少年事件を審理する上で、限界があることが明らかになってきている。すべての事柄を市民感覚で判断すべきとはいえないことは明らかであり、専門家に頼るべき点は頼らなければならない。⑨被告人像の歪曲の問題や、⑩情状鑑定が重罰化を招くことの問題についても、犯情への影響に重点を置いて情状鑑定を実施すれば、一定程度防ぐことができる。またこれらは成人事件では深刻な問題になり得、別途対応を検討する必要があるものの、少年事件では性質上問題は生じにくいだろう。

　今後とも、とりわけ重大少年事件を中心に[85]、鑑定実施例が積み重なっていくことを期待したい[86]。

---

[85] 少年に死刑が科されたいわゆる石巻事件（仙台地判2010（平22）11・25裁判所ウェブサイト）のような超重大事件においては、鑑定は例外なく実施されなければならないと思われる。本件控訴審では鑑定が実施されたようであり、判決内容が注目される。

[86] なお、さいたま地決2013（平25）・3・12公刊物未登載の55条移送決定は、2件の殺人未遂等という決して軽微とはいえない事件において、複数の鑑定を踏まえた上で、生まれつきの広汎性発達障害や生育環境という被告人の責めに帰することのできない事情が動機に直結しているため、動機の悪質性を被告人に不利に考慮するのは相当でないとし、さらに内省を深めようとする姿勢が全く認められない点も被告人の資質特性と関連している可能性が十分にあるから被告人に不利に扱うのは相当でない、と判断することにより、保護処分が許容されるとの判断を導いている。重要な先例として、大いに参照されるべきであろう。

第2部

逆送決定と
移送決定

第3章 少年法は厳罰主義を採用したと解すべきか

法解釈論への招待を兼ねて

1　はじめに

　本稿は、これから法律学を学ぼうとする学生の皆さんを対象に、少年法20条2項を素材として、法解釈論とはいかなるものか、なぜ法律を解釈することが必要なのかについて、筆者なりの考えを提示しようとするものである。当該条文は、少年すなわち20歳未満の者に対していかなる場合に刑罰を科すべきかを規定した条文である。大学で法律学を学び始める人の大部分は少年法の適用対象者であろう。読者一人ひとりが自分が犯罪を犯した場合にどのような処分を受けるべきかを考えながら、本稿を読み進めていってもらいたい。

2　法解釈論の必要性

　大学の法学部で講義される科目のうち、憲法、民法、刑法等の実定法科目においては個々の条文を取り上げて、その条文の意味を明らかにすることが内容の大部分を占める。この条文の意味を明らかにする作業を解釈論という。法律の条文はしばしば難解な言葉で書かれているが、所詮は日本語である。必要に応じて辞書を引きながら読んでいけばその意味は自ずと明らかになるのではないかと思われる方も多いだろう。それなのに、なぜ解釈論が必要なのであろうか。確かに通常の文章と同じように読めば足りる場合も多い。しかしそれでは済まない場合が存在するのである。そのため解釈の手法が用

意されている。解釈手法の分類[1]は人により様々であるが、①文理解釈(言葉の通常の意味に即した解釈)、②体系的解釈(法律の他の規定やより上位の法律、特に憲法との関係などから判断する解釈)、③立法者意思による解釈(法制定時の立法者の意図を歴史的に明らかにし、それに従って行う解釈)、④目的論的解釈(法の真の目的を探り、それに即してする解釈)等がある。複数の手法が複合的に用いられることもある(探り出した法の真の目的が憲法の理念に合致していた場合など)。

なぜ解釈論が必要とされるのか、刑法を素材に見てみよう。

まず第1に法律は社会の中で生じるであろう様々な事象を法的に規律することを目的としているが、あらゆる事象を想定してそれに対応する条文を置くことは煩雑であるだけでなく不可能である。例えば刑法39条1項は、「心神喪失者の行為は罰しない」と規定しており、これは責任無能力の規定であるとされている。しかし、いかなる場合が心神喪失に該当するかどうかは何も規定していない。罪を犯す時の精神状態は千差万別であり、しかも精神医学的判断を踏まえなければ答えの出せない問題である。しかも精神医学の発展と共にその判断は常に変化し続ける。そこで刑法はこの問題を解釈に委ねたものと考えることができる。

第2に、立法当時予想し得なかった新たな事態が発生することがある。例えば刑法199条は「人を殺した者は、死刑又は無期若しくは5年以上の懲役に処する」として殺人罪を規定する。この規定の適用範囲を確定させるためには、人類という生命体がいつ「人」になり、いつ「人」でなくなるかをはっきりさせなければならない。この後者の問題について、長い間、心臓が停止すれば人は死亡するのだと考えられてきた。しかし医学の発展により、心臓はなお動いているが、脳が活動を停止した脳死という状態が出現し、この状態を人の死に含めるか否かについては刑法の解釈に委ねられることになった。これは脳死状態の者からの臓器摘出の法的評価に絡みなお争われている問題である。

第3に、立法当時学説上争いがある問題について、その解決を将来の解釈

---

[1] 例えば、笹倉秀夫『法哲学講義』(東京大学出版会、2002年) 359頁以下を参照。

に委ねる場合がある。例えば刑法36条は正当防衛としてなされた行為は罰しない旨を規定している。それではAがBを銃で射殺したがその時たまたまBもAを射殺しようとして銃を構えていたが、Aの銃弾が命中したためBは殺害を遂げることができず、死亡してしまったという場合は正当防衛といえるであろうか（これは、偶然防衛といわれて議論されている問題である）。学説上、正当防衛には、防衛をする意思が必要か否かにつき争いがあり、この場合肯定説では違法に、否定説では適法になる。この問題について仮に刑法に「防衛の意思により」と明示されていれば、争いの余地はなくなる。しかしこれは刑法における違法性の本質をどのように理解するかという根本問題と深く関わっているため、容易に決着をつけることができない問題である。1995年の刑法口語化のための改正の際、立法者は「防衛するため」という曖昧な文言を用い、いずれの立場からの解釈も可能であるようにして（否定説では結果的に防衛に役立つ行為であればよいと解する）、決着を将来の学説に委ねたと考えることができる。

　第4に、他の条文との関係である条文の適用範囲を限定すべき場合がある。例えば刑法235条は「他人の財物を窃取した者は、窃盗の罪とし、10年以下の懲役に処する」として、窃盗罪について規定している。この条文の解釈にあたり、判例と多くの学説は条文に書かれていない不法領得の意思という主観的要件を要求する。その理由の一つとして、刑法261条が「……他人の物を損壊し、又は傷害した者は、3年以下の懲役又は30万円以下の罰金若しくは科料に処する」と規定していることとの関係が問題となる。刑法は人の物を盗む行為を、他人の財産を自分のものとして利用するというより悪質な動機に基づいている等の理由により、人の物を壊す行為よりも重く処罰している。そうすると、人の物を壊すために盗む行為はもともとの考え方からすれば重く処罰する必要のない行為ということになる。そのため、窃盗罪の成立には「人の物を経済的用法に従って利用・処分する意思」（不法領得の意思）が必要であるとして、この場合を窃盗罪の適用範囲から除外するのである。

　第5に、条文を言葉の本来の意味で適用した場合に不合理な結論が生じるため、それを回避する必要がある場合がある。これには事実上条文の文言を無視するような結果となり得る場合もある。例えば刑法174条は、「公然と

わいせつな行為をした者は、6月以下の懲役若しくは30万円以下の罰金又は拘留若しくは科料に処する」として公然わいせつ罪を規定している。通説は、わいせつな行為は公衆の面前で行うべきではないという健全な性的風俗が本罪で保護されていると理解し、「公然性」とは、不特定又は多数人が認識できる状態のことであると解する。これに対して、見たいと思う人の前であればわいせつな行為をしても何の被害も発生していないとして、本罪を見たくない自由を保護する犯罪であると理解する有力説がある。この学説では「公然性」を見たくない人々の面前と解釈することになる。この解釈は「公然性」の文言からはやや苦しいが、実質的な考察により不合理な結論を回避しようとする例である。

　以上は例示に過ぎないが、こういった様々な事情からよりよい法の運用を目指して法解釈が行われるのである[2]。条文の文言は解釈を絶対的に規定するものではないという認識を持つことが重要である。これから、以上のことを具体的に応用するための素材として少年に対していかなる場合に刑罰を科すべきかという少年法上の解釈問題を取り上げる。

3　少年法とはいかなる法律か

　具体的な解釈論に入る前に、刑法との対比で、少年法とはいかなる法律であるのかについて、簡単に見ておくことにしたい。

　刑法とは、罪を犯した者に対して、その責任を問い刑罰という苦痛を科すための法律である[3]。犯罪の責任を問うためには、その犯罪を犯したことに対して非難可能性がなければならない。犯罪者は罪を犯す際に、犯罪を回避するという選択肢を採り得たにもかかわらず、敢えて犯罪を選択したが故に法的に非難される。この法的非難とは、単なる倫理的非難とは異なる。倫理的非難の場合は、ただ後ろ指を指されたり、陰口をたたかれたりするだけで、それに耐えれば終わりになるが、法的非難の場合、その非難に生命・自由・

2　法解釈の必要性について、例えば、五十嵐清『法学入門（新版）』(悠々社、2002年) 127頁以下参照。

3　この刑罰を科すという国家作用が何を目的として行われるのかは、古くから議論されている刑法の根本問題であるが、ここでは立ち入らない。本庄武「刑罰論から見た量刑基準」一橋法学1巻1号～3号 (2002年) 参照。

財産の強制的な剥奪が伴う。これが死刑・懲役刑・罰金刑などの刑罰である。このように刑事責任とは犯罪を敢えて選択したことへの非難であるため、結果を回避する可能性がない場合には責任を問い得ないことになる。例えば車を運転していて、急に人が飛び出してきてよけきれずその人に衝突し死亡させてしまったとしても、運転者には死亡結果を回避する可能性がなかったため、刑事責任を負わせることはできない。責任を負わせるために必要な故意・過失という主観的要件に欠けるからである。また精神障害者が「背後から誰かが襲ってくる。抵抗しなければ、やられるぞ」という幻聴を聞いたために、自らの身を守ろうとして、側にいた人を殺害したような場合、当人としては殺害を回避することはできない。そのためこのような場合は責任能力が欠け（刑法39条）、責任を問い得ないことになる（心神喪失）。さらに犯罪行為の当時14歳未満である者は、精神的な成熟性が十分ではないことが多いため一律に責任能力がないものと見なされ、処罰されない（刑法41条：刑事未成年）。このように刑法は、責任がなければ処罰できないとする原則を採用しているのである。これを責任主義という。

　刑法が責任主義を採用し、犯罪を犯したことに対し犯罪者を非難することを目指していることからすれば、刑法が前提としている人間像とは、合理的な判断能力を持ちそれに基づいて自己決定をすることができる人間であるといえる[4]。禁圧すべき行為を犯罪として規定し、それに対して刑罰という害悪を予定しておけば、合理的に判断をすることができる人間は、自発的に犯罪を回避するであろうというのが刑法の想定なのである。

　このような前提が現実にも妥当するとすれば、14歳未満はともかくとして、14歳以上の者で精神障害のため心神喪失者とされるような者以外は刑法で対応すれば十分であるということになる。しかし現実はそうではない。少年はしばしば思慮分別がなく、先のことを考えずに安易に非行に走ってしまう。これには環境的要因が大きく作用していると考えられる。どんな子どもでも産まれたときは天真爛漫な笑顔を輝かせているものである。それが非

4　ただし、これは現在の通説的考え方に従った場合である。かつては刑罰は犯罪者の社会的危険性に応じて科されるべきであるとする考え方も存在したが、これによれば犯罪者とは素質と環境に決定された存在であるということになる。

行に走ってしまったことは基本的に本人の責任ではないのではないか。それに少年は、14歳になり責任能力を有しているといってもまだまだ未成熟である。実質的な能力を考えれば成人の場合と同様に扱うわけにはいかない。他方で少年とは目覚しい成長を遂げる存在でもある。無思慮な非行は一時的なものであり、それに対して適切な援助の手を差し伸べれば、成長する過程で非行性を克服し、犯罪を犯すことなく人生を送れるような者も多い。少年は成人に比べて可塑性が高いのである[5]。

このような少年の実像に対する理解が深まったことで、非行少年に対して刑法とは異なる対応をするために少年法が設けられた。少年法は犯罪を犯した少年を始めとする非行少年に対してどのように対処するのかについて規定した法律である。非行少年には犯罪少年(少年法3条1項1号)の他に触法少年[6](同2号)、虞犯少年[7](同3号)も含まれるが、これらについては別途考察する必要があるため、以下では犯罪少年に限って述べることにする。

少年法1条(2008年改正前)は、「この法律は、少年の健全な育成を期し、非行のある少年に対して性格の矯正及び環境の調整に関する保護処分を行うとともに、少年及び少年の福祉を害する成人の刑事事件について特別の措置を講ずることを目的とする」と規定している。この規定から、少年法は罪を犯した少年の健全な育成を目的としており、そのために刑罰ではなく保護処分という手段を用意していることが分かる。保護処分には、少年院送致、保護観察、児童自立支援施設送致という3種類のものがある。保護処分を課す基準となるのが少年の要保護性である。刑罰を科す場合は犯罪の重さが基準

---

[5] このように述べると、成人になってもまだまだ未成熟で可塑性もある者も多いのではないかという疑問が提示されるであろう。確かに多くの成人犯罪者も、刑法の想定する合理的な理性を備えた人間像からはかけ離れている。しかし成人の場合は刑法の元々の想定とは異なる理由で、基本的に自己の行為に責任を取るべきであると考えられる(本庄武「少年に対する量刑判断と家庭裁判所への移送判断」龍谷大学矯正・保護研究センター研究年報1号(2004年)105頁【本書第7章】参照)。ただし、その責任がどの程度かを評価する際には、個々人の具体的な個別事情が考慮されることは当然である。

[6] 犯行時14歳未満の少年をいう。触法少年は刑事未成年であるため、刑罰を科されることはないが、保護の必要性という点で少年法の対象とされている。

[7] 罪を犯していないが、いかがわしい場所に出入りするなど一定の事由に該当する少年である。これらの少年は将来犯罪をする虞(おそれ)が高いという理由で、少年法上の処分の対象とされている。これを虞犯少年という。

となるのであるが、少年法において犯罪の重さは保護処分の基準とはならない。それはあくまで少年の抱える問題性の大きさを徴表するに過ぎず、保護処分を課す基準となるのは、少年の抱える問題性である。たまたま非行が軽微であったとしてもその少年の抱える問題が重大であるならば、それに応じて少年の健全な育成を図るために必要な限りにおいて少年院に収容したりするなどして、将来犯罪を犯さないようにするのである。このような少年法の立場には二つの意味がある。

　第1に少年法は福祉法としての側面を有する。子どもは成長する過程において親を始めとする大人から適切な教育を受けなかったからこそ非行に走ったのである。その結果がたまたま非行という社会的逸脱行動の形で発現しただけであり、教育的ニーズの点では両親をなくした子どもと変わらないではないかという認識に基づいて、作られているのである。その証拠に、児童福祉の分野の基本法である児童福祉法は1条で「すべて国民は、児童が心身ともに健やかに生まれ、且つ、育成されるよう努めなければならない」と規定し、教育基本法1条(2006年改正前)も「教育は、人格の完成をめざし、平和的な国家及び社会の形成者として、真理と正義を愛し、個人の価値をたつとび、勤労と責任を重んじ、自主的精神に充ちた心身ともに健康な国民の育成を期して行われなければならない」と規定し、いずれも少年法に類似する目的を掲げている。日本の子ども法は子どもの福祉のために奉仕する法律として統一的に理解されなければならず、少年法はそのうち非行少年に特化して特別な保護を予定する法律であると位置づけられるのである。これが少年法の福祉法的側面である。これを具体的に実現するために少年法は種々の制度を用意している。その中で保護処分と並び中核的な制度が、家庭裁判所で少年の処分を決定するために必要な科学的・専門的調査を行う家庭裁判所調査官である。少年法は、非行に走ったと思われる少年がすべて家庭裁判所に送られ、そこで心理学・社会学・児童福祉等の専門的知見を有する調査官の調査を受けることを予定している。それにより、当該少年が本当に必要としているものを発見し、適切に対処することが予定されているのである[8]。

8　ただし、非行少年の成長発達の援助は少年審判関係者だけが担えばよいということにはならない。非行

第2に少年法は刑事法としての側面をも有している。これはさらに複数の意味に分かれる。①少年法は少年に福祉的な保護を与えるといっても、その保護とは少年院収容を考えれば分かるように強制的に自由を拘束するという不利益を与えつつ行われる援助である。その決定は、今のままの環境で生活を続けていれば、再び非行に走ってしまうであろうという予測の下でやむを得ず一時的に自由を拘束し、そこで本人の問題性の改善をも図るというものである。その意味で苦渋の決断ではあるのだが、だからといって自由剥奪に伴う不利益性が否定されるわけではない[9]。そのため裁判所において少年の権利を保障しつつ、適正な調査を経て、保護処分に付すかどうかを決めなければならない。刑事法である以上少年法にも司法的作用があるのである。②少年法は少年による犯罪に対処するものであるという点で国の犯罪対策、刑事政策の一環を形成している。少年犯罪に対して処罰ではなく保護で対応するという政策決定には、可塑性に富む少年が犯罪を犯すことを防ぐにはその方が有効であるという判断が存在している。犯罪の防止には、犯罪を犯した本人の再犯を防ぐ特別予防とそれ以外の者に犯罪を行わせないための一般予防とがある。刑罰制度はこの両者を重視して作られているが、思慮分別が十分でない少年は犯罪を犯せば自分がどのように処分されるかを見越し、それが自分にとって不利益であるからという理由で犯罪を思い止まるという後者の作用は働きにくい。そこで前者に重点を置き、必要な保護を欠いたために犯罪を犯した少年に対して必要な保護を与えることとしたのである。後者については、保護処分に不利益性から、一定の効果が生じることはあり得る。しかし刑罰とは異なり、それ自体を目的として追求することを断念し、副次的効果としての一般予防で満足することにしたのである。

　以上が筆者の考える少年法の基本的な立場である。しかし、少年法は制定の当初から少年に対して刑罰を用いることをも予定し、また2000年に改正されてからはその範囲を拡大している。これは少年法の立場に矛盾する事態

少年はやがて社会に復帰して地域社会で成長発達していく存在であることからすれば、地域社会との連携が不可欠である。

9　程度の違いはあれ、他の保護処分にもこのような不利益性が随伴している。

ではないか、項を改めて論じることとしたい。

4　少年に刑罰を科すべき場合
(1)改正前の少年法20条の解釈・運用

　改正前の少年法20条は「家庭裁判所は、死刑、懲役又は禁錮にあたる罪の事件について、調査の結果、その罪質及び情状に照らして刑事処分を相当と認めるときは、決定をもつて、これを管轄地方裁判所に対応する検察庁の検察官に送致しなければならない。ただし、送致のときに16歳に満たない少年の事件については、これを検察官に送致することはできない」と規定していた。少年はもともと捜査を遂げた検察官（一定の場合は警察）から家庭裁判所に送致され、そこで審判が開かれ保護処分が決定されることが予定されている。しかし、一定の場合は、刑罰を科すために検察官に少年を送り返す。このことからこの検察官送致を「逆送」と称している[10]。逆送を受けた検察官は刑事裁判所に少年を起訴し、そこで成人の場合と同様の刑事裁判が改めて開かれ、少年に刑罰を科すかどうかが判断されることになる。なお、刑事裁判所は有罪と判断した場合、必ず刑罰を科さなければならないわけではなく、保護処分に付すために少年を再び家庭裁判所に送り返すこと（再移送）も予定されている（少年法55条）。

　この旧20条について詳しく見てみよう。逆送の実体的要件は、①少年が犯したとされる犯罪の法定刑に死刑・懲役・禁錮のいずれかが含まれていること、②少年が逆送時に16歳以上であること、③調査の結果、罪質及び情状に照らして刑事処分が相当であると判断されることである。①は罰金など軽い刑だけを予定している軽微犯罪を逆送の対象から除くものであるが、現在の刑法では侮辱罪や軽犯罪法違反などがそれに該当するだけで、大部分の犯罪は法定刑に懲役又は禁錮を予定しており、あまり限定とはなっていない。例えばスーパーで万引きをすることは窃盗罪（刑法235条）に該当するが、法定刑は10年以下の懲役であり、自動車を運転していて法定速度を超過した

10　逆送には、他にも年齢超過を理由とするものもある（少年法19条2項、23条2項）。これは家庭裁判所での調査や審判の過程で本人が20歳以上であることは判明した場合に適用されるもので、この場合は必要的に逆送される。

場合は最高速度違反の罪(道路交通法22条、118条1項1号)で、法定刑は6月以下の懲役又は10万円以下の罰金である。ともに逆送の要件を満たしている。②は刑法上犯行時に14歳以上であれば、刑罰を科すことができるとしているものを、逆送時点で16歳に達していなければ逆送しないとしたもので、その限りで刑事未成年の範囲を実質的に拡張する役割を担っていた規定である。これは14歳、15歳の年少少年はまだ中学生の年代であり、とりわけ刑罰には適さないという判断に基づくものであったのであろう。問題は実質的に逆送するかどうかを決定するための要件である③である。

　③については、保護処分によっては当該少年の矯正を図る見込みがないと判断される場合(保護不能)に限り刑罰を科すことを認めた規定であると解釈する立場(一元説)と、それ以外に事案の性質、社会への影響等から保護処分で対応することが不適切である場合(保護不適)にも逆送できると解釈する立場(二元説)の二つの立場がある。実務は、考慮要因として「罪質」が掲げられていることを根拠とし、事案の重大性、悪質性を考慮せざるを得ないとして、二元説を採用していた。例えば、「保護処分が可能な場合に於てもその少年を保護処分に付することが刑事司法の基礎である正義の感情に著しくもとるときは、保護処分に付すべきでなく、刑事処分に付すべきものと解する」と述べた裁判例がある(東京家決1961(昭36)・3・22家月13巻5号183頁)。

　二元説は、少年法も刑事法の一翼を担っており、刑事法の重要な任務に犯罪から社会を守ることがある以上、社会の処罰感情や一般予防の必要性を全く無視して保護処分を選択することはできないと考える。前述の少年法の刑事法的性格の中にこのような内容を含めて考えるのである。そうすると当該少年が非行を克服し成長していくためには保護処分を選択することが最善であり、言い換えると刑罰を科すことが少年のためにならず有害であるような場合でも、刑罰を選択することになる。保護主義は社会の要請との間で妥協を強いられることになる。

　これに対して一元説は、少年法20条を解釈するためには少年法の基本理念である1条の精神に基づかなければならないが、そこにはできる限り非行を犯した少年の保護を追求しようという姿勢が認められるため、保護処分が可能である限りそれを選択しなければならないとする。この立場では、「罪

質」という文言が問題となるが、これは何も犯罪の重大性をそれ自体として重視しなければならないということを意味していると解する必要はなく、重大な犯罪を犯した場合にはそれだけ少年の抱える問題性が大きい場合が多いから、慎重に要保護性を判断しなければならないということを要請したに過ぎないと読むこともできる。「罪質」も「情状」、すなわち少年の抱える様々な事情のうちの一つであり、ともに少年の要保護性の程度や質を判断するための資料に過ぎないことになる。一元説については、保護主義に忠実であろうとするならば、たとえ保護処分が不十分であるとしても、それを試みるべきではないかという疑問が残るが、ともあれより保護主義に即した解釈論であることには疑いがない。

　学説上の対立は概略以上の通りであったが、重要なことは二元説を採用する実務においても逆送は例外的な判断にとどまっていたということである。改正少年法が施行される前年の2000年の統計によれば、家庭裁判所終局処理人員250,862人のうち、刑事処分相当を理由に逆送されたのは9,665人と3.9％に過ぎない[11]。しかもこのうちの大部分を道路交通法違反8,631人、交通関係の業務上過失致死傷（交通事故）711人と交通犯罪が占め、それらの大部分は罰金刑を言い渡されることを見込んで逆送されるという特殊なものである。これらと虞犯を除く一般犯罪について見ると逆送率は0.3％にまで低下する[12]。ただしこれは軽微な犯罪を相当数含んだ上での数値である。二元説が重視する重大犯罪については、改正法施行前の10年間平均で、殺人（未遂を含む）24.8％、傷害致死9.1％、強盗致死[13]41.5％と一定数が逆送されていた[14]。それでも、重大犯罪についても原則として保護処分が選択され、

11　最も多い割合を占めるのは、審判不開始116,513人であり、それに不処分61,908人が続く。少年法では審判過程での少年への働きかけで非行性が解消する場合が多く、その場合は刑事処分はおろか保護処分すら行われずに審判が終局するのである。さらに保護処分としても、施設収容をしない保護観察が51,635人であり、重大な自由の拘束を伴う少年院送致は6,161人にとどまっている。少年法は、なるべく強制を伴わない形で保護を図る方向で運用されているのである。

12　『平成13年版犯罪白書』157頁、372頁。

13　ここでいう強盗致死とは、人を死亡させる点については故意ではない本来の「強盗致死」と殺害についても故意で実行した「強盗殺人」の両者を含む広義の概念である。

14　裁判所ホームページ〔http://courtdomino2.courts.go.jp/tokei_misc.nsf〕「改正少年法の運用の概況」より。

あまりにも重大・悪質で社会的影響が強いと思われる場合や少年の非行性が進行しもはや保護処分で改善する見込みがないと思われた事案が逆送されていたと評価できる。

このような運用の中で、神戸須磨事件や佐賀バスジャック事件を始めとする社会的に大きな話題となった重大な少年犯罪が起こり、少年法は少年に甘いのではないか、少年の弛緩した規範意識を正し責任を自覚させるためにももっと厳しい処分を下すべきではないかという声が社会的に強まり2000年に少年法が改正されたのである。

(2)少年法20条の改正とその後の運用

改正法のうち最大の眼目は少年犯罪に対する厳罰化であり、その中心が逆送規定の改正であった。少年法20条は旧規定から但書が削られこれを1項とするとともに、2項が新設され「前項の規定にかかわらず、家庭裁判所は、故意の犯罪行為により被害者を死亡させた罪の事件であつて、その罪を犯すとき16歳以上の少年に係るものについては、同項の決定をしなければならない。ただし、調査の結果、犯行の動機及び態様、犯行後の情況、少年の性格、年齢、行状及び環境その他の事情を考慮し、刑事処分以外の措置を相当と認めるときは、この限りでない」と規定された。

改正のポイントは2点ある。まず1項から但書が削除されたことにより、逆送時に16歳未満の年少少年であっても、犯行時14歳以上であれば1項の要件に従って逆送することが可能となった。次に2項である。要件は、①対象となる少年が犯行時16歳以上であること。犯行時14歳以上16歳未満の少年については1項のみが問題となる。②対象となる犯罪が、「故意の犯罪により被害者を死亡させた罪」であること。人を殺害する故意を有している殺人や強盗殺人だけでなく、死の結果自体については故意のない傷害致死や強盗致死なども対象となる。対象犯罪は自己の犯罪を実現するために人命を奪うという行為は反社会性が強く、人命尊重という考え方を明らかにするために選択された。以上の二つの要件を満たした場合、裁判所は、但書に該当する場合を除き「逆送しなければならない」。この最後の点が何を意味するのかについて項を改めて検討する。

改正後の運用状況はどうか。2003年の統計では家庭裁判所終局処理人員240,963人のうち刑事処分相当として逆送されたのは8,419人で、逆送率は3.5%と改正前よりむしろやや低下している。交通犯罪・虞犯を除いた一般犯罪についての刑事処分相当を理由とする逆送の率も0.3%と変化はない。改正法による厳罰化はもともと重大少年犯罪に焦点を当てたものであったが、それ以外のものには影響を及ぼさず、従来通り1項の基準に従って運用されていると評価することができる。

表：20条2項の運用状況（2001年4月1日～2004年3月31日）

	合計	検察官送致	保護処分
殺人	43	23 (53.5%)	20 (46.5%)
傷害致死	146	78 (53.4%)	68 (46.6%)
危険運転致死	22	21 (95.5%)	1 (4.5%)
保護責任者遺棄致死	0	0 (0.0%)	2 (100.0%)
強盗致死（強盗殺人を含む）	25	15 (60.0%)	10 (40.0%)
合計	238	137 (57.6%)	101 (42.4%)

裁判所ホームページより。数字は家庭裁判所で終局決定のあった人員である。

　しかし、20条2項対象事件については改正前に比べて明らかに逆送率が上昇している。2001年4月の改正法施行から2004年3月31日までで、表のような運用状況となっている。殺人については、改正前の統計では未遂が含まれており、既遂、すなわち被害者死亡の場合に限っている改正後とは単純には比較できないが、特に傷害致死については逆送率が格段に上昇している。20条2項の運用においては、一定程度厳罰主義が実現していると評価することができる。なお本稿では扱わないが、年少少年についての逆送は、同期間に5名で、うち傷害致死2名、強盗強姦1名、無免許運転による道路交通法違反2名であった。
　個別事件で20条2項が問題となった事例としては、①交際を強要した相手を刺殺した18歳の女子少年に対して、殺害の態様が残酷であること、被害者の無念さ、遺族の処罰感情の厳しさ、少年の罪の重大さに対する罪障感の深まりは十分とはいえないこと、18歳という年長少年であること等からは検察

官に送致することも十分考え得るとしつつ、被害者につけ回される等精神的に追い詰められていたこと、生育環境の悪さから性格上の問題や離人・現実感喪失症候群の疑いがあること、罪障感を深め、今後の更生を図る上で刑事処分による処遇が適切とはいえず保護処分による少年の内面に深く入り込んだ強力な働きかけが必要であること等から、2項但書を適用し中等少年院送致としたもの（京都家決2001（平13）・10・31家月54巻4号110頁）、②普通乗用自動車を進行を制御することが困難な高速度で運転し、自車を前方の樹木等に激突させ自車同乗者に傷害を負わせて死亡させた19歳の少年に対して、深く反省しており、もともと繊細な神経の持ち主でありストレスを内面にため込みやすく、暴走等の反社会的行動傾向は認められない等の事情を指摘し、本件犯行は少年の日ごろの運転態度に原因があったものと考えられ保護処分によって改善を図ることは可能と考えられるが、しかし犯行態様が悪質で、結果も重大、間もなく成人になる、大幅な速度違反の前科があること等から保護処分を行うことは不適当であるとして、2項本文により検察官送致をしたもの（金沢家決2002（平14）・5・20家月54巻10号77頁）等がある[15]。

　以上を踏まえて、20条2項の解釈問題を詳しく見てみよう。この問題は、学説上厳罰主義の是非を巡って激しく争われており、解釈論のあり方を議論する格好の素材である。なお、2項本文の「前項の規定にかかわらず」が1項の「調査の結果」にもかかるのか否か、すなわち2項本文の場合は調査なしに逆送することもできるのかという問題があったが、国会審議の過程で提案議員から否定されており、極少数の例外を除き、調査を実施後に逆送するかどうかを決めるという運用が行われており、学説もそれを支持している。

5　少年法20条2項の解釈

(1)保護不適推定説

　現在実務で採用されていると思われるのが保護不適推定説である[16]。この

15　他に、付添人弁護士の目を通して20条2項対象事件が実際どのように扱われているかを鮮やかに描いたものとして、葛野尋之編『「改正」少年法を検証する』（日本評論社、2004年）16頁以下のケース・スタディも参照。

16　川出敏裕「逆送規定の改正」現代刑事法24号（2001年）58頁。

立場では、厳罰化を目指した立法者意思に従い2項は重大犯罪につき原則として逆送することを定めたものだということになる。そこから、2項本文は、従来から刑事処分相当性の一類型とされてきた保護不適の存在を、2項対象犯罪について推定すると定めたものとなる。刑罰の方が保護処分よりも類型的に少年の改善にとって有効であるとはいえないはずであるから、それにもかかわらず刑罰を科さなければならないとされているのは、罪刑均衡ないし一般予防の観点から対象となる重大な犯罪は類型的に保護処分に相応しくないという推定がなされているためである、というのである。但書については、原則を破る例外という位置づけである以上、「当該少年に対して刑事処分に付すことが相当でなく保護処分に付すのが相当である理由について説明すべき義務を負う[17]」といった位置づけとなる。そのため保護処分と刑事処分のいずれも選択可能であるが決め手に欠けるという事態となれば、改正法のもとでは、裁判所は、逆送決定をするという結論に至ることになる[18]。

　この解釈は、立法者の意思及びその背後にある世論に忠実であり、2項本文の文言上も素直な読み方であるといえるであろう。ただしいかなる場合に推定が破られるのかについては、見方が分かれている。第1に、犯罪の動機、方法、態様などと犯罪結果の大小・程度、数量を中心に考察し、少年の性格、年齢や環境等は犯行動機形成や犯行態様に深く影響したと認められる範囲での考慮にとどめるべきである、という考え方がある[19]。これは国会審議において提案議員から2項但書相当事案として例示された「少女が嬰児を分娩して、途方に暮れて死に至らしめてしまった場合」や「共犯による傷害致死等の事件で付和雷同的に随行したにとどまるような場合」を重視するものといえる。いずれも罪名としては重大犯罪であるが、個別事情を見るとそうではないと評価できる場合である。但書該当事例とは保護不適ではない事例であるということになり、保護不適の推定を破るのは保護不適でない場合だということになる。この考え方を押し進めると2項対象犯罪については、事案自体

17　川口宰護「少年法改正後の刑事裁判の対応」法の支配131号（2003年）37頁。

18　川出・前掲57頁参照。

19　北村和「検察官送致決定を巡る諸問題」家庭裁判月報56巻7号（2004年）70頁以下。

の評価に関わりの薄い少年の抱える問題性や立ち直りの見込み等は、判断しなくてもよいという保護不適一元説とでもいうべきものにもなり得る。

　それに対して先に紹介した二つの裁判例では、いずれも少年の問題性や改善可能性等を検討した上で判断を下している。刑事処分の弊害を考慮要因とした裁判例もあるようである[20]。これは少年に対する保護の必要性も考慮した上で保護不適の推定を破るかどうかを判断するものであり、従来1項について見られた二元説を維持しているものと評価できる。保護不適一元説は家裁の保護機能を大幅に後退させるものであり、調査官の調査も根底から変わり得る可能性がある。逆送率も現在より高くなるだろう。到底受け入れられるものではない。家裁の現場では保護不適の偏重に一定の歯止めがかかっているといえる。しかし統計資料からは保護不適性と少年の保護の必要性のバランスが従来より前者に傾いていることも窺える。さらに少年の反省が深まり保護処分による働きかけの必要が少なくなれば、但書不適用となり逆送されるのかという問題もあり[21]、この説では両者の関係をどう考えるべきかは今後の課題として残されている。

(2) 説明責任説

　説明責任説と称される学説がある[22]。これは2項但書で「刑事処分以外の措置を相当と認める」場合を原則逆送の例外として規定している趣旨は、教育的な処遇方針が適切かつ有効であることを明確にするように求めているものであると解する。被害者を含む地域社会の少年非行に対する関心を踏まえて、家裁は例外的な措置をとる以上一種の説明責任を負うとするのである。責任を果たすために、家裁では少年について十分な調査を行うとともに、少年の矯正あるいは更生保護の計画を具体的に立案して予測される成果を展望し、刑罰的な処遇にゆだねた場合と比較しながら、保護処分が相当であるとする

20　北村・前掲74頁以下でごく簡単に紹介されている。

21　岩佐嘉彦「『改正』少年法下における付添人の活動」刑法雑誌43巻4号（2004年）484頁以下、藤原正範「苦悩する少年司法の現場から見えてくるもの」同499頁以下参照。

22　守屋克彦「少年法の改正と運用上の課題」法律時報73巻4号（2001年）44頁。

説得的な意見を述べなければならないとされる。

　但書の適用の際に家裁に説明責任を負わせることは、既に見た保護不適推定説においても要求されていたところであり、この点では両者の間にそれほど違いがあるとは思われない。しかしこの説では、保護処分と刑事処分の双方が選択肢になり得る場合にも家裁が保護処分が相当であることを適切に説明し得たならば、但書を適用し保護処分とする余地が認められることになるものと思われる。この点が両説の差となって現れてくる。ただし、2項本文を原則逆送規定だと解する以上、少年を保護処分にしても非行性を解消させられる見通しがはっきりしない場合には、逆送するということになると思われる。

(3) ガイドライン説

　2項は処分決定に対するガイドラインを意味するという説がある[23]。「1項本文の保護処分優先の原則は2項の解釈にも効果が及ぶ。2項の本文はガイドラインに過ぎないから、法的拘束力は強くはなく、推定といった法的効果を認めるのは妥当ではない。ガイドラインによらない選択も十分に可能であり、むしろ20条1項の保護処分優先の原則に立ち戻る」とする。この見解は説明責任説の一種であるとされ、家庭裁判所がガイドラインによらない選択を行う場合には、ガイドラインから離れる理由について、説明責任を負うことになる。2項本文の適用か但書の適用かについて判断がつきかねる場合には、説明責任は法的責任ではなく、事実上のものであり、2項但書の適用は認められるとされる。

　この見解については2項本文をガイドラインと解することの意味が問題となる。ガイドラインであるとすれば、立法者は裁判所に対して判断の参考とするため指針を示したに過ぎないことになる。だとすれば確かに法的拘束力は弱い。但書に従って「刑事処分以外の措置」を選択することについて説明が可能であれば、ガイドラインから離脱することができるであろう。問題は、「判断がつきかねる」場合の処理である。いずれの選択肢も説明可能であるか

23　斉藤豊治「改正少年法の見直しと少年司法の課題」法学68巻5号（2004年）35頁。

らという理由で判断がつきかねる場合には、上述の説明責任説と同様に但書の方を選ぶことができることになる。しかしこの見解では、少年を立ち直らせるためにいかなる働きかけが必要であるかについての見通しが立てられないために判断がつきかねるという場合にも、同じように処理をするのかは明らかではない。この点はガイドラインの拘束力の程度によると思われる。単に参考とすればよいのであれば、逆送して刑罰を科すという選択肢を一応検討しその検討結果を説明の中に織り込めば、刑事処分以外を選択しても裁判所の責務は果たされたということにもなる。それにより裁判所は事実上の責任を果たすことができるともいえるからである。他方ガイドラインとは通常、それに従うのが望ましいとされるものであろう。いくら拘束力が弱いとしても尊重されなければならないとすれば、説明がつかないのにガイドラインを離れることはできず、逆送されなければならないということになるだろう。ガイドラインの法的性質がより明らかにされなければならないと思われる。

(4) 類型的保護不能説

「罪質・情状の重い事件、なかでも故意犯罪による死亡事件については、少年に対する被害者・遺族および社会の感情が厳しいことが多く、それを背景に少年の社会復帰を考えると、むしろ刑事処分を受ける方がよいと判断される場合があること、または、少年の非行性が深化しており、刑事裁判によって罪質を明らかにし、刑罰（自由刑）の制裁を受ける方がよいと判断される場合もあることなどを考慮して、20条を解釈すれば、第1項と第2項との間に矛盾を生じない。第2項は、故意犯罪による死亡事件を犯した少年の社会復帰の手段として、その他の比較的罪質情状の重い事件よりも、刑事処分が適している場合が多いという認識が示されている」という解釈がある[24]。これは、1項につき保護不能一元説を採用することを前提に、2項該当犯罪の場合、類型的に保護不能であることが多いとする見解である。

この見解は、保護不能という概念の中に、社会感情が少年の社会復帰を妨げる要因になることがあり、このような場合は少年の利益を考慮するならば

24　澤登俊雄『少年法入門（第2版補訂）』（有斐閣、2003年）187頁。

逆送して刑事処分を受けさせる方が保護処分とするよりも望ましいという判断を前提としている。だからこそ、2項で類型化された一定の重大犯罪については、類型的に社会感情が厳しくなるため保護処分とはしない方が、少年にとって望ましいとするのである。果たしてそのようにいえるかが問われなければならない。また、この見解でも2項本文についてどの程度の拘束力を認めるのか明らかではない。その強さによって、原則逆送規定と解するかどうかが決まることになる。

(5) 原則逆送否定・注意規定説

　20条2項は、少年に覚せいされるべき規範意識をもたせるにはどのような措置が相応しいのかを、特に深く調査しなければならない、ということを非行結果が重大であるために注意的に書いた規定である、と理解するという立場もある[25]。この見解は、原則逆送規定であるとの理解は、立法目的にそぐわないということを強調している。というのも、改正法は立法目的を「規範意識の覚せい」においているが、当該少年に規範意識をもたせるためには、少年が抱える個人的・社会的問題の解決が必要になるという構造が存在するため、原則的に刑罰が有効であるとはいえないからである[26]。

　この解釈では慎重に調査をすることを規定したのが2項であるとするのであるから、2項本文が逆送の「決定をしなければならない」と規定していることには法的な意味がないということにならざるを得ないであろう。但書については、もともと少年法上はすべての事件について調査を行ってから処分を下すことが求められているのであるが、事件の重大さに鑑み、その調査をより徹底して行うことを注意的に求めているということになる。2項の対象となる重大事件についても、逆送すべきかどうかの基準は1項の場合と同じということになるだろう。

25　武内謙治「少年司法の現状と課題」刑法雑誌43巻3号（2004年）476頁。

26　武内・前掲469頁以下。

(6)原則逆送否定・説明責任説

　前述(2)とは異なる意味で説明責任説を主張する学説がある[27]。この見解は、刑事処分相当との判断は、もっぱら教育機能の観点から刑事処分が教育処分として必要・有効な場合に限られるべきであるという一元説的な立場に立ち、20条2項について原則逆送規定であるとの理解を否定する。原則逆送規定と解するならば、少年に対する教育的援助に対して社会防衛を優位に置くことになり、少年の成長発達権の保障という少年法の趣旨に反するからである。そのことを前提として、2項但書は、社会感情の厳しさ、とくに刑事処分要求の強さに配慮して、教育処分として刑事処分こそが必要・有効とは認められない場合において、刑事処分以外の処遇を決定した理由について、被害者を含む市民に対していっそう説得的に説明する責任を負わせた規定として理解すべきであるとする。説明責任の性質については、20条2項は原則逆送規定でないとすると、刑事処分以外の措置を決定した場合でも、刑事処分が不必要又は有効でないことを示す理由が敢えて必要とされるわけではないとし、また家庭裁判所が処遇決定理由を説得的に説明できなかったとしても、教育手段として刑事処分こそが必要・有効であると認められたわけではないから、刑事処分相当として逆送されることにはならないとする。

　この見解は但書について説明責任を課したものであるとするものの、家庭裁判所は必ずしもその責任を果たす必要はなく、その場合でも逆送されることにはならないのであるから、但書に必然的な法的効果は伴わないことになる。この説明責任は法的責任ではなく、一種の倫理的責任であるということになろう。責任主体である家裁が責任を果たさない場合には倫理的な非難が向けられることになるが、家裁はそのような非難に耐えなければならないということを、但書は命じていることになるだろう。

　先の注意規定説とは、但書の重点を調査に置くかそれに基づく説明に置くかの点での違いはあるが、両者は相反するものではない。この二つの学説は、2項本文の文言を実質的に無視しているともいえ、その点でかなり苦しい解

27　葛野尋之「少年法における検察官送致決定の意義」同『少年司法の再構築』(日本評論社、2003年) 589頁以下。

釈であることは否めないであろう。

6　解釈の優劣を決めるものは何か

　以上、少年法20条2項について学説上どのような解釈論が提示されているかを簡単に紹介してきた。学説はそれぞれ自らの主張を行う際に、根拠を提示する。保護不適推定説は立法者の意思を重視し、法律の文言にも忠実な解釈を行っていると言える。これは学説の優劣を決する際の強力な長所となる。問題は保護不適推定説の帰結の妥当性にある。保護不適推定説は過剰に逆送を行う結果をもたらすのではないか、これが保護不適推定説に反対する学説における共通した問題意識であるといってよい。その際に問題とされるのは、もともと少年法は保護主義の立場を採用しており、そのために相応しい手段として保護処分を用意していたはずなのに、敢えてそれを用いず、少年が非行を克服して立ち直っていくための手段として構想されたのではない刑罰という制裁を科していくことが、少年の成長発達を妨げてしまうのではないかということである。これは少年法1条に反する事態である。重大犯罪を犯した少年の福祉が守れなくなるとともに、少年の非行性の克服・除去がうまく行われない結果、再び犯罪に走るという刑事政策的にも好ましくない結果につながりかねない。

　そこで厳罰化を回避するために、逆送の範囲を狭める解釈論が提示されるわけであるが、ここで諸説の間で相違が生じてしまう原因のうち大きなものとして、法律の文言にどこまで制約されるべきか、また法運用の実際をどこまで前提とするべきかについての評価に差が生じることが挙げられる。前者について、三権分立の下で立法者が決めた法律の文言は一般的には尊重されなければならない。しかし刑法の例で見たように、立法者の意思を尊重すべきでない十分な理由が存在しているのであれば、条文の文言からは必ずしも読みとれない解釈も理論上全く不可能というわけではない。にもかかわらず「20条2項の存在を事実上無視するような解釈は法文上難がある[28]」という批判があるように、この点での抵抗感はかなり強い。その理由は、後者の点と

28　斉藤豊治「コメント」刑法雑誌44巻1号（2004年）62頁。

関わっていると推測される。学説として提示される法解釈論とは、裁判官を説得し、自らの主張が判例として採用されることを目指している[29]。自らの解釈の前提とするものが判例の立場との距離が大きい場合、それだけ採用される可能性が小さくなる。少年法20条の問題でいえば、保護不能一元説(的理解)を採用し、保護不適という概念を認めない立場を前提として2項の解釈を行えば、それだけ裁判所には採用されにくくなる。法律の文言が重視されるべき理由としても、裁判所が文言を重視した解釈を好む以上、文言から離れた解釈は採用の可能性が小さくなると判断されるのである。

　しかしだからといって文言から離れた学説の価値がないわけでもない。自らの持つ法の理想像と法の現実との距離が大きい場合には、現実の法運用に拘束されずに論理を徹底する必要があるといわれる[30]。安易な妥協はしばしばよい結果をもたらさないからである。また法律が実現しようとする価値を明らかにして、それに忠実な解釈を行っていくことは一つの法体系を構築することでもある。その解釈は一貫性を有しているだけに説得力を持ち、長い目で見れば判例実務を変えていく可能性を秘めたものである。もう一つ重要な価値として、立法のための視点をも提示できるということがある。実際、20条2項の解釈論としての原則逆送否定論から出発しつつも、20条2項の廃止さらには逆送という制度自体の廃止についても検討しなければならないという主張もされている[31]。原則逆送を否定する立場は十分に考慮に値するといわなければならない。

　もちろん文言から離れない形で結論の妥当性が確保できれば、それが最善である。20条2項について、例えば次のような解釈はどうであろうか。2項本文からは文言上但書の要件が欠ける限り逆送せざるを得ない。その意味で逆送が「原則」となる。しかしこのことは、対象少年につき保護不適が推定されたり、多数あるいは相当数が逆送にならなければならないということを意味しない。少年は多くの場合、成長発達の余地を大きく残した存在であり、

29　平野龍一「刑法と判例と学説」同『刑法の基礎』(東京大学出版会、1966年) 243頁以下。
30　後藤昭「平野刑訴理論の今日的意義」ジュリスト1281号 (2004年) 60頁。
31　正木祐史「20条2項送致の要件と手続」龍谷大学矯正・保護研究センター研究年報1号 (2004年) 38頁。

保護処分とした方が少年の福祉に合致し、かつ再犯防止にも有効であるということは、法改正によっては変えることのできない社会的現実である。それは、少年法の理念に合致してもいる。少年には処罰よりも保護が相応しいと推定されているといってもよい。それを前提とする限り、2項を適用したとしても結果として大部分の少年は但書に該当するということになる。そうすると1項と同様の基準が用いられることになるだろうか。否、むしろ重大犯罪を犯さざるを得なかったような心身に問題を抱えた少年は手厚い援助を必要としており、1項が適用されるそれ以外の少年よりも保護処分に付されなければならない場合が多い。そのため2項は1項よりも詳細に考慮要因を列挙することで、問題性をより慎重に調査しかつ少年のために何が必要かを社会に向けて説明する責任を課したと解するのである。少年の置かれた社会的現実からすれば、この責任を果たすことは決して困難ではないはずである。そして、裁判所がより親身になって自分のことを考えてくれているという認識を少年が持つことは、罪を自覚する第一歩でもある。以上のことは一元説に立った場合によりよく妥当するが、仮に二元説の立場であっても妥当するものである。二元説では保護の不適性と保護の必要性を総合的に考量して結論を下すのであり、重大犯罪の場合、保護不適と判断される場合が通常より多くなると認めるにしても、同時に重大犯罪であるが故に保護の必要性も高まり、さらには社会の目が厳しくなった分それに耐えて成長していけるためにもより一層保護の必要性が高まるからである。この後者の点は、家裁を悩ませている保護の必要性が高くないと思われる事案でも妥当する。少年を社会の敵として切り捨てるのではなく、迫害から守るためにも但書が適用されなければならない。ここに2項の意味があるのであり、現在の運用は改められなければならないということになる[32]。

7 結びに代えて

　最後に試論的に提示したものを含め、いずれの学説にも一長一短が存在す

---

[32] ただしそれだけでは問題は解決しない。2項但書適用事例では少年院収容が長期化する傾向が見られる（藤原・前掲498頁参照）。原則逆送による厳罰化の背後で、保護処分自体が「厳罰化」しており、少年法の理念が内部からも浸食されつつある可能性が伏在しているのである。

るのであり、最終的には法律家・法学徒一人ひとりが自らの立場を決定していかなければならない。是非、各論者のオリジナルの論文にあたってその主張の当否を自分自身で考えてほしい。

　解釈論の優劣は単純には決められない問題である。法の理念との合致、文理との整合性、結論の妥当性等を考慮して最終的により説得力のある立論を立てられれば優れた解釈論となる。そうするためには、社会に生起する問題を見つめる目を養うことと条文を踏まえた上で論理的に立論することの両方の作業が必要となる。授業に出て教科書を暗記するだけでは、優れた法解釈論は身につかない。常に社会に目を向けつつ優れた法律家の書いた文章を丹念に読み込み、それらを批判的に検討するという作業が必要となるのである。

第4章
少年刑事裁判における55条移送決定と量刑
裁判例の検討を中心として

1　はじめに

　逆送後の刑事裁判においていかなる処分が下されるかは、少年法における少年の健全育成、すなわち成長発達権の保障をどこまで貫けるかが試される最も深刻な場面である。2000年改正少年法は、①16歳未満の少年の逆送を可能とし（旧20条但書削除）、②故意の犯罪により被害者を死亡させた場合に「原則として」逆送とすることを義務づけるかに見える規定（20条2項新設）を置くことで刑事裁判の対象となる少年を拡大しただけでなく、③犯行時18歳未満の少年についての無期刑の緩和について、従来は必要的であったものを任意的に改め（51条2項）、④死刑が必要的に無期刑に減軽された場合の仮釈放可能期間を7年から一般の場合と同様の10年に改めることで（58条2項）、刑事処分の範囲をも拡大した。

　立法理由を見ると、①については「罪を犯せば処罰されることがあることを明示することにより、社会生活における責任を自覚させ、その健全な成長を図る必要があること」、②についても「少年であっても刑事処分の対象となるという原則を明示することが、少年の規範意識を育て、健全な育成を図る上で重要なことであると考えられたこと」とされ、刑事裁判の対象の拡大は、あくまで「事案に応じてより適切な厳しい処分によりその責任の自覚を促すとしても、少年の健全育成という少年法の目的に反するものではない」との位置づけがなされていた。他方で、③については「本来、無期刑を相当とした事案について必ず有期刑に減軽しなければならないとすることは適当では

ない」こと、④については「本来死刑に処すべき者が相当短期間で社会復帰をする可能性を認めることとなって、罪刑の均衡という点からも、被害者感情、国民感情の点からも、適当ではないと考えられたこと」に求められている[1]。刑事処分の範囲の拡大については、罪刑均衡等の刑事処分を科す際の一般原理が前面に押し出されており、もはや少年法の理念との整合性については語られることはない。②の運用については逆送の著しい拡大がなされている[2]ことと考えあわせれば、改正法全体の基調が厳罰主義であることは、もはや否定することができない[3]。

　他方で改正法は、少年に対する死刑の回避(51条1項)、有期刑を言い渡す際の不定期刑の原則(52条)などの少年に対する刑事処分の特則はなお存置した。改正によって、少年に対する刑事処分について、成人とは異なった考え方で臨むという発想が完全に否定されたのではなく、それは確実に少年法に息づいているといってよい。また少年法55条は、一旦逆送された少年を刑事裁判所から家庭裁判所へ移送(以下、55条移送、若しくは単に移送という)することを予定している。本規定の適用は従来から刑事裁判所の自由裁量に委ねられており、家裁の逆送決定には拘束力がないと解されてきたところであり、その理由の一つとして、少年法は保護優先を基本的理念としているので、家裁と刑事裁判所の双方が刑事処分相当と認めた場合に初めて刑事処分に付し得ると解すべきであるという点が指摘されていたところである[4]。本規定が存置されたことからは、改正法下においても、刑事裁判所は保護処分選択の可能性を可及的に追求することを求められていると解することができよう。

1　以上につき、甲斐行夫ほか『少年法等の一部を改正する法律及び少年審判規則等の一部を改正する法律の解説』(法曹会、2002年)参照。引用部分は順に同書94、97、108、219、233頁に拠った。

2　詳細な分析につき、正木祐史「20条2項送致の要件と手続」葛野尋之(編)『少年司法改革の検証と展望』(日本評論社、2006年)23頁以下参照。

3　立法過程に忠実な解釈を志向する論者からも、刑事裁判の対象の拡大は、応報及び一般予防を基礎にしたものと理解されている。川出敏裕「処分の見直しと少年審判」斉藤豊治・守屋克彦(編)『少年法の課題と展望・第1巻』(成文堂、2005年) 166、179頁参照。

4　廣瀬健二「保護処分相当性と刑事処分相当性」家庭裁判月報41巻9号 (1989年) 64頁参照。

本稿はこのような問題意識から、改正法の下での55条移送の運用を検討し、付加的に少年に対する量刑のあり方を論じるものである。

2　55条移送の基準

　まず55条移送がいかなる場合に認められるべきかについて、従来展開されてきた議論を簡単に見ておくこととする。この問題は少年法55条にいう「保護処分に付するのが相当であると認めるとき」、すなわち保護処分相当性がいかなる場合に認められるかという解釈問題である。この問題は少年法20条の規定する検察官送致が認められるための要件である、刑事処分相当性をどう理解するかという問題と表裏の関係にあるため[5]、刑事処分相当性についての解釈論と関連させて簡単に整理しておきたい。

　第1に、少年法の予定する保護処分によっては、少年の抱える問題を解消させ、成長発達を遂げさせることが不可能若しくは困難である場合に、刑事処分相当性が認められるとの立場がある（保護不能一元説）[6]。この立場からは、保護処分による対応が断念される場合には、社会の安全を考慮することができるとされる。55条移送が問題となるのは、①保護処分により対応できないとした家裁の判断が妥当でないと思料される場合、及び②刑事裁判等を体験することで、少年の態度や人格に変化が見られ、あるいは保護環境が改善されたりして、犯罪的危険性に変化が見られる場合ということになる。

　第2に、保護不能と判断される場合でも、なお少年の保護を放棄するのは妥当ではないとして、刑事処分相当性が認められるのは少年の成長発達のために刑事処分を選択することこそが必要でありかつ有効である場合に限られるという立場がある（保護のための処罰説）[7]。この立場の中でも、犯罪の社会的影響があまりにも大きいため、保護処分では、少年の社会復帰に重大な

5　廣瀬・注（4）論文6頁。

6　斉藤豊治「要保護性の判断と検察官逆送規定」『量刑法の総合的検討―松岡正章先生古稀祝賀』（成文堂、2005年）240頁以下等参照。

7　葛野尋之『少年司法の再構築』（日本評論社、2004年）591頁以下、正木・注（2）論文等参照。

支障が予想される場合に刑事処分相当性を認める立場[8]と、社会的影響を考慮して刑事処分を科すとなると結局のところ、少年の利益にはならないとしてこの場合の逆送を否定する立場とがあり得る[9]。これらの立場からは55条移送は、①、②に加えて、③刑罰によっても少年の要保護性を解消することは可能であるが、保護処分による方がより有効である場合に行われることになる。ただし前者のように、犯罪の社会的影響が大きい場合は刑罰的対応によるべきとする場合は、結果的に重大事件の場合はそれだけで移送判断は妨げられることになり得る。

第3に、保護不能である場合に加えて、保護処分による矯正は必ずしも不可能ではないが、犯罪の内容が重大悪質で、社会の安全等を考慮すると保護処分によることが相当でない場合にも刑事処分相当性を認める立場があり(保護不能・保護不適二元説)、実務はこの立場に従っている。具体的には保護処分の方が刑罰よりも少年の改善更生のために有効であると認められるとともに、刑罰ではなく保護処分を選択することが、被害感情や社会の不安感、処罰感情、一般の正義観念などに照らしても、受忍許容され得ることの両面が満たされる場合に移送決定がされることになる[10]。保護処分の有効性の観点の外在的な制約として、保護処分の許容性があるとの構造をとるために、①〜③が認められる場合であっても、重大・凶悪事案では移送が認められにくいことになる。

次に改正法が、逆送につき20条1項と2項の二つの類型を規定したことが55条移送にいかなる影響を及ぼすかが問題となる。20条2項については様々な解釈論が提示され、争われている現状にあるが、ここではその問題に立ち入る余裕はない[11]。ここで確認されるべきは、20条2項が1項と異なる要件を

---

8 澤登俊雄「少年審判における処分決定の基準」『福田平・大塚仁博士古稀祝賀―刑事法学の総合的検討(上)』(有斐閣、1994年) 736頁等参照。

9 本庄武「少年に対する量刑判断と家庭裁判所への移送判断」龍谷大学矯正・保護研究センター研究年報1号 (2004年) 112頁【本書第7章】等参照。

10 廣瀬・注 (4) 論文58頁。

11 正木・注 (2) 論文参照。なお、筆者による分類及び分析として、本庄武「少年法は厳罰主義を採用したと解すべきか」一橋論叢133巻4号 (2005年) 107頁以下【本書第3章】参照。

設けたと解する場合、55条移送について従前通り1項と同様の基準が適用されるとすれば、改正後新たに逆送の対象となった事例については、すべからく55条移送の対象となり、改正を事実上無効化することになってしまうため、この解釈は採り得ないということである。20条2項により逆送された場合は、55条の保護処分相当性についても20条2項と同様の基準により移送の適否が判断されることになる。例えば、20条2項について家裁に説明責任を課したものだと解する場合は、55条移送の場合は、保護処分が相当であることにつき刑事裁判所が説明責任を負うとされている[12]。55条移送のあり方は、20条2項のあり方を逆照射する関係にあるといえ、移送の有り様が重要となってくる。

　以上を前提として、少年法改正後の55条移送の運用について具体的に検討することにする。

3　少年法改正後の55条移送率

　55条移送が20条と完全に表裏の関係にあるとすれば、改正後も55条移送率には特段の変化は生じないはずである。しかし元来検察官送致の基準は、個別事案において一義的な帰結を導き得るようなものではなかったのに加えて、20条2項によりこの判断がさらに複雑化した。そこで家裁の判断と刑事裁判所の判断との間に従来以上の乖離が生じ、55条移送の運用にも変化が生じる可能性がある。

　少年法改正により55条移送の運用に変化が生じると仮定する場合、厳罰化という改正の趣旨が少年事件処理全体に及ぶと考えることもできる。その場合、①改正を契機として20条2項が適用される場合以外を含む逆送判断全体がより緩やかに行われるようになった結果、全事件について刑事裁判所が家裁の判断を覆して移送する件数が増加するという仮説と、②反対に、立法趣旨は少年犯罪全体の厳罰化にあるとして、移送件数が全体として減少するという仮説があり得る。また、③新たに逆送対象に取り込まれた部分についてのみ、刑事裁判所で刑事処分を科すことが適切ではないと判断される事例

12　川口宰護「少年法改正後の刑事裁判の対応」法の支配131号（2003年）37頁。

表1　少年（判決時20歳未満の者）の通常第一審有罪・家裁移送人員（1997～2004年）

年次	総人員	有罪総数	無期懲役・禁錮	不定期刑	定期刑	うち、10年以上15年以下	うち、執行猶予	うち、保護観察付		罰金	家裁へ移送	有罪総数＋移送数に占める移送率
1997	164	161	0	38	120	0	120	25	20.83%	3	3	1.8%
1998	166	161	1	46	114	0	113	26	23.01%	0	5	3.0%
1999	164	158	0	42	113	2	109	26	23.85%	3	6	3.7%
2000	153	151	3	55	91	0	88	20	22.73%	2	2	1.3%
2001	202	197	0	67	126	0	124	18	14.52%	4	5	2.5%
2002	245	236	4	83	147	2	142	31	21.83%	2	9	3.7%
2003	208	198	0	76	121	2	116	22	18.97%	1	10	4.8%
2004	272	259	1	93	163	2	161	30	18.63%	2	13	4.8%

各年の司法統計年報より作成

表2　少年保護事件の家庭裁判所終局処理人員中の逆送人員（1997～2004年）

年次	総数	一般保護事件	業過等事件	道路交通保護事件	検察官送致（刑事処分相当）	一般保護事件	業過等事件	道路交通保護事件	検送率	一般保護事件	業過等事件	道路交通保護事件
1997	280,764	146,245	38,032	96,487	11,850	292	763	10,795	4.22%	0.20%	2.01%	11.19%
1998	285,415	154,359	37,914	93,142	11,218	323	717	10,178	3.93%	0.21%	1.89%	10.93%
1999	269,624	141,825	38,669	89,130	10,631	311	606	9,714	3.94%	0.22%	1.57%	10.90%
2000	250,862	131,885	41,879	77,098	9,665	323	711	8,631	3.85%	0.24%	1.70%	11.19%
2001	250,819	138,224	42,135	70,460	9,668	489	776	8,403	3.85%	0.35%	1.84%	11.93%
2002	251,875	144,287	41,776	65,812	8,815	407	715	7,693	3.50%	0.28%	1.71%	11.69%
2003	240,963	144,741	40,253	55,969	8,419	434	780	7,205	3.49%	0.30%	1.94%	12.87%
2004	232,936	143,940	38,841	50,155	8,019	416	681	6,922	3.44%	0.29%	1.75%	13.80%

犯罪白書より作成

が増える結果、当該事件について移送件数が増加するという仮説と、④改正の立法趣旨が厳罰化にあったことを重視して、当該事件についてはむしろその他の事件よりも移送件数が減少するという仮説があり得る。

　そこでまず表1、表2により仮説①、②について見てみると、少年法改正後、55条移送決定が下された人員数は2001年以降、年を追う毎に増加し、移送率も上昇傾向にある。他方で、少年保護事件の逆送率は改正後も低下傾向が継続しているが、公判請求率が高い一般保護事件では改正後微増傾向が

表3　20条2項対象事件の終局処理及び逆送後の55条移送人員

	終局人員	逆送	逆送率	受移送	移送率
2001年4月1日～2004年3月31日	238	137	57.60%	9	6.60%
2004年4月1日～2005年3月31日	72	53	73.60%	2	3.80%
計	310	190	61.30%	11	5.80%

最高裁判所事務総局家庭局の資料により作成

認められる。このことから、仮説②が棄却され、仮説①が支持される可能性がある。もっとも改正前における移送率は年により上下があり、逆送率の変化も僅かであるため、少年法改正後に従来よりも逆送が増加し、刑事処分を科すべきでないと判断される事例が増加したため、刑事裁判所が移送決定を下すケースが増加したとまで断言することはできない。

次に表3により仮説③、④について見てみる。20条2項で送致され、55条移送により家庭裁判所に再係属した人員数は、施行から3年間で9名、2004年度で2名とされている[13][14]。2004年度に移送率が低下しているかに見えるが、絶対数が少なく、共犯事件で一度に複数名が移送されることがあり得るため、参考にならない。大雑把にいうと、20条2項対象事件での移送率は、少年保護事件一般との比較では、若干高いということができる。その限度で仮説④は否定され、仮説③が支持される。20条2項対象事件についても、刑事裁判所の目から見て、家裁が「過剰に」逆送している可能性がある。

改正直後には20条2項の新設により、必ずしも刑事処分に相応しくない少年も逆送されることになるから、家庭裁判所への再移送が従来よりも活用される可能性がある(べきである)という指摘もされていたところであり[15]、予想以上に移送例が多くなっている傾向にあるとする評価もある[16]。しかし、

13　改正法施行後1年経過時、1年6月経過時、2年経過時のものについては、家庭局の資料において移送による再係属人員数への言及がなされておらず、不明である。

14　なお、『平成17年版犯罪白書』349頁では、2005年8月31日までの移送人員を10名とし、いずれも傷害致死の事案としている。それに対し、家庭局の資料では、傷害致死10名、強盗致死1名の計11名が移送されたとしている。後述のように、強盗致死事案の裁判例が現に存在していることから、ここでは家庭局の資料に依拠した。

15　斉藤豊治「少年法改正の意味するもの」法律時報73巻2号（2001年）4頁、葛野尋之『「改正」少年法と少年事件弁護の課題」季刊刑事弁護29号（2002年）27頁等参照。

16　北村和「検察官送致を巡る諸問題」家庭裁判月報56巻7号（2004年）86頁。

改正後の逆送率がかなり上昇していることからすると、移送の活用は低調であるといわざるを得ないであろう。

ともあれ、改正法は、いかなるケースが刑事処分相当かについての家裁と刑事裁判所の認識のギャップを拡大させた可能性がある。とりわけ20条2項対象事件における家裁の判断は、弱化の動揺を示しつつ厳罰化傾向に流れていることからすれば、刑事裁判所としては移送判断を従来以上に厳密に行っていくことが求められているといえる。

4 改正後に55条移送が問題となった事例の分析
(1)事例の概要

次に改正後に55条移送の是非が問題となった事例を個別に検討することで、刑事裁判所の判断の動向を探ることにする。従来、保護処分相当性の要素としては、年齢、人格の成熟度、非行・保護処分歴、犯罪の情状の軽重、犯行後の情状、生育歴の問題点、科刑による弊害・影響、共犯者との処遇の均衡などがあり、これらを総合的に考量して判断がなされるといわれてきた[17]。この考慮要素自体は改正後も変わらないと思われる。問題は、これらの総合考量という中で、具体的にどの要素が重視されているかである。とりわけ20条2項対象事件において、他の場合と異なる考慮方法が用いられているかどうかが問題となる。

改正後に55条移送が問題になった事例として、公刊判例集、裁判所ホームページ「下級裁主要判決情報」、判例データベースから入手し得たものは計13件である。その他に、未公刊判例であるが、筆者の所属する研究会で聴き取り調査を行ったものが1件ある。このうち道交法違反で、逆送、移送、再逆送という特異な経過をたどった1件[18]は特殊な考慮を要するため除外し、計13件を分析の対象とする。13件のうち、移送決定を下したものは5件（①

---

17 田宮裕・廣瀬健二（編）『注釈少年法（改訂版）』（有斐閣、2001年）418頁。

18 札幌地判2002（平14）・1・23下級裁主要判決情報である。再度家裁へ移送した場合、最終的な解決がさらに遅れ被告人に大きな不利益をもたらす等として、弁護人らの移送の主張を退けた上で、執行猶予付き懲役刑相当のところ、多大な手続的負担を強いられたことを理由に罰金10万円とした。55条移送決定に拘束力を持たせる必要を痛感させる事案である。

傷害致死等、②傷害、③傷害致死、④強盗致死、⑤傷害致死)[19]、刑事処分を科したものが8件(⑥殺人等、⑦強盗致傷等、⑧強盗殺人等、⑨傷害致死等、⑩殺人等、⑪傷害致死、⑫強盗強姦等、⑬傷害致死等)[20]である。20条2項対象事件は10件(ただし、1件(⑧)は改正法施行直前に発生した事件である)、そのうち移送決定を下したのが4件、刑事処分を科したのが6件である。非対象事件3件では、移送決定を下したものが1件、刑事処分を科したものが2件(うち1件は、改正後新たに逆送の対象とされた逆送時16歳未満の年少少年の事件(⑫)である)であった。

(2) 20条2項対象事件での移送判断

裁判所は、20条2項対象事件であっても、若干の例外を除き1項対象事件と異なる判断方法を採用してはいないと指摘できる。基本的には事案の重大性評価と被告人の抱える問題性評価とを総合考量して、保護処分に付することの相当性及び許容性が認められるかを判断しており、これは20条2項の対象でない事件における判断方法と共通するものである。

例外に属するものとして、少年法20条2項は、少年による重大事件の増加傾向と被害者の被害感情や社会の正義感情の高まりを踏まえて立法されたものであり、家庭裁判所において調査及び鑑別結果等を勘案し、審判の結果、検送したものであることを保護処分相当ではない理由の一つに掲げている例(⑨)、移送判断と量刑判断を分離させ、前者では被告人の年齢、矯正教育の経験がなく非行性が固定化したとまではいえないことのみを考慮し、資質面の未熟さ、家庭環境、生育歴に同情すべき事情があること、さしたる非行歴がないこと、両親が示談の努力をし被告人の今後の監督を誓っていること等

19　①水戸地土浦支決2002 (平14)・3・1家月54巻9号147頁、②東京地八王子支決2003 (平15)・6・12家月56巻3号73頁、③水戸地決2004 (平16)・1・29LEX/DB【文献番号】28095510、④大津地決2004 (平16)・12・14季刊刑事弁護43号160頁が公刊物登載等のものである。⑤は研究会で聴き取りを行った事案である。

20　⑥水戸地土浦支判2001 (平13)・12・21LEX/DB【文献番号】28075141、⑦さいたま地判2002 (平14)・9・13下級裁主要判決情報、⑧神戸地姫路支判2002 (平14)・9・18判タ1124号296頁、⑨新潟地判2002 (平14)・12・12下級裁主要判決情報、⑩水戸地判2002 (平14)・12・19LEX/DB【文献番号】28085366、⑪さいたま地判2003 (平15)・1・17下級裁主要判決情報、⑫福島地郡山支判2003 (平15)・11・20 LEX/DB【文献番号】28095451、⑬名古屋地判2005 (平17)・4・19下級裁主要判決情報。

を量刑事情としてのみ考慮している例(⑧)がある。

　20条2項対象事件の逆送のあり方は、家裁においてもなお模索が続いている段階であると思われる。事例⑨のように安易に家裁の判断を尊重するかのような態度をとることは55条移送制度が設けられた趣旨を無に帰してしまうものであり、刑事裁判所には丁寧な判断が求められる。

　また、事例⑧のような判断を正当化する余地のある考え方として、20条2項対象事件については、一般事件についての伝統的な判断方法のように刑事処分とそれ以外の措置をいずれも無制約に選び得るという前提で、当該少年にどちらが妥当かを比較するという思考方法はもはや取り得なくなったとして、まずもって少年の凶悪性、悪質性を大きく減ずるような「特段の事情」が認められるかを判断し、それが認められた場合にはじめて一般事件と同様の判断方法により処分選択をすることができるとし、「特段の事情」の認定は犯罪行為自体に関する「狭義の犯情」を中心に考察し、少年の資質面・環境面等の「広義の犯情」は、狭義の犯情のうち犯行動機の形成や犯行態様に深く影響したと認められる範囲で考慮するに止めるべきである、という考えも示されている[21]。しかし管見した限り、ほとんどの裁判例において狭義の犯情と広義の犯情の重みづけを区別して扱うというやり方は採用されておらず[22]、社会記録等を慎重に検討して判断すべき[23]とされていることからしても妥当ではない。

　次に、表面的には特有の判断形式を採用していないように見えるが、20条2項新設が影を落としているかに見える事例がある。事例⑥は、少年調査記録によっても少年の性格や環境等に格別大きな問題点は認められない、という事情を刑事処分に付すべき事情の一つとして理解している。しかし性格等に問題がないことは、少年の立ち直りが容易で保護処分が有効であることを示す事情であろう。この問題は、20条2項を原則逆送と理解し但書が適用

21　北村・注(16)論文70頁以下。

22　この点は、20条2項逆送の可否についての家裁の判断についても同様である。不十分ではあるが、本庄・注(11)論文448頁以下参照。家裁の決定例の分析としては、さらに葛野尋之「刑事処分相当性と検察官送致決定」注(6)書280頁以下も参照。

23　田宮・廣瀬・注(17)書419頁参照。

されるのは積極的に保護の必要性が説明される場合であると理解するところから生じた、保護処分による働きかけの必要が少なくなれば但書不適用となり逆送されてしまうという改正により顕在化した問題[24]を想起させる。裁判所は改正前であっても刑事処分相当の事案であるとするが、過去には、殺人事件で動機から見ると偶発的になされた一過性のものであることや、非行の重大性を十分認識し、責任を感じ真剣に後悔していることから再犯のおそれもないとされた事案で移送決定が下され、受移送審で保護観察処分となった事例も存在しているのである[25]。本件は、10歳年上の既婚女性との不倫関係のもつれから殺人に発展した事例であり、裁判所も被害者にも相当の落ち度があったと認めている。被害者との特殊関係が大きく影響し、従って一過性である可能性が強い事案で、保護処分が選択されないというのであれば、少年保護システムは大きく損なわれることになろう。解釈論としても、20条2項但書の「刑事処分以外の措置」とは文理上当然に、不処分を含むのであるから、それと平仄を合わせるべき55条にいう保護処分相当性も、要保護性が認められず家裁送致後に不処分が見込まれる場合をも含む概念として理解すべきなのである[26]。少年の問題性が大きくないことを刑事処分選択の理由とすべきではない[27]。

このように、統計資料によれば、若干増加している可能性ある移送決定であるが、個別事例を見ると、移送の余地を狭めるような判断方法が用いられ

---

[24] 岩佐嘉彦「『改正』少年法下における付添人の活動」刑法雑誌43巻4号（2004年）484頁以下、藤原正範「苦悩する少年司法の現場から見えてくるもの」同499頁以下。

[25] 札幌地決1967（昭42）・5・27家月20巻1号132頁、札幌家決1967（昭42）・6・7同136頁。ただし酒浸りで日常的に暴力を奮っていた義父を母と共に殺害した事案であり、直ちに本件と同視することはできないが、保護のための働きかけの程度が低いことが、移送決定に不利に作用するわけではないことは分かる。なお強盗致死で移送決定が出され、受移送審で保護観察処分となったものに、大阪地決1959（昭34）・1・22家月11巻3号178頁がある。

[26] 受移送審で不処分決定が下されたものとして、長崎家佐世保支決1967（昭42）・9・19家月20巻3号121頁、東京高判1954（昭39）・12・25家月17巻8号85頁の受移送審、水戸家決1954（昭39）・3・30家月16巻3号160頁、長崎家佐世保支決1960（昭35）・12・26家月13巻4号136頁といった例がある。

[27] 55条移送決定を行った事例①では、不処分決定の前歴が1件あるのみで、資質面において大きな偏りは見られないことなどから、適切な矯正教育を受ければ早期に更生できる可能性があると認められることを、移送の理由の一つに掲げている。

ている場合があることに注意を要する。他にも、改正前であれば保護処分相当であった事案不相当とされた例がある可能性も否定できないが、裁判例からは読み取れなかった。

なお20条2項対象事件ではないが、事例②では、家裁の逆送の決定書が、態様が悪質であり、被告人の抱える資質面での問題性が決定時において強固なものとなっており、少年に対する保護処分はもはや限界を超えている旨説示していたところ、刑事裁判所は、本件が他の一般的な傷害保護事件に比べて直ちに刑事処分を相当するほど悪質な事案とはいえないし、被告人を刑事処分に付さなければ一般の社会感情が許されないといった事情も見当たらない、また逆送時に少年の資質につき、保護処分によっては矯正改善の見込みがないと一義的に判断できるほどの客観的な資料もないと判示し、移送決定を下している。本事例は、家裁が不適切な刑事処分相当判断を行うこともあり得るのであり、安易に家裁の判断を尊重してはならないことを示している。

(3) 保護処分の有効性判断

裁判例において明示的に保護処分の有効性を否定しているものは事例⑪のみであり、多くのものは保護処分の有効性を認めた上で許容性が認められるかどうかにより、移送の可否を決定している。有効性判断に当たっては、「保護処分によって、その少年の健全育成、再犯防止が、刑罰よりも有効に果たされることが具体的に見込まれなければならない[28]」とされているが、20条2項対象事件においても、この要件が満たされる場合は少なくないといわなければならない[29]。

有効性を否定する事例⑪は、被告人A, Bが共犯少年6名と行った集団暴行による傷害致死事案で、両名の弁護人とも移送を求めていたが、結果が重大であり、犯行の経緯や動機に酌むべき点がなく、犯行の態様が執ようかつ残忍であるなど犯情は極めて悪質であると認められることを考慮すると、所論

---

28 廣瀬・注 (4) 論文58頁。

29 例えば、事例⑥は被告人には保護処分による改善更生の余地は残されているとし、事例⑩は被告人には矯正教育による更生を期待できると考えられるとしている。

指摘の事情(Aの弁護人は、さしたる面識も動機もないまま短絡的に被害者に対してし烈な暴行に及んだのは、日常的に実兄から暴力を受けていたという家庭内の問題に起因しているとも考えられる上、反省の態度が深化していることが顕著に見られること、Bの弁護人は、小中学校在学時代に受けた体罰により、自己の考えを表面化することを避けるような傾向をもち、他人からの批判を受けた経験がなかったことや両親が適切に対応してこなかったことなどが本件犯行の遠因であり、自らの意思で警察に出頭したこと、反省の態度が深化していること、両親や雇用主が監督を誓約していること、さしたる非行歴がないことなどを指摘した)を考慮し、さらに被告人両名の年齢(判決文からは不明であるがBは犯行時高校2年在学中である)、非行が深化していなかったことを併せ検討してみても、保護処分が有効であるとは認め難い、としている。

　判決文による限り、弁護人の指摘する諸事情があり、かつこれまで非行を反復し収容歴もあるような場合ではないにもかかわらず、なぜ保護処分が有効でないのかが説得的に示されていない。結果の重大性等の犯情の悪質性を直接、有効性を否定する理由としているところからは、事案の重大性に引きずられた判断を行ったとも見得る。

　また2件の強盗致傷と1件の恐喝未遂事案である事例⑦では、裁判所が少年の抱える問題性及び立ち直りの可能性を果たしてどの程度考慮したのかは、判決文からは不明であり、このような判示方法は適切ではないと思われる。

　裁判所において保護処分の有効性についての判断がおろそかになるのは、二元説の下、保護処分の許容性が否定されれば、それが外在的制約として被さってくるため、どんなに保護処分の有効性を判断したところで結論は変わらないという思考が背景にある可能性がある。しかし二元説を前提とするとしても、次に指摘する点との関連で、そのような判断方法が妥当かどうかには重大な疑問がある。

(4) 保護処分の許容性判断

　55条移送決定を行った事例を仔細に見れば、共犯者間での役割を指摘することにより、結果が重大で、態様も悪質であるなど一見保護処分の許容性

が認められないと思われる事案でも、詳細な判断をすることにより事案の重大性評価の見直しが行われていることが指摘できる。

　暴走族の構成員である被告人3名が他6名と共謀の上、脱退意思を示した被害者に制裁を加えるため集団で暴行を加え死亡させたという傷害致死事案である事例③は、移送の理由としては犯行時15,6歳であったという低年齢であったことも大きいと思われるが、「執よう、せい惨で危険な」暴行を「冷酷かつ粗暴」に実行したのが被告人等であったとされているにもかかわらず移送判断に至っている点が注目される。裁判所は、制裁を指示したり暴行を直接指揮したりしたのが年長者であり、これに逆らえず行ったものであり、最年少の暴走族構成員として受動的な側面があったことを無視することは相当ではないとしている。この評価は、暴走族特有の考え方を無批判に取入れ、被害者の心情・苦痛よりも年長者の意向を重んじるなどした問題性の大きさを凌駕している。そして、資質面の他、生育歴ないし家庭環境等に様々な問題を抱えており、その結果、内面の成長は不十分で共感性や社会性が身に付いておらず、精神的な未熟さが著しいという点を、専門的、教育的な働きかけによって内面の成長や問題行動等の改善を促し得る余地が少なくない、という保護処分の有効性判断にも連なっているといえる。

　また自動車の助手席に乗っていた被告人(犯行時16歳)が他の少年3名とともに、走行中の自動二輪車を奪うため、自動車で併走させながら暴行を加え、自動車を衝突させ転倒させて、被害者2名のうち1名を死亡させ、1名に重症を負わせた強盗致死傷事案である事例④は、2度保護処分を受け、保護観察処分中に犯行に及んでおり、更生意欲の乏しさとともに規範意識の希薄さも認められるとされながら、移送決定に至ったものである。裁判所は、結果に対する被告人の関与は比較的小さいことの他に、本件犯行が共犯少年の発意、主導によりものので、同少年に対し強い恐怖心を抱いており、その誘いや指示を断り切れずに本件犯行に加担した面があることを指摘している。このような評価に至ったのは、本件に至った原因でもある共犯少年との問題行動の背景として、不遇な家庭環境で成長したため、内面的な成長が不十分で、共感性や社会性を十分身に付けることなく、精神的な未熟さが著しい性格を形成したことが考えられるとの指摘とも関係しているであろう。

さらに共犯者らと共謀の上、遊び仲間の少年に集団で暴行を加え死亡させた傷害致死事案である事例⑤でも、犯行動機は首謀者の作り話を信じ込んだことであるが、もっとも作り話はおよそ現実離れしたものであり、それを安易に信じたのは奇妙なまでの信頼や依存心に深く根ざすもので、成長過程における問題に起因すると指摘されている。この評価は保護処分の許容性に途を開いただけでなく、被告人の内省の程度が十分に深まったとまでは認め難いが、生育歴や思い込みの激しい性格、柔軟性の欠如等にも照らせば、やむを得ない面があるとの評価にも結びつき、保護処分の有効性判断にも関連している。

　他方で、犯行時15歳と16歳の被告人両名が成人共犯者と共に行った強盗強姦等事件である事例⑫では、被告人両名とも若年で人格的に未成熟であり、被告人乙1はその場の雰囲気に左右されて他律的に行動しやすい性格であること、被告人乙2は人の感情に鈍感で、共感性が乏しい性格であることがうかがわれるとしながら、成人共犯者との関係について、未成熟な被告人両名を年長の不良者が犯罪に誘い、先導役を務めたものといえるが、他方、非行化を深めた後、家出をし、成人共犯者と親交を重ね、反社会的な雰囲気に浸って社会から完全に逸脱した状況下で、成人共犯者から先導され、これを無批判に受け入れて、積極的かつ主体的に追従していったものであって、被告人両名が、よく分からないまま突然非日常的な環境あるいは場面に放り込まれたという事案ではない、とする。さらに、被害者に対する陵辱行為を主体的に繰り返したのは成人共犯者よりも、むしろ被告人両名であったことを強調している。しかし未成熟であることは、当然に非行性を深化させ、成人共犯者の先導に無批判に追従し、犯行に至った原因でもあるはずではないか。判決は、犯行への寄与度を極めて外形的に評価するものであり、少なくとも少年(しかも年少)の役割を評価するために適切な基準とは思われない。

　以上のように、共犯事件では、少年についての詳細な調査する中で、対人関係のあり方等における問題性が浮かび上がってくることも多いことが分かる。このことから、保護処分許容性は客観的な行為に関する事情だけで判断されるべきものでなく、少年の徹底した調査をしなければ判断できないものであるということが示唆される。そしてそれは共犯者間の関係性だけでなく、

被害者との関係性についてもいえる場合がある。

　事例⑬は、被告人（犯行時18歳）が、交際中の10歳年上の女性の子ども（当時4歳）がいうことを聞かないことから、暴行により死亡させた傷害致死及び女性への暴行事案である。裁判所は、被告人には成長途中の未成熟な面や生育過程で培われた性格上の問題点があり、本件各犯行がこれらに、女性の強迫的な言動のため、望まない関係を継続せざるを得ず、その関係を断つことも困難になっていた状況が加わったことにより引き起こされた側面があるとし、女性の責任は大きいと指摘する。しかしながら、(i)被告人の生育時に受けたしつけの不適切さは他と比較して特に強度といえるものでなかったこと、(ii)犯行動機が、心理鑑定の指摘する（不適切なしつけの世代間連鎖、女性との間に生じた疑似母子関係の影響下に子どもとの間で奪い合いが生じたという疑似同胞葛藤、小学校時のいじめられ体験による心的外傷の後遺障害としての狭窄の反復という）三つの要素が心理下の基礎となって形成されたものであったとしても、これ自体は被告人に自覚されていないこと、(iii)犯行当時、高い知的能力を有していたことなどを指摘して、保護処分相当性を否定している。しつけの不適切さそれ自体ではなくその心理的影響が問題であること、人格特性の問題点が自覚されていないこと自体は問題ではないことからすると、裁判所は殊更に表面的な動機の理解をしているように思える。もし人格特性や行動傾向の問題点を動機に関連させることで、有機的立体的な動機理解をしていたならば、判断も変わったのではないだろうか。

　このように考えてくると、二元説においても、許容性と有効性の判断は別個独立になし得るようなものではないことになる。事案の重大性はそれ自体要保護性の大きさを徴表するものであることは広く認められているし、逆に少年の抱える問題性が行為自体の評価の見直しを促す可能性がある。そしてこの構造は、共犯者や被害者との人間関係が問題となる場合に限られる理由はないであろう。少年の抱える問題性が犯罪行為に至る際に影響を与えていることが重要なのであり、犯行動機や犯行態様の評価にも影響を及ぼすからである。

　そうすると、一見許容性が否定されると思われる事案でも徹底して少年についての調査を行い、それを審理に活かさなければならないことになる。少

年法40条が少年の刑事事件について少年法の趣旨を活かすよう求め、同50条が少年の刑事事件の審理で専門的調査を活用することを求め、刑訴規則277条が少年事件の審理については、事案の真相を明らかにするため、家庭裁判所の取り調べた証拠は、つとめてこれを取り調べるようにしなければならないと規定するのは、この趣旨を明らかにしたものといえよう[30]。そして、20条2項の対象である重大事件では、有効性審査と許容性審査の交錯が他の事例にも増して生じ得るのであるから、他の事例よりも一層徹底した調査が行われていることが、移送の可否を判断する前提とならなければならない。

(5) 保護処分の有効性の調査

第1に、事案の中には、家裁段階で事実認定に争いがあるため、十分な調査が行われていない事例がある[31]。

事例①では、家庭裁判所での調査・審判時においては内省が不十分であり、反抗的な態度を示す場面も見られたが、刑事裁判手続を通じて、自己の行為の重大性やその責任についての認識を深め、次第に反省の態度を表すようになってきており、内省は深まりつつあると認められることを、理由の一つとして55条移送が行われている。本件については、当初正当防衛の成否が争われた模様であり、当初の調査・審判時は内省が不十分であり、反抗的な態度を示していたことが窺われるという指摘がある[32]。

また事例②は刑事裁判所で正当防衛が争われた事案であるが、家裁段階では、鑑別に必要な情報が十分に得られず、鑑別所の判定は「保留」となっており、調査官意見書は否認のため内省が深まらないため、ひとまず事実関係を確定させるという趣旨で検察官送致相当となっている。刑事裁判所は、本件の罪質や被告人の主張内容等に鑑みれば、観護措置期間の更新や合議体によ

30　成人事件の死刑適用基準に関して、主観的事情を過度に重視すべきではないとする判例がある（最決1999（平11）・11・29判時1693号154頁）。この判例の当否自体問題であるが、少なくとも少年事件については主観的事情を重視すべきというのが、少年法の求めるところである。

31　北村・注（16）論文97頁は、移送例には家裁段階で犯行態様や動機などにつき少年側から争われている事案が多い、とする。

32　北村・注（16）論文91頁。

る審理等を適正に運用することにより、少年審判手続における事実認定も十分可能であったものと思われるとし、逆送決定は不相当であったと批判している。

　その当否は別として、改正法は少年審判において充実した審理を行うため種々の制度を導入したのであるから、真に必要な場合は諸制度を活用し事実認定において少年の納得を獲得した上で、十分な調査を行わなければならないであろう。それは55条移送判断が適切に行われるための必要条件である。

　第2に、調査自体に問題があるとの指摘もある。

　事例⑫では、弁護人から、家裁継続時に担当調査官ら、重大事件として共同調査を命じられたにもかかわらず、単独面接しか行わなかった上、被告人両名の性格を矯正したり環境を改善するための働き掛けを行わず、被害の重大性に目を奪われた調査票を作成するにとどまったこと等から、少年法の理念に反するのみならず、少年の手続的保障を奪ったとの主張がなされている。裁判所は、当審は家裁の事後審ではなく、刑事裁判の手続であり、家裁調査官の調査は55条移送の要件を充たすかどうかを判断するための証拠の一つであり、当事者が不十分と考えれば、さらに立証活動を行えばよいと退けている。「調査票等を検討しても、調査官の調査に格別の瑕疵を見いだすことはできない」との評価を前提としているのかもしれないが、少なくとも少年審判での調査の不十分性は、刑事裁判で補えるものとは思われない。少年鑑別所において十分な面接や調査を行える体制が保障されている少年審判段階と同程度の調査が、刑事裁判で拘置所に勾留されている場合に可能であるかは疑問である。このことは刑事裁判所が家裁の事後審であるかどうかという問題とは全く別の問題である。

　また関連して、本件では弁護士付添人選任時期が審判期日の2日前であり、付添人が十分な活動をできなかったとの主張に対しても、裁判所は少年の親が付添人を依頼しなかったことを少年に帰責させるかのような判示をしているが、極めて不適切であろう。付添人の早期からの法的援助は、調査官のケースワークと一体となるべき重要な少年司法の要素である[33]。年少少年事

33　武内謙治「公的付添人制度に関する検討」葛野（編）・注（2）書160頁参照。

件であっただけに、なおさら十分な援助・調査の機会を保障すべきで、そのために家裁に移送することを考慮すべきであったのではないかと思われる[34]。

　第3に、事例①、⑤のように、刑事裁判を経験することにより内省が深まったとされる事案は、しばしば見られるところである[35]。刑事裁判は本来的に少年を裁くのに適した場所とはいえず、逆に刑事裁判の経験が少年の内省の深まりを阻害することもあるため、この効果を過剰に期待すべきではないが、結果として内省が深まり、立ち直りの兆しが見えることもないとはいえないであろう。この点につき言及していない裁判例も多いが、刑事裁判が少年にどのような影響を及ぼしたかを十分に検討しなければ、保護処分が相当な事案を見落としてしまうことになりかねない。これらの事案が示唆するのは、家裁段階での調査だけでは刑事裁判所が移送決定を行うための資料として不十分な場合があるということである。この場合、刑事裁判で情状鑑定等を活用するか[36]、調査の必要性を理由として移送をするかはさらに検討を要するが、いずれにせよ、刑事裁判の経験が少年の立ち直りに重大な影響を与えた可能性のある事案では、その調査なしには保護処分が相当かは判断できないというべきである。また刑事裁判の経験が少年に決定的な悪影響を与えてしまったような場合は、即座に移送すべきであろう。

(6) 小括

　少年法改正後の55条移送が問題となった事例の分析によれば、20条2項対象事件でも、非対象事件と同様の判断手法が用いられ、保護処分の有効性が認められている事例が多いことが判明した。そこで移送の是非を決するのは保護処分の許容性判断ということになる。二元説では理論上、許容性判断は有効性判断から独立した外在的な制約となるが、移送決定例においては、事

34　山崎俊恵「郡山年少少年逆送事件」季刊教育法143号（2004年）65頁以下参照。

35　北村・注 (16) 論文97頁参照。

36　川口・注 (12) 論文38頁は、「現在の少年の刑事事件における手続では、少年の保護事件の手続と比べ、少年である被告人の個別的事情に関する情報、特に検察官送致後の情報が少な過ぎるため、少年法55条による家庭裁判所への事件の移送を躊躇せざるを得ない面があり、また、刑の量定に当たっても事案の重大性等の犯情を基準にしたものになる傾向があるように思われる」と指摘する。

案の重大性評価の際に、少年の抱える問題性という有効性判断の際に用いられるファクターを加味して動機等を詳細に解明することにより、許容性が認められる場合がある。少年法の理念は刑事裁判にも及ぶため、この手法があるべき移送判断というべきであろう。そして、適切な移送判断を担保するためには、家裁段階及び必要な場合は刑事裁判段階で少年の抱える問題性や立ち直りの兆候について、十分な調査が行われなければならない。事例の中には、これらの要請に反する運用が散見されたが、これは自殺行為とでもいうべきものである。

事例からは明らかにならなかったが、20条2項対象事件については、移送判断の際、犯罪結果の重大性やその社会的影響がこれまでより重視され、少年個人に関わる事情の重要度は相対的に低下し、保護処分が非常に有効である反面で刑事処分の弊害が多い場合にのみ移送が認められると解される可能性がある[37]。しかし従来でも保護処分の有効性判断において、保護処分による立ち直りが具体的に見込まれることが必要とされてきたのであり、展望的予測判断においてそれ以上の具体性を求めることは現実的に期待できないし、通常より刑事処分の弊害が多い場合とは、精神的能力に著しい障害があるような場合に限られるのではないだろうか。このような解釈は、移送の余地を事実上封じるものであり、20条2項対象事件でも55条の適用の余地を残した改正法の趣旨にも反することになるように思われる。

少年法の理念に忠実な移送決定を行う場合、必然的に保護処分相当性が認められる場合が多くなってくる。その運用が定着すれば、保護処分の有効性と許容性の双方を充たす必要があるとする二元説は、保護処分の有効性のみで判断する一元説に接近し、両者の差異は相対化される可能性がある。さらには、保護処分の有効性が否定される事例が実際にはそれほどないのであれば、一元説と刑事処分が積極的に有効といえる場合以外は移送を求めるとする考え方の差異も相対化してくるのである。改正法下での55条移送の運用は、少年法の理念が厳罰化の要求に抗いながら、命脈を保つための試金石であり、実務に課せられた責任は重いといえよう。

---

37 川出・注（3）論文は、20条2項逆送の場面でこの解釈を採る。

5 少年量刑の問題
(1)改正後の状況

　55条移送につきいかなる立場に立とうとも、少年に刑事処分が科される場合は残る。また手続中に成人した場合、少年時に犯した犯罪についていかなる量刑をすべきかが問題となる。

　改正後の少年量刑については、公判請求数が明らかに増加していることが見て取れる。逆送される人員の数は減少傾向にあるため、明らかな厳罰化の進行と評価することができる(表1、表2参照)。

　20条2項対象事件では、2005年8月31日までに通常第一審で刑事処分を科されたのは裁判時少年が100名、成人が25名である。科された刑の内訳は、裁判時少年が無期懲役5名(5.1%)、10年以上の不定期刑4名(3.1%)、不定期刑86名(87.8%)、3年以下の定期刑(執行猶予) 3名(3.1%)、成人が無期懲役3名(12.0%)、有期懲役22名(88.0%)となっている。裁判時少年において一番多い刑の区分は、5年を超え10年以下の不定期刑で43名(43.9%)、次いで3年を超え5年以下の不定期刑40名(40.8%)となっている[38]。ほとんどが実刑に処せられており、刑期も長期のものが多い。

(2)少年量刑の基準

　個別事例としては、保護処分相当性を認めず、行為時15歳の少年を懲役3年6月以上6年以下、同16歳の少年を懲役4年以上7年以下とした福島地郡山支判2003（平15）・11・20（事例⑫）が注目される。判決では少年の処遇選択について、以下のような一般論が展開されている。

　　「少年法が保護処分を原則としながらも、一定の場合において刑事処分にすることにしたのは、少年法が目的とする少年の改善更生及び社会復帰と、刑事司法の基礎である社会防衛、秩序の維持及び社会正義の実現との調和を図ろうとしているものと解すべきである。……そして、

38　以上の数値につき、『平成17年版犯罪白書』349頁参照。

実質的に見ても、犯罪少年に対し、事案、少年の特性等に応じて刑事処分に付したからといって、少年の健全育成という少年法の目的に反するものとはならない。すなわち、刑罰といえども、一般予防、応報の側面ばかりでなく、受刑者の教化改善、更生を図ることが重要な目的とされている。……また、少年の改善更生及び社会復帰と、社会防衛、秩序の維持及び社会正義との釣り合いの取れた適正な処遇の選択がなされることによって、被害者を含めた一般社会の理解と信頼を得ることができるのであり、この被害者を含めた一般社会の理解と信頼こそが、少年の社会復帰のための重要な要素となるものというべきである。行為者が少年であっても、犯罪であることに変わりはないのであって、社会防衛、秩序の維持及び社会正義の側面を軽視し、被害者や一般社会に対する配慮を軽視したのでは、被害者を含めた一般社会の理解と信頼を得ることができなくなり、かえって、少年の社会復帰を困難にするおそれがある。加えて、重大悪質事件においては、被害者や社会に重大な被害を及ぼし、また、脅威や不安を抱かせることになるのであるから、犯罪の再発の防止が強く求められ、他方、犯罪を犯した少年に対しては、再犯防止のために、罪の意識及び責任を十分に涵養し、社会の一員であることの自覚を強く促す必要がある。……したがって、犯罪少年の処遇を委ねられた刑事事件担当の裁判所としては、当該少年の改善更生及び社会復帰の面に偏ることなく、少年の特性に配慮しつつ、事案にふさわしく社会感情にも適合した処分又は量刑をなすべきものと考える。」

　判決では、応報や一般予防の観点を重視し、それと特別予防との均衡を図ることが強調されている。その結果、被害者を含めた一般社会の理解や信頼が得られるのであり、それが少年の社会復帰にとっても重要であるとする。この枠組みは改正前に少年量刑についての一般的判示を行っていた、いわゆる女子高校生監禁殺人事件控訴審判決[39]の枠組みと基本的に変わるものでは

39　東京高判1991（平3）・7・12判時1396号27頁。

なく、そこでは「現に少年であり、あるいは、犯行当時少年であったもの」に対して妥当するものとして述べられていたところである。

　これらの判例は、応報や一般予防との均衡や社会の理解や信頼に配慮することが少年の改善更生・社会復帰にとっても有用であるとして、少年法の理念・目的と量刑の一般的基準との調和を図ろうとしている。しかしながら、裁判所は犯行時18歳以上であれば、事案によっては、被告人の有利な又は酌むべき事情、当時19歳6か月の少年であったことに加えて、その後の加齢及び矯正教育により改善可能性の余地があることなど諸般の事情を最大限考慮してもなお、その罪責は誠に重大であって罪刑の均衡の見地からみて極刑を科すことはやむを得ない[40]、といった判断を下すのである。確かに少年法自身が、犯行時18歳以上であれば死刑を許容しているのであるが、この判断が、「少年の特性に配慮」し社会復帰にとっても有用なものではないことは明らかである。

　結局のところ、裁判所のいう少年の改善更生及び社会復帰との「調和」とは、他の量刑事情と並ぶ一つの要素として「少年であること（少年であったこと）」を考慮するというにとどまる。一般に、若年成人であることは有利な量刑事情とされていることからすれば、仮に少年法が存在しなかったと仮定しても、裁判所は同様な判断を下すとすらいい得るのである。それが少年法の理念・目的に適う量刑のあり方であるとは、決していい得ないであろう。

　少年法の理念に忠実であろうとすれば、当該少年の成長発達を促進するために刑事処分を科すことが有用な場合で、かつ必要な限度でだけ刑事処分を用いるということにならざるを得ないと思われる[41]。犯行時18歳以上の場合の死刑は、現行法を前提とする限り、個別的に見て当該被告人が完全な自己決定能力を備えた理念型としての成人と同等の能力を有しているという稀有な場合、少年法はそのような人物をもはや保護の対象から除外したと考えざるを得ない。そのように考えて初めて、少年法1条が少年の刑事事件をも射

40　いわゆる長良川連続リンチ殺人事件一審判決（名古屋地判2001（平13）・7・9 LEX/DB【文献番号】28065269）の判示である。

41　詳細については、本庄・注（9）論文103頁以下参照。

程に収めていることに独自の意義が認められるであろう。

(3) 無期刑に関する問題

　改正後の51条2項は、犯行時18歳未満の少年に対して、無期刑で処断すべき場合、10年以上15年以下の有期刑に減軽することが「できる」として、減軽を任意的なものに改めた。

　この改正に基づいて、実際に犯行時17歳の少年2名と18歳の少年1名の共犯事件である、いわゆる千葉明大生強殺事件で、17歳の少年2名に無期刑が科された。この事件で犯行時18歳で判決時20歳未満の少年を担当した裁判所は、被告人は犯行時18歳になっており、少年法51条2項の適用はなく、「被告人に対し無期刑の宣告を避けようとする場合には、酌量減軽の措置を施す以外ないところ、少年法は、不定期刑及びその科刑制限を設けているため、無期刑を選択して酌量減軽を施すと、最高でも5年以上10年以下の懲役又は禁錮となり（同法52条1項、2項）、犯行時18歳未満の少年についてはなお10年以上15年以下の刑を科される場合があることと対比して、かなり軽くせざるを得ない不都合が生じる」と述べ、とりわけ犯行当時わずかに18歳に満たなかった共犯者との刑の均衡も重視せざるを得ず、それぞれの関与の程度等の犯情に照らせば、その刑期に大きな差異は設け難いから、この不都合は看過し難いとして、無期刑の原判決を維持した[42]。この不均衡について、今後、法改正によって何らかの手当てを検討する必要があるとの指摘もある[43]。

　冒頭で確認したように、51条2項改正の趣旨は、「本来、無期刑を相当とした事案について必ず有期刑に減軽しなければならないとすることは適当ではない」ことに求められている。すなわち事案に応じた適切な刑事処分を選択できる余地を拡大したものと考えられているのである。この考えを推し進めていけば、犯行時18歳未満と以上の間での「不都合」は、犯行時18歳以上

---

[42] 東京高判2003（平15）・5・15判時1861号154頁。その後犯行時17歳の少年両名についても無期刑を維持する判決が下された。東京高判2003（平15）・5・22判時1861号143頁、東京高判2003（平15）・5・27東高刑時報54巻46頁参照。

[43] 川口・注（12）論文35頁参照。

の場合にも、10年を超える有期刑を言い渡す余地を認める改正をするという方向で解消されるべきことになろう。

　しかし、前述の少年法の理念・目的に忠実に量刑を考える立場からは、少年に対する刑事処分は不定期刑を原則とすることになる[44]。刑事処分は保護処分に比べて、硬直性が強く、柔軟な対応を妨げるおそれがある。それを幾ばくかでも和らげようとすれば、刑の上限は裁判所が設定するが、下限についてはより柔軟な構造として、できる限り少年である被収容者のニーズの変動に応じて、刑事処分の事後的変更を緩やかに認めることに合理性があるからである。それに対して少年法は、社会復帰への立ち直りのためにより長期間を要するという稀有な場合を念頭において、犯行時18歳未満には10年以上の定期刑（及び51条1項による無期刑）、18歳以上には無期刑を用意し、事後は仮釈放可能期間の短縮（58条）のみで対応することにした[45]。しかし、それはあくまで、個別のニーズに応じて設定されるに過ぎない。従って、裁判所の裁量を拡大する方向での改正の必要は認められない。少年の立ち直りのために、共犯者間の刑の均衡を考慮する必要があるとすれば、両者共に不定期刑とすれば足りるであろう。

　むしろ無期刑は本来的に、立ち直りのために必要な期間を見込んで言い渡すのになじまず、近年仮釈放が困難になり事実上の終身刑化しつつある現状からしても、少年に対して言い渡し得る刑から除外する方向での改正が検討されてよいであろう。

6　結びに代えて

　以上、少年の成長発達権を十全に保障するという視点により、刑事裁判での処分のあり方について考えてきた。最後に、この方向で考えた場合の今後の課題について列挙し、結びに代えることにしたい。

44　法定刑に有期刑がない場合でも、酌量減軽を適用することで、少年法52条はあらゆる場合に適用可能である。

45　51条1項は、犯行時18歳以上で判決時20歳未満の者に対しても死刑を言い渡す余地を認めているように見える。しかし成長発達を促進するために刑事処分を用いるという立場に立つ限り、理論上少年に対して死刑を言い渡す余地はない。

第1に、不定期刑がより柔軟性を持つよう、仮釈放の運用を弾力化しなければならない。

　第2に、少年審判及び刑事裁判のそれぞれの段階で、少年の抱える問題性と立ち直りの見通し、及び刑事処分に対する適応能力について徹底した調査が行われる必要がある。55条移送の余地を拡大し、少年量刑において独自の基準を採用する本稿のような立場においても、裁判所が説明責任を負うことに違いがなく、裁判所が選択した処分が合理的なものであることを少年及び社会一般に対して説得的に説明するためにも、調査の充実が必要となる。そのため、判決前調査制度の導入が検討されるべきである。さらに移送の可否は必要的に検討され、その結果は裁判書に明示されなければならない。

　第3に、少年審判段階での調査・援助が不十分な場合、移送制度の活用がなされなければならない。

　第4に、現代の少年が抱える問題性はより増大・複雑化してきている可能性があり、そのことを踏まえた立法論を展開する必要がある。少年の未成熟さが増し、刑事責任を取れる程度は従前より減少してきていると思われるため、科刑制限の拡大を検討する必要があるだろう。

付　　記

　脱稿後、八木正一「少年の刑事処分に関する立法論的覚書」判例タイムズ1191号（2005年）64頁以下に接した。同論文は、①刑法の法定刑の上限の引き上げにより成人共犯者との量刑不均衡がより顕著になり、かつ裁判員裁判を念頭に置くと少年であることで従前のように一律に処断刑を半減させることは妥当でないため、処断刑30年以下のときは少年刑の上限20年、前者が20年以下のときは後者は15年とするのが相当である、②不定期刑の場合、裁判員裁判での量刑の労力が2倍になること、犯罪者の贖罪を強く求める近時の世論の支持や裁判員の理解・納得を得られるか疑問であること、仮釈放が不定期刑の長期を刑期とする定期刑に近い運用がなされていること等から不定期刑制度を廃止すべきである、③裁判員裁判で少年の刑事裁判を審理することは可能としつつ、少年の情操保護の要請と両立しないおそれがあるため、犯時18歳未満の少年の刑事事件を裁判員裁判の対象から除外するなど

対象年齢の限定を図るべきであるとの立法論を提示している。

　本文で指摘した少年刑の独自性についての認識が稀薄であることの他、何故成人共犯者との均衡を考慮しなければならないのか、何故運用が定まっているといい難い55条移送判断を裁判員にさせることは可能としつつ不定期刑の下限設定はさせられないとするのか、何故仮釈放運用の硬直化の原因を十分究明することなく廃止を提言できるのかといった諸点につき強い疑問がある。裁判員裁判への対応をいうのであれば、この制度が少年法50条の求める科学主義と相容れない以上、むしろ少年刑事事件については一律に対象外とすべきであると考える。

第5章
逆送決定の基準論
司法研究報告書の検討

1 はじめに

　2001年に改正少年法が施行されて以降5年余りが経過した。改正法は、施行後5年経過時点で施行状況につき検討し、必要がある場合は所要の措置を講じると定めるとの条項を附則に有しており、司法研修所(編)『改正少年法の運用に関する研究』(法曹会、2006年。以下、『運用研究』)もそのことを意識して取り組まれ、また出版されたものと思料される。『運用研究』のうち「第2　原則検察官送致」は、改正法中20条2項により導入された刑事処分の拡大について、その運用が適正であるという結論を下している。しかしながら、正木祐史(「検察官送致」立命館法学307号(2006年) 334頁以下)が指摘するように『運用研究』が採用している実証研究の方法論には多くの疑問がある。それだけでなく、『運用研究』は20条2項についての特定の解釈論に依拠していて分析を行っているが、依って立つ理論がそもそも妥当でないとすれば、『運用研究』の分析結果の妥当性についても疑問が生じることになる。また実務の運用が当該理論により整合的に説明できるのかについても検討が必要である。本稿はこれらの点について検討していく。

2　『運用研究』の理論的基盤
(1)原則逆送説と保護不適推定説

　『運用研究』は検察官送致一般について保護不能及び保護不適の二元的な基準によるという見解を前提として、20条2項は対象事件を原則として保護不適の場合に該当するものとしたと位置づける。かつそれは当該行為の反社会性・反倫理性に着目して、保護処分が社会的に許容されない保護不適の場合

を推定した規定であり、従って但書を適用するためには、保護不適の推定を破る事情として保護処分を許容し得る特段の事情が必要である、とする（5頁）。

　この解釈のうち、20条2項を原則逆送規定と解する立場は、国会により提案者から示されたものであり、制定当初の実務家による解説にも見られたものである[1]。これに対し、保護不適を推定するという解釈は、川出敏裕により提示されたものであり[2]、その後実務家からも支持を得るに至っている[3]。『運用研究』ではこの両者を特に区別せず同質のものとして扱っているが、そのように位置づけてよいかは検討が必要である。

　20条2項の文理を出発点に据える限り、但書に該当する理由が説明できない限り、本文が適用されるということにならざるを得ない。これが原則逆送説の根拠である。しかしこれでは、逆送の著しい拡大がもたらされることが懸念される。そこで、学説上はこの文理の限界を乗り越えるための解釈論的提案がなされている。そのうち最も徹底したものとして、20条2項は対象事件についての社会感情の厳しさに配慮して、刑事処分以外の処遇を決定した理由について一層説得的に説明する責任を負わせた規定であり、本文と但書を原則と例外という関係として理解すべきではない。家裁が、20条2項が要求する説明責任を果たせなかったとしても、教育手段として刑事処分こそが必要・有効であると認められるわけではないから、刑事処分相当・検察官送致の決定が認められることにはならない、という立場がある[4]。少年法1条は、少年の成長発達にとって資するところがある限りにおいて介入を正当化したものと解すべきであり、その意味でこの説が前提としているように、刑事処

---

[1] 飯島泰「少年事件の処分の在り方の見直し」法律のひろば54巻4号（2001年）18頁。甲斐行夫ほか『少年法等の一部を改正する法律及び少年審判規則等の一部を改正する規則の解説』（法曹会、2002年）111頁も同旨である。

[2] 川出敏裕「逆送規定の改正」現代刑事法24号（2001年）18頁。

[3] 川口宰護「少年法改正後の刑事裁判の対応」法の支配131号（2003年）37頁。

[4] 葛野尋之「少年法における検察官送致決定の意義」同『少年司法の再構築』（日本評論社、2004年）589頁以下、正木祐史「20条2項送致の要件と手続」葛野尋之（編）『少年司法改革の検証と展望』（日本評論社、2006年）36頁以下。他の学説については、簡潔ではあるが、本庄武「少年法は厳罰主義を採用したと解すべきか」一橋論叢133巻4号（2005年）107頁以下【本書第3章】において検討した。

分こそが必要・有効である場合という一元的な基準により逆送制度は運用されるべきである。この立場は、20条2項においても一元説を貫徹するものであり、少年法の理念への忠実さという点で、基本的な正当性が認められる。しかし実務は、旧20条(改正後の20条1項)の逆送基準として保護不能・保護不適の二元説を前提としており、直ちに2項において一元説の立場を受容する前提に欠けることも否めない。

仮にそうだとしても、20条1項において二元説と一元説のいずれを採用すべきかは、それ自体として決着がつけられるべき問題であり、改正により2項が新設されたとしても、それが1項の解釈を二元説に固定化するという関係にあると理解すべきではない。2項は、確かに対象事件について但書の要件を満たさない限り逆送することを求める規定ではあるが、逆送の根拠については何も述べていないからである。これに対して、対象事件が行為時16歳以上の少年によるものに限定されていることが保護不適を推定したという解釈の根拠となる、との反論がある[5]。年齢の基準時が送致時ではなく行為時とされているのは過去の行為に対する非難可能性の程度を考慮したためであるというのである。しかし、行為時に16歳以上の場合には社会感情が厳しいため、少年の成長発達の観点からも従来にも増して丁寧な調査及び処分理由の説明が求められるため、敢えて1項対象事件とは異なる類型としたという理解も可能なのであり、保護不適の推定が必然というわけではない。

単に二元説によるのであれば、保護不能と判断された場合に加えて保護不適と判断された場合にも逆送されるという関係にあるに過ぎない。また、保護不適と推定したものであるとの解釈が、保護処分の方が相当であると積極的に説明できる場合に限り但書の適用を認めたもので、選択肢として刑事処分も保護処分もいずれもあり得るという場合には本文を適用しなければならないという趣旨を含意するとすれば[6]、それも必然的な解釈ではない。こういった場合は刑事処分も保護処分もいずれも相当なのであるから、2項但書

---

[5] 川出敏裕「処分の見直しと少年審判」斉藤豊治＝守屋克彦(編)『少年法の課題と展望・第1巻』(成文堂、2005年) 167頁。

[6] 川出・注(5)書164頁。

の「刑事処分以外の措置を相当と認めるとき」に該当する。「刑事処分以外の措置の方を相当と認めるとき」とはされていないことを看過してはならないであろう。そもそも立証責任の分配を前提とする法律上の推定という概念を少年審判に入れる余地はないのであり、事実認定における経験則の働きを指し示す事実上の推定という概念も処分選択にはそぐわない。文理に反してまで、推定であると解釈する必然性はない。

　保護不適が推定されているという解釈には、もう一つ、処分選択の基準自体を変容させ、応報ないし一般予防を基礎として、犯罪結果の重大性や社会的影響をこれまでより重視すべきということになったという趣旨が込められている[7]。保護不適の推定を覆すには「特段」の事情が存在することが必要だというのである。条文が客観的に重大な犯罪を敢えて括り出して、それ以外の罪とは異なる扱いをすることを明示したことがその理由とされる。しかし、この点についても、犯罪結果の重大性や社会的影響は社会感情の厳しさを指標するものであり、対象事件について家裁はより慎重な調査及びより丁寧な処分選択の説明を求められることになったという解釈も可能である他、重大な結果や社会的影響は、少年の抱える問題性の大きさを指し示すものであり、また重大な結果を引き起こしてしまったこと自体が少年に大きな影響を与えるため、類型的に要保護性が大きいと考えられ、より徹底した調査が必要であることを条文上明示した趣旨であると解することも十分に可能である。

　以上のように、20条2項は保護不適推定説によらなければ解釈できないものではない。条文が求めているのは、但書に該当しない場合は逆送せよということのみであり、その意味で逆送が原則であるというのは間違いではない。しかし逆送基準自体の変容は条文からは読み取れないのであり、原則であるということは、保護処分を選択するためのハードルを上げることや、一定の割合の事件を逆送しなければならないという趣旨を含むものではなく、「特段の事情」がなければ但書を適用できないというものでもない。従来の基準に従うのであれば、但書適用のための保護処分の相当性の説明はそれほど困難にはならない。むしろ丁寧な調査を義務づけられたことによって、2項対

7　川出・注 (5) 書164頁及び166頁。

象事件では少年の隠れた要保護性が発見されやすくなるため、改正前よりも事実上保護処分が選択されやすくなったということすらいえる。その意味では、結果として但書が適用され、例外とされる事案の方が多数を占めるに至ったとしても、法の趣旨に反するものではない。

確かに、国会での提案者の説明によれば、本条を新設する趣旨は、現行少年法では保護処分を優先して適用する考え方がとられており、凶悪犯でも逆送になるのはかなり低い率となっているが、故意の犯罪により被害者を死亡させるという重大な罪を犯した場合は少年であっても刑事処分の対象となるという原則を示すことで、人命を尊重するという基本的な考え方を明らかにし、少年に対して自覚と自制を求める必要があるためであると説明されている[8]。これによれば、提案者の狙いが逆送率の上昇にあったことは否定し難い。しかし、立法者の意思が絶対的な拘束性を持つとまでは言えない。提案者の説明を一旦離れて、少年法1条を含む条文の全体構造から20条2項を眺めてみれば、少年法が少年の成長発達を促進するために用意した主な手段は保護処分であり[9]、逆送は例外的な場合に用いられるべきことを汲み取るのは容易であろう。そしてまた、提案者の狙いとしても、逆送はあくまで目的達成のための手段に過ぎず、目的はあくまで少年に対して自覚と自制を求めることにある。丁寧な調査の結果、少年に対して自覚と自制を求めるために保護処分が必要かつ有効であることが説得的に説明されるのであれば、提案の趣旨に反するものではないともいえるのである。

20条2項は、1条とは逆に逆送を原則とするものではあるが、逆送基準自体を1項から変容させるものではない。敢えて1項と区別して規定されたのは、対象事件についての社会感情の厳しさ及び類型的な要保護性の大きさに鑑みて、より徹底した調査と丁寧な説明を求めるため、但書において1項よりも考慮事項を詳細に規定するためであったと解される。

---

[8] 第150国会衆議院法務委員会議事録第2号(松浪健四郎議員答弁)。

[9] もちろん、家裁における働き掛けだけで足り、保護処分すら必要でない場合もあり得るのであり、実務で何らの処分を課さないことがむしろ原則となっていることは、少年法の趣旨に反するものではない。

(2) 二段階選抜方式

　にもかかわらず、実務では保護不適推定説が支持を受け、さらにそれを一歩進めた理論が現職の裁判官から提示されるに至っている。それが『運用研究』でも引用されている、北村和による二段階選抜方式である[10]。北村論文は、「充分に検討を尽くしたわけではないが」と断った上で、形式上20条が1項と2項に分かれていることや立法趣旨を踏まえると、一般事件の検送に当たっての伝統的な判断方法のように刑事処分とそれ以外の措置をいずれも無制約に選び得るという前提で、当該少年に対してどちらが妥当するかを比較する思考方法はもはや取り得なくなったと考えられるとする。すなわち、事件送致を受けた裁判所の判断の流れは、①当該事件が証拠上20条2項対象事件と認定できた場合は、②事案内容において少年についての凶悪性、悪質性を大きく減じるような「特段の事情」が認められるかを審査し、③その様な特段の事情が認められた場合に、20条1項に定める個々の要素を踏まえて、刑事処分とそれ以外の措置のいずれが相当か、を順次検討することになる[11]。このうち、②の段階では、大別して犯行の動機、方法及び態様と犯罪結果の大小・程度、数量から成る「狭義の犯情」を中心に考察し、少年の資質面(性格、年齢等)や環境面(生育歴、境遇等)等の「広義の犯情」は、狭義の犯情のうち、犯行動機の形成や犯行態様に深く影響したと認められる範囲で考慮するに止めるべきである。この判断により「特段の事情」があったとされた場合、③において1項と同じ基準により改めて刑事処分が相当かどうかの判断がされることになる[12]。

　このように北村説では、第1段階において限定された考慮要因により「特段の事情」の有無を判断し、第2段階においてより広い事情を考慮して最終的に処分を決定するのであって、自ら二段階選別方式と称している。

　この構想は逆送基準をドラスティックに変更しようとするものであり、解釈論としての正当性を慎重に吟味しなければならない。まず確認されなけれ

10　北村和「検察官送致決定を巡る諸問題」家庭裁判月報56巻7号（2004年）49頁。

11　北村・注（10）論文70頁。

12　北村・注（10）論文108頁（注61）。

ばならないのは、二段階で選抜すべき理論上及び立法経緯上の根拠が示されていないことである。条文上1項と2項が区別されていることも立法趣旨も、既に見たように、必ずしも異なる判断基準の採用を要請するものではない。仮に立法趣旨が逆送率の上昇を求めることにあったとし、そのため異なる判断基準が適用されることを認めたとしても、なお二段階選抜は「すなわち」という接続詞で結ばれるような必然的な帰結ではない。唯一根拠と見得るのは、立法過程において、但書該当事例として「傷害致死事件に付和雷同的に追従した」、「嬰児を分娩して途方に暮れて死に至らしめた」等が例示されていたという事情である。北村論文は、これらの例示はいずれも「狭義の犯情」に犯罪としての重大性を減じる要素があった場合だと解しているのだろうが、文字通り「例示」に過ぎないものを特段の理由もないのにそれと同視し得るような事案に限定する趣旨とまで読み込むことはできない。むしろ、立法過程で少年の性格・行状・環境等を含め家庭裁判所がきめ細かく検討し適切な処遇選択を行うことへの期待が繰り返し表明されたことを併せ考慮するならば[13]、立法者は例示に拘っていないと考える方が自然であろう。のみならず、この二つの例示はいずれも少年が人間関係の軋轢から精神的に追い詰められて非行に至った場合を指し示しているという理解も可能なのであり、仮に例示の拘束性を強いものと見る場合であっても、同様に精神的に追い詰められていると見得る場合には、第一段階で「狭義の犯情」に深く関連しない「広義の犯情」であっても考慮できるということにもなる。二段階選抜方式が立法者の要請であると見ることはできない。

　次に、二段階選抜方式はむしろ条文に沿わないうらみがある。この解釈では、20条2項但書の判断を二段階で行うことになるのだが、但書を素直に読むならば、そこに掲げられた要素を一括して判断することが求められているのであり、条文との間で齟齬が生じる。また、但書に掲げられた要因のうち、「犯行の動機及び態様」だけが他の要素に比して特段の比重を与えられることになるが、(「犯行後の情況」はこれらに準ずる地位を与えられると思わ

13　第150国会衆議院法務委員会議事録第2号（漆原良夫議員・松浪健四郎議員答弁）等。

れる[14])、「少年の性格、年齢、行状及び環境その他の事情」というそれらと並列的に規定され、条文上同格の地位を付与されている要素を軽視することになり、条文と相容れない[15]。さらに第一段階で特段の事情が存在しないと判断される場合は、但書に列挙された事情のうち考慮対象から除外されるものがでてきてしまうが、これは条文に抵触するのではないだろうか。

　さらに、二段階選抜方式では、広義の犯情が狭義の犯情に影響しないことが明らかで、かつ狭義の犯情だけを見ると特段の事情が存在するとはいい難いことが明らかな場合には、社会調査は不要であるということになりかねない[16]。これは、20条2項は8条の存在を排除するものではないから、社会調査は必ず実施されなければならないという立法趣旨及び改正法の解説[17]に反する事態である。これに対して北村論文は、①提案者の説明、②そもそも保護優先主義を前提とし例外的に検察官送致を予定している少年法において、1項において事案の軽重を問わず調査を必要としておきながら、その例外的扱いの中でも特に重大悪質な類型の事件に関して最適な処遇を決定するために調査官調査を不要と考えるのは主客転倒といえること、③調査結果は刑事裁判で量刑資料として用いられること、④55条により移送されていることもあるので、遅かれ早かれ社会調査が必要となること、の4点を挙げて調査は必要であると主張する[18]。しかし①の点は二段階選抜方式が立法者の意図に沿わないことを自認するものであろうし、②も1項と2項の基準を大きく異にする理論を提示し、その意味で主客を転倒させたのは、むしろ二段階選抜方式であることを示すものである。④の点は55条移送後に改めて必要な調査をすれば足りるし、それ以前に55条移送は20条2項と同じ基準で判断され

14　北村論文とほぼ同様の判断枠組みを提示する、家庭裁判所調査官研修所「平成15年度少年調査実務研究会結果要旨」総研所報1号（2004年）79頁では、事案に関する面を検討する際に考慮する事項として、「犯行の動機・経緯」、「犯行の態様等」と並列的に、「犯行後の情況」を掲げている。

15　斉藤豊治「要保護性の判断と検察官逆送規定」『量刑法の総合的検討──松岡正章先生古稀祝賀』（成文堂、2005年）255頁、川出・注（5）書170頁。

16　斉藤・注（15）書255頁、川出・注（5）書170頁。

17　第150回国会衆議院法務委員会議事録第5号（麻生太郎議員答弁）、甲斐ほか・注（1）書102頁。

18　北村・注（10）論文72頁。

ることになるため、事後の事情の変化がない限り逆送判断で社会調査が不要ならば、移送判断においても不要であることが多いことになるだろう。③については、逆送後に家裁段階と同様の質の高い調査を行うのは現段階では困難であるため、必要的調査の根拠となり得るといえる。しかし、社会調査は第一義的には家裁における適切な処分決定に役立たせるために行われるものであり、その中核的意義を失った社会調査に従前と同様の質の高いものを期待することは、事実上困難になりかねない[19]。

このように二段階選抜方式には、理論上・立法経緯上の根拠があるわけでなく、かえって条文に反する事態となり得、さらに少年法の根幹ともいうべき社会調査制度に重大な変容を及ぼす可能性があるのであって、この理論は到底支持し得ないものと思われる。

これに対して北村論文は、原則検送規定では立法趣旨との関係で実務における平均検送率が問題とされることがあるが、罪種の差違を等閑視すべきではないものの、例外的に保護処分に相当するだけの事情が呈示できないのに家裁が検送決定を回避することがあっては、法治主義に反する上、家裁や少年審判制度に対する信頼を損ない、逆に立法府により20条2項ただし書の削除という法改正も招きかねないとして、但書該当事例の拡大解釈に釘を刺す[20]。しかし他ならぬ北村論文自身が、①原則逆送とはいっても、提案者の答弁を見る限り、家裁においてきめ細やかな検討により当該少年にとって最も適切な処分が検討されることが予定されていたこと、②原則逆送規定導入の背景として従前の逆送規定の運用が消極的であったとの指摘もされているが、改正前も凶悪・重大事件においては相当な割合で検察官送致がなされていたといってよいことを指摘し[21]、提案者の意思を合理的に解釈することでその射程範囲を限定しようという志向をも示しているのである。裁判官とし

---

19 この他にも、二段階選抜方式の下では社会調査に重大な影響が生じる可能性があるが、詳細については、岡田行雄「社会調査」立命館法学307号（2006年）363頁以下参照。

20 北村・注（10）論文72頁。同様の政治的配慮を強調するものとして、廣瀬健二「少年審判と刑事裁判の関係」法学セミナー582号（2003年）100頁、同「少年責任の研究についての覚書」『小林充先生・佐藤文哉先生古稀祝賀刑事裁判論集（上巻）』（判例タイムズ社、2006年）611頁等がある。

21 北村・注（10）論文68頁。

ては、実務についての正確な理解を必ずしも前提としてない立法趣旨を文字通り受け取るのではなく、その意思を合理的に解釈しながら、丁寧な理由の説明を伴った適切な処分選択を行うべきであろう。北村論文の支持する基準に沿わない但書適用が、法治主義に反するという批判は理解し難い。また、但書削除という再改正が行われる現実的可能性がどの程度あるかは定かではなく、そのような政治的配慮が解釈の方向性を規定するとすれば正当とはいえないであろう。

3 『運用研究』の分析について
(1)分析の枠組み

　先に見たように、『運用研究』は、20条2項は保護不適を推定したものであり、推定を破るためには保護処分を許容し得るだけの特段の事情が必要であるとの立場を採用する(5頁)。その判断要素としては、但書が掲げる事件の性質及び少年の特性その他「一切」の客観的及び主観的事情が考慮されるべきであるが、保護処分を許容し得る特段の事情については、ほとんどが当該犯罪行為に関連する事情の場合に認められており、当該少年の資質や環境に関連する事情であっても、犯行動機の形成や犯行に至る経緯又は非行時の責任能力・判断力等に影響するものに限られているのが実情であるとする。そして、立法過程でただし書適用が想定された事例もそのような行為自体の反社会性を減じる事情がある場合であることからすれば、このことは「むしろ当然の帰結もいえよう」と述べる(8頁)。

　このような枠組みは、特に段階を区別することなく一切の事情を考慮するのであるから、狭義の犯情に直接影響しない広義の犯情も当初から考慮される点で二段階選抜方式とは異なるかのように見える。しかし、注で北村論文を肯定的に引用しつつ、特段の事情への参入資格を事実上制限し、行為自体の反社会性を減じない事情に保護不適の推定を覆す力はないとされるのであるから、実質的には二段階選抜方式と同様の思考様式となってしまっている。

　20条2項を二段階選抜方式や保護不適推定説により解釈する必然性がないことは前述した。ここでは、仮に保護不適推定説の立場を前提とした場合にも、『運用研究』の分析には問題があることを指摘する。

(2) 特段の事情の範囲

　まず問題となるのは、立法過程での例示を考慮すると、本書が考えるような特段の事情への参入資格の制限が当然の帰結といえるものか、ということである。具体的に、『運用研究』が特段の事情として承認しているものには、えい児殺・共犯事例での付和雷同型という立法過程で明示されたもの以外にも、過剰防衛(29頁、65頁)・家庭内での殺人・暴行(31頁、65頁、67頁)・心神耗弱などの精神疾患(32頁、67頁、85頁)・被害者による犯行誘発(36頁)などが含まれている。ここから、立法過程で例示された事例自体との類似性は必ずしも重視されていないことが分かる。例示から抽出された、行為自体の反社会性の減弱というファクターが認められればよいという理解であろう。

　しかし、反社会的かどうかという判断は直感的で非常に曖昧である。確かに、過剰防衛や被害者による犯行誘発のように、被害者側にも一定の帰責性が認められるような場合や、家庭内での事件で被害者遺族が少年の親族でもあるために処罰感情が乏しく、危害が第三者に向けられていないことで社会感情も厳しくない場合(68頁)、反社会性が減じるといえるかもしれない。しかし第1に、心神耗弱という被害者と関連しない事情については、責任能力廃止論が人口に膾炙していることからも分かるように、当然に反社会性が減じるとはいえないであろう。にもかかわらず、心神耗弱を特段の事情と位置づけることは結論としては妥当である。一般に罪責を評価するという場合、行為者の精神状態は当然に考慮に入れられるが、それは行為の違法性の程度だけでなく行為者の責任の程度を考慮しなければ適切に罪責評価ができないからに他ならない。責任主義の要請は必ずしも社会的に共有されているわけではないが、事案の重大性を評価する際には考慮しないわけにいかないのである。少年の精神状態について考慮しないわけにはいかず、『運用研究』もまた立法過程での議論を絶対視しているわけではない。

　第2に、被害者による犯行誘発の場合であっても、態様が悪質であれば保護処分を許容し得る特段の事情があるとまではいえないと評価されている場合がある(35頁、36頁、69頁)。しかし、被害者による誘発行為があったからこそ、行き過ぎてしまったような場合はやむを得ない側面があったともい

えるのであり、ここでも反社会的かどうかという判断の曖昧性が表れている。実際、少年の方からけんかを申し込んでおり、被害者の誘発性が高いとは言えない事案で、かつ被害者が倒れた後も暴行を続けている点で悪質と評価されながら、被害者も殴り合いに積極的であったこと等から特段の事情があったといってよいと評価されている事例も存在している（71頁）。

　第3に、犯行に至る経緯が同情に値するものである場合には特段の事情に当たるとされており、具体的には、えい児殺の事例で、家族等に相談できないまま出産してしまい途方に暮れて犯行に及んでいること（28頁）、実父殺害の事例で、動機形成に過程での父の暴力が影響していたこと（32頁）、実父に対する傷害致死の事例で、家庭環境や非行当時の急迫した生活状況、生活態度の悪い父を目覚めさせようとして暴行に及んだことが（66頁）、同情に値する事情として承認されている。しかし同情に値するかという判断も判断者の主観により左右されやすいものである。『運用研究』は、集団暴行で逆送後に55条移送がなされた事例で、移送決定は被害者が共犯者を拉致するように策動したと信じ込んだことや、成長過程等をみれば年齢相当の判断力等が十分備わっていなかったことを重視したものと思われるが、たとえその作り話が真実であったとしても、その事情を特段の事情とは認め難いと評価する（54頁）。また、同じく集団暴行で保護処分となった事例で、決定例では被害者が少年等の友人の死を冒とくした発言をしたと誤信したことが動機となっていることが酌むべき事情であるとされたのに対し、被害者とは無関係の事情であり酌むべき事情といえるかは検討の余地があるとする（57〜58頁）。一般論として、被害者とは全く無関係の第三者から強要されたような事例は被害者との関係では酌むべき事情とはいえないのであるからあまり過大視すべきではないとの指摘もされているが（95頁）、えい児殺の被害者には帰責性がおよそ欠けることは、どう説明されるのであろうか。また少年の精神状態も考慮対象として承認されていることからも分かるように、被害者の誘発性と反社会性の高低の判断は別個のものである。上述の集団暴行事案も見方によっては同情に値する（犯行の回避が困難と表現した方が正確であろう）といえるように思われ、安定的な判断とはいい難い。

　何が特段の事情に当たるかという判断において、立法過程で示された例示

は必ずしも手がかりとはならない以上、実質的考察により幅広い事情を取り込むべきである。

さらに、上述のように『運用研究』は二段階選抜方式を採用していないのであるから、犯行の動機・態様等に直接に影響しない少年の特性についても、特段の事情たり得ることは理論上妨げられないはずである[22]。刑事裁判や刑罰に耐えられない場合は、むしろ刑事裁判手続の審理方法や刑務所における処遇内容の改善により対応すべきと指摘されるが（97頁）、いかに改善したとしても依然として大きな限界があることは既に指摘されている通りであり[23]、これらの事情を特段の事情から殊更除外しようとするのは疑問である。

また『運用研究』は、統計上、年齢が上昇するについて検送率の顕著な上昇が認められ、処分選択に当たって年齢が重要な要素となっていると指摘しておきながら（16頁）、この指摘はそれに続く事例分析には全く活かされてないようである。しかし少年が何歳であるかが狭義の犯情に直ちに影響する要素であるとはいえず、年齢が低いほど刑事処分の弊害が強まるために、逆送が回避される傾向があるということを認めないわけにはいかないのではないかと思われる。年齢もまたそれ自体特段の事情たり得ると解すべきであろう。

(3)特段の事情の程度

『運用研究』は「運用に当たっての留意点」として以下の指摘をしている。①えい児殺、過剰防衛や少年の責任を減殺するような被害者側の事情等は特段の事情を認め得る要素といえるが、当然に保護処分が許容されるわけではなく、その経緯を十分に検討する必要がある。殊に被害者側の事情は、被害者が犯罪を誘発したという事情がうかがえても、被害者を死に至らしめた少年の責任を減殺するような事情とまでは評価できないことがあるので、慎重に評価すべきである。②共犯事件における果たした役割については、そもそも

22　川出・注（5）書171頁は、「例えば、処遇効果の面で、保護処分が非常に有効である反面で、刑罰はむしろ弊害が大きいといった事例では、必ずしも犯情の面で特段の事情が認められなくとも、保護不適の推定が覆る余地は残されている」と指摘する。

23　刑事裁判について、渕野貴生「逆送後の刑事手続と少年の適正手続」葛野（編）・注（4）書105頁、少年刑務所での処遇について、浜井浩一「少年刑務所における処遇」斉藤＝守屋・注（5）書258頁。

共同正犯は一部実行全部責任であるから、少年が実行した部分が一部であるからといって、当然に保護処分を許容し得ることにはならない。相当に強度な暴行を自発的に加え続けている者について内心の上では必ずしも終始暴行に積極的であったというわけではなかった場合を、少年の果たした役割が小さいとして、これを主たる理由に直ちに保護処分を許容することは相当ではない。③少年の精神状態に関しては、この事情のみを理由に保護処分を許容し得る場合とは、原則逆送対象事件を16歳以上としている関係で、精神疾患や精神遅滞あるいはそれに等しいような状況であるなどに限定される。刑事裁判や刑罰に耐えられない、その意味を理解できない、刑罰では自己の行為と責任の重大性を正しく理解できない、内省を深めることができない、あるいは資質上の問題を改善できないなどの理由のみにより保護処分を許容し得る場合だとすることはできない(95〜97頁)。

これらはいずれも、特段の事情を認めるためには、各事情の程度が著しい場合でなければならないということを意味している。しかし、それぞれが単独で特段の事情に該当するようなものでなければならないということは必然ではない。立法過程での例示は、単独で特段の事情に当たる場合を示したに過ぎず、複数の事情を併せ考慮することでそれと匹敵するような場合を排斥する趣旨ではないのである。

例えば、②について、共犯事件における役割が「付和雷同型」とまではいえなくとも、少年の精神状態を加味すれば、特段の事情に当たるといえる場合もあるだろう。『運用研究』は、集団心理の影響から少年らの暴行が激化したという事情は、むしろそのような事情があるからこそ共同正犯は一部実行全部責任とされているともいえ、特段の事情というには疑問がないではないと評価する(57〜58頁)。しかし、主体性の欠如が相互の抑制の欠如を招いてしまったことは当然に考慮に入れられるべき事情であり[24]、その背後に、精神疾患とまではいえなくとも、資質上の問題が窺われるのであれば、特段の事情と評価される場合があることは否定できないはずである。

---

24 そもそも共同正犯の場合であっても、個々の行為者の地位・役割等を個別にきめ細かく評価すべきことは自明視されている事柄である。木山暢郎「共犯事件と量刑(上・下)」判例タイムズ1202号(2006年)94頁、1203号(2006年)28頁。

①について、被害者から暴力を振るわれたり、金品を要求されたりしたことが犯行の契機となっている場合でも、他に容易に採り得る手段がなかったといえない以上、保護処分を許容し得る特段の事情があるとは認め難いと評価されている(38頁、78〜79頁)。しかし事後的に見て犯行が回避できたはずであるということを強調し過ぎると、急迫不正の侵害などの緊急状況が存在しない限り特段の事情とはなり得ないということになりかねない。この場面でも、被害者の誘発に不釣り合いな激しい反撃を加えてしまったこと自体が、少年の抱える資質上の問題の大きさを徴表しているともいえる。併せて考慮すれば責任が減殺される場合がないとはいえないであろう。

このように複数の事情を併せ考慮すれば特段の事情を認め得る場合が存在することは原理的に否定できないはずなのであるが、『運用研究』は、決定例が保護処分を許容し得るとした特段の事情を、動機・経緯、暴行の態様・程度、共犯事件での役割、少年の精神状態に分類し(73頁、85頁、94頁)、いずれか一つの事情を決め手とする傾向が強い。しかし決定例は、保護処分を選択するに当たり複数の事情を並列的に掲げるのが通常であり[25]、単独の特段の事情をもって保護処分決定の決め手とすることはむしろ稀なはずである。『運用研究』は決定例の掲げる複数の事情のうち、自らが特段の事情に値すると考えた事情だけを取り上げて、それが決め手となっているはずだと主張しているに過ぎない。しかも、そのことの副次的効果として、それぞれの事情はその事情単独で程度が著しいものであることが要求されることになる。複数の事情の合わせ技として保護処分決定を導いており、『運用研究』の考える許容条件を満たさない保護処分決定・移送決定は、結論に異論があると評価されることになる(47頁、54頁、58頁)。

この問題が端的に表れるのが③少年の精神状態の評価である。特段の事情の精神疾患や精神遅滞等への限定には、成人事件で責任を大きく減殺する事情に考慮要因を限定する姿勢が看取される。しかし、対象事件が16歳以上であることがその根拠になるとは考え難い。たとえ行為時に共犯者や被害者等から外部的圧力が加わっていなくても、資質上の問題故に、成人であれば

25　葛野尋之「刑事処分相当性と検察官送致決定」・注(15)書280頁以下の決定例分析を参照。

考えられないような短絡的な判断により重大な犯罪に至ってしまうこと、また刑事裁判や刑罰の弊害が少年の意見表明権・成長発達権の侵害を通じて取返しの付かない結果を生じさせるおそれがあることは、まさに少年事件に特有の問題である。この点を適切に評価しなければ、少年審判を必要的に経由することの意義は大幅に削がれてしまう。精神状態を成人と同様の基準で評価すべき理由は存在せず、深く少年の内面に切り込むことにより、より多くの特段の事情が見出されることになろう。

　このように、特段の事情の範囲及び程度において、より柔軟な判断を行うことを妨げる理論は『運用研究』には内在していない。逆送を回避するために特段の事情を要求する立場にあっても、立法趣旨にもあった通り、家裁において犯行の性質及び少年の特性についてきめ細やかな判断がされるのであれば、少年がなぜ人を死に至らしめるような重大な非行を行ったかについて立体的・縦断的理解が可能となり特段の事情が認められ、同時に少年の抱える問題にいかにして対処すればよいかの展望が開けてくるのである[26]。20条2項対象事件での判断は『運用研究』が強調するような形で単純化できるものではない。

(4) 分析結果について

　『運用研究』は実質的に二段階選抜方式と共通の発想に従って、処遇因子分析のために、事件の性質に関わる事情を15因子、少年の特性に関わる事情を7因子と前者に多く配分した上で、事例分析を行っている(20〜21頁及び87〜88頁)。その結果、検送事例においてはごくわずかの事例、保護処分事例においては保護処分を許容し得るか検討の余地がある若干の事例を除いては、いずれも改正少年法の立法趣旨を踏まえた適正な運用がなされているといってよいと結論づけている(94頁)。

　しかしその分析の結果得られた処分別の得点分布によれば、得点が同一にもかかわらず検送と保護処分が混在している得点圏がかなり存在しており

26　55条移送決定についてであるが、本庄武「少年刑事裁判における55条移送決定と量刑」葛野(編)・注(4)書140頁以下【本書第4章】の分析を参照。

(25頁)、『運用研究』での分析結果とは異なって、その依拠する理論に従って実務が動いていると評価することは困難ではないかと思われる。既に見たように、実際の決定例は、特段の事情というに値する単独の事情に着目して逆送回避の可否を決定するのではなく、複数の事情を総合的に考慮して結論を導いている。理論上の前提としても、実際上も二段階選抜方式には依拠していない。そして、少年の特性を含む豊富な考慮事情を取り込んで、分析をしているものほど「刑事処分以外の措置を相当と認める」ための特段の事情を析出する傾向にあるのである。そして、そのような決定例が理論的過ちを犯しているわけでもない。

以上のように、『運用研究』が依拠する保護不適推定説の立場を前提としたとしても、その分析には多くの問題点を指摘することができる。

4　おわりに

二段階選抜方式の分析枠組みは、立法趣旨を重視するという観点から、20条2項逆送決定を積極的な方向で行うべく実務を主導しようという意図からでた理論的営為である。そして『運用研究』は実質的にそれに依拠しながら、実務の運用が適正であると強調することに腐心している。そこには北村論文が指摘するように、改正の趣旨を踏まえない実務の運用が存在しているとすれば、再度の改正により逆送決定が義務化し家裁中心主義すら失われてしまうのではないかという憂慮が存在しているのであろう。しかし、本稿で確認した通り、前提となる立法趣旨自体、自明のものではなく、二段階選抜に拘泥する必要はない。

さらに逆送率を上昇させることが立法の大きな目的であったことは否定し難いが、その究極的な目的は、凶悪な少年非行に慣る社会感情の鎮静化ではなく[27]、あくまでも少年をその種の非行に陥らないようにさせることにあったということを忘れてはならない。そこから、20条2項が保護不適を推定し

27　近時、少年に対する刑罰を一層の厳罰化せよとの立法提案が実務家よりなされるようになってきている（八木正一「少年の刑事処分に関する立法論的覚書」・注20書632頁、角田正紀「少年刑事事件を巡る諸問題」家庭裁判月報58巻6号（2006年）1頁）。この提案は、2000年改正法の趣旨をも超えるものであり、かつ原則逆送はあくまでも少年の健全育成という少年法1条の趣旨に反するものではないとした提案者の国会説明や立法の解説にも抵触するものであることを認識すべきであろう。

たとする解釈から解放され、引いては徹底した調査と丁寧な説明を加えることにより、社会の納得を得つつ少年自身にとって真に必要かつ有効な処分を選択するという可能性も開けてくる。

　徹底した調査を前提とすれば、保護不適推定を覆すために「特段」の事情が必要だとされる場合であっても、考慮される事情の範囲と程度は拡大する。そして、保護不適推定に拘らないとすれば、要求される事情の程度は「特段」でなくてもよいこととなる。徹底したきめ細やかな調査と判断を足がかりに、このような方向に実務が向かうことが期待される。

第6章 保護処分相当性判断・再考

1 問題の所在

　本稿は、少年法55条における「保護処分に付するのが相当であると認めるとき」の解釈問題を取り扱う。まずこの問題に密接に関連するものとして、2000年の少年法改正で設けられた少年法20条2項の解釈問題を検討する。次に20条の解釈と55条の解釈を切断することの可能性、及び55条を刑事裁判における実体法規範として見た場合の解釈論を検討する。

　はじめに、簡単に問題状況を確認しておきたい。2000年少年法改正は20条に2項を新設し、犯行時16歳以上の少年が故意に人を死亡させた場合について、「刑事処分以外の措置が相当と認めるとき」以外は「逆送しなければならない」と規定した。いわゆる原則逆送の導入である。この改正により、対象事件の逆送率は著しく上昇した。すなわち、2000年改正前の平均逆送率は、殺人（未遂を含む）24.8％、傷害致死9.1％、強盗致死41.5％であったのに対し、2001年から2010年の平均逆送率は全体で64.1％、殺人（既遂）で58.8％、強盗致死で78.7％、傷害致死で57.6％となっている。しかもこの間、20条2項の対象となる重大事件の件数は激減しているにもかかわらず、逆送率の方は、年により変動はあるとはいえ、じわじわと上昇しているように見える。

　2000年改正当初は逆送率が上昇し、不適切な逆送決定を是正する必要が出てくるであろうとの想定のもとで、55条移送決定の件数が増加することが予想あるいは期待された。しかしながら、2001年4月1日の2000年改正少年法施行後5年間に20条2項により逆送された360人中で55条移送決定により家裁に戻されたのは11人にとどまった[1]。それ以降、20条2項対象事件に

---

[1] 最高裁判所事務総局家庭局「平成12年改正少年法の運用の概況（平成13年4月1日〜平成18年3月31日）」

20条2項対象事件の逆送状況

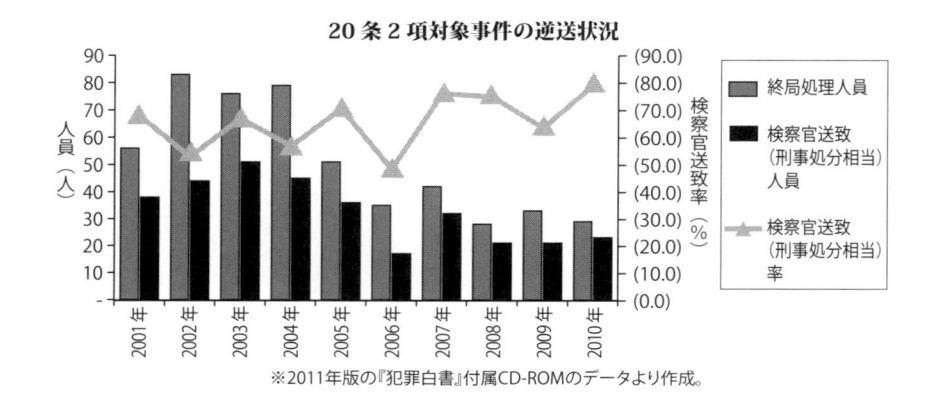

※2011年版の『犯罪白書』付属CD-ROMのデータより作成。

特化した統計数値は公表されていない。他方で、通常第一審での全有罪事件に占める移送の割合を見ると、改正後に若干上昇したようにも見えるが、いずれにせよ逆送件数の劇的な増加に比べると移送の割合はそれほど大きく無かったと評価できよう。しかも2006年以降移送件数・移送率とも顕著に減少しており、2010年にはついに0となった。

このような状況のもとで2009年から裁判員裁判が開始された。裁判員法6条1項は、少年法55条に基づく家裁への移送決定について、それが決定手続であるにもかかわらず、例外的に裁判官と裁判員の合議体による合議の対象に含めている。これが広い意味での量刑判断であるというのが、その理由である[2]。裁判員裁判の対象事件には、20条2項対象事件に加えて、強盗致傷など法定刑に死刑又は無期刑が規定されているものも含まれる（裁判員法2条1項1号及び2号）。裁判員裁判は20条1項対象事件と2項対象事件という異なるスタンダードにより逆送された事件について、家裁に移送すべきかどうかという困難な課題を抱えることになった。2012年5月末までの統計資料によれば、少年事件の裁判員裁判で移送決定が下された件数は4件となっており、

（2006年）2頁。

2　池田修『解説・裁判員法（第2版）』（弘文堂、2009年）32頁。

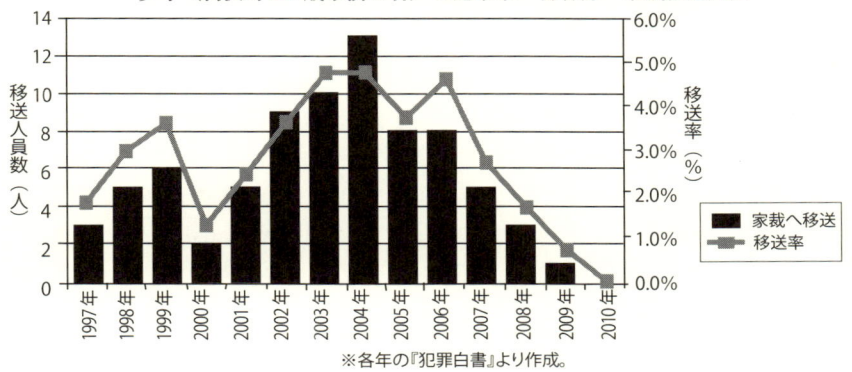

少年（判決時20歳未満の者）の通常第一審有罪・家裁移送人員

（グラフ：1997年～2010年の家裁へ移送人員数および移送率）
※各年の『犯罪白書』より作成。

内訳は強盗致傷3件、傷害致死1件となっている[3]。ほとんどの事案で、55条移送決定を求める弁護人の主張は一蹴されていることが窺える。

まさに少年法55条は危機に瀕しているといえる状況にある。この状況には同条の保護処分相当性についての考え方が大きく影響していると考えるべきであろう。裁判員が法の適用に関与することを意識しながら、55条の解釈論を改めて検討する必要がある。しかしこの問題は、それと表裏一体のものと扱われている20条2項の解釈論に規定されるところが大きいため、まずは20条2項の解釈問題から検討していく。

2　20条2項に関する解釈
(1)私見の再検討

逆送率上昇の背景にあるのは、20条2項が対象犯罪について逆送を原則化したため、対象犯罪の大部分は逆送されなければならなくなったとの解釈である。以下では、この見解を「原則逆送説」と鉤括弧を付して呼称する。この「原則逆送説」自体及びそれに対する反対説にはそれぞれいくつかのバリエーションがあり、学説上激しい議論が行われてきた。筆者もまた、この議論に

3　最高裁判所「裁判員制度の実施状況について（制度施行〜平成24年5月末・速報）」3頁。

参画し、複数の機会に自らの立場を提示してきた[4]。以下ではまず、筆者の見解を要約し、その意義について改めて考えることから始めたい。私見は大要以下のようなものであった。

　①20条2項は文言上、但書の要件が欠ける限り、本文に従って逆送することを義務づけている。その意味では逆送は「原則」である。

　②しかし、実態として多くの非行少年が成長発達の余地を大きく残していること、その抱えている問題性に対処するための最善の方策は多くの場合、保護処分及び家庭裁判所での保護的措置であることという、これまでの少年司法が経験的に確認してきた社会的現実が、法改正により変わることはあり得ない。それを前提とする限り、「刑事処分以外の措置が相当と認めるとき」に該当する場合は少なくない[5]。

　③2項の対象となっている重大犯罪を犯した少年は、より深刻な問題を抱え、より手厚い援助を必要としている場合が多い。しかし犯罪結果が重大であること、社会的影響が大きいこと、少年が行為時に年少少年ではないことという要素はいずれも、類型的に対象犯罪に対して厳しい社会感情が向けられることを示す。そのために、2項は1項よりも詳細に考慮要因を列挙することで、問題性をより慎重に調査しかつ少年のために何が必要かを社会に向けて説明する責任を課したものである。

　④以上のことは、保護不適による逆送を認めない立場に立った場合によりよく妥当するが、仮にそれを認める立場であっても妥当するものである。

　この見解について、「原則逆送」を形式上許容しつつも、少なくともその実体的な拘束力を否定する「要保護性調査拡充説」であると評された[6]。確かに私見は2項対象事件についても1項と同じ基準で判断することを求めており、2項が1項とは異なる逆送基準を定めているとは解しないことになる。

4　本庄武「少年法は厳罰主義を採用したと解すべきか」一橋論叢133巻4号（2005年）114頁【本書第3章】、同「逆送決定の基準論」立命館法学307号（2006年）348頁【本書第5章】、同「少年の刑事裁判における処分選択の原理」龍谷大学矯正・保護研究センター研究年報5号（2008年）197頁【本書第8章】。

5　本庄・前掲注（4）「厳罰主義」115頁は、大部分の事案が但書に該当すると述べたが、保護不適概念を認める場合を念頭に置けば、言い過ぎであったため、本文のように修正する。

6　武内謙治「『原則逆送』再考」法政研究78巻3号（2011年）F8頁。

もともとこの見解は、20条2項ができた以上、「原則逆送説」に基づき大部分の事案が逆送されなければならないかのように説かれていたのに対し、その理解は必然でないとして主張された原則逆送否定型の説明責任説[7]の基本的発想に共鳴しつつ、なお条文の文言との整合性を重んじて提唱してみたものであった[8]。この見解の特色①は逆送が原則だとの理解を受け入れつつ、「原則逆送説」を支持しないところにある。

　20条2項導入の趣旨について、法改正後に出された新法解説は以下のように述べていた。故意の犯罪行為により人を死亡させる行為は、反社会性、反倫理性が高い行為であり、このような重大な罪を犯した場合、少年であっても刑事処分の対象となるという原則を明示することが、少年の規範意識を育て、健全な成長を図る上で重要なことであると考えられたことから、原則として検察官に送致する決定をしなければならない。具体的に、改正前の少年法は、少年に対する処分としては、保護処分を原則とし、刑事処分を相当と認めるときに検察官送致決定をすることとしていたのに対し、本項の規定は、一定の場合には検察官送致を原則としているので、この限りで、従来とは原則と例外とを逆転させたこととなる。また、改正法による原則逆送制度は、その対象事件が原則として保護不適な場合に該当する。このように説明されていたものである[9]。

7　葛野尋之「少年法における検察官送致決定の意義」同『少年司法の再構築』(日本評論社、2003年) 589頁、正木祐史「20条2項送致の要件と手続」葛野尋之 (編)『少年司法改革の検証と展望』(日本評論社、2006年) 36頁。守屋克彦「少年法の改正と運用上の課題」法律時報73巻4号 (2001年) 42頁の提唱にかかる説明責任説とは、もともと20条2項が原則逆送規定を導入したとの理解を前提に、立法趣旨の説明として、同項但書の例外的な措置を講じるためには、教育的な処遇方針が適切かつ有効であることを明確にするよう家庭裁判所側に一種の説明責任を期待しているという形で主張されたものであった。しかし、葛野・前掲の提唱にかかり、正木・前掲により支持された説明責任説は、保護不適概念を否定する見地から2項が原則逆送を定めたとの理解を否定している。その上で説明責任とは2項全体の処分について課されている責任であるとして、但書に該当する理由を説得的に説明できない場合でも、刑事処分が相当であるとは認められないため但書を適用することは可能であるとしていた。そのため、この見解は、原則逆送否定型の説明責任説と呼ばれることがある。

8　加藤学「保護処分相当性と社会記録の取扱い」『植村立郎判事退官記念論文集・第1巻』(立花書房、2011年) 479頁は、私見について原則逆送否定型の説明責任説の一部と分類し、この説は、20条2項が検察官送致決定をしなければならないとしている文理に反する、と批判する。しかしながら、本文で述べたように、私見は文理との整合性を重視する観点から提唱してみたものである。

9　甲斐行夫ほか『少年法等の一部を改正する法律及び少年審判規則等の一部を改正する規則の解説』(法曹

私見はこの見解の、20条2項は原則逆送を導入したとの理解を受け入れた上でのものである。ただし、特色④が示すように、私見は前提となる逆送の理解についてはニュートラルであり、保護不適概念を認めるべきかどうかはそれ自体として検討し結論を出すことを予定している[10]。
　しかし20条2項を原則逆送と理解することは、「原則逆送説」により解釈することを必然性に帰結するものではない[11]。文理の問題として、1項では積極的に刑事処分相当と認定できない限り、逆送がなされないのに対し、2項では但書に該当しない場合、積極的に刑事処分相当と認定できなくても逆送しなければならない。1項が逆送を原則としないのは明らかである。それとの対比で2項が逆送を原則化したという読み方も文言上自然であろう。しかしだからといって、原則逆送との理解が多くの事案を逆送しなければならないという含意を必然的に有していると考える根拠はない。原則とは、例外に該当しない限りは、本則が適用されるという形で最終的に消極的な適用をもたらすルールのことを指している。しかし、例えば期末試験を受験しない者は不合格にするという原則があり、例外として病気のため受験ができなかった場合が掲げられていたとする。その場合、ある試験の不受験者のほとんどの者が病欠者であったとして例外が適用されたとしても、原則が原則でなくなるわけではないのである。私見に対して、20条1項と2項の関係ではなく20条2項本文と但書の関係の中で「原則」性の意味を捉えるものだという理解が示されているが[12]、「原則」性の意味は一つしかないように思われる。
　次に問題になるのが説明責任の名宛人の問題である。私見では③において、2項但書は刑事処分以外の措置が相当である理由について、社会に向けた説

会、2002年) 97頁及び111頁注 (9)。飯島泰「少年事件の処分の在り方の見直し」法律のひろば54巻4号 (2001年) 17頁も同旨。

10　従って、加藤・前掲注 (8) 479頁が、保護不適の場合の検察官送致を否定するとの解釈は採り得ない、と論難する点は、私見には妥当しない。ただし、私見と基本的論調を同じくする武内・前掲注 (6) F30頁注 (40) は、保護不適概念を否定する立場を前提とする。

11　川出敏裕「処分の見直しと少年審判」斉藤豊治・守屋克彦 (編)『少年法の課題と展望・第1巻』(成文堂、2005年) 163頁。

12　武内・前掲注 (6) F8頁。

明の責任を家裁に課したものだとした[13]。これに対しては、重大犯罪に対して刑罰を選択しないことについて、社会の納得により信頼を得るということ自体を前提としなければならないことになり、ひいては少年司法の領域に社会防衛的契機の混入を許すことになって、公共の利益を少年司法の目的としかねない危険を孕むという批判がされている[14]。この見解からは逆に、2項但書に該当しないこと、すなわち本文により逆送されることについて、裁判所は少年に対して説明・説得の法的義務を負うとされる。

確かに、裁判所は少年に対しても説明責任を負うはずである。特に、逆送する場合には、55条移送の可否を決める資料を提供する意味でも、なぜその結論に至ったのかについて丁寧に説明される必要があるのは、指摘される通りであろう。他方で2000年改正前は、刑事処分以外の措置を選択する場合、保護処分優先主義の原則に従ったに過ぎないため、その理由の説明がおろそかになりかねない状態であった。少年司法が適切な判断を行っていることを担保する上で、社会に対する説明責任を意識することは重要であろう。しかしだからといって、社会の納得を得られなければ、保護処分を選択できないということにはならない。刑事裁判の判決についても社会に対する説明責任を果たす機能が認められるが、例えば(裁判員制度導入以前に)圧倒的世論が死刑を求める中であっても、死刑回避の判断を行うことは許されてきたし、現に行われてきたと思われる。重要なのは、専門用語に頼ることなく、また専門家だけにしか通用しない論理を振りかざすことなく、一般市民にも理解できるように説明を行うことであろう。しかし一般市民が納得できることは必要条件ではない。

なお原則逆送説にあっては、ある少年を保護処分とするか刑事処分とするかいずれも考え得るという場合は、逆送決定をすることが義務づけられるという効果が生じると主張されることがある[15]。このことは「原則逆送説」のよう

13　この点は説明責任に言及する多くの見解が前提としていることである。

14　山口直也「少年司法手続における審判非公開及び逆送の再検討」龍谷大学矯正・保護研究センター研究年報7号（2010年）183頁。

15　川出・前掲注（11）164頁。

に逆送率を大幅に上昇させることを受け入れるかどうかとは関わりなく、私見のような見解にも妥当するようにも思われる。しかしこのことも必然ではない。こういった場合は刑事処分も保護処分もいずれも相当なのであるから、2項但書の「刑事処分以外の措置を相当と認めるとき」に該当する。「刑事処分以外の措置の方を相当と認めるとき」とはされていないことを看過してはならない[16]。いずれも相当な場合に逆送が義務づけられるというのは、すぐ後で検討する保護不適推定説の帰結ではあっても、原則逆送説の帰結ではない。

　私見はなお維持し得るものと考える。

(2) 保護不適推定説の検討

　おそらく新法解説の解説ぶりの限度では、論理必然的に逆送率上昇に直結するとまではいえないことが認識されたためであろう。実務に大きな影響力をもった改正少年法の運用に関する司法研究では、20条2項本文は、保護処分が社会的に許容されない保護不適の場合を推定した規定と解することができ、但書を適用して保護処分を選択できるのは、保護処分の方が矯正改善に適しているとかあるいは必要であるというだけではなく、保護不適の推定を破る事情、すなわち、保護処分を許容し得る特段の事情が必要であると解され、この点を説明すべき責任があるともいえる、という解説が付加された[17]。保護不適推定説である[18]。

　保護不適推定説は、対象となる犯罪について刑事処分が相当か否かの判断要素として、犯罪結果の重大性や、その社会的影響がこれまでよりも重視されるべきで、少年の資質や環境等の少年個人に関わる事情の重要度は、相対的に低下するとする[19]。その背景には、刑事処分を科すことにより少年に責任を自覚させ、その規範意識を覚醒させるという立法趣旨からは、この改正

16　本庄・前掲注（4）「逆送決定」350頁。

17　司法研修所（編）『改正少年法の運用に関する研究』（法曹会、2006年）5頁。

18　司法研究以前に保護不適推定説を主張していたものとして、川出敏裕「逆送規定の改正」現代刑事法24号（2001年）58頁、川口宰護「少年法改正後の刑事裁判の対応」法の支配131号（2003年）37頁がある。

19　川出・前掲注（11）164頁。ここでは保護不適推定説のうち最も洗練された同論文を検討対象とする。

は応報ないし一般予防を基礎として理解すべきとの認識がある[20]。

　この論理は立法趣旨からすると確かに最も素直に導かれる解釈に思える。しかし改めて考えてみると、なお疑問が生じ得る。

　もともと、少年法20条について保護不適による逆送を認める見解は、罪質及び情状に照らして、社会の正義観念が許さない場合に逆送が行われるとの解釈を行っていた[21]。その前提には、少年法1条が健全育成を理念としていること、科学的な調査制度を備えた家庭裁判所に全件を送致し、その全件を対象に調査を行い有効な保護のための指針を見いだすことに意を払っていること、などから少年法が保護処分優先主義を採用しているとの認識があった[22]。だからこそ、「刑事処分を相当と認めるとき」という抽象的な書きぶりしかしていない文言について、保護不能や保護不適の場合にだけ、やむを得ず逆送をするのだとの解釈が施されていたものである。このうち保護不能性は、当該少年の要保護性に照らして保護処分による対処が可能かどうかだけを判定し、対処が可能である限りは少年法の枠内で対応しようとする判断である。経験科学による少年の予後の予測の困難性の問題はあるにせよ、社会調査が適切に実施されていれば、その判断はさほど困難ではない。しかし、保護不適については事情が異なる。これは少年を保護する必要性が認められ、かつ保護することが可能であるにもかかわらず、正義観念に照らして、その少年に処罰を免れさせること、保護を提供することが相応しくないという価値判断を下すものである。そこには科学主義とは無関係な規範的価値が混入しており、少年法1条の理念との関係でも異質な判断を迫られる。極めて漠然とした価値判断である以上、判断者である家庭裁判所の裁判官個々人の有する価値観により結論が左右され、ばらつきが大きくなることが懸念される。学説上は依然として保護不適概念を認めることに批判的な立場が有力に存在しているが、それには大いに理由がある。それに対して、実務の立場は、犯罪を犯した少年を処罰せずに保護の対象とできるのは社会がそれを是認する限り

20　川出・前掲注（11）166頁。

21　東京家決1961（昭36）・3・22家月13巻5号183頁。

22　さらに、最判1997（平9）・9・18刑集51巻8号571頁も参照。

であり、保護主義を基調とする少年法も広い意味の刑事司法の一翼を担っている以上、その適用範囲には自ずと制約がかかるという理解に基づいている。

　この実務の理解に基づけば、これまでも家庭裁判所の裁判官は社会の正義感情が少年の保護を是認するかどうかを慎重に見極め、保護不適性を判断してきたことになる。改正後の2項の対象となるような重大犯罪については、当然のごとくこの判断が一層慎重になされてきたはずである。問題は保護不適説による場合に、2項が新設されたことで、この判断構造がどう変わるのかということである。一つの理解は、少年の責任を自覚させ、規範意識を覚醒させるという立法目的がそのまま判断基準になるとした場合、社会の正義感覚が少年の保護をなお許容するにもかかわらず、逆送決定を行うという理解である。この理解は保護不適の内容を1項と2項で異なって理解することになる。しかしながら、保護不適というカテゴリーを認めることが許されるのは、前述のように少年を保護することが、より根源的な刑事法の目的を害するからであった。正義感覚に照らして許容されるにもかかわらず保護を放棄することを正当化するのは困難であろう。

　他方で、責任の自覚、規範意識の覚醒が必要な場合とは社会の正義感覚が少年の保護を許容しない場合を言い換えたものであるという理解もあり得るところである。1項のもとでの裁判官の逆送決定の運用が社会の正義感覚と乖離していたため、立法によりそれを是正したという言い方もできるであろう。しかしながら、その場合でもなお、裁判官の裁量を制約する形で[23]、その立法目的を達成しなければならない理由は明らかではない。裁判官の社会の正義感覚に対する判断が鈍っているというのであれば、私見のように、但書が犯情に関する要素も含めより徹底した調査を求めたと解釈し、裁判官に対してその判断をより慎重に行うことを求めれば足りるはずである。しかし、保護不適推定説は類型化した形で保護不適性を判断することを求めるため、従来とは逆の意味で判断が形骸化し極めて安易に保護不適判断をしてしまうおそれがある。保護不適判断とは、保護処分優先主義の例外として、やむを得ない場合にのみ認められる苦渋の決断であったはずである。それが、そも

23　守屋・前掲注（7）43頁。

そも推定という概念になじむのかという根本的な問題が、ここにはある。

(3) ガイドライン説の検討

　以上を踏まえた上で、保護不適推定説の対案として注目されるのがガイドライン説である[24]。ガイドライン説は、20条1項について保護処分を原則とするガイドラインを裁判官に指し示したものだと理解する。抽象的な文言しか用いていない20条について、解釈指針としてのガイドラインを補って解釈すべきことを喝破した点は、これまで検討してきたところからも適切である。解釈上導かれる保護処分優先主義は、保護が積極的に相応しくないとされた少年以外はすべて保護の対象とする指針に裁判官が従うことによって初めて具現化するからである。

　学説の中には、20条1項(旧20条)について、少年に相応しい処分を無制約に選択できる状態にあると解するものもある[25]。これは、逆送が例外にとどめられてきたことは裁判官が適切な裁量を発揮することで結果としてもたらされたものに過ぎないということを意味しているのであろう。保護不適概念を認めない前提であれば、裁判官は価値選択の問題に直面しないため、このような理解もあり得るところである。しかしながら、実務上採用されている保護不適による逆送を認める立場からは、裁判官毎に正義感覚が異なり、逆送基準にばらつきが生じてしまうおそれが生じてしまう。それが回避できてきたとすれば、それはガイドライン規範の賜物であろう。ガイドライン説は保護不適概念を承認する実務においてこそ必要であり、また実務の運用を説明するのにも相応しい。

　問題は2項である。ガイドライン説は2項について、刑事処分とそれ以外の措置を横並びの並列の関係に置いたと理解する[26]。その理由は、以下の通

24　斉藤豊治「改正少年法の逆送規定と要保護性の判断」同『少年法研究2』(成文堂、2006年)179頁〔初出・『量刑法の総合的検討─松岡正章先生古稀祝賀』(成文堂、2005年)256頁〕。

25　北村和「検察官送致決定を巡る諸問題」家庭裁判月報56巻7号 (2004年) 70頁。

26　ただし、横並びの関係という主張は、当初ガイドライン説が主張された際には見られないものであった。斉藤豊治「少年法の運用に関する所見」現代刑事法5巻8号 (2003年) 62頁、同「改正少年法とその運用」同『少年法研究2』(成文堂、2006年) 146頁〔初出・犯罪と非行139号 (2004年) 11頁〕、同「改正少年法の見直

りである。改正法の立法趣旨を踏まえると2項の実体的効力を否定するような解釈は適切でなく、2項は逆送の範囲を拡大するものと解釈されなければならない。しかし、保護不適推定説のように2項に強い効力を認めてしまうと、保護処分優先主義の原則に悖ることになってしまうため、横並びの並列関係にとどめるのが中庸を得ているというのである。そのため、家庭裁判所は刑事処分を選択する場合は1項により、保護処分を選択する場合は2項により、どちらを選択する場合でも説明責任を負う。ただし、説明責任は事実上のものであるため、本文と但書のいずれを適用すべきか判断がつきかねる場合でも但書を適用してよい。他方で、2項は1項とともに処分決定に対するガイドラインを意味するともされる。2項本文はガイドラインに過ぎないから、ガイドラインによらない選択も十分に可能であるが、その場合はガイドラインから離れる理由について、2項但書の内容に沿った説明責任を負うというのである。

　この主張は分かりにくい。文字通り横並びの関係にあるのだとすれば、裁判官は2項対象事件について刑事処分もそれ以外もどちらも選択できる状態になった、すなわちガイドラインがなくなったと表現するのが素直であるようにも思われる。ガイドラインは説明責任の方向性を規定しているわけでもなく、説明責任を果たし得ない場合の効果を規定しているわけでもない。それでも、なお2項本文がガイドラインというのであれば、立法者は規範的な意味はないものの、裁判官に対して、刑事処分の選択を推奨しているという意味でガイドラインと表現されているのかもしれない。しかしガイドラインがその程度の意味しか持たないのであれば、今度は1項についてのガイドラインも実効的な意味を持ち得なくなってしまいかねない。

　しかも、刑事処分とそれ以外の措置が横並びの関係にあると解することが保護処分優先主義に適うのかは明らかではない。少年法の体系的解釈として導かれた保護処分優先主義との抵触が避けられないのであれば、改正法の立法趣旨自体が不当であるか20条の解釈指針たる保護処分優先主義自体が見直しを要するのかのどちらかではないだろうか。

しと少年司法の課題」法学68巻5号（2004年）34頁参照。

それはともかく、ガイドライン説によれば、裁判官が指針のない状態でどう判断すればよいのかという問題が新たに浮上する。ガイドライン説は20条1項の「罪質」の文言を根拠に、事案が重大になるほど、再犯の可能性判断はより慎重なものが求められ、少年の立ち直りの可能性についても高いレベルのものが求められるとする[27]。ただでさえ難しい予後の判断において、低い再犯のおそれでも足りる一方で立ち直りの可能性は確実なものが求められると但書が適用される場合は事実上非常に少なくなってしまうのではないか、といった疑問はあり得るものの、ガイドライン説は保護不能一元説を前提としているため、この点は致命的とまでは言えないであろう。2項対象事件の場合も、判断としては1項と同じプロセスで行われ、高い確度で立ち直りの可能性が認められる場合には但書が適用されることになり、それ自体は有効な基準として機能するものと思われる。問題は実務が使用している保護不適による逆送を認める立場でガイドライン説を適用した場合である。実務での適用をも念頭において、ガイドライン説が紹介される場合もあるが[28]、刑事処分とそれ以外の措置とが横並びの並列関係に置かれるのであれば、まさに指針のない状態で、保護処分が相応しいかどうかという価値判断により結論が決められることになる。これでは判断が極端に不安定化してしまうであろう。保護不適説を前提とする場合、ガイドライン説は1項については大変有用であったが、2項の運用には困難を抱えることになってしまう[29]。

(4) 特段の事情説の検討

　現在実務で有力なのは、先に保護不適推定説として言及した改正少年法に関する司法研究の提言であるが、そこでは保護不適の推定を破るためには、保護処分を許容し得る特段の事情が必要であると主張されていた[30]。これが特段の事情説であるが、特段の事情説は一枚岩ではなく、保護不適推定説の

27　斉藤・前掲注（24）171頁。

28　北村・前掲注（25）69頁。

29　なお、本庄・前掲注（4）「厳罰主義」110頁の検討も参照。

30　司法研修所・前掲注（17）5頁。

範疇に収まらないバリエーションを有している。以下では特段の事情説内部での相違に着目しつつ検討を加えたい。

(a) 犯情説

当初主張された特段の事情説は、①当該事件が証拠上20条2項対象事件と認定できた場合、②その事案内容において、少年についての凶悪性、悪質性を大きく減じるような「特段の事情」が認められるかを問い、③その様な特段の事情が認められた場合に、20条1項に定める個々の要素を踏まえて、刑事処分とそれ以外の措置のいずれが相当か、を順次検討するものであった[31]。提唱者自ら2段階選抜方式と命名したこの見解は[32]、第1段階で、狭義の犯情を中心に考察し、広義の犯情は犯行動機の形成や犯行態様に深く影響したと認められる範囲で考慮して「特段の事情」を判断するため、犯情説とも呼ばれる。「特段の事情」が認められなければ2項本文で逆送となる。「特段の事情」が認められるものについて、第2段階で、1項と同じ基準で逆送すべきかが判断され、刑事処分相当性が認められれば2項本文で逆送となり、認められなければ2項但書で刑事処分以外の措置が選択されることになる。

犯情説については、既に検討したように[33]、以下のような問題点がある。第1に、立法趣旨を重んじる場合でも、犯情を重視しているかに見える但書該当事例の例示はあくまで例であること、かえって立法者は少年の性格・行状・環境等を含めきめ細かな判断を行うことの重要性を強調していたことから、二段階選別方式は必然ではない。第2に、20条2項但書は、狭義の犯情要素と広義の犯情要素を並列的に掲げており、狭義の犯情のみを特別視すること、特段の事情が認められない場合に広義の犯情要素を考慮対象から除外することは、いずれも条文に抵触する。第3に、広義の犯情が狭義の犯情に影響しないことが明らかで、かつ狭義の犯情だけを見ると特段の事情が存在

---

31 北村・前掲注 (25) 70頁。

32 北村・前掲注 (25) 108頁注 (61)。

33 本庄・前掲注 (4)「逆送決定」352頁。さらに、斉藤・前掲注 (24) 179頁、川出・前掲注 (11) 170頁、加藤・前掲注 (8) 481頁の批判も参照。

するとはいい難いことが明らかな場合は社会調査が不要となりかねず、全件調査主義及びきめ細かな調査を求めた改正法の立法趣旨に反する。

犯情説はさらに、2項本文が適用される場合に、特段の事情が否定された場合と1項の基準で刑事処分相当と認められた場合の2種類がある点、およそ条文から読み取ることのできない思考プロセスを経ることになる点でも条文解釈として不自然である。

このような難点を抱えつつ敢えてこの見解が提唱されたのは、改正少年法が施行されてから一定期間が経過し、最初の1年と2年とを比較するといずれの罪種でも逆送率はかなり減少しており、即断できないものの落ち着きを見せているとすれば、裁判所の裁量、ひいては家裁の運用の中にある保護主義が改正のショックを一定程度吸収している可能性もあると指摘されたこと[34]、個別事案を見ても、「犯情評価として凶悪性、悪質性を大きく減ずるような特段の事情」ではない事情を考慮して、但書を適用している例が散見されたことから、このままでは、立法府による家裁に対する不信感を招き、少年法再改正により20条2項但書が削除されることが懸念されたことが影響していると思われる[35]。逆送率を上昇させることが至上命題となり、この見解が提唱されたのであろう。

(b) 犯情重視型総合考慮説

犯情説後に現れた改正少年法に関する司法研究は、理論的には特段の事情を考慮する際に但書が掲げる、事件の性質及び少年の特性その他一切の客観的及び主観的事情が考慮されるべきとして、犯情説とは一線を画した[36]。いわゆる総合考慮説である。特段の事情を判断する際の考慮要素を犯情関連に限らない理由は、20条2項本文に該当する場合とは保護不適性の判断であり、この判断は保護処分等が社会的に許容されるか否かの価値的判断であるから、

---

34 斉藤・前掲注（26）「所見」61頁、同・前掲注（26）「改正少年法とその運用」143頁。

35 北村・前掲注（25）72頁。この懸念は、廣瀬健二「少年審判と刑事裁判の関係」法学セミナー582号（2003年）100頁をはじめとして、つとに指摘されてきたものである。

36 司法研修所・前掲注（17）8頁。

犯情とともに少年の性格及び環境を総合的に考慮して判断すべきことに求められている[37]。

　しかしこの司法研究は、保護処分を許容し得る特段の事情のほとんどが当該犯罪行為に関連する事情の場合に認められており、当該少年の資質や環境に関連する事情であっても、犯行動機の形成や犯行に至る経緯又は非行時の責任能力・判断力等に影響するものに限られているのが実情であるとして、実質的には犯情説とほぼ同じ帰結を導くことを志向する立場を取った。20条2項が主として対象となる犯罪行為自体の反社会性に着目して規定されたものであり、立法過程で但書適用が想定された事例もそのような行為自体の反社会性を減じる事情がある場合だったことから、それは当然の帰結ともいえる、とする[38]。この立場は、裁判員制度下での55条の運用の在り方を検討した司法研究に引き継がれ、そこでは、特段の事情の判断要素は、狭義の犯情を中心とした量刑事情と大差ない、とより明示的に犯情説との共通性が示されている[39]。また、20条2項が故意致死事件の犯情の悪質性に着目して原則検察官送致を定めたものであることからすると、犯情の悪質性の有無が大きな意味を持つことは否定できず、また、原則として検察官に送致しなければならないという条文文理に反するような運用はできないという立場もある[40]。最後の見解は、二つの司法研究より犯情を強調する程度が若干落ちるように見える。

　以上のように、一口に犯情重視型総合考慮説といってもニュアンスには差がある。とはいえその差異は微妙である。実際の逆送決定がいずれの立場に依拠したのかの判別が明確にできるとは考えにくい。また犯情説と犯情重視型総合考慮説の相違もそれほど大きなものではない。犯情説を採らないことにより、反省の程度の考慮がしやすくなる等の相違は認められるにしても[41]、

37　加藤・前掲注（8）481頁。

38　司法研修所・前掲注（17）8頁。

39　司法研修所（編）『難解な法律概念と裁判員裁判』（法曹会、2009年）62頁。

40　加藤・前掲注（8）482頁。

41　加藤・前掲注（8）481頁。

いずれにせよ少年の資質や環境に関わる広義の犯情要素が大きな影響を持たないことには変わりがない。そうであれば条文解釈上難のある犯情説ではなく、総合考慮説でいくべきであるというのが改正少年法に関する司法研究の態度決定であったのではないかと思われる。しかしながらこの見解は、犯情説に類似するが故に難点も一定程度共有することになる。例示に過ぎない立法過程での但書該当事例を過度に重視することになること、二段階選抜方式を採らないとはいえ犯情要素により行為自体の悪質性が減じられない場合は結局は犯情説同様に但書の犯情要素のみを考慮するのに等しいこと、その場合には社会調査が不要となりかねないこと、といった問題を抱えてしまうのである。

(c) 文字通りの総合考慮説

最後に、必ずしも犯情の面で特段の事情が認められなくても、保護処分が非常に有効である反面で、刑罰はむしろ弊害が大きいといった場合には、特段の事情が認められるという見解も想定可能である[42]。

この見解は2項対象事件でも社会調査の重要性が強調されていたことや但書の文理を重視して提唱されており、犯情説や犯情重視型総合考慮説の難点を免れている。しかしながら、保護処分による手厚い働きかけを経ずとも要保護性を解消できるような、いわばあまり深刻ではない事案ほど、要保護性が低いと判断され、かえって特段の事情が認められないというジレンマを抱えてしまう[43]。

(d) 特段の事情説全般

特段の事情説全般に共通する問題点を検討するためには、保護不適推定説との関係を整理しておく必要がある。特段の事情説のうち犯情説においては、保護不適の推定は行われない。なぜなら犯情説においては、特段の事情の有

---

42 保護不適推定説の文脈であるが、川出・前掲注(11)170頁は、改正法の立場はむしろこの考え方になじむとされる。

43 岩佐嘉彦「『改正』少年法下における付添人の活動」刑法雑誌43巻4号(2004年)484頁以下、藤原正範「苦悩する少年司法の現場から見えてくるもの」同499頁以下参照。

無は第1段階で判断されるが、保護不適判断は第2段階における1項に基づく刑事処分相当性判断で行われるからである。特段の事情がないとされた場合は、保護不適ではないことになり、正義感情が許容しているにもかかわらずなぜ逆送しなければならないのか、という保護不適推定説と同じ疑問が生じる。

　他方で総合考慮説においては、保護不適推定説を前提とする場合と[44]、そのことを明言しない場合とがある[45]。保護不適を推定するが故に、その推定を打ち破るために特段の事情が必要だというのであれば、ここでも保護不適推定説に対するのと同じ疑問が妥当することになる。後者は、単に推定に言及していないだけでなく、推定を前提としていない可能性がある。その場合、2項には、端的な実体的効力が付与されることになる。すなわち、これまで裁判官が行っていた社会の正義感覚が少年の保護を許容しない場合であるか否かの判断が、部分的に立法者の判断により代替され、2項対象事件には原則として刑事処分が科されることになる。ここでは、保護不適推定説が維持しようと試みた保護処分優先主義との接合が端的に断ち切られている。保護処分優先主義の下では、保護不適判断はあくまで個別事件の事情を調査した上での消極的選択としてなされるべきものであり、類型的に判断されるのであれば、もはや2項対象事件を起こした少年は少年法の理念の下で保護されるべき対象とは見なされないことになってしまうからである。保護不適の推定を前提としない特段の事情説は、保護不適推定説以上に深刻な問題を孕んでいるといわざるを得ない。

(5) 小括

　以上、断片的ではあるが20条2項を巡る議論を検討してきた。実務で有力と見られる特段の事情説は、細部にバリエーションはあれ、大きな方向性として逆送率の上昇を容認する「原則逆送説」である。特段の事情説が次第に有力化したことが、近時の逆送率上昇の要因であるように思われる。

44　司法研修所・前掲注（17）5頁、川出・前掲注（11）170頁。

45　司法研修所・前掲注（39）61頁、加藤・前掲注（8）478頁。

問題は、それが少年法の基調である保護処分優先主義を放棄してまでも得られる刑事政策上の効果を有しているかである。新法解説は、この点について、少年に対し、事案に応じてより適切な厳しい処分によりその責任の自覚を促すとしても、少年の健全育成という少年法の目的に反するものではない、と説明し[46]、司法研究もこれを好意的に紹介している[47]。これは改正法の目的を特別予防により理解するものである。しかしそうだとすれば、少年自身が刑事処分を科されることで責任を自覚できる状態にあるのか、責任を自覚させることが究極的な目標であるその少年の健全育成、即ち成長発達の保障にとってどの程度重要なのか、それが重要だとしても時期の問題として少年期の今が適切なのか等といった諸点について慎重に見極めることが前提でなければならないはずである。しかし、「原則逆送説」に属する見解はいずれも、この点の考慮により処分を決定することを従来の1項以上に困難にする。この説明は強引過ぎる。

　そこで、「原則逆送説」を根拠づけるためには、立案担当者の強調する規範意識の育成の名宛人は対象事件を犯した当該少年ではなく、少年一般であると理解することが考えられる。すなわちこの改正は応報ないし一般予防を基礎にしたものであり[48]、保護処分優先主義が通用する範囲を従来よりも狭めたものであると説明する必要がある。この見地から、類型化した判断により大部分の事件を逆送することに積極的な意味を見出すとすれば、責任の自覚、規範意識の覚醒の対象が当該事件の少年自身ではなく、少年一般との理解に基づいて、少年法が少年であっても重大な犯罪をした以上は許さないのだという強い姿勢をとっていることを見せつける必要があると主張することになるだろう。

　しかしこの論拠を用いるためには、前提として抑止対象犯罪を犯す少年がこの種の法改正により犯罪を抑止される見込みが存在することが必要である。

46　甲斐ほか・前掲注（9）108頁。

47　司法研修所・前掲注（17）5頁。

48　川出・前掲注（11）166頁。

ところが、既に指摘されているように[49]、続発する重大事件を犯した少年達を対象とした実証研究からは、法規範が甘いという理由で犯罪をした姿はうかがわれない。かえって、深刻な問題を抱えているが故に、それが大きな犯罪の形で爆発してしまったという少年像が浮かび上がる。一般予防を巡る議論では、実際に犯罪を犯した者の存在を指摘するだけでは不十分であり、潜在的に犯罪を企図したものの断念した者がどの程度いるかが明らかにならない限りその予防効果のほどは分からない、と指摘されるのが常である。しかし、2000年改正の場合はこの反論は有効ではない。なぜなら、少年犯罪一般の抑止ではなく、法改正前に改正の要因となったような一連の社会の耳目を集めるような犯罪が抑止の対象であったからである。それらの犯罪が処罰による抑止になじむものでなければ、このような理由で逆送を拡大することは難しいといわざるを得ない。

なお仮に、「原則逆送説」として大幅に逆送率を上昇させる運用が是非とも必要とされる理由が、少年法再改正による2項但書削除を防ぐという政策的理由そのものにあるというのであれば、そうした政策判断がなお正義感情からして保護の範疇にあるという価値判断を歪めることは正当化し難いのはもちろんである。

結局のところ、「原則逆送説」に説得的な根拠を見出すことはできなかった。逆送の当否を判断するためには、保護処分優先主義のガイドラインを基調としつつ、個別の事案を丁寧に審理していくしかないように思われる。

3　55条における保護処分相当性
(1)前提

55条の保護処分相当性については、20条と表裏一体であるかどうかが問題とされている。かつて筆者は、「20条2項が1項と異なる要件を設けたと解する場合、55条移送について従前通り1項と同様の基準が適用されるとすれば、改正後新たに逆送の対象となった事例については、すべからく55条移送の対象となり、改正を事実上無効化することになってしまうため、この解釈

49　家庭裁判所調査官研修所『重大少年事件の実証的研究』(司法協会、2001年) など参照。

は採り得ない」と述べたことがある[50]。私見は、20条2項に実体的な意味を認めず、より入念な調査を求めた規定だと解するため、55条についても同様に入念な調査を重ねて行い、家裁と地裁の双方が刑事処分相当性を確認した場合にだけ刑事処分が科されることになるため[51]、問題ないと考えていた。しかしながら、筆者の検討不足も手伝って、上記引用部分は20条2項に関していかなる解釈を行う場合にも妥当する書き方となっていたことは認めざるを得ない。また、それ以降、裁判員制度の開始という重大な変化が生じている。そこで、今回改めて20条2項と55条の連動性の問題を検討することとしたい。なお、20条2項については「原則逆送説」の立場を採る現状の実務を前提とする。

(2) 利益原則の適用の問題

　保護処分相当性の検討を行う際は、保護処分がその少年に対して矯正教育上有効で適切な処遇であるといえることと、その少年の犯罪が他人や社会に甚大な被害や脅威・不安等を与えたものか否か、そのような犯罪の再発防止が強く要請されるか否かといった社会感情、社会防衛の観点から、刑罰ではなく保護処分によって処遇することが社会において受忍、許容され得るものであることが必要であるといわれる[52]。この保護処分の有効性と許容性の二元的基準は、逆送決定を保護不能及び保護不適の二元的判断で行う立場に対応している。敢えて表現を換えるのは、家庭裁判所の視点から見るか刑事裁判所の視点から見るかの違いであろう。保護処分の有効性と許容性がともに認められることが55条移送の要件とされることになる[53]。

　少年法55条は、「保護処分に付するのが相当であると認めるとき」という要

50　本庄武「少年刑事裁判における55条移送決定と量刑」葛野尋之（編）『少年司法改革の検証と展望』（日本評論社、2006年）136頁【本書第4章】。

51　廣瀬健二「保護処分相当性と刑事処分相当性」家庭裁判月報41巻9号（1989年）64頁。

52　廣瀬・前掲注（51）6頁。

53　言葉の定義の問題であるが、これらはいずれも、保護不能・保護不適の概念と同様に、あるかないかのみが問題であり、程度を付すことはできない概念として用いられている。保護処分が特に有効であるから、多少許容性に欠けても移送できるといった相関的判断を許容する概念としてはもともと用いられていない（その場合は、保護処分が特に有効であることも加味して、結論的に保護処分が許容されたということになる）ことに注意が必要である。

件の書き方をしており、裁判所が積極的に保護処分相当性を確信しなければ、移送決定はできないように読める。しかし、判例は保護処分優先主義からすると、「刑事処分は、少年にとって、保護処分その他同法の枠内における処遇よりも一般的、類型的に不利益なもの」であるとしている[54]。ゆえに、既に指摘がある通り[55]、「疑わしきは被告人の利益に」の原則が適用されると、移送決定がされるのは、「保護処分が有効かつ許容できるとき」ではなく、「保護不能ではなくかつ保護不適ではない」ときであると考えるべきであろう。

これに対して、保護不適か保護相当かに迷う事案では、家庭裁判所の判断を尊重する視点からいえば、保護不適との家庭裁判所の判断を覆す事情があることにはなっていないから、法55条決定を行うことにはならない、との主張も見られる[56]。しかしながら、家庭裁判所は保護不能かどうかの判断の専門機関ではあっても、保護不適かどうかという価値判断の専門機関ではない。そもそも保護不適性は専門的に判断するような性質のものではない[57]。利益原則に反してまで家裁の判断を尊重する根拠はないといわざるを得ない。

しかし問題は、20条2項において保護不適推定説を採用する場合で、かつ20条2項と55条が同じ基準で判断されるべきだと解した場合である。この場合、保護不適でないこと、すなわち保護処分の許容性があることが確信できなければ、移送決定は否定されることにならざるを得ない[58]。利益原則に正面から抵触してしまうことになる。それを回避しようとすれば、20条2項と55条が異なる基準で判断されることを認めざるを得ないであろう。特段の事情説のうちで保護不適の推定に言及しないものは[59]、この事態を避けることを意識した可能性があるように思われる。

---

54 最判平9・9・18刑集51巻8号571頁。

55 加藤・前掲注（8）477頁。

56 植村立郎「少年刑事被告事件における刑罰法規の問題状況に関する若干の考察」同『少年事件の実務と法理』（判例タイムズ社、2010年）377頁。2項逆送の場合はその結論がより当てはまる、とする。

57 正木祐史「逆送裁判員裁判における55条移送『保護処分相当性』の提示」季刊刑事弁護57号（2009年）77頁、葛野尋之「少年事件の処遇決定と裁判員裁判」『少年法の理念』（現代人文社、2010年）176頁。

58 武内・前掲注（6）F23頁。

59 加藤・前掲注（8）480頁。

(3) 保護不適を推定することの是非

　少年法55条は刑事裁判で用いられる実体法規範である。従って保護処分相当性がないことを検察官が立証する責任を負っているはずである[60]。しかし2項対象事件において保護不適推定説を採る場合、解釈によって法律上の推定がなされることになるため[61]、被告人の側が一定の主張ないし証拠提出の責任を負うことになる。利益原則の適用を前提とすれば、被告人に挙証責任を転換することは認められないものの、実質的に保護処分の相当性を示す特段の事情を立証する事実上の責任まで負ってしまう場合もあり得る。

　法律上の推定が許容されるには、①必要性が高いこと、②訴追側の立証の困難性、③前提事実から推定事実の存在を推認することが合理的といえること、④推認が不当であれば、被告人としてその推認を破り、あるいは推定事実が存在しないことを示す証拠を提出するのが困難でないといった条件が充たされていることが必要とされる[62]。しかしながら保護不適の推定については、①既に述べたように必要性がそもそも疑問である、②訴追側に立証の困難は認められない、③対象犯罪名から保護不適を推認することが合理的といえるかについては、前述のように、保護不適という概念の性質上疑問が生じ、④被告人が反証することは非常に難しい状況になってしまう。少年法55条の解釈に保護不適の推定を持ち込むことは、この点でも正当化が難しいといわざるを得ない。

(4) 実体法的要件としての特段の事情の不存在

　前述のように、特段の事情説は保護不適推定説を経由しなくても成り立

60　司法研修所・前掲注（39）60頁は、保護処分相当性判断は、通常は、検察官主張の刑事処分が相当であるとする事情と、弁護人主張の保護処分が相当であるとする事情とを具体的に比較検討して判断するとする。実情を述べる限りではその通りであろうが、理論的には、検察官が保護処分不相当を示す事情を主張・立証する責任を有しているはずである。

61　判例（最大判1957（昭32）・11・27刑集11巻12号3113頁）は、両罰規定に関して過失を推定するという解釈上の推定を行っている。

62　三井誠『刑事手続法Ⅲ』（有斐閣、2004年）68頁。

得る。その場合、利益原則の適用においても、検察官が特段の事情が存在しないことを証明しなければ移送決定がされることとなり、問題は生じない。

　特段の事情説のうち犯情説は、裁判員裁判を念頭に置くと、第1段階での考慮要素を犯情に関わるものに限定することで、判断のブレを極小化できるというメリットがある。総合考慮説を採る場合でも、既に確認したように、難解な法律概念に関わる司法研究の路線は実質的に犯情説に近い。この司法研究の意図は裁判員への分かりやすい説明を提言することにあるが、その主たる関心は判断のブレを少なくするところにあると思われる[63]。その観点からは犯情重視型総合考慮説が好ましいことになる。しかし、総合考慮説において犯情を重視するかどうかは法の運用の問題に過ぎない。法解釈を超えた法の適用に関する部分について、裁判員の主体的判断の余地を制限することになれば裁判員法の趣旨に適合しないとの批判が妥当することになる[64]。

　これに対して総合考慮説を文字通りに適用して、犯情とともに少年の性格及び環境を総合的に考慮して保護不適でないかを判断する場合、悩ましいのは何が特段の事情に該当するかの判断にブレが生じる可能性が出てくることである。なお20条1項対象事件ではもとよりこの問題が不可避的に生じることにも留意しなければならない。

　そもそも特段の事情説と裁判員裁判の関係も問われなければならない。既に確認したように、特段の事情説は家庭裁判所の裁判官の保護不適判断が、社会の正義感情から乖離しているという不信感から、裁判官の裁量を制約することを目指して主張された見解であった。しかし、裁判員裁判では、社会の正義感情を体現しているはずの裁判員が審理に加わっている。にもかかわらず、特段の事情が存在する場合にだけ移送を許容するという形で判断に枠をはめることは、それが法の解釈として裁判員法上裁判員の判断を制約し得るものであったとしても、正当性があるとは思えないのである[65]。

63　例えば、本庄武・山下幸夫「責任能力」季刊刑事弁護71号（2012年）176頁を参照。

64　武藤曉「少年法55条の保護処分相当性について」季刊刑事弁護60号（2009年）101頁、葛野・前掲注(57) 177頁。

65　川村百合「55条移送が争点となる場合の立証上の問題点」季刊刑事弁護57号（2009年）は、社会の代表である裁判員が、この少年には刑罰より保護処分が相応しいと判断してくれることこそが、保護処分許容

次に問題になるのが、保護処分相当性の犯罪論体系上の位置づけである。これについて、保護相当性は保護阻却事由ともいうべき機能を果たすが、通常の阻却事由と異なり少年にとって不利益な方向に作用するものである、との指摘がある[66]。阻却事由であれば、被告人から移送主張があった場合にのみ判断を示すという現在の運用とも平仄が合う。しかし構成要件に該当すれば違法性(及び有責性)が推定されるという場合、その意味は阻却事由に該当する特別な事情がない限り違法(かつ有責)であるということである。その特別な事情とは構成要件に該当する事情以外の事情である。多くの場合、その特別な事情が存在しないため阻却事由は問題とならない。それに対して、保護処分相当性の場合、特段の事情に該当し得る事情は常に存在している。しかも犯情要素については、2項対象犯罪該当性という類型的判断と特段の事情判断に分かれるとはいえ同じ要素が判断対象となっている。量刑判断のこともあるため、犯情に関わる要素については実際は一体的に判断されることになる。さらに特段の事情の不存在は保護不適推定説を前提としなければ、可罰性を積極的に根拠づけるための要件である。犯情要素を中心とする一つひとつの要素が実質的に可罰性を基礎づけていることになる。ゆえに、阻却事由というよりはどちらかといえば構成要件要素に近いのではないかと思われる。

　しかしそうだとすると、明確性の観点で新たに問題が生じるように思われる。というのも、阻却事由であれば、構成要件に該当することで類型的可罰性が確保された上で、個別事情を勘案して違法性や責任の阻却を検討することになる。阻却事由に該当し得る事情は個別性が強いため、例えば刑法39条のように要件を極めて漠然と規定していても問題視されることはない。そもそも明文にない超法規的な阻却事由の存在も承認されているところである。少年法55条の「保護処分に付するのが相当であると認めるとき」という要件も、阻却事由として位置づけられれば、許容され得る要件である。しか

性があることを示しているといえる、と指摘する。

66　斉藤豊治「少年法55条の保護処分相当性」犯罪と刑罰21号(2011年)75頁。犯情説を念頭に置いた指摘だが、そこでの犯情説には司法研究の見解も含まれている。

しながら、実質的に可罰性の限界を画する、構成要件要素類似の要件だとすれば、いかなる場合に刑事処分の対象となるかについて条文上の手がかりが一切ない状態は正当化し難いのではないだろうか。

　そうだとすれば、仮に20条2項の解釈において特段の事情説が採られた場合であっても、刑事裁判規範としての保護処分相当性の解釈において特段の事情説は採り難いということになる。

(5) 少年が刑事手続を経験することと保護処分相当性

　55条移送に関しては、2000年少年法改正の際の国会審議を根拠に、公開法廷において被害者にも見える形で審理することが改正の趣旨なのであり、移送規定をしかるべく機能させることによって最終的に適切な処分を担保することが可能と考えられていたことは明らかであるから、55条移送決定は積極的になされなければならないという主張もされている[67]。

　これに対しては、公開の法廷で刑事裁判を受けさせること自体に独自の意味を認め、その目的が達せられれば、それだけで、再度法55条による家庭裁判所への移送を考慮できるといった趣旨までが改正に含まれているとは解されない、との反論がある[68]。

　確かに、刑事裁判を受けたこと自体が保護処分相当性を基礎づけると考えることは難しい。しかしおそらく立法者は、刑事裁判を受けることで少年の規範意識が育ち、責任を自覚することを期待したのではないだろうか。少年の内面に変化が生じた場合、それだけでも、保護処分相当性を認め得る場合があるというのが立法趣旨だとなれば、55条の保護処分相当性の解釈として、少なくとも犯情説は不当ということになるし、総合考慮説についても犯情に大きな意味を見出す司法研究の見解等は採り難いことになる。

---

[67] 正木祐史「少年法改正後の逆送と移送の趣旨」季刊刑事弁護46号（2006年）177頁、正木・前掲注（57）77頁。

[68] 東京高判2007（平19）・12・17高裁刑速（平19）号360頁。なお、植村・前掲注（56）376頁も参照。

(6) **キャッチボール現象は生じるか**

　以上の検討からすると、20条送致と55条移送の基準は必ずしも同じでなくても構わない。55条は改正を受けず、より柔軟な解釈を可能とする規定となっており、この解釈を妨げない[69]。この立場に対しては、家庭裁判所と地方裁判所の間での移送の連続、いわゆる「キャッチボール」現象という耐え難い不都合が生じ、また家裁調査官等の専門的調査機能を有しない地方裁判所は家庭裁判所の判断を原則として尊重すべきであるとの強い批判がある[70]。しかし後者の批判については、前述のように、保護不能判断には妥当しても科学的知見とは無縁の規範的判断である保護不適判断には妥当しない。むしろ、規範的判断としてより尊重されるべきなのは、これも前述のように裁判員が加わりより民主的基盤を有する裁判体によってなされた判断の方だということになる。従って、移送決定を受けた家庭裁判所は、刑事裁判所の判断を尊重すべきことになる。このことから前者の批判についても、家庭裁判所が再び逆送決定をすることにはならず、キャッチボール現象への懸念は杞憂である。なお保護不能により逆送された場合、刑事裁判所では家裁の専門的判断の妥当性が吟味されることになる。両裁判所が少年法50条の規範に従った運用を行うのであれば、利益原則の適用も相まって、この場合にもキャッチボール現象が生じることはほぼ考えられない。

(7) **保護処分相当性判断のあり方**

　以上検討してきたように、少年法55条を20条2項の解釈に連動させて解釈する必要はない。また55条は刑事裁判で用いられる規範であるため、保護不適推定説や特段の事情説で解釈することには問題がある。それではどのように解釈すればよいだろうか。

　この点で注目されるのが、55条移送の判断において、原則として通常の量刑における考慮要素と同様の要素を基礎として判断すれば足りるとする見

---

[69] 正木・前掲注（57）78頁、山口直也「少年刑事被告人の刑事裁判のあり方に関する一考察」立命館法学331号（2010年）205頁。

[70] 司法研修所・前掲注（39）61頁、加藤・前掲注（8）483頁。

解には[71]、少年法50条の趣旨を踏まえない誤りがあるとの指摘である。すなわち、50条は科学主義に基づいた非行原因・機序の追究とケースワークを少年の刑事事件でも貫徹するよう要請しているとされる[72]。また、刑事事件の精神鑑定では犯行時の精神状態という「点」における判断を行い、医療の必要性や治療の内容は第二次的で背景的な問題に過ぎないのに対し、要保護性判断は、少年司法の根底にある少年の健全育成と不可分の関係にあり、それによって保護処分による立ち直りの可能性を判断するものであって、いわば「面」における判断が行われる[73]、と指摘されるのも同趣旨であろう。

　これらの指摘を踏まえると、保護処分相当性判断は、刑法の犯罪論体系の枠外にあり、量刑判断とは質を異にする、少年事件に特有の判断だと考えるべきことになる。そうすれば、55条における実質的な可罰性を基礎づける要件が明確になっておらず罪刑法定主義と緊張関係が生じるという、特段の事情説で問題となった点も免れることができる。相当性判断の中心的課題は保護処分の有効性となり、保護処分の許容性を問題にする場合にも、犯罪が起きた経緯や機序、要保護性の発露としての犯罪、その時点での少年の犯罪についての認識や将来的な克服の可能性、そのための有効な手段の有無といった一連の事態を総合的に判断の対象とすべきこととなる。重要なのは、犯情説や犯情重視型総合考慮説のように、犯罪事実自体を取り出して独立に評価対象とするのではなく、今後の成長発達の可能性をも含めた総体としての非行現象を判断対象にする点である。保護不適性については、それらの総体を対象として、社会の正義感情に照らして刑事処分がやむを得ないかを判断することになる。

　この見解によっては難解な法律概念に関する司法研究が目指した、裁判員の判断のブレを抑えるという目標の達成は難しいという反論があり得るところである。しかしながら、そもそも混乱の原因は、保護処分相当性の解釈として、20条2項の裏返しとして特段の事情説を採用するところにあること

71　司法研修所・前掲注（39）63頁。
72　正木・前掲注（57）78頁。
73　斉藤・前掲注（66）76頁。

を認識すべきであろう。例外として但書を適用できるような特段の事情に何が該当するかの判断は、判断者各人の価値観に委ねられる部分が大きいからである。しかも判断のブレを抑制しようとして、犯情重視型総合考慮説を採用したとしても、犯情重視はあくまで運用の問題にとどまること、犯情をどの程度重視するかも様々であり得ることから、ブレの抑制には限界がある。20条1項対象事件が理論の射程外に置かれてしまうという問題もある。それに対して、保護処分相当性の解釈を20条の解釈から切り離して55条独自に定めることにすれば、保護処分優先主義という少年法本来の原則に従うとのガイドラインに則した判断を裁判員に求めることになる。この場合、保護処分相当性が否定されるのは、刑事処分がやむを得ないと確信できた例外的場合のみであるという解釈論により、判断の大枠が画される。裁判員はその範囲で判断を行うことになり、判断のブレは相対的に小さく抑制できることになるだろう。裁判員裁判との関係でも、より望ましい解釈ということになるのではないだろうか[74]。

4　おわりに

本稿の検討によれば、少年法20条2項は原則逆送を定めた規定だと認めるにしても、大部分の事案を逆送することを求める「原則逆送説」により解釈されてはならない。55条の解釈においてもその立場を反映させるか、若しくは20条2項で「原則逆送説」が採られたとしても55条においてそれに連動する必要はなく、保護処分優先主義のガイドラインに即した判断を裁判員に求めるべき、ということになる。

---

[74]　さらに、判断対象を少年の矯正可能性に純化した場合、しっかりした科学的知見を十分に提示してさえいれば、より一層判断のブレは抑制できるであろう。村中貴之「55条移送が争点となる場合の主張上の問題点」季刊刑事弁護57号（2009年）62頁参照。

第3部

少年に対する刑事処分

第7章 少年に対する量刑判断と家庭裁判所への移送判断

1 はじめに

　少年に対する刑事処分については、少年法51条以下に特則が置かれ、成人よりも軽い処分が予定されていた。しかし、2000年に改正された少年法において、逆送可能年齢が16歳から14歳に引き下げられ、故意による死亡事件における「原則」逆送の規定が導入された結果、少年が刑事処分を受ける可能性が増加した(20条)。また、犯行時18歳未満の少年についての無期刑の緩和について、従来は必要的であったのが任意的と改められた(51条2項)。犯行時18歳未満の少年について死刑を必要的に無期刑に減軽する規定(51条1項)は存置されたが、その場合の仮釈放可能期間について従来は7年であったものが、一般の場合と同様10年と改められた(58条2項)。これらの改正は明らかに少年に対する厳罰主義の導入を意図しており、成人と同じく扱う場合を拡大したものである。改正法は、少年法の理念を後退させたと評価できるであろう。

　他方で改正法は、少年に対する死刑の回避(51条1項)、有期刑を言い渡す際の不定期刑の原則(52条)などの少年に対する刑事処分の特則はなお存置した。改正によって、少年に対する刑事処分について、成人とは異なった考え方で臨むという発想が完全に否定されたのではなく、それは確実に少年法に息づいているといってよい。また少年法55条は、一旦逆送された少年を刑事裁判所から家庭裁判所へ移送(以下、再移送という)することを予定しており、そこには少年に対する刑事罰はできるだけ回避されるべきであるとの発想が看取できる。

翻って考えてみると、今回の改正は、少年に刑事罰を科す理由は何か、また刑事罰は少年にいかなる影響を及ぼすか、といった問題を改めて提起しているといえる。これは、改正の是非という問題を超えて、少年に対する刑事罰のあり方についての基礎的考察を要する問題である。本稿はこのような問題意識から、少年事件における量刑及び再移送のあり方について論じようとするものである。その際には、子どもの権利条約6条に示唆されているように、少年は固有の権利として成長発達権を有しており[1]、刑罰を受ける際も自らの力で犯罪を克服し、社会復帰をしていく権利を有していることを踏まえる事は当然であろう。

2 少年法改正前後の量刑の動向
(1) 統計から見た動向

　まず統計資料により少年量刑の動向を確認しておく。統計からは、2001年4月1日の改正法施行後、第一審で有罪を言い渡された少年の数が顕著に増加していることが分かる。これは原則逆送規定が導入された結果ではないかと推測できる。特に2002年に関しては、無期懲役(これには死刑を減軽された場合と無期刑が維持された場合が含まれる)が4名、無期刑減軽による10年以上15年以下の定期刑が2名と、絶対数は少ないものの事案に応じて積極的に重い刑を用いる傾向が看取される。それ以外に自由刑に関しては、絶対数の増加に応じて不定期刑、定期刑とも増加している。不定期刑の増加からは、少年刑務所に送られる少年の数が増加していることが分かる。実刑の大部分を占める不定期刑を言い渡される割合は、2000年に増加して以来、有罪総数の35%前後で推移している。定期刑については、その大部分が執行猶予に付されており、相変わらず保護観察が付されない場合が多数を占めていることからすれば、必要な働きかけが行われないまま司法手続から外れている可能性の高い少年の数が増加していることが分かる。

　さらに、「原則」逆送事件における量刑の動向について、最高裁判所家庭局

---

1 福田雅章「『子どもの権利条約』の基本原則と少年司法」同『日本の社会文化構造と人権』(明石書店、2002年) 482頁参照。

少年（判決時20歳未満の者）の罪名別通常第一審有罪・移送人員（1997年～2002年）

区分	有罪総数	無期懲役・禁錮	有期懲役・禁錮					罰金	家裁へ移送
			不定期刑	定期刑	うち、10年以上15年以下	うち、執行猶予	うち、保護観察付		
1997年	161	-	38	120	-	120	25 (20.8%)	3	3
1998年	161	1	46	114	-	113	26 (23.0%)	-	5
1999年	158	-	42	113	2	109	26 (23.9%)	3	6
2000年	151	3	55	91	-	88	20 (22.7%)	2	2
2001年	197	-	67	126	-	124	18 (14.5%)	4	5
2002年	236	4	83	147	2	142	31 (21.8%)	-	9

司法統計年報より作成。

が把握している数値によれば、61人中、無期懲役が1人、判決時成人になっているか執行猶予が付いた場合で懲役定期刑が言い渡されたのが15人（うち執行猶予がついたのは3人）、懲役不定期刑が43人、家庭裁判所に再移送された者が2人であるという[2]。「原則」逆送となった場合は、実刑となる確率が高いことが分かる。「原則」逆送対象事件で逆送率がかなり上昇していることから見て、少年法改正後、従来であれば保護処分が選択されていたような少年についても刑務所に送られているといえるであろう。他方で、改正直後には「原則」逆送規定の創設により、必ずしも刑事処分に相応しくない少年も逆送されることになるから、家庭裁判所への再移送が従来よりも活用される可能性がある（べきである）という指摘[3]もされていたが、移送人員数は若干増加しているのみで、相変わらず低調な利用にとどまっている。

少年法改正は、実刑となり刑務所に送られる少年及び保護観察の付されな

2　これは、佐藤博史ほか「座談会・改正少年法の運用の状況と今後の課題」現代刑事法5巻8号（2003年）13頁における、岡健太郎の発言によるものである。

3　斉藤豊治「少年法改正の意味するもの」法律時報73巻2号（2001年）4頁、葛野尋之「『改正』少年法と少年事件弁護の課題」季刊刑事弁護29号（2002年）27頁参照。

い執行猶予となり必要な働きかけが行われない少年の増加をもたらした。

(2)裁判例の動向

　次に、判例における少年量刑の扱いはどうか。まず注目されるのは、犯行当時19歳の少年に対する、いわゆる永山事件を巡る判例である。第1次控訴審判決[4]が、「少年に対して死刑を科さない少年法の精神は、年長少年に対して死刑を科すべきか否かの判断に際しても生かされなければならない」とした上で、「被告人は本件犯行当時19歳であったとはいえ、精神的な成熟度においては実質的に18歳未満の少年と同視し得る状況にあったとさえ認められる」等と述べて無期懲役としたのに対し、第1次上告審判決[5]は、「被告人を18歳未満の少年と同視することは特段の事情がない限り困難である」と述べ、原判決を破棄差し戻した。この最高裁判決は、一般的な死刑の適用基準を示したものとして著名であるが、その中で「犯人の年齢」という量刑事情は、特別な重みを持つものではなく他の事情と並ぶ考慮要因の一つに過ぎないものと位置づけられている。

　次いで、少年に対する量刑のあり方について一般的な判示を行ったものとして注目されるのが、いわゆる女子高校生監禁殺人事件控訴審判決[6]である。この判決は少年の刑事処分に関する特別な配慮につき述べた上で「このことは、少年に対して、成人に比べて、常に、一律に軽い量刑をもって臨めば足りるということを意味するわけのものではない。犯罪の内容が重大、悪質で、法的安全、社会秩序維持の見地や、一般社会の健全な正義感情の面から、厳しい処罰が要請され、また、被害者の処罰感情が強く、それが、いたずらな恣意によるものではなく、十分首肯できる場合には、それに応じた科刑がなされることが、社会正義を実現させる所以」であるとし、「これを看過して、少年に対し、以上の諸観点から遊離した著しい寛刑をもって臨むのは、一般社会の刑事司法に対する信頼を揺るがせるばかりでなく、少年に対し、

4　東京高判1979（昭54）・7・10刑集37巻6号733頁。

5　最判1983（昭58）・7・8刑集37巻6号609頁。

6　東京高判1991（平3）・7・12判時1396号27頁以下。

自己の罪責を軽視させ、いたずらに刑事処分に対する弛緩した意識を抱かせるなど、少年自身の更生のためにも適当とは思われない。また、刑罰といえども、一般予防的、応報的側面ばかりでなく、受刑者の教化改善、更生を図ることが重要な目的とされているのであって、当該少年の特性を配慮しつつ、事案にふさわしく社会感情にも適合した量刑がなされ、その執行を進める中で、少年に自己の罪責に対する反省と社会の一員としての自覚を促し、改善更生に努めさせることは、広く少年法の理念に沿う所以でもある。（原文改行）少年犯罪に対する刑事処分の量刑に当たっては、以上のような諸点を考慮したうえで、少年の未熟性、可塑性などその特性にも適切な考慮を加えつつ、事案の程度、内容等と均衡のとれた科刑がなされるよう特段の配慮がなされるべきである。」と述べ、主犯格である犯行時18歳の少年に対し有期懲役の上限である懲役20年（原判決17年）を言い渡すなどした。本判決は、社会正義、すなわち応報の観点から事案の重大性と均衡した量刑を行うことを重視しているのであり、少年量刑は成人量刑と基本的に同じ原理を適用して行うこととされている。確かに少年の改善更生についても重視するかのような判示がなされているが、それは上記観点を反映した量刑を行う事で達成されるとの位置づけにとどまる[7]。また少年の未熟性、可塑性への配慮もいわれているが、あくまでも事案との均衡を害しない程度での微調整を行う原理として位置づけられており、量刑事情としての重要性は高くない。また上記引用の判示は、「現に少年であり、あるいは、犯行当時少年であったもの」に対して、すなわち少年量刑の特則が適用されるか否かにかかわらず少年一般に妥当するものとして述べられている。

以上のような判例の態度はその後も踏襲されている。市川一家4人殺し事件控訴審判決[8]においては犯行当時19歳の少年に対し、「年齢を重ねるにつれ、また今後の矯正教育により改善の可能性があることは否定し得ない」と

---

[7] 城下裕二「少年に対する不定期刑の量刑基準について」『激動期の刑事法学・能勢弘之先生追悼論集』（信山社、2003年）534頁は、「この判例が、成人に対する量刑と同様に責任に相応した刑を科すことによる一般予防を強調しつつ、被告人が少年であるという『特殊性』を量刑基準に反映させることを抑制しようとする側面を有する点は否定できない」と評価する。

[8] 東京高判1996（平8）・7・2判時1595号53頁以下。

しつつ「犯した罪の重大性にかんがみえると、被告人を死刑に処するのは誠にやむを得ない」としている。また、大高緑地アベック殺人事件控訴審判決[9]は、原判決が犯行時19歳の少年に対して言い渡した死刑を破棄し無期懲役としているが、「矯正可能性の有無は、年長少年についても、罪刑の均衡を検討する際の、行為者側の主観的量刑因子のひとつに止まるものとみるべきである」と述べているのである。

　さらに少年法改正後の、いわゆる明大生強盗殺人事件第一審判決[10]は、犯行時17歳の少年の強盗殺人等の事件において、少年法51条2項の趣旨は、「有期刑の宣告を原則としつつも、例外的に犯罪内容の重大性、遺族の処罰感情、法的安定、社会秩序維持等の見地から無期刑もやむを得ないといった場合には無期刑を宣告し得るものと改めたことにある」として、無期刑を減軽しなかった。この判決において、改正法は少年であるという事情が持つ重みが、より一層低下したことが示されている。

　判例によれば、少年量刑は、若年齢というファクターが被告人に有利な情状と位置づけられている[11]ものの、基本的に成人量刑と同じ基準に従って行われているといえる。さらに、改正によって、少年であるという事情の持つ重みはより一層低下した。しかし、この考えを推し進めていけば、少年量刑の特則の存在を、社会正義の観点からする適切な量刑の実現を阻害する要因として位置づけることにもなり得る。特に現行法では有期刑を選択した場合、10年を超える刑は言い渡せないことになっているが、成人量刑類似の考慮をする限り、そのような長期の有期刑が妥当な事案が存在することは否定できなくなるであろう。現行刑法の幅広い法定刑を前提とすれば、特則を設けず裁判所の適切な裁量に委ねるということで足りたと評価することにもつながりかねない。この考え方では、少年量刑の特則の存在意義を適切に評価し得ないと指摘できるのではなかろうか。

9　名古屋高判1996（平8）・12・16判時1595号38頁以下。

10　千葉地判2002（平14）・6・20裁判所HP下級裁主要判決情報。

11　原田國男「量刑基準と量刑事情」同『量刑判断の実際』（現代法律出版、2003年）10頁は、「被告人の年齢が若いということは、可塑性に富み、刑罰による影響も大きいことから、特別予防の点で、被告人に有利な情状となる」と述べている。

3　少年量刑についての基本的視座

　少年の量刑については、大きくいって二つの考え方があるように思われる。一つは、判例のように、少年法特則の制約を別にすれば、原則として成人量刑と同じように罪刑均衡の見地を基本とし、少年であるということは単なる一つの量刑事情に過ぎないとして位置づける考え方で、いわば少年量刑の独自性を否定する見解である（以下、独自性否定説という）。刑罰理論的に見れば、行為及び少年の責任に対する応報及びその派生的効果としての一般予防を主たる考慮要因としそれにより刑の大枠を決定し、その範囲内で情状たる特別予防的要素によって刑を微調整するものといってよい。そして改正少年法は、特則の適用範囲を縮小し、成人と同じ扱いをする範囲を拡張したことにより、この立場により接近したという評価が可能である。条文上の根拠としては、少年法40条が「少年の刑事事件については、この法律で定めるものの外、一般の例による。」と定めていることから、量刑原理についても一般の場合と異なることなく適用されると解されている、との指摘がある[12]。

　既に見たように、独自性否定説を徹底するならば、少年量刑の特則は裁判官の量刑裁量を制約し事案に即した適切な量刑を阻害する要因として位置づけられることになろう。51条2項改正後、早速無期刑の減軽をしなかった判例が登場したことはその証左であるといえる。

　この考え方の対極に位置するのは、女子高校生監禁殺人事件や大高緑地アベック殺害事件を巡って展開された学説の中に現れていた見解で[13]、少年については独自の量刑基準が存在するとするものであろう（以下、独自性肯定説という）。そこでは、少年法50条が「少年に対する刑事事件の審理は、第9条の趣旨に従って、これを行わなければならない。」と定め、刑事手続におい

12　斉藤豊治「少年に対する死刑判決への疑問」法律時報63巻3号（1990年）142頁。

13　多田元「問題の解決にならない死刑判決」法学セミナー431号（1990年）、村井敏邦「少年と刑事裁判」同『刑事訴訟法』（日本評論社、1996年）188頁以下、福田雅章・黒岩哲彦「女子高校生コンクリート詰め殺人事件」福田・前掲注（1）466頁以下、宮澤浩一「少年の刑事事件における量刑」少年法判例百選（1998年）222頁以下、前田忠弘「少年に対する死刑適用の是非」同224頁以下、松岡正章「年長少年の刑事事件と量刑」判評513号（2001年）211頁以下など参照。

てもなるべく科学的調査の結果を活用して審理を行わなければならないとしていることの趣旨が重視され、また少年法1条が少年の刑事事件についても特別な措置を講じることで少年の健全な育成を期していることが強調されている。

以上につき、条文上の根拠について見れば、少年法50条だけでは科学的調査の結果をどのように活用するかにつき方向性は示されていないため、独自性否定説とは必ずしも抵触しないともいえる。しかし50条が依拠する少年法9条は1条の趣旨を受けたものであることは明らかであるし、1条自体明示的に少年の刑事事件についても適用があることを宣言しているのであるから、独自性肯定説の方に分があるといえるであろう。特に現代において少年の「健全育成」を「成長発達権」の保障と読み替える場合[14]には、少年は権利として成長発達を害さない取扱いをすることを請求できることになり、それに反する取扱いは権利侵害となり得るのであるから、より一層肯定説に赴かざるを得ないであろう。また、40条が「一般の例による」としていることについても、原則として刑法、刑事訴訟法等の一般刑事法の条文が適用されるという意味に解される。特に刑法典において量刑の一般原理について定めていない日本の刑法の下では、処断刑の枠内で適切に量刑を行えば足り、成人と同様の基準で量刑を行うことまでは要請されていないといい得る[15]。

これに対して同じく刑事裁判の場で言い渡される量刑につき、少年と成人で異なったやり方をするのは量刑の統一性を害し刑罰概念を弛緩させるものであって好ましくないという反論が考えられる。確かに、少年に対して科される場合であっても、害悪の賦科という刑罰の本質は変わるわけでなく、それにまつわる制約には服さなければならない。しかし刑罰の本質と目的は区別しなければならない。そこで、量刑の目的について見れば、一般論としては、目的は個別事件での量刑だけでなく、総体としての量刑によっても追求

---

14 福田雅章「少年法の功利的な利用と少年の人権」同・前掲注（1）463頁以下参照。

15 ただし、将来、改正刑法草案48条のような規定が設けられたとしても、必然的に独自性否定説に至らなければならないわけではないと思われる。同条2項には「犯人の年齢」が量刑事情として挙げられており、少年法1条を踏まえてこの規定を解釈するならば、少年事件の場合の「年齢」は成人事件とは異なる特別な意味を持たせられることになるからである。

されなければならないともいえる。それによってはじめて、一般予防、応報的正義の実現や刑罰の感銘力の維持など刑罰に期待される効果がよりよく発揮されるからである。しかし刑罰の効果はあくまでその名宛人に対するものを問題にすべきであり、少年量刑の名宛人はあくまで当該少年及びその他の少年に限定されるのである。少年に対し特別な量刑を行うことが成人を対象とする一般の量刑の効果を害することはないと考えられる[16]。そして、少年法が成人に対するのと異なる目的を刑罰に担わせているとの解釈が可能であれば、少年量刑独自の原理を考えることは何ら不当なことではないのである[17]。

以上により、少年に刑罰を科す際には独自の量刑基準を適用することが可能であり、それは少年の成長発達を促進するという目的を追求すべきであるということを確認し得た。しかし、第1に独自性肯定説の具体的な量刑基準についてはなお明確化が必要である。また第2に、独自性肯定説であってもなお、刑罰の本質にまつわる制約には服さなければならないと思われ、その点について検討しなければならない。

4　刑罰の上限を画する少年の責任
(1) 少年の精神的成熟性と責任能力

まず2点目について検討したい。刑罰の本質にまつわる制約とは、量刑の場面でも責任主義が適用されるということである。責任すなわち行為の非難可能性の程度が許容される処罰の上限を画し、その範囲内で合目的的考慮に従って量刑が行われることになる[18]。従って、たとえ少年の成長発達のため

---

[16] それが疑問視されることがあるとすれば、少年に刑罰を科す目的が少年犯罪に対する大人達の不安感ないし少年犯罪に甘い対応しかとられていないという大人達の不満を解消することにあるとする場合であろう（石塚伸一「少年犯罪の深刻化と刑罰の抑止効果」団藤重光ほか『「改正」少年法を批判する』（日本評論社、2000年）85頁参照）。しかし、刑罰の役割はあくまで犯罪予防に求められるべきである。犯罪予防に直ちに結びつかない不満や不安感の解消を直接の目的とするならば、量刑は私的な応報感情に奉仕するものとなり、歯止めのない重罰化が帰結してしまう可能性がある。

[17] この点で、ドイツ少年刑法18条2項が「少年刑は必要な教育効果が可能であるよう量定されなければならない」として、少年について独自の量刑基準を設定していることが参考となる。

[18] 責任が刑罰の上限を画するとする量刑における責任主義（城下裕二『量刑基準の研究』（成文堂、1995年）110頁以下など参照）は、いかなる場合であっても服さねばならない制約である。

により重い刑罰が必要とされる場合が存在したとしても、責任の限度を上回る刑罰を科すことはできない。

　そこで、ここでいう少年の責任・非難可能性の実質が問題となる。一般に少年の責任は成人よりも低いとされ、「少年は責任無能力者とされる刑事未成年と完全責任能力者とされる成人の間の中間層として、いわば限定責任能力者と認められる[19]」と主張されている。確かに、少年法の量刑の特則は刑法39条2項の心神耗弱の場合と類似の減軽効果をもたらすということができ[20]、妥当な方向を示していると思えるが、問題はそれを理論的に根拠づけることができるかにある。

　ある見解は少年の責任能力の実質を、是非弁別能力及び行動制御能力と解している[21]。その上で、少年の責任は成人よりも一般的に減少しているとされ、その根拠として、①仲間に対する同調傾向が強いこと、②危険性を低く評価する傾向があること、③長期的視野に欠けていて目の前の結果を過度に評価する傾向があることなどの発達心理的要因が少年の意思決定に重要な影響を与えていることが挙げられている。そのため、「応報の観点からは、少年に成人よりも軽い制裁を科すことが要請される」ことになるとされるのである。これは成人の場合に適用されている責任能力基準が少年にも適用されることを意味するとも評価できる。

　しかし、現在の実務における責任能力判断においては、統合失調症（精神分裂病）による幻覚・妄想等の病的体験に支配され犯行に及んだ場合のように、犯罪が行為者の有する人格とは別の原因に由来すると評価される場合に限り心神喪失・心神耗弱とされ、単なる性格の異常は、責任能力に影響を

19　岩井宜子「保護処分と刑事処分の関係について」家月32巻12号（1980年）5頁。さらに、所一彦「しょく罪と少年」刑政110巻5号（1999年）33頁も参照。

20　ただし、死刑や無期刑の減軽の程度は明らかに心神耗弱の場合の方が大きく、有期刑減軽についても少年の場合は常に最大長期10年の刑期が予定されており、心神耗弱の方が処断刑は軽い場合が多いであろう（刑法68条参照）。

21　佐伯仁志「少年法の理念―保護処分と責任―」猪瀬慎一郎ほか編『少年法のあらたな展開』（有斐閣、2001年）39頁以下、51頁。佐伯論文は主として保護処分を念頭に置いたものであるが、保護処分と刑罰はともに少年の責任に基づく制裁として連続的なものであるとしている。

及ぼさないとされる[22]。それを前提とする限り、少年の場合もほとんどの場合は完全に責任能力が存在するということになり、刑を減軽する理由は見出し得ないことになろう。少年期の発達の歪みとは少年の人格形成の歪みに外ならないからである。しかも、この見解からは、仮に少年が心神耗弱状態にあった場合、少年法の量刑特則を適用した上でさらに刑法39条2項を重ねて適用することは否定されることになろうが、立法者は少年量刑において刑法68条の減軽方法を準用せず、独自の減軽方法を定めており、両者の趣旨を同じものとは考えていなかったと思われる。そこから、少年の責任能力とは、一般の責任能力とは異なる独自の概念であり、かつ別レベルの問題として位置づけられるとの解釈を採用すべきである。ここで、上記①〜③にいう少年特有の発達心理的要因を加味するならば、少年の責任能力とは、犯行時にどの程度精神的に成熟していたかを問うものということになる[23]。

　成人についても発達成育過程に問題があるため未だ未成熟である場合も多いと思われるのにもかかわらず、少年についてだけ精神的成熟性を問題にする理由は、成人には完全な刑事責任を問えるだけの成熟性が備わっていると「推定」されているからであろう。換言すれば、成人の場合、「理念型」としての人間像が措定され、通常は十分な自己決定能力が備わっており、自ら自己決定した以上はその決定に責任を負わなければならないと刑法は考えているのである。もちろん個別的判断によって責任能力の減退が認められれば、責任は減少するのであるが、それはあくまでも例外としての位置づけである。このような推定が許されるのは、成人の場合、一般的に自己決定の自由を保障することにより、実際に法が要求するレベルの能力に達しているかにかかわらず、原則としてその決定には干渉されないことが「個人の尊厳」を保障することにつながるからである[24]。それに対して少年の場合、実態として成人よりも、法の要求する自己決定能力＝自律性を欠く場合が多く、また成人と

22　前田雅英編集代表『条解刑法』「第39条」136頁以下（弘文堂、2002年）など参照。

23　ドイツ少年刑法3条が、「少年は、その道徳的、精神的な発達にもとづき、行為時に行為の違法性を理解し、かつその弁識に従い行為するのに十分なほど成熟しているときは、刑法上有責である。」と規定していることが参考となろう。

24　福田雅章「個人の尊厳とパターナリズム」同・前掲注（1）61頁以下参照。

同程度の自己決定の自由を保障することより、場合によってはパターナリスティックに介入してまでも子どもの成長発達権を保障することの方が重要であると考えられているため、精神的成熟性について実質判断がされなければならないのである[25]。

(2) 少年法51条の趣旨

　以上の考察によれば、実質判断により少年の責任能力は多くの場合低下していると判断されることになろうが、少年法はさらに一歩踏み込んで、18歳未満の少年の責任は成人よりも減少していると「擬制」し、少年に対して手厚い保護を加えていると考えられる。

　ここで少年法51条の趣旨について見ると、死刑や無期刑が緩和されるのは、①可塑性に富み、教育可能性のより高い少年に対しては、成人以上に教育的処遇が必要・有効であること、②人格の未熟さから責任も成人よりも低いと考えられること、③年少者に対する社会の寛容が期待できること、④その情操保護の必要性も高いこといったことが指摘されている[26]。

　以上のうち、③については、既に判例について見たように、死刑や無期刑が問題となるような重大事件の場合には、必ずしも妥当しない。また、少年法改正が世論の圧倒的な支持を受け、その結果無期刑の緩和が任意的なものに改められたことからも分かるように、少年に対する寛容な扱いは多く批判されるところでもある。さらに、なぜ寛容になれるかといえば、他に実質的理由があるからであろう。他の根拠づけのうち、①と④は少年に対する刑罰の効果を問題にしており、刑罰を受ける時点で現に少年である場合を想定している。確かに、少年に対して死刑を科すことを許容するならば、「少年に

25　このように非難可能性の観点からの責任能力を問題とする伝統的立場とは異なり、責任能力制度一般を可罰的責任の観点から理解し、少年の場合も、保護処分の方がより有効である場合には責任無能力と考えるべきだとする立場もある（町野朔「責任能力制度の問題」書研所報41号（1996年）14頁）。この立場では、刑罰が保護処分より再犯防止に有効であるといえる場合にのみ逆送を行うことになり、後述する本稿の結論に近い結論が導かれる可能性がある。しかし、この立場を一貫させると、責任能力が問題になる場合に限らず、一般的に処罰以外の処遇方法の方が有効な場合は責任がないことになるが、刑罰の特別予防効果が強く疑問視されている現在においては、ほとんどの犯罪で刑罰は科せないことになりかねないであろう。

26　田宮裕＝廣瀬健二編『注釈少年法（改訂版）』（有斐閣、2001年）409頁参照。

社会復帰の機会を与えるという教育刑の思想[27]」に正面から抵触することになる。しかし、この規定は「罪を犯すとき」の年齢を基準としており、行為時から一定の年月が経過し、既に成人になった者に対しても、さらには、犯行後に少年の犯罪性が固着化したり深化したりして可塑性が失われたと判断されるような場合であっても、適用されるものである。そうだとすれば、決定的な根拠は②であろう。少年法51条は、少年の責任すなわち犯罪についての非難可能性が減少していると反証を許さない形で見なしているのである。それは、少年が犯罪を犯すのはほとんどの場合成熟性を欠いていたためであり個別的判断をするまでもないとされ、また不可避的に生じる成熟性判断の誤りを回避しようとしたためであろう。

　51条が18歳未満という年齢要素に注目して責任の減少を規定したと解するとすれば、その理は死刑や無期刑以外の刑に当たる場合にも妥当するはずである。少年法は1条を規定しておけば、刑法の幅広い法定刑を前提とした場合、明文により必要的減軽を定めずとも裁判官の適切な裁量により刑が減軽されるので、死刑・無期刑の場合以外は敢えてその旨を規定する必要はないとの立場を採ったものと思われる。「例えば自由刑における具体的な量刑が、一般の刑事事件の量刑より短期間になるという保障はなく、かえって長期間にもなり得るのである。それ故、少年法51条・52条を単純に寛刑ないし寛刑主義と理解することは、正確ではない[28]」という理解も見られるが、適切とは思えない。少年法は(単なる寛容さの精神、同情からではなく)まさに責任の観点から、すべての少年量刑につき寛刑主義を採用しているのである。

　次に、犯行時18歳以上の少年についてであるが、この場合も少年法は適用されるのであり、そこでは実質的な能力判断を行うことが予定されている

27　平場安治『少年法（新版）』(1987年) 443頁。もっとも同444頁 (1) は、「18歳未満とは、罪を犯すときを標準とするのだから、責任軽減の考慮も入っていると考えてよいであろう」とする。松岡・前掲注 (13) 215頁も、「本条は少年の可塑性、矯正可能性を重視した量刑基準を定めたもの」であるとする。

28　荒木伸怡「いわゆる女子高生監禁殺人事件控訴審判決における量刑判断」判評399号 (1992年) 192頁。52条2項が不定期刑に短期5年長期10年の上限を設けたことの理由の一つは、「あえて10年を超す刑を科す必要があるなら51条によりうることのためである」とされている。しかし最終的な宣告刑を正当化するために出発点である処断刑を変えるという便宜的な手法が妥当かについて疑問があり、そもそも法定刑として無期刑以上が規定されていなければ、その手法は採り得ない。

といえる。そこで精神的な成熟度が未だ十分でないことが明らかになれば、51条は準用されるべきことになる。注意しなければならないのは、この理は判決言渡し時に既に成人に達している者の場合にも、同じく妥当するということである。そのため、永山事件第一次控訴審判決の述べたことは、まさに正当であったことになる。第一次上告審判決のように、少年の年齢を他の量刑事情と同等の単なる一事情に過ぎないものとし、18歳未満と同視するには「特段の事情」が必要であると解するべきではない[29]。

(3)少年法51条2項の評価

改正法は51条2項において、無期刑の減軽を任意的なものに改めた。これについて、子どもが親や教師のいうことに、以前のようには素直に従わなくなったということを根拠に、少年は以前より自由になったとする見解[30]が正しければ、改正法を正当化する余地もある。しかし、少年を一方的に客体視することが反省され、権利主体として意見表明権(子どもの権利条約12条)が保障されるようになったことと、少年の精神的成熟性という意味での能力が向上したかということは別問題である。現実の子どもについては、「身体的に、あるいは知能の面ではかなり高度の発達を示しながら、精神的未熟さを否定しえないというのが今日の少年の実相[31]」という見方の方がリアリティを有していると思われる。さらに、情報化の時代という時代背景の下で、知的な側面で早くから様々な情報に接するようになったからこそ、情緒的な面の発達が歪められている可能性もある。現在の少年は以前の少年より責任能力が低下したと評価する余地はあれ、かつてより上昇したと評価する余地

---

29 さらに、北京ルールズ17条2項が「死刑は、少年が行ったどのような犯罪に対しても、これを科してはならない。」としている一方で、2条2項が「『少年』とは、各国の法制度の下で犯罪のゆえに成人とは異なる仕方で扱われることのある児童もしくは青少年である。」と定義していることから、20歳未満を少年法の適用年齢とするわが国の場合、年長少年に対しても死刑の適用は避けるべきであるとする見解がある(澤登俊雄『少年法概説(第2版補訂)』(有斐閣、2003年) 224頁参照)。この見解に従うならば、年長少年も一律に責任能力が減少していると見なされているとする余地もあり得ることになろう。

30 所・前掲注(19) 35頁以下。そこから、現代においては、少年にも贖罪が求められるようになった、とする。

31 松岡・前掲注(13) 215頁。

は決して存在しないと思われる。改正の妥当性には強い疑問が生じる。
　なお死刑の必要的回避を定める51条1項が改正されなかったのは、18歳未満の者の死刑を禁止する子どもの権利条約37条(a)の規定が存在したためであると指摘されている[32]。そうであれば、少なくともわが国の立法者は、子どもの権利条約が規範的に少年の責任能力は低下していたと見なしている、と受けとめていることになる。そうであれば、改正後の51条2項が無期刑の減軽を任意的なものに改めたにもかかわらず、法規範性を有する子どもの権利条約の制約により、18歳未満の少年に対する無期刑は必要的に減軽されなければならないことにならないだろうか。

5　宣告刑形成の基準
(1) 応報刑と少年法の理念との調和不可能性
　次に、判決言渡し時に少年(20才未満)である者の成長発達を促進するという目的を追求する際に、いかなる量刑基準が考えられるかを検討する。前述した少年量刑独自性肯定説の立場に立つ場合でも複数の考え方が可能である。
　第1に、独自性否定説から出発しつつ、なお少年法の理念と矛盾しない形で説明を試みる立場が考えられる。一般の量刑実務は、広い意味での犯罪事実が可罰性の度合に従って一定の量刑の幅を形成し、その範囲内で一般予防・特別予防という刑事政策的考慮に関する情状を考慮して具体的な宣告刑を定めるという相対的応報刑論を採用している[33]。少年の年齢が若いという事情は、特別予防的事情として被告人に有利に考慮されることになる。しかしこの微修正には限界があることは既に見た通りである。それでもなお、その刑が同時に少年の成長発達にも資するということがあり得るであろうか。
　まず確認すべきは、少年に対しては成人よりも一般予防が機能しにくいということである。一般予防には刑罰の威嚇により犯罪を抑止するという機

32　甲斐行夫ほか『少年法等の一部を改正する法律及び少年審判規則等の一部を改正する法律の解説』(法曹会、2002年) 222頁参照。

33　松本時夫「量刑の実務と今後の課題」現代刑事法21号 (2001年) 12頁以下、原田・前掲注 (11) 7頁などを参照。

能（消極的一般予防）と、規範意識を明確化させ遵法意識を高めるという機能（積極的一般予防）の二つが考えられる。いずれも少年に刑罰を科すことの効果であり、それによって他の少年が犯罪を抑止されるか否かを考えなければならない。このうち後者については、まさに少年法改正の根拠とされたものであるが、量刑による規範意識の向上は経験的に確認されておらず、かえって刑罰を利用することにより規範意識の発達が妨げられる可能性もあるのであり、量刑の際にこれを独立して考慮することは妥当ではない[34]。また前者については、少年は往々にして長期的な展望なく、短絡的に犯罪に走りやすいため、成人よりも合理的な損得勘定により行動を決定する能力が低いと考えられる。それだけ刑罰の威嚇効果は働きづらいといえる。また重大事件を犯した少年は、社会的不適応を起こし、自分の中で独自の価値観を築き上げている場合が多く、さらに集団犯罪のような場合、少年は社会的規範よりも仲間内のメンツや集団内の力学を優先されてしまう傾向が強い[35]。こういった少年犯罪の実情を考えるとき、刑罰による威嚇が働く余地はあまり考えられないのではなかろうか[36]。少年については、責任から独立させた形で、一般予防を重視することは妥当ではないように思われる。

　それでは、少年に対し責任応報の見地から刑罰を科すことについてはどうか。まず「少年に対する刑罰である以上、刑罰の中で、できるだけの教育的効果を期待しなくてはならない。少年刑務所が普通刑務所と異なる特殊性はそこにある」としつつ「少年には保護主義こそがいつのばあいでも優先すべきであって、刑罰を科さざるを得ないばあいは、その要請を社会の法的感情に譲歩したまでのことである」とする見解[37]がある。この見解では刑罰の教育

34　詳細については、石塚・前掲注（16）82頁以下、葛野尋之「少年法における規範意識と責任」同・『少年司法の再構築』（日本評論社、2003年）511頁以下参照。なお、本庄武「刑罰の積極的一般予防効果についての心理学的検討」法と心理2巻1号（2002年）76頁以下も参照。

35　このような分析は、家庭裁判所調査官研修所監修『重大少年事件の実証的研究』（司法協会、2001年）、日本弁護士連合会編『検証少年犯罪』（日本評論社、2002年）などで指摘されているところである。

36　さらに、「少年の世代交代は極めて短期間で行われるので、情報はすぐに過去のものとなり次世代の当該年齢予備軍の少年たちに伝達されにくく、少年への一般予防効果は成人ほどには働かない」（平野泰樹「少年と刑罰」『少年法の展望・澤登俊雄先生古稀祝賀論文集』（現代人文社、2000年）322頁）ともいえるであろう。

37　井上正治「少年法における保護主義と刑罰主義」ジュリスト353号（1966年）34頁参照。「社会の法的感

的効果とは主として行刑段階に期待されており、量刑段階では、責任応報に修正を加えることは予定されていない。これでは、少年の成長発達を妨げる量刑が許容されてしまうことになり、本稿の立場からは独自性肯定説とは評価できない。

　次に「刑罰とても少年に対する場合は、改善刑、教育刑であり、少年の健全育成を考慮して執行されるということはあるが、事柄の性質上、矯正教育処分と教育刑とは基本的に違うと考えるべきである。後者では教育とは言い条、犯した罪に対する責任として科せられるという基本構造の中で行われる」とする立場[38]がある。注目すべきは「検察官送致が是認されるのは、基本的人権に対する公共の福祉の観点であって、犯罪の重大さ、それの社会にあたえた衝撃によって、不安を除き、社会の統合をたもつ上で、少年とても、あやまちを犯した社会の子供と見ることを拒否し、社会の敵として、それに対する制裁を要求するような場合である。それはもとより応報を求めているのではない。『あのような少年は処罰しなければ眼を覚まさないであろう』という感情であって、『眼を覚まして』社会に戻ることを期待しているのであり、その場合は心よく受け入れるのである」とされていることである。前の見解同様、社会秩序の観点から少年に制裁を加えることを目的に刑罰を科すことを認めているが、同時にそれはあくまでも少年を更生させるという目的をも有しているということになる。処罰は応報として科されるわけではないとされているが、社会不安を除くために責任を取らせるという限り、責任応報が量刑の基準となることは否定されないであろう。あくまでもその目的が「少年の眼を覚まさせる」ことにある点に独自性が見出されるということになる。この点を捉えて、「まさにいわゆる『教育刑・改善刑』としての機能の一つではないだろうか。また、『保護のための刑罰』とはこのようなことを狙ったものではなかろうか[39]」とする評価もされている。

　確かに、前述したように、精神的成熟性の観点を導入する場合、少年の責

情を全く無視しては、犯罪に対する責任の償いはない」ということを根拠とする。

38　平場安治「ゴールト判決以後の少年審判問題」ケース研究219号（1989年）38頁参照。

39　上野友靖「少年法における刑事処分の意義（2）」國學院法研論叢23号（1996年）12頁。

任は成人よりも減少していると評価できるため、その分刑罰も軽くなる。また、少年に対しては刑罰の苦痛が苛酷に作用し過ぎるという観点[40]からは、抽象的に算定された責任の量を具体的な刑罰の量に変換する際に、少年の場合は成人の場合よりも縮減されたスケールを用いるということも正当化できる。この二つの点で少年に対する量刑は成人よりも寛刑化されたものとなる余地がある。

しかしこの見解では、刑罰は社会不安を除き社会の統合を保つという目的に奉仕しなければならないという制約が存在している。このため刑罰は、社会が是認し得る程度に犯罪の重大性と対応していなければならず、寛刑化には自ずと限界があるというべきであろう。女子高校生監禁殺人事件控訴審判決は「事案にふさわしく社会感情にも適合した量刑がなされ、その執行を進める中で、少年に自己の罪責に対する反省と社会の一員としての自覚を促し、改善更生に努めさせる」と述べていた。社会の要請に対して妥協を図ろうとする限り、寛刑化を前提としても、重大事案に対しては懲役20年や無期懲役刑などの重い刑が予定されざるを得ないように思われる。少年は、10代、20代の人格形成にとって重要な時期を刑務所の中で過ごさなければならないことになる。それが教育刑であるとはとてもいえないであろう。社会秩序の要請と少年の成長発達との間には、やはり本質的な矛盾があることを認めざるを得ないのである。独自性否定説から出発する場合、このような限界から免れることはできない。

(2) 応報刑の放棄と成長発達のための刑罰

そこで、少年の量刑の第2の基準として、少年の量刑は成人の場合とは基本的に異なり、責任応報の追求を放棄し、独自の基準により量刑を行うという構想が注目される。それによれば、20条送致に関し少年法1条の理念、すなわち「絶対的保護優先主義の理念に忠実に従うとすれば、刑事処分も保護処分と並ぶ保護のための手段であると考えるべきではないか。……一般的

40　この観点から、阿部純二「保護と刑罰――一つの外観」刑法雑誌18巻3＝4号（1972年）228頁は、「刑の内容を少年に適合した教育的なものに再構成するということが考えられてよい」としている。

に、20条送致が保護の手段として最も適切であると判断される場合があるはずである。想定される場合として、(1)少年院での処遇よりは少年刑務所での処遇が適当と判断される場合、(2)犯罪事実の重大性を認識させるため刑事裁判の感銘効果が期待される場合、(3)犯罪の社会的影響があまりにも大きいため、保護処分では、少年の社会復帰に重大な支障が予想される場合などがある[41]」とされている。他方で、「保護処分の本質は、少年の自由を制約し、その意味で少年に苦痛を与えるものであるから、この苦痛を与えること自体が犯罪的危険性の除去に有効に働らく必要がある。すなわち、保護処分の『特別抑止効果』が当然問題にされなければならない。そしてこの抑止効果を期待できる条件として『責任』が要求される。この責任を仮りに『実質的責任』と呼んでおこう。この責任の内容は、『道義的責任』の観念のもとで考えられるものとは異なり、いわゆる『展望的』なものとならざるをえないであろう[42]」という指摘もされている。そして、この実質的責任の構成要素として「保護処分適応能力[43]」といったものが考えられている。

この構想では、刑罰を広義の保護処分の一つだと考えるのであるから、少年量刑においても「実質的責任」が科刑の基準となり、そこでは刑事処分により改善更生し得る能力である「刑事処分適応能力」の存在が必要とされることになるだろう。犯罪の社会的影響の扱いなど細部については検討の余地があるが、基本的には妥当な方向を示しているように思われる。

なお、このように解するとしても、そこから導かれる刑の程度は、前述した少年法51条の実質的根拠から、少年の責任能力の減少の見地から設定される刑の上限を超えることは許されない。また、特別予防効果を基準として量刑する以上、それと矛盾する一般予防的考慮は完全に排除されることになる。結論的には、規範的(回顧的)責任を上限としつつ展望的責任の程度に従って量刑が行われるということになる。なおこれは、「少年に対する量刑

---

41 澤登俊雄「少年審判における処分決定の基準」『福田平・大塚仁博士古稀祝賀・刑事法学の総合的検討(上)』(有斐閣、1994年)736頁。

42 澤登俊雄「保護処分と責任の要件」同『少年非行と法的統制』(成文堂、1987年)74頁。

43 澤登・前掲注(42)81頁。

においては、責任刑を上限としつつ、矯正可能性(特別予防)を考慮して宣告刑を決定[44]」するという見解(可罰的責任論)とほぼ同一に帰することになろう。独自性肯定説としてはこのような見解が相応しいと思われる。

(3)少年法52条の趣旨

このような構想は、少年法52条が示唆するところでもあると思われる。少年法52条は、少年に対して有期刑を科す場合を原則不定期刑とすると定めているが、その根拠としては少年は人格が発達途上で可塑性に富み教育による改善更生がより多く期待できることが挙げられている[45]。また刑期に弾力を持たせることは、刑罰の苛酷さを緩和する意味も持ち得るであろう。こういった要請を貫くならば、少年量刑においては、犯罪の責任を取らせよとの社会的要請は否定されるべきである。そして一般に、52条の適用は判決言渡し時の年齢を基準として行われると解釈されている[46]。これは少年に対しては展望的責任が問題とされるべきであるため、行為時年齢ではなく、処分時年齢を基準とするものと考えられるのである[47]。52条は、どのくらいの期間の刑を言い渡せば、少年の成長発達が実現するかは非常に不確実な判断であるため、少年に対しては不定期刑を原則とし、刑の執行段階で成長発達の度合を見極める余地を広げたものと理解できるであろう。

6 少年に刑罰を科す前提条件
(1)刑罰濫用への歯止めの必要性

以上のような「保護のための刑罰」を認める立場に対しては、「保護を実質的に国家的介入そのものとして重視するときには、一方で刑事処分も保護処分と同じ平面で適宜選択されるべきものになることで刑罰の多用につながり、

---

44 城下・前掲注 (7) 536頁。

45 田宮=廣瀬・前掲注 (26) 411頁参照。

46 田宮=廣瀬・前掲注 (26) 412頁など。

47 ただし、渕野貴生「逆送後の刑事手続と少年の適正手続」龍谷大学矯正・保護研究センター研究年報1号 (2004年) 80頁以下が主張するような、防御権行使など別個の考慮要因から行為時基準を採用することまで否定する趣旨ではない。

他方では、保護の場、例えば少年院から、処遇上問題のある少年を排除するために刑事処分が選ばれるといったことにつながるのではなかろうか[48]」という正当な指摘がされている。

　独自性肯定説はこの指摘に答えて刑罰の濫用を防止することを考慮しなければならない。そのため、第1に、家庭裁判所における逆送判断のときに、保護処分を中心とする家庭裁判所における働きかけによっても刑事処分によっても少年の成長発達の援助が可能である場合には、前者が選択されるべきことを明確にしておかなければならない[49]。第2に、逆送にあたっては刑事処分による改善の見込みが現実的であることが積極的に認定されなければならない。第3に、刑事処分を選択することが相応しい場合とは、いかなる場合であるかをある程度具体的に示しておく必要があるだろう。第3の点について、さらに検討するために、現状において刑事罰が保護処分と比較していかなる特徴を持つか明らかにしておかなければならない。

(2) 保護処分と刑罰の相違

　少年法は少年の可塑性・改善可能性に配慮して、少年に対する刑罰執行の特則を予定している。すなわち、労役場留置の言渡しの排除(54条)、少年受刑者の成人からの分離(56条)、少年受刑者の仮釈放期間の短縮化(58条)、仮釈放後の残刑期間の短縮化(59条)、資格制限に関する法令の適用の排除(60条)が規定されている。さらに、改正により16歳未満の少年受刑者については少年院で処遇を行うことが可能となった(56条3項)。

　しかし、刑罰と保護処分の間には違いがある。第1に、資格制限の適用は排除されるもののなお刑罰を受けることにはスティグマ効果が存在する。社会的に前科者としての烙印を押されるだけでなく、少年自らも刑罰を受けたことに自らに烙印を押すことにつながり得る。もっともこの点は、少年院収容歴や家裁送致歴があることでも一定のスティグマは生じ得るとも考えられ

48　吉岡一男「刑事法学の動き」法律時報72巻9号 (2000年) 78頁。

49　逆送基準の議論で通例用いられる「保護不能」という表現は、この趣旨を曖昧にし、保護処分で改善の見込みがない少年は保護の対象から外されるというニュアンスを持つものであり、再考が必要であろう。

るし、他方で罰金刑や執行猶予の場合に生じ得るスティグマはあまり大きなものではないともいえる。

　しかし第2に、刑罰の中でも重大犯罪の場合に想定される刑務所での処遇と少年院での処遇を比較しなければならない。一方で、今日少年刑務所においても、「教科教育、作業および生活指導全般が更生と社会復帰を目的としてプログラムされていること、そのために分類処遇を導入し、処遇重点事項（各人の心身の発達段階を十分に考慮する。社会常識を習得させ規範を遵守する習慣を養う。教科および職業に関する資格の習得に努めさせる等）を定めていること」から、今日では、少年刑務所と少年院における矯正教育の原理と方法は等質化している」とする見解もある[50]。また「現在少年刑務所においても個別処遇計画が策定されているが、それを充実させることで、少年刑務所の少年院化を促進することが可能である[51]」との見方もある。

　しかし、他方で少年院と刑務所の間にはなお違いがある。①刑務所はなお厳格な規律の下で、刑務作業中心の日課が行われる。この点で、少年刑務所において教育や処遇がなされるとしても、それはあくまでも作業時間外にしか行えないことになる。矯正教育を主眼とし少年のニーズにあわせて個別的処遇計画を策定しそれに従って処遇が行われている少年院とは大きな違いがある[52]。②刑務所は一般に少年院に比べ規模が大きく、被収容者一人あたりの職員数が少なく手厚いケアは難しい。さらに刑務官が中心となる少年刑務所の職員に比べ、法務教官として少年に対する接し方を専門に訓練している少年院職員は、相対的に少年の特質を踏まえて処遇を行うことができる。③少年刑務所は現実には大多数の受刑者が26歳未満の青年受刑者であり、少年はその中で極少数を占めるに過ぎない。10代の多感な時期を考えれば、同年代の少年と共に切磋琢磨しながら処遇を受けるという選択肢がとりづらいことはマイナスである。④不定期刑については、規定上短期の3分

50　平野・前掲注（36）327頁以下参照。

51　後藤弘子「刑事処分の範囲の拡大とその課題」ジュリスト1195号（2001年）13頁。改正を契機として、少年刑務所では、処遇の個別化及び多様化が図られた。その具体的内容については、伊藤広史「改正少年法等解説（第2回）—少年受刑者処遇の基本的理念」刑政112巻4号（2001年）65頁以下参照。

52　岡田行雄「真に求められる少年非行への対策」団藤ほか・前掲注（16）109頁以下参照。

の1を経過後に仮釈放が可能とされているが、実務上は長期を基準として運用されており、しかも多くは長期の7割以上の刑期を経過した後に仮釈放となる[53]。少年院収容についても収容期間は一般に標準化されているが、収容期間の柔軟性という意味ではなお自由刑よりも少年院収容の方が優っているといえる。⑤収容期間について、近年になって少年院収容期間の長期化が行われるようになった[54]ことで一概に長短を語ることはできないが、はっきりしていることは非常に重大な事件においては自由刑の方が長期にわたる可能性が高いということである。総じて、少年院では少年の個別的なニーズにあわせて恒常的に濃密な働きかけが行われ、自分がなぜ非行に走ったかを徹底的に考え、非行を克服するための機会が提供されるシステムが（相対的には）用意されているといえる。それに対して刑務所では、規律に順応しさえすれば、放任され、漫然と日々の日課をこなすということになりやすい。少年刑務所の実務を改革すれば、ある程度少年院に近づけることは可能であろうが、それには限界があるといわざるを得ない。

　以上の点は、社会内処遇が選択される場合に、保護処分として保護観察が行われる場合と単に執行猶予となり全く働きかけが行われない事態を比較する場合にも同様に当てはまるであろう。少年が自律的に非行を克服し、成長発達を遂げるためには、多くの場合保護処分を受ける方が適しているといえるのである。

(3) 刑事処分適応能力の具体化の試み

　それでは刑罰を受ける方が少年にとって有益であるのは、いかなる場合であろうか。刑罰の特徴は少年に対する働きかけの濃度が薄いことにあるとすれば、刑罰に適している少年とは、既にある程度成熟しているため、積極的な働きかけをする必要がなく、立ち直りのためのきっかけだけを与えるだけで十分だといえるような少年であろう。この判断は、単に知的レベルの問題

53　例えば、2002年には不定期刑仮出獄者26名のうち、短期経過前に出獄したのは2名に過ぎず、刑の執行率が長期の6割台が7名、7割台が12名、8割以上が7名である（『第43保護統計年報』40頁以下）。

54　横山実「少年院における処遇の展開」『日本刑事法の理論と展望・佐藤司先生古稀祝賀（下巻）』（信山社、2002年）420頁以下参照。

として捉えられるべきではなく、情緒的な面での発達の程度が重要な要素となる。また、既に就職するなどして成人と変わらない生活実態を有していることは、一定の成熟性が存在することを推認させるような事情ではなく、成熟度を判断する上での一つの参考資料にとどまると解すべきであろう。

　より具体的に考えるならば、年少少年についてはほとんど場合、中間少年についても多くの場合は、十分な成熟度を有しているということはないであろうから、刑罰に適していないことになる。また年長少年についても、自由への欲求が弱く立ち直りの意欲に欠ける非社会型非行を犯した少年や非行性が進行し改善のためにより積極的な働きかけを必要とする反社会型非行を犯した少年、虐待の経験を有するなどして心に深刻な問題を抱える少年、集団同調性が強く非行への誘惑に抗しきれなかったような少年などは、刑罰には適していないことになるだろう。いわゆる重大な非行を犯した少年とは、ほとんどがこのような類型に分類される少年だと思われる。刑罰に適しているのはそれ以外、例えば一時の気の迷いで安易に犯罪に走ってしまったが、非行性自体は余り進行しておらず、かつ一定の成熟性を有しているような少年に限られるのではないだろうか[55]。このような少年であれば、刑罰の苦痛をきっかけに成長発達していくことも可能な場合があり、「刑事処分適応能力」を有している場合があり得るのではないかと思われる。

　以上のような少年を想定した場合、量刑の基準となるのは、前述したように規範的責任を上限とした上での展望的責任である。実際には、少年に罪の重さを自覚させ、成長発達を達成させるためには、犯した罪の重大性が一応の基準とされることになるだろう。しかし、それはあくまで成長発達への必要性の観点から導かれるのであり、社会的に是認される程度の罪刑均衡という発想は排除されなければならない。従って、量刑の際に「社会的影響の重大性」を考慮することも排除されなければならないことになる。

---

[55] ただし、それは少年が完全に（理念型としての）成人と同様の完全な自律性を獲得したという場合ではない。18歳以上の少年については個別判断によりそのような少年も存在することが理論上は予定され、その場合は、少年独自の量刑を考える基盤が失われてしまうが、現実にそのような少年が、とりわけ非行少年の中に存在するのか疑問である。

(4)刑事処分を科す際の留意点

　以上の基準を採用する場合でも、なお留意しなければならないことがある。第1に、一般的に長期受刑は、他律的な生活への過剰適応を生じさせたり成長発達の意欲を失わせたりするなど、少年の成長発達を阻害する可能性が高く、少年にとって苛酷な苦痛を与えるものとなるため正当化され得ない。（少なくとも現状の仮釈放の運用を前提とする限り）無期刑や10年以上の有期刑は認められないことになる。そこで少年量刑においては、抽象的に判断された責任の程度が実際の刑罰量に変換される際に、成人の場合よりも縮減されなければならない。この縮減されたスケールを用いた上で罪の重さを基準として、少年の成長発達に必要な程度の刑が決定されるのである。そして以上のような「刑事処分適応能力」を考えると、その効果は実際に刑罰を受けることよりも、それを宣告されることに依存する部分が多いのではないかと思われる[56]。少年行刑においては、仮釈放の積極化等の施策を講じることにより、不必要な刑罰の苦痛が加えられることが防止されなければならない。

　第2に、少年が「刑事処分適応能力」を有しているとしても、その程度は当然にそれぞれの少年毎に異なってくる。刑事手続において、当該少年が刑罰の苦痛をどの程度感じるかが明らかにならなければならない。そのため刑事手続においては、科学的な知見を活用するなどして、その時点での少年の精神状態を判定することが必要となる。その判定を踏まえた上で少年量刑はあくまで個別化されなければならないのである。もっとも人間科学の専門家である調査官の援助が受けられる家裁とは異なり、刑事裁判所は少年の刑事処分適応能力の程度について具体的に判断するための制度的な仕組みを有していない。もちろん社会記録の送付を受けることが望ましい（刑訴規則277条参照）とされており[57]、少年の問題性について知ることはある程度予定され

---

[56] 平野・前掲注（36）331頁以下は、少年刑固有の効用として、「刑罰を言い渡され刑の執行を受けるという心理的作用こそが犯罪少年に深刻かつ重大な心理的衝撃を与え、それが責任の覚醒・責任の自覚につながりうる」ことを重視している。

[57] 裁判官の立場からの提言として、仲家暢彦「若年被告人の刑事裁判における量刑手続──少年調査記録の取扱いを中心として」『刑事裁判の理論と実務・中山善房判事退官記念』（成文堂、1998年）329頁以下、弁護の立場からの提言として、三木憲明「早期に55条移送を求め社会記録を活用する」季刊刑事弁護30号（2002年）64頁以下を参照。

ているのであるが、それは家裁段階の問題性にとどまり、刑事裁判段階での当該少年の状態を踏まえて、刑事処分に付した場合にどのようなことが想定されるかについて知る術としては本来的限界がある。既に提言されているように、少年の刑事手続において、情状鑑定、とりわけ犯罪心理鑑定を活用することがもっと積極的に考えられなければならない[58]。

　第3に、少年審判との対比で刑事裁判を経験することの効果について検討する。少年審判は職権主義による非形式的な手続の中で「懇切を旨としなごやかに」(少年法22条1項)審判が行われ、手続自体が福祉的教育的な性格をもつとされる。また観護措置期間に制限があることから審判は迅速に行われる事が多い。法改正により「自己の非行について内省を促す」ということが付け加えられ、検察官が関与する場合が認められたが、相対的にはなお保護手続としての実質を備えているといえる。それに対して、刑事裁判は相対的には厳格な証拠法則の下で、両当事者が主張をぶつけ合う対審構造として行われる。このような性格から、刑事裁判の場で追及を受けることが少年の成長発達につながる場合がないとはいえないであろう。実際に、量刑の理由においてそのことを指摘する裁判例も多い。他方で、刑事裁判において法律家同士がやり取りをする場面は、少年にとっては理解することが難しいことが多く、また公開の場で弾劾的な質問をぶつけられた場合に的確な受け答えができないおそれがある。少年が自らの主張言い分を明確な形で表明することは困難な場合も多いだろう。さらに、刑事手続において未決勾留がなされた場合には少年は長期にわたり必要な援助を受けられない状態に置かれることになる。このような刑事手続の性格は、少年の意見表明及び実効的な参加を保障するという視点とは相反するといわざるを得ない。少年の成長発達とは、意見表明をさせることを通じて主体的に達成されるのであるという立場[59]からは、原則として刑事裁判の効果に期待をすることは困難であろう。専ら刑

58　多田元「少年事件の弁護はどのように行うか」竹澤哲夫ほか編集代表『刑事弁護の技術（下）』(第一法規、1994年) 443頁。犯罪心理鑑定については、加藤幸雄「犯罪心理鑑定の意義と方法」同『非行臨床と司法福祉』(ミネルヴァ書房、2003年) 179頁以下参照。立法論としては、特に少年の刑事事件に関して判決前調査制度の導入を真剣に検討される必要である。

59　福田雅章「子どもの人権と少年法改正」同・前掲注 (1) 504頁以下参照。

事裁判の感銘力を与えることを期待して逆送を行うことは、このような危険を伴うだけでなく、刑事処分相当性を要件とする少年法20条の立場とも相容れないため認められるべきではない。それに対して本稿の立場では、刑罰の苦痛をきっかけに成長発達していくことのできる少年だけが刑事手続に送られることになる。そういった少年であれば、刑事裁判の弊害を被ることは比較的少なく、また刑事裁判の感銘効果が発揮される場合が多いといえるのではないだろうか。

　以上述べてきたことからも明らかなように、20条送致については、刑事処分が選択されるのはあくまでも、保護のための手段として刑事処分の方が適当である場合に限定されるべきであり、20条2項を「原則」逆送規定と解することはできない。

7　家庭裁判所への再移送

　最後に、本稿の立場から、保護処分相当性が認められる場合に少年を家庭裁判所に移送しなければならないとする少年法55条の存在意義と運用のあり方について述べる[60]。

　55条が設けられた趣旨は、逆送後においても保護処分優先主義を貫徹し、可塑性に富み、要保護性が変化する少年にとって最適な処分を行うことを担保することにある。しかしその意義は、逆送後の少年の事情の変化に対応することにとどまらない。本来的には、家庭裁判所が逆送の際に行う、刑事処分相当性判断が不確実であるために認められた規定であるといえる。そこには、相当性判断の誤りによって刑事処分が科せられることを回避しようという思想が窺える。原則として少年に対して刑事処分は適してないのであるから、誤って刑事処分となるリスクより誤って保護処分となるリスクの方が選択されたものと考えられる。また家庭裁判所と刑事裁判所という視点の異なる二つの主体が、判断を行う機会を保障することにも積極的な意味がある。まず保護処分の効果に通じた家庭裁判所を第1の判断権者としつつ、次にそ

60　少年法55条の実務上の運用については、廣瀬健二「保護処分相当性と刑事処分相当性」家月41巻9号（1989年）1頁以下などを参照。

の判断の妥当性を刑事処分の効果に通じた刑事裁判所の立場から吟味する機会が保障されたと考えることができるからである。このことから、移送判断に当たっては、量刑判断の際にも増して、科学的知見の活用が必要となる。

保護処分相当性判断について、保護処分優先か刑事処分優先かといった抽象的な理念の問題ではなく、現に想定されている刑と処分の教育的処遇としての有効性とその処分を選択することによる社会的な影響の総合的な評価によるべきだとし、そうでなければ実務上機能し得る基準とはなり得ないという主張がある[61]。しかしそれは、既に重大事件の場合は刑事処分を優先させるべきであるという価値判断を前提としているといえる。調布事件最高裁決定[62]が、「刑事処分は、少年にとって、保護処分その他同法の枠内における処遇よりも一般的、類型的に不利益なもの」だとしたことの意義が、この場面でも活かされなければならない。移送判断にあたり「保護処分によって、その少年の健全育成、再犯防止が、刑罰よりも有効に果たされることが具体的に見込まれなければならない[63]」と考えるのではなく、刑事処分を科すことが少年の成長発達を阻害することが見込まれれば、速やかに移送がなされるべきであると思われる。逆に、少年に対して刑事処分を言い渡す場合は、刑事処分が少年の成長発達を促進することを具体的に認定していく必要があろう。

55条の移送判断について20条の逆送判断と相関するものであるから、「重罪について刑事処分相当性に関する改正(20条2項)がなされた趣旨は、本条の保護処分相当性の解釈にも反映されるべきである[64]」という見解がある。しかし、20条2項に逆送を原則化するという趣旨を読み込むべきではないし、仮にそこに逆送を従来よりも積極化するという趣旨を認めるにしても、実務上は現在もいかなる場合が逆送され、いかなる場合が「刑事処分以外の措置が相当」(20条2項但書)な場合なのかについては、模索が続いている状況だ

61　廣瀬・前掲注(60)10頁以下、田宮＝廣瀬編・前掲注(26)419頁参照。
62　最決1997(平9)・9・18刑集51巻8号571頁以下。
63　廣瀬・前掲注(60)58頁。
64　田宮＝廣瀬・前掲注(26)419頁。

と思われる。但書に該当する事案が逆送されることも十分に予想されるところであり、刑事裁判所としては20条2項により逆送されてきた事案については、家庭裁判所の判断を尊重することなく、むしろ積極的に少年について調査を実施すべきであり、保護処分が相当な場合は躊躇なく再移送すべきである[65]。

　仮に家裁の刑事処分相当判断が間違っていなかったとしても、なお移送判断に当たっては、刑事裁判を経験することが少年に及ぼす影響について考慮されなければならない。前述のように刑事裁判には感銘力と弊害の両側面がある。前者に関し、前述のように、専ら刑事裁判の感銘力に期待して逆送決定を行うことは正当化されないが、結果的にそのような効果が生じ、少年の要保護性が社会内の処遇で足りる程度となった場合や解消した場合、安易に執行猶予とするのではなく、原則として家裁に再移送し保護観察決定や不処分決定を行うべきである。刑事処分相当を刑事処分の方が望ましいとする以上、保護処分相当性とは不処分相当性を含むものと解釈される必要がある。また、刑事裁判を経験する中で閉ざされていた少年の心が開かれた結果、隠されていた要保護性が明らかとなり、保護処分による濃密な働きかけの中で立ち直りを図る方が相当だと判断される場合にも、移送されなくてはならない。後者に関しては、刑事裁判が少年に悪影響を及ぼし、「刑事処分適応能力」が失われてしまった場合、速やかに移送が行われなければならない。裁判官には、公判中の少年の心情の変化に絶えず気を配ることが求められる。

　移送判断の時期に関しては、証拠調べ、論告、弁論を経て判決言渡し時期が到来してから判断されるのが通常だと思われるが、保護処分相当性が明らかになれば、犯罪事実の認定後速やかに移送決定を下すべきであろう。特に速やかな判断が求められる場合としては、現に刑事裁判の弊害が生じておりそれを最小限に食い止める必要がある場合、少年が20歳を目前に控えており、通常の裁判経過を経ていては形式的に移送ができなくなる場合が挙げられる。

---

[65]　これに関して、京都地決2003（平15）・10・15が、傷害致死事件で成人の共犯者が実刑判決（確定）を受けた事案において、少年の判断力が不十分であることや更生には人間的な成長を促すことが不可欠であることを指摘して、18歳の少年を家庭裁判所へ移送した（朝日新聞2003年10月16日付）ことが注目される。

少年の意見表明権を保障することとの関係では、少年側から移送の申立てがなされた場合、たとえ刑罰を科すことが相当であるとしても、速やかに移送の可否についての判断しなければならない。また移送判断には理由を付すことが必要であろう。そうしなければ、少年の意見表明権を保障したことにはならず、また少年の納得が得られない結果、所期の処遇効果があがらないことにもなりかねないからである。

8　おわりに

　以上、少年の成長発達に資するという観点から、少年量刑及び再移送判断について検討してきた。それを通じて確認し得たことは、少年犯罪の現実を目の当たりにするとき、刑罰により処遇をすることが妥当な場合とは、極めて限られた事案だけであるということである。少年犯罪に対する厳罰的対応は、少年の成長発達を阻害するだけでなく、犯罪性を深化させ刑事政策的にも妥当でない結果をもたらすことにつながる。今後予定されている少年法再改正にあたっては、厳罰的対応を改める必要があるだろう。同時に、限られた事案について保護のために刑罰を活用することを続けるのであれば、少年刑務所における処遇や仮釈放運用の改善等、刑罰の弊害を少なくするための努力も求められることになる。

　少年に対する刑事処分という場面においても、他の場面と同様に、より理想的な少年法システムを構築するためにやらなければならないことはなお多く残されている。

第8章 少年の刑事裁判における処分選択の原理
保護不適概念を前提に

1 はじめに

　少年の刑事事件においては、保護処分相当性を認め少年法55条により移送するか、それを否定して刑事処分を科すかという選択をしなければならない。また刑事処分を科す場合でも、とりわけ一定の重大事件においては同法52条による不定期刑をもって臨むかどうかにつき選択をしなければならない。近時、逆送後の刑事裁判において、判決言渡し時になお少年である被告人に対していかなる処分を選択するかが深刻に争われる事例が見られるようになってきており[1]、改めて処分選択がいかなる原理に基づいて行われるべきかについて考察を加える必要性が高まっている。

　予め本稿の前提を明確にしておきたい。筆者は、この問題について、少年事件においては少年の特性に即して組み立てられている保護処分をもって臨むのが原則であり、刑事処分を科すのはそれが保護処分よりも当該少年にとって必要かつ有効な場合に限るべきであると考えている[2]。たとえその

1 　17歳の少年が出身小学校に侵入し教職員ら3名を殺傷するなどしたとされるいわゆる寝屋川事件、15歳の少年が両親を殺害の上、住居をガス爆発させたとされるいわゆる板橋事件、16歳の少年が同級生宅で同級生を死亡させた（殺意については争いあり）とされるいわゆる町田事件などがある。いずれにおいても、被告人側は55条移送を求めたものの退けられ、少年法51条2項が適用され10年以上の定期刑が言い渡されている。宣告刑は、寝屋川事件第一審が懲役12年、同控訴審が懲役15年、板橋事件第一審が懲役14年、同控訴審が懲役12年、町田事件第一審が懲役11年（本稿執筆時点で控訴審係属中）である。

2 　本庄武「少年に対する量刑判断と家庭裁判所への移送判断」龍谷大学矯正・保護研究センター研究年報1号（2004年）109頁以下【本書第7章】。

ような場合が稀有であったとしても、それが、少年法1条の求める健全育成、即ち少年の成長発達の促進支援という理念が、少年の刑事事件にも適用されることの忠実な意味だと考えられるためである。この場合、逆送制度とは広い意味の保護のための手段の一環として刑事処分を借用するための制度ということになる。刑罰である以上、責任を上回る量の刑を科すことは許されないが、責任応報とはそれ自体量刑基準とはなり得ず、少年量刑は当該少年の立ち直りにとって必要な働きかけの程度を基準として決められることになる[3][4]。

このような構想の妥当性には現在でも誤りはないと考えているが、前提として少年法20条につき保護不適性を考慮しない一元説[5]の立場に立っており、二元説を基調とする裁判実務とは乖離があることは認めざるを得ない。のみならず、少年法51条1項は犯行時18歳未満の少年に対して無期刑を言い渡す余地を認めているが、少年の保護のために無期刑が必要かつ相当な場合はおよそ考え難く、その限度では現行法の規定を完全に整合的に解釈し切れてないともいえる[6]。

そこで本稿では、少年法20条にいう「罪質及び情状」が事案の重大性それ自体を考慮することを求めており、従って保護不能と判断される場合のみならず、保護不適と判断される場合も刑事処分をもって臨まざるを得ず、また少年に対する場合であっても刑罰の本質は成人に対する場合と同様に応報を基本とするという、現在の裁判実務の立場を受け入れた上で、少年に対する処分選択の基準につき考察を加える。

3　同旨、城下裕二「少年に対する不定期刑の量刑基準」同『量刑理論の現代的課題』(成文堂、2007年)200頁。

4　この立場については、少年法51条1項が犯行時18歳以上であれば、少年に対しても死刑選択を許容していることが問題となるが、これは実質的な判断においてもはや少年ではないと判断する余地を認め、被告人を少年法の埒外に放逐するものであり、その当否はともかくとして、保護のための刑罰という構想には関連しないといえる。

5　ただし、一元説とは保護不能の場合にだけ逆送を認める立場を指すことが一般的であるが、積極的に刑事処分の方が保護に適していることが示されなければならない。

6　本庄武「少年刑事裁判における55条移送決定と量刑」葛野尋之(編)『少年司法改革の検証と展望』(日本評論社、2006年)155頁【本書第4章】。もっとも、いかなる罪名の場合であっても、少年法51条1項適用の前提である処断刑としての死刑選択(刑法69条、71条参照)は必須ではないため、運用上、保護のための刑罰という構想を貫徹することは可能である。

2　55条移送の基準

(1) 従来の実務の問題点

　少年法は55条において、保護処分が相当と認められる場合、刑事裁判所から家庭裁判所へ移送が行われなければならないことを定める。この保護処分相当性について、逆送基準として保護不能及び保護不適の二元説を採用する立場からは、保護処分相当性だけでなく保護処分許容性を満たした場合に移送が行われるべきとされ、社会感情、社会防衛の観点からの検討も排除すべきでないとされている[7]。しかしこのような「基準」には問題がある。

　第1に、基準というにはあまりにも漠然としている。保護処分が選択される場合と刑事処分が選択される場合とでは、その内容に大きな違いがあり、当該少年に決定的な影響を及ぼすような問題である。にもかかわらず、少年の更生と正義の観点・一般予防的見地という、相矛盾する二つの側面をいかに調和するかは、その時代の精神ないしは社会の意識水準によって規定される[8]、という抽象的な基準にとどまっていてよいとは思われない。また、移送基準が曖昧であることは、裁判所がいかなる姿勢をとるかにより移送の可否が決まってくるという事態を招来するおそれがある。どの裁判体に係属するかにより処分選択が決まるとすれば、法的安定性を著しく害することになる。保護処分と刑事処分の間には著しい差異が存在するため、移送決定の基準は量刑判断以上に明確でなければならない。

　このような問題意識は、55条移送決定例を分析した従来の論者にも共有されているものと思われる。だからこそ、事例を類型化して下位基準を導出することが試みられてきた。しかしながら、ここから第2の問題が生じる。下位基準の中に異質なものが含まれているからである。周知のように、逆送事件は、刑事裁判において罰金刑や執行猶予付の有期刑を科されるものが圧

---

[7] 廣瀬健二「保護処分相当性と刑事処分相当性」家庭裁判月報41巻9号（1989年）6頁。

[8] 大森政輔「少年に対する刑罰処遇について」家庭裁判月報28巻4号（1975年）11頁。ただし、後述のように大森自身もさらなる基準の明確化を試みている。

倒的多数を占める[9]。そのような事件の中心を占める交通関係事犯では、刑罰と保護処分との優劣を処遇の有効性(矯正処遇の実効性)の観点からの判断に重点を置いて判定すればよく、凶悪事犯の場合に重要となるその許容性の観点はそれ程問題とされないといわれる[10]。しかし交通関係事犯だけでなく、傷害・恐喝・窃盗といった罪名でもこれらの軽い刑罰が選択される例がある。このような場合に、重大事件を念頭において一般論として強調されていた、社会防衛や秩序維持の側面、社会感情の満足という保護処分の許容性の観点はおよそ機能し得ないと思われる。そこで、刑事処分と保護処分のどちらが、その少年の処遇としてより適したものであるかが決め手になるとされるのである。しかしながら、現行少年法は保護処分と刑事処分の振り分け権限を家庭裁判所に移したことから明らかなように、保護処分優先主義を採用していることは広く認められている。保護不能又は保護不適の場合に逆送とするという理論と、罰金見込みで逆送とするという判断とは整合的でない。さらに、家庭裁判所が罰金見込みで逆送しても、検察官が公判請求したり、家庭裁判所が予想した金額とかなり異なった罰金が科せられるおそれもあるし、罰金見込みの逆送という意図は刑事裁判所を拘束せず、保護不能又は保護不適による逆送として扱われる可能性もある[11]。このようなリスクがある以上、逆送基準として一般論と異なる特殊な類型を認めるべきではない。いかなる場合に刑事処分が選択されるかは統一的な基準により規律されなければならない。

第3に、従来の議論は保護処分のあるべき姿論から出発するために、刑罰論・量刑論という刑事処分側の論理として、制裁賦課にどの程度正当性があるかという視点が弱い。しかし、幅広いダイヴァージョンの存在が自明のものとされる現代の刑事処分運用においては、刑罰を科すことが許容されるというだけでなく、それが正当であるということまでいえて初めて刑事罰を科

---

9 2006年では、逆送事件の公判請求率は8.3%にとどまり、少年の通常第一審は164人中執行猶予とされたのが113人、罰金とされたのが3人である。『平成18年版犯罪白書』(佐伯印刷株式会社、2007年)151、153頁。

10 廣瀬・前掲注(7)38頁。

11 豊田健「道路交通事件において罰金を見込んでなされる検察官送致について」家庭裁判月報38巻7号(1986年)16頁。

すことが認められると考えるべきであろう。

　このような不整合を解決する方法には三つのものがあると思われる。一つは、冒頭で述べたように「保護のための刑罰」を認める方法である。この場合、55条移送の基準も従来に比してかなり明確になるという利点も有しているのであるが、実務の立場とは距離が存在している。二つめは、反対に、「責任に基づく制裁のための保護処分」を認める方法である。保護処分も犯罪を犯したことを実体的根拠として課される制裁として、刑罰と連続的なものと捉え直し、責任の量と処分の適合性の観点から保護処分と刑事処分の振り分けを決めることになる[12]。この立場は、「保護処分を刑罰と峻別することで擁護することではなく、保護処分と刑罰を含めた改善更生モデルを擁護すること」により、少年の厳罰化を回避しようとの意図に出たものである。これによれば、責任が軽くても処分適合性の観点から刑事処分が選択されるという実務を説明することは可能となる。しかし、重大事件では、処分適合性の観点から保護処分が望ましい場合であっても、その重い責任が刑事処分を回避することに対する絶対的障害となり、却って今以上に厳罰化が促進される可能性がある。刑事事件一般で厳罰化が進行している今日では、より一層それが妥当するであろう[13]。また少年であっても責任を取ることを重視するというのであれば、家庭裁判所に係属した少年の8割以上が審判不開始・不処分となり、「責任を取らずに」済んでいる現状[14]も問題視されることになりかねない。さらに、この立場では責任の量と処遇の適合性の関係が明らかではなく、基準の明確化は達成され得ない[15]。

12　佐伯仁志「少年法の理念―保護処分と責任―」猪瀬慎一郎ほか（編）『少年法のあらたな展開』（有斐閣、2001年）51頁。

13　同旨、武内謙治「少年法と刑事手続」村井敏邦ほか（編）『刑事司法改革と刑事訴訟法（上巻）』（日本評論社、2007年）349頁。実際、刑罰が重くなり、保護処分との間で雲泥の差が生じるようになっている現在、重い刑罰が想定されると刑事処分を選択することをためらうようになりはしないかと懸念される（傍点筆者）という問題意識から、この立場は「示唆に富んだ考え方」であると評価されているのである（山嵜和信「最近の少年事件の実情と課題」法の支配146号（2007年）83頁）。

14　ぐ犯・業過等を除く一般保護事件についての数値である。前掲注（9）『犯罪白書』150頁。

15　また、ぐ犯少年が少年法の対象となっていることを説明できないし、保護処分の変質も招いてしまう（川出敏裕「少年非行・少年犯罪」ジュリスト1348号（2008年）159頁参照）。

よって、刑事処分と保護処分の間に同質性を見出すことで問題を解決するのではなく、従来通り、両者は性質を異にし、保護処分は少年に（刑事）責任を取らせるためのものではなく、その保護のために最適化されたもの、刑事処分は責任を取らせるためのもので保護の観点は必ずしも前面に出ないものと捉えた上で、統一的でかつ明確な基準を構築するという3番目の方法を検討しなければならない。保護処分優先主義は、少年は一般に成人とは異なり成長発達の余地を大きく残しているため、国家による適切な支援を行いさえすれば、自らの力で自然に非行を克服していけるという経験的な知見に裏づけられたものであり、その妥当性は今日に至っても些かも揺らがないと思われる[16]。大多数の少年は立ち直りの「現実的[17]」可能性を有しているからこそ、成人とは異なり保護処分が原則とされているのである。その場合に敢えて少年に刑罰という害悪を賦課するということは、立ち直りの現実的可能性を阻害してまでも追求しなければならない国家的利益が存在するということを前提としていることになる。即ち、保護処分とは質的に異なる、刑事処分を選択せざるを得ない事情が必要となる。

(2) 刑事責任の質的重大性

　ではいかなる場合がそれに該当するのであろうか。従来、保護不適の場合に統一的に通用する基準として提唱されたものには、①少年が重大犯罪を犯して、社会や個人に回復不能ないし困難なじん大な損害を与え、その結果、社会的影響、社会感情、被害感情が無視できないときであり、このような場合はおよそ少年だけが更生しても社会一般がこれを承服しない、とするもの[18]、②社会や他人に回復し難い被害を及ぼす重大犯罪は、原則として刑事処分相当であるが、処分年齢が16歳を大きく超えず、16歳未満に準ずる程の心身未成熟である場合、16歳をかなり超えていても、犯行動機・態様・

---

[16] もちろん、国家による支援すら必要としない場合も多い。

[17] ここで「現実的」とは、一般的にある類型に当てはまる場合については、経験的に、期待される結果が生じる可能性が高いということを指している。

[18] 安藤正博「処分選択の原理」平野龍一（編）『講座少年保護2巻』（大成出版社、1982年）253頁。

被害の程度・被害者感情などを具体的に検討して、事案内容が社会において忍受し得る限度内である場合は、いずれも矯正見込みがあれば例外的に保護処分相当となるとし、重大犯罪以外は、年長少年で心身ともに成人に準ずる程度に成熟している場合を除き、矯正見込みがあれば、原則として保護処分相当となるとするもの[19]、③心身の発育が相当程度成熟していれば、社会公共の安全福祉の維持、社会防衛の要求、特に社会一般の応報思想正義感情の上から刑罰を科するのが相当な場合があるが、年長少年と中間少年では、精神発達、身体成長の度合、社会や環境による被影響性、行動様式、適応性の格差、さらには社会感情の苛酷さの違いから、社会防衛の要請のウェイトの置き方を、前者は厳しく、後者はより緩やかにずらすことができるとするもの[20]などが提唱されてきた。

　このうち②や③は年齢という基準を加えることにより明確化することを志向したものである。確かに、16歳未満に対する逆送制限は2000年改正により撤廃されてしまったものの、20条2項の適用は行為時16歳以上であり、また16歳未満の受刑者は少年院に収容することができるとされていることに見られるように、依然として法律上、年齢は処分選択の上で重要な要素となっている。しかしながら、論者の依拠する社会における忍受の限度や社会感情という基準による限り、現時点では年齢により大きく扱いを変えることについてはむしろ懐疑的な見方が支配的ではないかと思われる。そこでより根本的には、社会感情等と呼ばれているものの実質を検討しなければならない。仮に、これが個別事件に対する生の社会感情を意味するとすれば、それは司法過程でなされる事実認定ではなく、事件直後を中心として行われる必ずしも正確とは限らない犯罪報道に基づいて形成される以上、直接にこれに依拠することはできず、裁判所での事実認定を前提とした場合の社会感情という仮定的な判断にならざるを得ない。しかも人により事件の受け止め方は異なる以上、社会の総体としての感情に実体があるわけではない。あくまで裁判所が想定する「健全な」社会感情が基準とならなければならないはずであ

19　大森・前掲注（8）13頁。

20　礒辺衛「少年法第五五条の法理と運用」家庭裁判月報16巻3号（1964年）63頁。

る。すなわち社会感情は必然的に規範的な概念たる「応報」とならざるを得ない。そうはいっても生の社会感情からあまりにも遊離すれば、社会から司法に対する信頼感を喪失させてしまうと懸念されるかもしれない。しかしながら、司法への信頼確保は、生の社会感情そのものを多かれ少なかれ直接に考慮することによってではなく、裁判結果が導かれた理由を説得的な形で示すことにより、社会の理解を獲得することによって果たされるべきものであろう。社会感情は極めて移ろいやすいものであり、結果として賦課される不利益の重大性のみならず、判断に至るプロセスの適正さや論理的説得力によっても変化し得るものである。初めから所与の限界として社会感情を捉えるべきではない。

　では①や②の見解のように、結果の重大性を基準とすることはどうか。このような考え方に対しては、何故犯罪要素のうち結果のみを特別な地位に置かなければならないのかという疑問が生じる。刑法は責任主義を採用しており、例えば同じく人の死という結果を発生させた場合でも、行為者の主観が故意であるか過失であるか、非難可能性がどの程度あるかによって責任の程度に大きな差異が生じることを予定している(刑法199条、205条、210条、211条の対比、また刑法39条参照)。反対に、結果が軽ければ、刑事処分を科さなくてもよいとも考えられていない。少年に対する処分ということで考えてみても、現行法上予定され、また実際に科されてもいる刑罰には重いものから軽いものまで多様なものがあり、等しく人の死という結果を生じさせた20条2項対象事件であっても、実に4割は保護処分となっている[21]。そうすると結果の重大性を決め手として刑事処分相当性を判断するのは、基準として相応しくないことになる。名目的な科料や低額の罰金まで視野に入れた場合、保護処分優先主義を破って、少年に刑事責任を取らさざるを得ないかどうかは、結果が重大か否かといった事情とは直接関係のない事柄と考えざるを得ないからである。

　従って、いかなる場合に刑事処分が科されるべきかは、科刑の前提となる刑事責任の概念から導出するしかないだろう。一般に、刑事責任の本質は非

21　前掲注(9)『犯罪白書』152頁。

難可能性であるとされ、具体的には他の適法行為を選択する可能性があったにもかかわらず敢えて犯罪に至った場合に、その犯罪行為が非難されるのだと考えられている。刑事責任を問う対象は行為者の人格ではなく行為そのものであることは今日広く認められているのであるから(行為責任論)、少年に対して刑事責任を問わざるを得ないかどうかも、犯した行為自体がそれに相応しいかという視点から決定されなければならない

　そして、少年の非難可能性とは成人の場合に想定される、責任能力を有するという次元で判断されるべきことではない。少年であったとしても、心神喪失に相当するような精神状態である場合は稀であろう。責任能力の有無でいえば、大多数の少年は責任能力を備えているはずである。しかしその場合にすべて刑事処分を科すとすれば、保護処分優先主義は崩壊してしまうし、実務でもそのように扱われていないことは明らかである。刑事責任を問う場合を例外に絞り込みかつ明確かつ統一的な基準を立てるためには、刑事処分を科すのを刑事責任が「質的に」重大である場合に限定しなければならない。単に責任能力があるというだけでなく、より限定的に当該犯罪行為が少年の「主体的な意思決定」の結果として惹起されたことを必要とすると解すべきである。この場合こそ、自らの責任の下で敢えて犯罪という社会的害悪を惹起したとして強い非難に値する場合であり、刑事責任を問わざるを得ない場合であると考えられるからである。しかも、このことは犯罪事実の軽重にかかわらずあり得るため、軽い刑事処分を科す余地を認める現行法や罰金刑・執行猶予を視野に入れている実務の運用とも適合した[22]、統一的な基準たり得る[23]。少年法の理念と根本的緊張を孕む保護不適概念を前提とするの

22　ただし、少年事件で罰金・執行猶予を多用することまでを無条件に是認するものではない。

23　なお本文のような発想は、保護不能による逆送にも一定の示唆を与える可能性がある。確かに、保護不能とは、保護処分の限界を超えている場合であり、責任能力の存在を前提とする以上、刑事処分を問うのに不都合がないようにも思える。そして、保護不適とは独立に保護不能という範疇が認められてきた理由は、既存の保護システムの対応力を超える少年を保護処分とすることは執行機関に困難を強いて少年院の刑務所化をもたらすことや、保護処分に対して一般人のイメージの低下をもたらすことに求められてきた(佐々木一彦「逆送について」平野龍一(編)『講座少年保護2巻』(大成出版社、1982年)89頁)。しかしながら、保護不能の場合は、刑事責任を問う必要条件は満たしていても、保護不適ではないのであるから、是が非でも刑事責任を問う必要がある場合ではない。合目的性の見地から刑事処分が選択されるのであるが、刑事処分を活用する以上、要保護性ではなく応報の見地からの処分の量定が基本とならざるを得ず、逆送とする根

であれば、これが少年法が本来的に予定したぎりぎりの妥協点と考えるべきである[24]。さらに②や③の見解が着目していた年齢という要素も、低年齢になるほど主体的意思決定ができる可能性は限りなく低くなるため、刑事責任が質的に重大といえる場合はより少なくなるという形で、一般理論に無理なく統合できる。先に掲げた諸見解が依拠する「社会感情」の実質はこのように理解されなければならないであろう。

(3) 主体的意思決定の有無

　主体的な意思決定がなされたか否かは、犯行の動機・計画性の有無・犯行態様といった、結果とは区別された行為に関わる諸事情の評価から導かれるものである。

　重大な少年刑事事件に関する裁判例では、しばしば、客観的・外形的に見て、犯行が計画的であることや態様が「冷酷」「残忍」であることを根拠に、「悪質」「重大」な犯行と評価され、刑事処分を選択する理由とされている。

　確かにむごい殺され方をされている場合、その状況だけを見てこれらの表現が用いられることはあり得ないわけではない。しかしながら、「冷酷」とは「思いやりがなく、冷たく、むごいこと」、「残忍」とは「むごいことを平気でするさま」を意味するとされているように（『大辞林』）、本来的には思いやりがなかったり平気であったりという、行為者の内面に関わる事情を抜きにしてはこれらの評価を下すことはできない。実質的に考えても、外形的にむごい殺害方法が用いられていたり、執拗に犯行計画を遂行しようとしていたりしても、この種の事情だけでは、本人が冷静に犯行を遂行しようとの強固な

拠は「保護処分では贖えない」という消極的な合目的性を有するにとどまる。他方、刑事処分の側から見ると、保護処分の純粋性を維持しようとするあまり、謙抑的に運用されるべき刑事処分とすることは、刑事責任の厳粛さを損ない刑法の謙抑主義に重大な修正を加えるものであるともいえる。少年の刑事処分が統一的な正当化根拠を有することが望ましいという考え方からすれば、刑事処分にすべき場合は、常に、刑事責任を問わざるを得ないという意味で「保護不適」でなければならないようにも思われるが、問題を指摘するにとどめたい。

[24]　市村光一『少年法概論』（かんらん社、1954年）87頁は、「犯罪行為が極めて重大であり現在の社会通念をもってしては、何人がみても保護の限界を超えていると認められる場合にのみ、刑事処分にゆだねるべきである」と述べる。現行少年法制定から間もない頃に、既に本稿の主張に類似する見解が存在していたのだとすれば、極めて興味深い。

意思を形成しそれが発露したのか、それとも犯行の過程で冷静さを失わせる事情が存在したために追いつめられてしまった結果なのか、常に両義的な評価が可能であるため、行為者の内面を考察することなしに評価を下すことはできないはずである。処分選択の根拠とされる以上、単なるレトリックにとどまらない内実が必要である。

　これらの両義的判断を一方に確定させる決め手となるのは、犯行が本人の意思の直接的発露なのか、外部的ないし（精神障害のような）内部的な付随事情の影響が大きかったがために犯行に至ってしまったかという点であろう。そこで犯行動機形成の機序が重要となる。少年事件では、しばしば親や共犯者、被害者などの周囲の他者の不適切な行動に対する不満や怒り、おそれなどが犯行の引き金となる。このように他者の影響を大きく受けて犯行に至った場合、主体的な意思決定の結果として犯行が行われたとは評価できない。この点について、人間の意思決定プロセスにおいて付随事情から影響を受けないことはあり得ず、結局のところ一般通常人であれば犯行を思いとどまることができたかどうかにより判断せざるを得ないのではないか、との疑問があり得よう。確かに、成人の刑事責任を検討する際はこのような判断が行われることが多い。しかしながら、ここで問題とされるべきは、被告人の責任が存在するか否か、その程度はどうかということではなく、責任が肯定される場合であっても敢えて少年の保護を優先するとした保護処分優先主義を覆すに足るだけの、質的に重大な刑事責任が肯定できるかということなのである。さきの場合に、刑事責任を「質的に」重大なものと評価させるだけの「主体的な意思決定」があったかどうかと問えば、否定的に判断せざるを得ないであろう。

　犯行動機が「主体的な意思決定」の結果として形成されたのではない場合、犯行態様について、「冷酷」「残忍」という評価は向けられず、犯行全体についても「悪質」「重大」という評価は向けられないものと思われる。なお、既に述べたように、結果の重大性は刑事責任の量的な増減に影響することはあっても、「質的な」差異をもたらすものではない。主体的意思決定の有無は、責任主義の観点から導出された基準であるからである。

(4) 若干の留意点

　以上のように、保護不適という評価が向けられるのは、犯罪が本人の主体的な意思決定の結果であるため、刑事責任が「質的に」重大と評価できる場合なのである。このように考えてこそ、少年に刑事処分が科されるすべての場合を包括した統一的な保護処分相当性の基準といえるのであり、また従来のような漠然とした比較衡量とは異なり、判断の明確性も担保できるものといえる。

　また、少年自身の内面と関連づけて犯罪行為全体を評価するという手法は、少年法自身が要請しているものである。少年法は50条により、9条の科学主義が刑事裁判にも及ぶことを明らかにしており、科学主義の及ぶべき範囲に特段の限定を付していない。それは、要保護性のみならず犯罪事実自体の評価にあっても、上述のように両義的判断が可能な場合が多く、行動科学の専門家ではない法律家の判断に委ねるべきでないと考えられたことによるのであろう。保護不適性の判断においては、科学的調査を踏まえた上で、「主体的な意思決定」の結果として犯罪が行われたのかを慎重に検討しなければならないのである。

　なお本稿の立場に対しては、実質的に保護不能一元説に帰するのではないかとの疑問が考えられるが、それは誤解である。確かに本稿の立場においては、一元説と同様に少年の成熟性の程度が重要となる。しかし、一元説は、保護処分相当性の評価に当たり、刑事責任の重大性を一切捨象するものであるのに対し、本稿では刑事責任の評価に当たり人格的成熟性を考慮するものであり両者は異なる。一元説では保護処分の働きかけにより少年の立ち直りが見込まれる場合に保護処分相当性を認めるのであるが、本稿の立場では、立ち直りの可能性判断それ自体は保護不適性判断に影響しない。そして、一元説では、少年の成熟性とは犯罪自体に関連しないものも含め全人格的に評価されるのに対し、本稿の立場では、成熟性はあくまでも犯行動機・態様といった犯罪の要素に関連する限りで考慮され、人格的に未成熟であることは、周囲の事情に翻弄されやすいことを意味するため、主体的な意思決定が

なかったことを推認させる有力な手がかりになるにとどまる[25]。このように本稿の立場は保護不能性とは別個に保護不適性を判断するものであり、裁判実務との乖離も少ない。

(5) 保護処分の必要性・有効性判断

　保護処分相当性を否定するためには、保護不適性の判断が必要条件となるのであるが、しかしそれは十分条件ではない。保護不適が肯定された場合でも、保護の必要性・有効性が特に高ければ、なお保護処分相当性は肯定されなければならない。このことは従来の枠組みにおいても認められてきたところである。例えば、殺人事案では、①若年（16・17歳）・あるいは年齢に比して精神的に未熟（知的負因がある場合を含む）で可塑性があり、保護に適すること、②犯情を相当程度軽減する事情があること、③犯行後顕著な有利な事情があることが必要であるが、傷害致死事案では罪質、情状が軽くなるため、①ないし③の事情がそろわなくてもよい場合も考えられよう、と指摘されている[26]。ところがこのような相関性に基づく判断は極めて不安定となり、ここに問題が存在していたのであった。

　それに対して、本稿の立場では、少年が一般論として立ち直りの「現実的」可能性を有しているが故に採用されている保護処分優先主義を覆すに足りる、「質的に」刑事責任を問わざるを得ない事情が肯定され保護不適と判定されたにもかかわらず、再度保護処分選択に赴かせる場合かどうかが問われることになる。この判断の前提には、刑事処分を経た少年の改善更生の可能性について、保護処分の場合のように「現実的」とまではいえないが、処分言渡しの時点で確実なことはいえず、従ってなお可能性は存在するという認識が存在している。それでもなお、保護処分を選択せざるを得ないという場合なのであるから、特別な事情が存在していなければならない。具体的には、①保護処分及びその後の監督等により少年が立ち直れることが「現実的」に可能なだ

25　故に、後述のように刑事責任を問わざるを得ない場合であっても、なお少年の未成熟性を考慮して特別な量刑基準を考慮することは妨げられない。

26　廣瀬・前掲注（7）21-23頁。

けでなく、「具体的[27]」に展望できている場合か、逆に、②刑事処分を科すことが少年に対して「現実的[28]」あるいは「具体的[29]」弊害を及ぼすことが予測できる場合[30]ということになる。さらに刑事裁判の経験を通じて立ち直りの具体的契機が生まれていないか[31]、反対に刑事裁判の経験が少年の立ち直りに現実的弊害を及ぼしていないかが逐一観察されなければならない。そのためには、この場面でも少年法の要請に従って徹底した科学主義に則った審理が行われなければならない。

このように、保護不適判断を覆す場合についても類型化が可能になるため、保護処分相当性の判断はかなり明確なものとすることができるのである。

(6) 20条2項対象事件について

以上述べたことは、逆送の対象となるすべての場合を念頭において統一的に当てはめることのできる基準を意識したものであるが、20条2項対象事件については別個の考慮が必要だとの考え方があり得るため、最後にこの点を検討しておく。このような考え方を代表するのは、20条2項は、当該行為の反社会性・反倫理性に着目して、保護処分が社会的に許容されない保護不適の場合を推定した規定であり、従って但書を適用するためには、保護不適の推定を破る事情として保護処分を許容し得る特段の事情が必要であるとする

---

27 ここで「具体的」とは、当該事案において、少年に対していかなる働き掛けをすればよいか、いかなる過程を経て少年が立ち直っていくかが具体的に展望できており、従って少年が立ち直る可能性が非常に高いことを指している。

28 この判断は、特殊な問題性を抱えた少年といった一定の範疇の少年にとって、経験的に見て刑事処分が悪影響を及ぼす場合を指している。

29 この判断は、当該少年に刑事処分を科すことがいかなる弊害をもたらすかが具体的に予測できるかという判断である。

30 弊害の現実性という類型的判断と弊害の具体性という個別判断は、重複することも多いと思われるが、判断の安定性という一般的正義と具体的妥当性という個別的正義を調和させるために、択一的なものと位置づけるのが相当であろう。とりわけ、弊害の具体性のみを判断基準とすることは、事実上この点についての挙証責任を被告人側に転換することになりかねず望ましくない。

31 実務上、反省の程度が問題にされることが多い。しかし少年事件において決定的に重要なのは、裁判時点での反省の程度よりも、将来的に反省を深められる可能性がどの程度あるかという点であることが看過されてはならない。

ものである(保護不適推定説)[32]。対象事件について55条移送の可否を検討する場合、上記の基準により行うべきとする見解が有力であり[33]、それに従った裁判例も見られるが[34]、非対象事件と同様に、事案の重大性評価と被告人の抱える問題性評価を総合考量して、保護処分の相当性及び許容性が認められるかという判断を行う裁判例が多い[35]。この理論に従えば、本稿の枠組みにおいても、保護不適を認めるハードルが下がり、それを覆すに足りる保護処分の必要性・有効性判断もより一層高度なものが求められることとなってしまうだろう。

　しかしながら、保護不適推定説は20条2項解釈の必然的な帰結ではない。論者は、犯罪結果の重大性や社会的影響がこれまでより重視されるべきことの根拠として、条文が客観的に重大な犯罪を敢えて括り出して、それ以外の罪とは異なる扱いをすることを明示したこと、20条2項が対象事件を行為時16歳以上と犯行時の年齢としているのは、過去の行為に対する非難可能性の程度を考慮していることを挙げる[36]。しかし犯罪結果の重大性や社会的影響、行為時16歳以上であることはいずれも、社会感情の厳しさを指標するものであり、対象事件について家裁はより慎重な調査及びより丁寧な処分選択の説明を求められることになったために、敢えて別の条文が起こされたと解釈することも可能である。また、重大な結果や社会的影響は、少年の抱える問題性の大きさを指し示すものであり、また重大な結果を引き起こしてしまったこと自体が少年に大きな影響を与えるため、類型的に要保護性が大きいと考えられ、より徹底した調査が必要であることを条文上明示した趣旨であると解することも十分に可能である。20条2項は保護不適推定説によらなければ解釈できないものではない。

32　川出敏裕「逆送規定の改正」現代刑事法24号(2001年)18頁、司法研修所(編)『改正少年法の運用に関する研究』(法曹会、2006年)5頁など。

33　司法研修所・前掲注(32)10頁。

34　寝屋川事件に関する、大阪地判2006(平18)・10・19LEX/DB文献番号28135059など。

35　本庄・前掲注(6)140頁。

36　川出敏裕「処分の見直しと少年審判」斉藤豊治・守屋克彦(編)『少年法の課題と展望第1巻』(成文堂、2005年)164、167頁。

20条2項が求めているのは、但書に該当しない場合は逆送せよということのみであり、その意味でこの規定を「原則逆送規定」と呼ぶのは誤りではない。しかし逆送基準自体の変容は条文からは読み取れないのであり、原則であるということは、保護処分を選択するためのハードルを上げることや、一定の割合の事件を逆送しなければならないという趣旨を含むものではなく、「特段の事情」がなければ、但書を適用できないというものでもない。少年は多くの場合、成長発達の余地を大きく残した存在であり、保護処分とした方が少年の福祉に合致し、かつ再犯防止にも有効であるということは、法改正によっては変えることのできない社会的現実である。それは、少年法の理念にも合致している。少年には処罰よりも保護が相応しいと推定されているといってもよいからである。このように考えると、但書適用のための保護処分の相当性の説明はそれほど困難にはならない。むしろ丁寧な調査を義務づけられたことによって、2項対象事件では少年の隠れた要保護性が発見されやすくなるため、改正前よりも事実上保護処分が選択されやすくなったということすらいえる。その意味では、結果として但書が適用され、例外とされる事案の方が多数を占めるに至ったとしても、法の趣旨に反するものではない。

　確かに、国会での提案者の説明によれば、本条を新設する趣旨は、現行少年法では保護処分を優先して適用する考え方がとられており、凶悪犯でも逆送になるのはかなり低い率となっているが、故意の犯罪により被害者を死亡させるという重大な罪を犯した場合は少年であっても刑事処分の対象となるという原則を示すことで、人命を尊重するという基本的な考え方を明らかにし、少年に対して自覚と自制を求める必要があるためであると説明されている[37]。これによれば、提案者の狙いが逆送率の上昇にあったことは否定し難い。しかし、立法者の意思が絶対的な拘束性を持つとまではいえない。提案者の説明を一旦離れて、少年法1条を含む条文の全体構造から20条2項を眺めてみれば、少年法が少年の成長発達を促進するために用意した主な手段は保護処分であり[38]、逆送は例外的な場合に用いられるべきことを汲み取るの

37　第150国会衆議院法務委員会議事録第2号（松浪健四郎議員答弁）。

38　もちろん、家裁における働き掛けだけで足り、保護処分すら必要でない場合もあり得るのであり、実務

は容易であろう。そしてまた、提案者の狙いとしても、逆送はあくまで目的達成のための手段に過ぎず、目的はあくまで少年に対して自覚と自制を求めることにある。丁寧な調査の結果、少年に対して自覚と自制を求めるために保護処分が必要かつ有効であることが説得的に説明されるのであれば、提案の趣旨に反するものではないともいえるのである。

　20条2項は、1項とは逆に逆送を原則とするものではあるが、逆送基準自体を1項から変容させるものではない。敢えて1項と区別して規定されたのは、対象事件についての社会感情の厳しさ及び類型的な要保護性の大きさに鑑みて、より徹底した調査と丁寧な説明を求めるため、但書において1項よりも考慮事項を詳細に規定するためであったと解される[39]。結局、20条2項対象事件についても、実体的には1項対象事件と同様の基準により判断すれば足りることになる。

3　少年量刑の基準
(1) 少年に対する刑事処分の性質

　刑事責任の質的重大性が肯定され55条移送が否定された後は、少年に対して量刑判断を行わなければならない。少年に対する量刑は、刑事責任を問わざるを得ない事案として、保護不適による逆送を認めることを前提とし、他方で少年法が51条、52条で刑の緩和についての特則を設けていることからは、成人に対する刑罰に比して、「教育的要素の考慮の度合いはさらに強くなるが、依然としてその本質は責任刑である」との指摘が妥当することになる[40]。しかし進んで、少年法20条は「検察官送致決定がなされたならば以後当該少年は成人と同じ取扱いを受け、成人と同様の刑を受けるのを本則と

で何らの処分を課さないことがむしろ原則となっていることは、少年法の趣旨に反するものではない。

[39] 20条2項を巡っては、凶悪性・悪質性を大きく減じるような「特段の事情」が存在しない限り、逆送が義務づけられ、その他の犯情は検討対象から除外されるとする、いわゆる「二段階選抜方式」も提案されている（北村和「検察官送致決定を巡る諸問題」家庭裁判月報56巻7号（2004年）49頁）。この説の問題点も含め、以上についてはさらに、本庄武「逆送決定の基準論」立命館法学307号（2006年）348頁以下【本書第5章】も参照。

[40] 小林充「少年に対する不定期刑の言渡基準について」家庭裁判月報25巻12号（1973年）3頁。

する趣旨と解するのが自然」、「少年法および刑訴法等においては、少年に対する量刑基準として、特に成人と異なった要素を考慮すべきであるとする旨の定めはない」とされ[41]、少年の刑事処分に関する特則は「少年に対して、成人に比べて、常に、一律に軽い量刑をもって臨めば足りるということを意味する訳のものではない[42]」と指摘されるに至るとき、果たして現行法の予定する少年量刑のあり方を適切に把握したものといえるか疑問が生じる。

　第1に、刑法上14歳未満は一律に責任無能力とされているにもかかわらず、14歳以上になると途端に成人一般並みの刑事責任を負わされるとすることは、何としても不自然の感を免れない[43]、との指摘が妥当する。

　第2に、旧刑法81条が、犯罪時満16歳以上で20歳未満の者は、その罪を宥恕して本刑に一等を減ずる、と規定していたものが、現行刑法になる際、責任能力年齢の12歳未満を14歳未満に引き上げたことに伴い、その後の少年につき年齢段階別の刑事責任減軽の必要性を認めなかったが、それは刑期の幅が拡げられ、酌量減軽規定の活用にも期待し得るという理由であったとされ[44]、現行刑法制定時においても少年に寛刑主義をもって臨むという思想は当然の前提とされていたと思われる。

　第3に、現行少年法52条は、旧少年法8条をそのまま引き継いだものであるが、この旧少年法8条は立案当初の少年法第1次成案10条[45]において、絶対的不定期刑の形で規定されていたものが、相対的不定期刑の形に改められたものである。この経緯から分かることは、もともとは少年の保護のために最善の刑執行を行うことが意図されていたものが、その濫用に対する懸念から責任主義の網を被せられた体裁になっているということである。即ち、少年

41　小林・前掲注（40）3頁。

42　いわゆる女子高生監禁殺人事件に関する、東京高判1991（平3）・7・12判時1396号15頁。

43　朝倉京一「少年刑法の現代的課題」『日本刑事法の理論と展望―佐藤司先生古稀祝賀（下巻）』（信山社、2002年）198頁。

44　守屋克彦『少年の非行と教育』（勁草書房、1977年）63頁。

45　10条1項「有期の懲役又は禁錮は刑期を定めずして之を言渡すことを得」、2項「前項の言渡は本人改悛の状あるに至るまで之を執行す但其罪に付き定めたる刑の長期若くは十年を超ゆることを得ず」（現代仮名遣いに修正）。

の不定期刑とは、刑事処分による責任非難を少年の保護のために用いることを意図して設けられたものだということが分かる。

第4に、少年法1条は、保護処分と刑事処分を「健全な育成」目的の達成手段・構成要素と位置づけている。この目的条項の構造それ自体は、保護と刑罰を「教養」理念の下に二面的関係のうちに位置づけた大正少年法の構造を、継承したものであり、「健全な育成」は、少年の刑事責任を排斥する概念ではなくしてむしろこれを包摂する概念なのである、と指摘されているところである[46]。

冒頭に指摘したように、少年法は「健全育成」の観点では説明しづらい重い刑罰を許容しているかに見えるし、刑事責任を問うことを前提に刑罰を科すものである以上、それによる保護には本来の限界がある。しかしそうではあっても、責任応報と両立する限りで少年の保護を追求しようとしていると見るのが、少年法の正しい理解であろう。保護のために成人よりも重い刑を科すことは少年法の予定するところではない。被告人が少年であるという事情は、死刑と無期刑の緩和をはじめとする特則の存在自体において考慮され尽くしているというのは、むしろ不自然な解釈ではないかと思われる。

(2) 不定期刑原則

判決言渡し時に少年である被告人に対して予定されている刑罰は、①行為時18歳以上の場合の死刑、②無期刑、③行為時18歳未満の場合の10年以上15年以下の定期刑、④処断刑が長期3年以上の有期刑の場合における、短期5年以下・長期10年以下の不定期刑実刑、⑤処断刑が長期3年未満の有期刑の場合の定期刑実刑、⑥3年以下の定期刑の執行猶予、⑦罰金・拘留・科料と多種多様である[47]。

このうち⑤以下の相対的に軽微な刑罰については、短期自由刑をどう評価するかという成人事件にも共通する問題を除けば、少年の保護という観点から独自の考察を加える必要は少ないといえる。検討を要するのは、①から④

46　森田明『少年法の歴史的展開』(信山社、2005年) 295頁。

47　ここでは、付加刑としての没収・追徴は度外視する。

までである。

しばしば少年に対しては、人格が発展途上で可塑性に富み、教育による改善更生が期待できるとの配慮から、少年法の理念としては、不定期刑が原則であるといわれる[48]。このことの意味は見かけ以上に重いと考えられる。というのも、酌量減軽規定を活用すれば、法定刑が3年の有期刑に満たないものを除く現行法上のあらゆる犯罪について、不定期刑を言い渡すことが可能となるからである。例えば、実務上最も深刻な問題となる、強盗致死・強盗殺人罪においては、無期懲役を選択の上で酌量減軽を施すことにより、短期5年以上の不定期刑とすることが可能になる(刑法240条、71条、69条、68条2号、少年法52条1項本文及び但書)。少年法は当然このことを織り込んだ上で立法されたと見るべきであろう。前述のように、少年法が逆送後も少年の保護を可及的に追求していることに鑑みると、少年量刑においては正に不定期刑が原則とされなければならないことになる[49]。

(3) 責任刑としての不定期刑

不定期刑が原則となるといっても、あくまで責任刑である以上、少年の保護にとっての必要性だけを考えて刑期を決定してよいことにはならない。少年法52条1項が「その刑の範囲内において」という制限を付していることに、その趣旨を読み込むことも可能であろう。

ただし、不定期刑制度が責任刑であるからといって、成人に刑を言い渡す場合と同じように不定期刑を量刑することはできない。不定期刑の上限は10年でしかないためである。近時、法定刑に有期刑しかない傷害致死罪や危険運転致死罪といった犯罪にあっては、成人被告人に対して、加重事由がある場合では懲役25年、30年といったかなり重い刑が言い渡される場合が出てきている。そのような事案を少年が犯した場合であっても、長期10年以下の不定期刑しか言い渡すことができないのである。このことについて、

48　城下・前掲注(3)195頁。

49　ただし、法定刑が長期3年以上の有期刑である場合に、酌量減軽をして定期刑の実刑を言い渡すことが許されるかどうかについては議論があり、消極説を示した裁判例がある(札幌高判2002(平14)・1・17判タ1106号280頁)。積極説として、城下・前掲注(3)210頁。

裁判官から不満が表明されるに至っている[50]。また無期刑を言い渡すことが可能な罪名であっても、行為時18歳以上の少年の場合には、10年以上の定期刑選択の余地がないため不定期刑を科すしかなく、だからといって直ちに無期刑を選択できるはずもないという指摘もされている[51]。これらのことから立法論として不定期刑廃止・少年刑の引上げを主張する論者も現れている[52]。

　ここで確認しておかなければならないのは、これらの問題は現在突如として現れたものではなく、旧少年法が制定された当時から存在していたということである。有期刑の上限を引き上げた2004年刑法改正以前においても、成人であれば懲役20年相当の事案が長期10年以下の不定期刑とならざるを得ない事案が存在したのであり、刑法改正前にはそれなりにバランスが取れていたものが、改正後に軽きに失するとの感をぬぐえなくなったという評価[53]は妥当し得ない[54]。新旧少年法の立法者は、大幅な刑の減軽をも許容し得ると考えていたと解する他ない。そして、裁判官が個人の立場で現行法に不満を覚え立法論を展開することは自由であり[55]、立法論として不定期刑制度を維持すべきかは本格的検討を要する課題といえるが、法律に従って裁判を行う立場にある以上、個人としての心情の問題とは区別して、現に不定期刑制度を有している少年法が依って立つ理念に従って裁判をしなければならないということを改めて確認しておきたい。

　では、不定期刑制度の理念とはいかなるものであろうか。不定期刑も一般

50　角田正紀「少年刑事事件を巡る諸問題」家庭裁判月報58巻6号（2006年）16頁。

51　角田・前掲注（50）15頁。関連して、行為時18歳未満であれば10年以上15年以下の定期刑を言い渡す余地があるにもかかわらず、18歳以上の場合は無期刑を回避しようとすれば不定期刑にせざるを得ないことを「不都合」と捉える裁判例もある。東京高判2003（平15）・5・15判時1861号154頁。

52　八木正一「少年の刑事処分に関する立法論的覚書――裁判員裁判に備えて」『小林充先生・佐藤文哉先生古稀祝賀・刑事裁判論集（上巻）』（判例タイムズ社、2006年）636頁。

53　八木・前掲注（52）636頁。

54　とりわけ八木が強調する、成人共犯者との不均衡については、本文のように評価せざるを得ないであろう。

55　しかし同時に、ドイツのように行為時18歳未満の少年に科し得る刑が最長10年に制限されている法制度も存在していることを踏まえるべきだろう。ドイツ少年裁判所法18条参照。

の刑罰と同様の責任刑である以上、まずは被告人が成人であればどの程度の刑が相当かを検討した上で処断刑を形成し、そこから法律の定めに従って、少年保護にできるだけ即した形で刑を修正していくことになる[56]。ということは、少年法は少年の責任は成人のそれに比して大幅に軽くなり得ることを認めていることになる。その実体的根拠は、①少年が人格的に未成熟であるが故にしばしば理性的でない[57]意思決定をしてしまうことに基づく非難可能性の低減、②自由刑の苦痛を賦課されることが、成人に比して少年に苛酷に働いてしまうことに基づく責任の緩和、③少年が可塑性に溢れ、受刑のハンディキャップを克服して立ち直っていくことへの期待に基づき、社会復帰の芽を摘まないようにするという教育的配慮の3点に求められる。ここで留意すべきなのは、③は犯罪予防という単なる政策的理由に基づく配慮ではなく、責任評価に関わる事情ということである。非難可能性を本質とするはずの刑事責任の評価に教育的配慮が含まれる理由は、少年法が少年に対して、受刑生活を送ることだけでなく、犯罪を克服し、立派に立ち直ってみせることも、その可能性を大いに有する少年にとっては一つの責任の取り方であると認めているためであろう。少年の未成熟性は規範的責任を低減させると同時に、成熟を遂げることによる責任の履行、即ち不定期刑の長期以前の刑期終了という選択肢を基礎づけているのである。③が存在するが故にこそ、社会復帰を阻害するような10年を超える長期受刑が回避される必要が生じ、責任刑の実質を損なわない形で、大幅に刑を減軽することが正当化されるのである。

　逆にいうと、このように考えなければ、責任刑として不定期刑を理解することは困難になる。不定期刑の量刑基準については、(a)長期説、(b)短期説、(c)中間位説、(d)全体基準説があるとされるが[58]、責任を超えた刑を認める(b)と(c)を責任刑として正当化する余地はない。(a)は不定期刑の長期を責任刑とし、短期は少年の可塑性や刑罰の人道化といった政策的配慮に基

56　実務でも、まず定期刑を言い渡すとしたらばどの程度の刑が相当かを頭の中で考え、それを基に不定期刑を定めると指摘されている。小林・前掲注（40）2頁。

57　念のため付言すると、意思決定が「理性的でない」ことと「主体的」であることは両立可能である。周囲の事情に翻弄されたのでなければ、非理性的であっても主体的な意思決定と評価されることになる。

58　それぞれの学説の根拠及びそれに対する批判は、城下・前掲注（3）203頁などを参照。

づくとするものであり、責任主義との抵触は生じないが、短期で刑を終える場合は責任を果たしていないことになり、やはり責任刑の実質を有していないことになるだろう。これを、「責任刑であることを本質としながらも、教育刑的色彩がかなり強く入り込んでいる[59]」と説明することには無理がある。不定期刑が責任刑であることを説明するには(d)を支持する必要がある。

　(d)に対しては、(ⅰ)責任に幅があるとしてもその幅は不定期刑を基礎づける程広いものではあり得ない、(ⅱ)責任に幅があるとするなら、すべての犯罪と犯罪者につき不定期刑を科し得るようにすべきではないか、(ⅲ)また、成人の場合なぜ定期刑が原則とされるのか、(ⅳ)責任の幅を確定する起算点・基準は何か、(ⅴ)不定期刑の短期も責任に応じた刑罰であるとすれば、短期の執行が終われば責任の追及は終わったことになり、それ以上の拘禁を正当化することはできないはずである、などの批判が向けられている[60]。しかし(ⅰ)については、規範的責任という意味での通常の責任の幅についてはその通りであり、③の観点が存在するからこそ広い幅が許容される、(ⅱ)(ⅲ)については、③は少年特有の責任の取り方であるが故に認められたもので、またこの種の責任の取り方があり得るのは自由刑だけである、(ⅳ)については、不定期刑の長期は①及び②により根拠づけられた少年の規範的責任により導かれ、短期は③の観点から導かれる、(ⅴ)については、③の責任が果たされない以上、責任の追及は終了しない、とそれぞれ答えることが可能である。

　少年に不定期刑が適用される場合、少年の責任は成人の責任に比べ端的に縮減されると同時に、その縮減された責任には二面性があることを踏まえた責任刑の量定がなされなければならない。

(4) 少年事件における量刑基準

　以上の検討を踏まえた上で、少年事件における量刑基準のあり方を考察す

59　小林・前掲注（40）8頁。

60　瀬川晃「不定期刑論の一考察─第二次大戦後の理論展開を中心として」同志社法学24巻4号（1972年）106頁。

る。まず確認しておかなければならないのは、処断刑の形成は最終的に責任刑として宣告刑を導出するための一過程である以上、処断刑形成時の刑種選択において責任を上回る刑を選択してはならないということである。裁判例においても、不定期刑を回避せんがために行為時18歳以上で判決言渡し時も少年である被告人に対し、無期懲役を選択した上で酌量減軽を施し10年以上15年以下の定期刑とすることは違法であるとされている[61]。また、行為時18歳未満の少年に対して、結論的に10年以上15年以下の定期刑が相当であると考えるが故に、成人事件であれば無期刑相当といえないような事案で処断刑として無期刑を選択することは許されないのである。もちろん、行為時18歳未満の少年に対して、無期刑とするために責任相当でない死刑を処断刑として選択することも許されない。すなわち、成人事件であったと仮定した場合の責任相当刑(これを本来的責任刑と呼ぶことにする)が死刑又は無期刑と判断されることが、不定期刑より重い定期刑以上の刑が量定される必要条件であり、それ以外の場合は不定期刑以下の刑が量定されなければならないことになる。

　それに対して、先に確認したように、現行法が軽微事件を除き、あらゆる罪名の場合で不定期刑を許容している姿勢からすれば、本来的責任刑を下回る限りにおいて、結論的に不定期刑を選択せんがために、処断刑形成時に酌量減軽規定を適用することは許されるといわなければならない。

　それでは処断刑として無期刑を選択するか有期刑を選択するか、換言すれば宣告刑を不定期刑とするか、無期刑・10年以上15年以下の定期刑とするかはいかにして決定されるべきか。刑事責任の評価を行うものである以上、結果の重大性をも含む罪責の評価により、基本的な振り分けは行われる。もちろん結果の重大性そのものに意味があるのではなく、あくまでその結果が少年の行為に帰責できる限りで意味があるのだが、同一の行為による場合、重い結果を発生させるほど責任は重くなる。しかし、無期刑と境界を接する25年、30年といった有期刑であっても長期10年以下の不定期刑にまで責任刑が縮減されることを考えれば、罪責評価だけを決め手とすることはできな

61　大阪高判2005(平17)・9・17家月58巻3号149頁。

い。少年の社会復帰への配慮から、刑罰の弊害への懸念が特に大きい場合などは、本来的責任刑が無期刑相当と判断される場合であっても宣告刑として不定期刑を選択することは十分に是認され得る。

　もちろん無期刑や10年以上の定期刑を科す場合でも、51条2項で無期刑を維持する場合や行為時18歳以上の場合で無期刑を科す場合を除いては、前節①・②の観点に基づいて責任刑は縮減される。そしてその場合でも、少年法はなお少年の社会復帰に対する配慮を断念せず、58条1項1号・2号で仮釈放可能時期を早期化することで対応しようとしている。また、最も重い不定期刑である5年以上10年以下が言い渡される場合、結果的に10年の定期刑が言い渡される場合と同じ期間受刑しなければならない場合もある。その意味では不定期刑と無期刑・定期刑は、個別事案によってはそれ程変わらない場合もあると見る向きもあろう。しかしながら、決定的に異なるのは、後者にあっては前節③の、少年に特有の犯罪を克服することによる責任の履行という選択肢を放棄することにある。これが認められるのは、複数回の前科前歴がある場合を典型とする少年の飛躍的成長発達の可能性に期待することがもはや現実的に困難と判断せざるを得ない場合か、あるいはそれを犠牲にしてまでも受刑生活の苦痛を味わわせることによる本来的刑事責任の追及が必要となる程に重大な事案でなければならないということになる。個別に対照される不定期刑とより重い無期刑・定期刑の差が大きいか小さいかにかかわらず、両者の間には質的な相異があると考えなければならない。

　そしてこのように考えてこそ、一見不合理に思える、行為時18歳以上の場合に10年以上の定期刑の余地がないことも整合的に説明できる。処断刑として無期刑を選択する時点で、少年の保護を大幅に断念することになり、その後に18歳未満の少年を定期刑にすることは単に年齢という成熟度や受刑能力を徴表する要素に着目して、事後的にもう一段階責任刑を縮減するに過ぎないのである。最初から10年以上の定期刑を視野に入れる発想は採るべきでない。

　なお2000年改正少年法は、行為時18歳未満であっても無期刑を選択することを可能にした。以上の考察を踏まえると、この選択が許されるのは、本来的責任刑が無期刑相当であり、かつ少年の成長発達の可能性に期待するこ

とが現実的に困難であるという二つの要件が満たされる場合ということになる。単に事案の重大性の故に、無期刑を減軽しないという判断をするのは不当ということになろう。裁判例には、改正法下で生じた無期刑を科すか有期刑を科すかの裁量につき、「もとより、この裁量は、刑の緩和の趣旨に照らして客観的・合目的的なものでなければならないことはいうまでもないが、犯罪内容の重大性、悪質性、被害者遺族の処罰感情、社会秩序維持の見地等から、少年に対する刑の緩和の趣旨に照らしても、なお無期刑が相当とされる場合」、これを科すことが少年に対する量刑の在り方に沿う、と述べるものがある[62]。事案の重大性だけから無期刑を減軽しないことがあり得るとの趣旨であれば、相当とはいい難い。

最後に、判決言渡時になお少年である被告人に対する死刑の問題が残るが、いかに強弁してみても少年に死刑を科すことが「健全育成」に資するとはいえない。少年法は、この場合に限り、保護を断念したと見るべきであるが、それが仮に正当化されるとすれば、実質的な成熟度から判断して、被告人がもはや少年ではないと評価されるような極限的な場合に限られよう。いかに事案が重大だとしても、その一事をもって死刑を選択することはできないことになる。また2000年改正法により、51条1項により無期刑となった場合には、仮釈放早期化規定が排除されることになった(58条2項)。行為時18歳未満の少年の場合でも、少年が実質的に「大人」であると見得る極限的な場合でなければ、死刑を処断刑とすることは許されないだろう。

以上のように、少年量刑ではまず本来的責任刑はどの程度かを見定めた上で処断刑を確定させるが、その際に不定期刑原則と当該少年に特有の事情を考慮して、責任刑を引き下げることは許される。そして不定期刑と無期刑・10年以上の定期刑の間には質的相異があることから、少年の成長発達が現実に期待できない場合か、成長発達を犠牲にしてまでも本来的刑事責任の追及が必要とされる程に特に重大な事案である場合にのみ、不定期刑を回避することが許されることになる。

---

[62] 東京高判2003(平15)・5・22判時1861号143頁及び東京高判2003(平15)・5・27東高刑時報54巻1-12号46頁。共に行為時17歳の少年による共犯事件に関する、同一裁判体によるものである。

4　結びに代えて

　本稿の主張は従来の実務の一部で暗黙のうちに採用されてきたと思われる発想を、少年刑事事件における処分選択の基準論として意識化する試みに過ぎない。他方で、一部の実務において本稿の主張に明らかに反する運用が見られたことも事実である。

　裁判員制度を目前に控える現在、不定期刑の量刑基準が明確でないこともあり、裁判員にとって不定期刑の量刑が相当の負担になるのではないかと指摘され[63]、また55条移送のための保護処分相当性を裁判員にいかにして理解してもらうかについては今後、司法研究において取り上げられる予定とされている[64]。

　このことは従来の55条移送の相当性判断及び少年の量刑判断が明確な基準に則って行われてこなかったことを裁判官自身が認めていることの証である。保護不適概念を認めるか否かという大きく理念的に対立する問題をさし当たり度外視するとしても、少年法の理念から導出される条文の解釈論に忠実であり、かつ明確で説得的な基準を打ち出すことの必要性については異論ないところではないだろうか。本稿がその一助となれば幸いである

付　　記

　本稿は、2008年2月に東京高等裁判所に提出した意見書に必要な加除修正を加え、論文の体裁に書き改めたものである。

63　八木・前掲注（52）639頁。
64　今崎幸彦「裁判員裁判における審理及び制度運営上の課題」判例タイムズ1255号（2008年）10、16頁。

第9章 少年刑についての検討

1 現行少年刑制度

　少年刑の制度は大きく、裁判所での宣告段階と刑の執行段階の2点において特色を有する。

　宣告段階においては、少年法51条1項が犯行時18歳未満の少年の事件につき、死刑で処断すべき場合を必要的に無期刑に減軽することとしている。また、51条2項は犯行時18歳未満の少年の事件につき、無期刑で処断すべき場合を任意的に10年以上15年以下の定期刑に減軽できるとしている。この規定は2000年改正の以前は1項同様に必要的な減軽であったものが任意的な減軽に改められたものである。これに対して少年法52条は、判決宣告時に20歳未満の少年の事件につき、長期3年以上の有期刑で処断すべき場合は、処断刑の範囲内でかつ、長期は10年以下、短期は5年以下の範囲内で、長期と短期を定めて、相対的不定期刑の形で刑を言い渡すこととしている。なお、処断刑の下限が5年を超える場合は短期は5年に短縮され、執行猶予が言い渡される場合は除かれる。このように行為時年齢に着目した規定と処分時年齢に着目した規定の両者があるため、少年刑の適用は4通りに分かれる。行為時年齢のいかんを問わず、判決時に20歳未満であれば不定期刑の適用があるのに対し、行為時18歳未満であれば判決時に20歳以上であっても規定の適用を受けることになる。

　刑の執行段階では、判決時少年であったときに受けた自由刑の仮釈放が、少年法58条に従って早期化される。仮釈放が可能になるまでの刑の執行期間は、無期刑については10年が7年に、51条2項による10年以上15年以下の定期刑については3分の1経過時である3年4月から5年が一律3年に短縮される。52条による不定期刑については短期の3分の1経過時というかなり早い時期に

仮釈放が可能となる。ただし、51条1項で死刑を減軽した無期刑については、2000年改正で58条2項が新設されたことにより仮釈放の早期化の適用が除外された。さらに、少年法59条及び更生保護法78条は仮釈放後の残刑期間の短縮を規定し、更生保護法43条・44条は施設収容中の刑終了を規定する。刑の執行段階での特則は、判決時に20歳未満であれば、行為時に18歳以上であるため宣告刑段階で51条の適用を受けなかった無期刑受刑者も含めて適用がある点に特色がある。死刑を宣告された者はともかく、少年法は無期刑を宣告された者を含めて、早期の仮釈放及び刑の終了を予定している。

　このように少年法は重層的に規定を設けることで、少年に対する刑罰が少年法1条の理念に適うものになるよう意を払っている。そのために具体的には、可塑性に富む少年が劇的に変化し飛躍的な成長発達を遂げたときに備えて刑の執行形態を柔軟なものとしている。もう一点、端的に少年刑を成人刑よりも軽いものとすることで刑罰の弊害を防止しようとしている。

2　少年刑事事件の量刑基準
(1) 少年刑事事件の量刑基準

　少年被告人に対する量刑に関しては、大枠として51条・52条による科刑制限が行われているのみで、それ以上いかなる原理に基づくべきかは解釈・運用に委ねられている。しかし、少年法は1条で少年の刑事処分にも健全育成の理念が及ぶことを明示し、50条で科学主義に則ってなるべく専門的知識や鑑別結果等を活用して審理されるべきことを要請する。少年法が量刑においても保護処分との連続性を確保するよう求めていることは明らかである。問題は連続性をどの程度重視するかであり、少年刑の本質を巡る諸説の対立に反映する。

　①社会的危険性を有する少年を改善教化して社会に順応できるようにする教育刑であるとする見解がある[1]。少年法は一般の応報感情との妥協を図り、例外措置として刑事処遇の途を開いたものの、これはあくまでも少年に対する特別処遇の一環をなすものであるから、性格の改善を目的とする点

1　円井正夫「非行少年に対する保護処分と刑事処分」『家庭裁判所の諸問題（下巻）』（法曹会、1971年）48頁。

で保護処分と共通の基盤を有するとする。この見解は少年法の理念には忠実であるが、苦痛を本質とする刑罰には保護処分のような改善効果が期待できないのではないか、改善を名目に過剰な(とりわけ保護処分としてはあり得ない長期間の)拘禁が正当化されてしまうのではないか、責任主義が実体的デュー・プロセスの一内容として憲法上要求されていると見る場合には純粋な教育刑論は採り難い、といった難点を指摘できる。

②責任追及の程度は成人よりも緩和され[2]、あるいは教育的要素の考慮の度合いはさらに強くなるとはいえ[3]、少年に対する刑罰も成人に対するのと同様責任刑であるとする見解がある。1条の理念は個別規定を通して実現され、あるいは個別規定の解釈指標としての意義を有するのみで、解釈を変改し得るものではないこと、20条が行為責任の要素を検察官送致の基準としていること、40条が少年刑事事件では原則として一般刑事法を適用する旨を定めており、少年量刑基準について成人と異なった要素を考慮する旨の明文の規定がないことが根拠として挙げられる。この見解は実務上有力だと思われる。少年量刑に関して一般論を展開した著名な裁判例も、「少年に対して、成人に比べて、常に、一律に軽い量刑をもって臨めば足りる」わけではないとし、その理由を社会正義の実現、一般社会の刑事司法に対する信頼の確保、少年自身の更生のために罪責を軽視させないこと、刑の執行中に改善更生に努めさせることは広く少年法の理念に沿うことに求めた上で、「少年の未熟性、可塑性などその特性にも適切な考慮を加えつつ、事案の程度、内容等と均衡のとれた科刑がなされるよう特段の配慮がなされるべきである」と述べており(東京高判1991(平3)・7・12高刑集44・2・123)、この見解との親近性を感じさせる。しかしながらこの見解に対しては、少年に対する刑罰は成人に対する刑罰と基本的に同様であるとの立場から出発するため、重大事件では責任追及の緩和あるいは教育的配慮が後退してしばしば厳罰化を促進してしまうこと、51条が死刑・無期刑の回避を定め、52条も有期刑

---

[2] 坂井智「少年に対する刑事裁判における若干の問題」『中野次雄判事還暦祝賀・刑事裁判の課題』(有斐閣、1972年)287頁。

[3] 小林充「少年に対する不定期刑の言渡基準について」家庭裁判月報25巻12号(1973年)3頁。

を上限10年の不定期刑に縮減することを定めていることがむしろ量刑の足かせとして評価されてしまうこと、厳罰化に改善更生の要素があるという主張は実証的根拠を欠いているだけでなく、死刑や無期刑の場合にはその主張すら難しくなり、1条との整合性はもはや図れなくなってしまうことといった難点を指摘できる。

③少年量刑は責任刑を上限としつつ、宣告刑は矯正可能性[4]あるいは特別抑止効果の観点[5]から決定されるべきとする見解がある。この見解は責任主義の刑罰限定機能は少年量刑でも尊重されるべきとしつつ、その範囲内で少年法の理念に沿った量刑を行おうとするもので、少年量刑のあり方としては妥当な方向性を示しているものと思われる。しかしながら、刑罰の矯正効果は実証的に確認されておらず、むしろ社会復帰に有害な作用を有する場合が多いことからすると結果的に刑を科すことができなくなるとの疑問があり、また特別抑止効果にしても少年が刑罰の苦痛を再犯回避のために活用できる場合は存在したとしても非常に稀であり現状とは離れ過ぎてしまうことは否めない。さらに現行法上の科刑の選択肢のうち、死刑についてはもはや実質的に成人と同視できるほど成熟した場合のみに科し得る例外と位置づけるにしても、無期刑や、10年以上の長期の有期刑についてこの見解から正当化することには無理がある。

④少年刑は責任刑であるが、前提となる責任概念が、少年が成長発達を遂げることで果たすという展望的な内容も含んだものとなるとする見解がある[6]。この見解は、現在の量刑実務・学説の通説的見解と同様に責任主義は刑罰を限定するだけでなく基礎づける作用も果たし、量刑は行為責任の重さに見合った刑の幅の内部で予防目的、とりわけ特別予防目的を考慮して決められるとの見解を少年量刑において維持しつつも、少年に対しては責任概念

---

[4] 城下裕二「少年に対する不定期刑の量刑基準」同『量刑理論の現代的課題〔増補版〕』(成文堂、2009年) 202頁。

[5] 本庄武「少年に対する量刑判断と家庭裁判所への移送判断」龍谷大学矯正・保護研究センター研究年報1号 (2004年) 109頁【本書第7章】。

[6] 本庄武「少年刑事事件における、憲法上の権利としての手続的・実体的デュー・プロセス」『刑事法における人権の諸相—福田雅章先生古稀祝賀論文集』(成文堂、2010年) 256頁【本書第1章】。

自体が変容することを認めることで少年刑の特質を確保しようとする。即ち、第1に、成人の場合は責任能力に問題がなければ自己決定可能主体であるとの推定が働くが、未成熟な少年の場合その推定が働かないため責任非難の程度が成人に比して低減する。第2に、未成熟性の裏返しとして少年に成長発達を遂げる潜在的可能性が認められた場合には、刑罰の苦痛を甘受することによる受動的な責任の履行だけでなく、成長発達を遂げ自律的に犯罪を克服することによる能動的な責任の履行も認められるため責任刑の程度がさらに軽減され得ると考えるのである。

　③説や④説により、科学主義を十分に活用して厳罰化を克服することが望まれる。

(2)不定期刑の基準

　不定期刑を量定する際に、被告人が成人であれば言い渡されたであろう刑（責任刑）がどこに位置するのかを巡り、(a)短期説・(b)長期説・(c)中間位説・(d)全体基準説の対立が見られる。

　(a)短期説は、不定期刑の短期が本来の刑であり、短期を超える部分は保護処分として言い渡されるとする[7]。58条3号が仮釈放許可基準を短期とし、更生保護法43・44・78条が短期経過時に不定期刑の終了を認めていることは、短期満了が本来の満期日であることを示すというのである。①説からは短期説に赴くことになろう。短期説に対しては、①説同様に、保護処分と捉えても責任を超える刑期を正当化することはできないとの批判が向けられる他、短期は5年に制限されるが(52条2項)、5年を限度とした責任は考えられないとの批判が向けられる。また短期説は主として刑法改正作業において常習累犯に対する不定期刑導入が現実味を帯び刑罰効果に関するオプティミズムが支配していた時代に唱えられたものであり、刑罰効果に過大な期待をしてはならないとの認識が一般化した現代においてはもはや存立の基盤を失ったともいい得る。

---

[7] 柏木千秋「少年」『刑事法講座第3巻・刑法(Ⅲ)』(有斐閣、1952年) 644頁、森下忠「不定期刑運用上の諸問題」刑法雑誌3巻4号 (1953年) 606頁、柳原嘉藤「不定期刑運用についての実務上の諸問題」司法研修所報21号 (1958年) 70頁。

(b)長期説は、長期が本来の刑であり、短期は少年の可塑性から短期間での矯正効果が期待できるため、あるいは人道的見地からできるだけ刑罰を緩和するために設けられたと解する[8]。長期説は②説、③説から支持されている。③説からは、長期も責任刑以下であればよいのであるから、長期が責任刑だと解する必然性まではないが、確かに③説と長期説は親和性が高いといえる。これに対して②説については、少年刑も成人刑と同様の応報刑であることを強調するのであるから、特別予防や人道的見地といっても罪刑の均衡を害するような短期以前での刑の終了は正当化され得ないように思われ、長期説と整合的かには疑問がある。また長期説が仮釈放の基準までも長期とすれば、その運用は定期刑とほとんど変わらなくなるが、それは不定期刑を変則的に少年についてのみ採用したことの必然的な現象であると自認する場合[9]、少年の特性から不定期刑制度を採用した法の趣旨自体を否定することに他ならず、現行法の解釈としての妥当性にも疑問が生じることになろう。

(c)中間位説は、短期と長期の中間が責任刑であるとし、予防的考慮から上下両方向に一定の幅を認めたものが不定期刑であるとする。不利益変更禁止との関係で判例が中間位説を採用したことから実務上有力とされ、裁判官へのアンケートでも最も多くの支持を集めたとされる[10]。しかし前述のように、不利益変更禁止の基準と量刑基準は連動すると解すべきでない。また、中間位説には短期と長期の幅をどの程度とするかについての基準が内在していない、予防上必要とされる刑期が責任刑を基準として上方・下方に等しく分布するとは考え難い、短期説同様に責任の程度を超える刑罰は正当化し難いといった多くの難点がある。

(d)全体基準説は、短期から長期にわたる期間全体が責任刑としての意味を持つと同時に、教育的意味も持つとするものである[11]。④説からはこの見

---

[8] 松本一郎『戦後の量刑傾向と行刑の実際』司法研究報告書第14輯第6号(1960年)110頁、坂井・前掲注(2)287頁、小林・前掲注(3)7頁、城下・前掲注(4)204頁、川出敏裕「少年の刑事裁判」法学教室353号(2010年)110頁。

[9] 松本・前掲注(8)112頁。

[10] 松本・前掲注(8)113頁。

[11] 山崎学「不定期刑と定期刑の軽重」別冊判例タイムズ6号(1979年)252頁、本庄武「少年の刑事裁判に

解に至る。全体基準説は責任に幅があることを前提とするものであるが、幅の理論とは元来宣告刑形成の一過程において責任が幅をなすとするもので宣告刑自体が幅であるとしたものではない、責任の幅を承認したとしても5年以上10年以下といった広い幅が是認されるとは考え難い、責任に幅を認めると逆に定期刑制度の基礎づけに窮する、全体を基準とするというのは基準設定の必要自体を否定するものであるといった批判がある。しかし、④説を前提とすれば、責任の幅は成長発達の可能主体である少年についてのみ認められるものであり、責任概念が変容し展望的要素が含まれるが故に現行法のような広い幅が認められたと見ることができる。そして長期は行為責任により形成され、短期は成長発達を遂げることにより自律的に犯罪を克服することにより責任が履行される見込みに基づいて形成されると応えることが可能であろう。

　いずれにせよ、現在に至るまで不定期刑の言渡し基準が確立されていないとされる現状は好ましくなく[12]、不定期刑の量定は裁判員も行うことになった以上、基準を明確にする必要性は高まっている[13]。

3　不定期刑の立法的課題
(1)不定期刑制度改革に関する立法提案

　現行法の不定期刑は、少年に対する有期刑を短期と長期を定めた相対的不定期刑の形で言い渡すという文字通りの機能の他に、処断刑が有期刑である限り上限がどれだけ高かろうがそれを10年に圧縮する機能を有している。近時、この現行制度の二つの機能のそれぞれについて裁判官の論者から立法による改革提案がなされている。

　第1に、有期刑の上限の引き上げの提案である[14]。犯行時18歳未満の少年

おける処分選択の原理」龍谷大学矯正・保護研究センター研究年報5号（2008年）201頁【本書第3章】。

12　八木正一「少年の刑事処分に関する立法論的覚書」判例タイムズ1191号（2005年）67頁。

13　法律で基準を設けるべきとするものとして、角田正紀「少年刑事事件を巡る諸問題」家庭裁判月報58巻6号（2006年）21頁。

14　八木・前掲注（12）65頁、角田・前掲注（13）13頁、植村立郎「少年刑事被告事件における刑罰法規の問題状況に関する若干の考察」同『少年事件の実務と法理』（判例タイムズ社、2010年）357頁。

に対しては51条2項により10年以上15年以下の定期刑を科す余地があるのに対し、犯行時18歳以上の少年に対してはその余地がなく、無期刑を選択しない場合には長期10年以下の不定期刑を言い渡すしかない。しかし最長10年の有期刑と無期刑の間には著しい断絶が存在し、処断刑として無期刑を選択するほどではないが、10年以下の不定期刑では軽きに失するという場合、やむを得ず不定期刑を選択するしかなく、適正な量刑が阻害される他、成人共犯者が存在する場合に刑の不均衡という問題が元々生じていた。この問題は、2004年の刑法改正で有期刑の上限が30年に引き上げられたことでより顕著となったというのである。また2000年少年法改正以後20条2項により逆送された事案ではかなりの割合で、5年以上10年以下、5年以上9年以下という不定期刑における処断刑の上限ないしこれに準じた刑が言い渡されており、制度改正の立法事実になる科刑の頭打ち現象が生じている可能性があるとされる。裁判例にも、犯行時18歳、判決言渡し時19歳の少年に対し、処断刑として無期懲役を選択した上で酌量減軽を施し懲役10年としたものがあり（大阪地判2005（平17）・4・14家月58・3・154）、控訴審において無期懲役を選択しなければ52条により不定期刑とするしかないという理由で破棄されたものの（大阪高判2005（平17）・9・7家月58・3・149）、科刑の断絶に対する裁判官の不満が見て取れる。さらには、不定期刑の範囲の狭さを指摘し法改正を求める裁判員裁判例も出現するに至っている（大阪地堺支判2011（平23）・2・10LEX/DB 25470389）。そこで具体的に犯行時18歳以上の少年には処断刑の上限が30年、20年、15年の各場合に20年、15年、10年を上限とする刑の引上げを、18歳未満の少年には無期代替刑として15年以上20年以下の定期刑を可能とし、処断刑が30年、20年を上限とする場合は15年を上限とし、処断刑が15年を上限とする場合は10年を上限とする有期刑を可能にすべきと提案されている。

　第2に、不定期刑の廃止の提案である[15]。裁判員にとって量刑判断自体が一般に困難であるところ、より複雑で技術的な要素を含む不定期刑を決定する作業は裁判員には著しく困難であること、言渡し基準が裁判官の間でも統

15　八木・前掲注（12）66頁、角田・前掲注（13）65頁、植村・前掲注（14）362頁。

一されていない現状ではなおさらそうであること、有期刑の上限を成人に比べ軽減し、さらに早期の仮釈放や刑の終了を認めるこの制度が、犯罪者の贖罪を強く求める近時の国民世論から支持を得られるか疑問であり、また裁判員の理解・納得を得られるか疑問が残ること、アメリカの不定期刑制度やドイツの少年不定期刑は廃止されていること、行刑の実情からは早期の仮釈放や刑の終了は機能しておらず、その理由として少年受刑者の改善・更生が早期には進まないこと、あるいは受刑者の贖罪の観点からは想定される責任刑を大きく離れた行刑ができないことが考えられることが根拠として挙げられている。具体的には、不定期刑を廃止する代わりに、弾力的な仮釈放の運用が可能となるように、例えば有期刑は刑期の5分の1の経過を要件とすることなどが提案されている。

(2)**有期刑の上限引き上げについての検討**

この提案に対しては学説上も、2004年刑法改正において有期刑の上限が引き上げられた趣旨の一つは、無期刑に処する場合との格差を縮小させることにあったとされており、このことは少年による犯罪についても同様に妥当すること、少年に対して無期刑・死刑を認めている以上、有期刑の上限だけを成人の場合と比較して著しく低く設定する合理性はないことを挙げて、賛同する見解が示されている[16]。これらの見解は、改革提案は、不定期刑と無期刑を連続的なものと、また成人刑と少年刑を等質的なものと捉えるところに特徴がある。

しかしながら、少年法が少年に相応しい刑として不定期刑を用意することで健全育成の理念が刑事処分にも及ぶことを担保しようとしていることは明らかである。しかも法定刑が無期刑以上しかない重い罪であっても、酌量減軽規定を介することにより不定期刑となし得る構造を有している。そこには不定期刑に馴染まない軽微な罪を除いて、不定期刑により対応することを原則とする思想を見出すことができる[17]。確かに少年法は少年に対して死刑や

16　川出・前掲注 (8) 111頁。

17　本庄・前掲注 (11) 200頁。

無期刑を科す余地を認めている。しかしこれらはどうしても不定期刑で対応できない場合に、応報的処罰要求等との妥協として例外的にやむを得ず認められたものと解する他ない。そうすると、少年法の刑罰体系において、不定期刑と死刑・無期刑は異質ということになる。これらを連続的なものと見たり、健全育成という理念が及ばない成人刑との間で等質性を見出したりすることは妥当でないことになる。犯行時18歳未満の少年についてのみ10年以上の定期刑の余地が認められていることは、この年齢層の少年には無期刑が過酷に働き得ることを慮ったものであり、不定期刑との連続性を意識したものではない。犯行時18歳以上の少年に10年以上の有期刑を科し得ないことを不都合と見る発想自体が少年法と相容れないといわざるを得ない。

不定期刑の長期が10年に制限されていることについては、10年を超える期間拘禁を続けたならば、もはや教育的効果ということを正面には出しにくいからであるとの指摘がある[18]。従って、有期刑の上限を10年以上に引き上げるということは、健全育成の理念で説明できない少年刑がもはや例外にとどまらなくなってしまうことを意味する。少年法1条の下でこの改正を行うのは困難ではないかと思われる。

(3) 不定期刑廃止提案の検討

不定期刑廃止の提案に対しては学説上、少年に対して不定期刑を認めていることそれ自体には合理性があると思われるため、廃止という結論に至る前に、定期刑に近い運用がされている理由を検証する必要がある、また廃止する場合には仮釈放要件を緩和する法改正を改めて行うべきである、との見解が示されている[19]。

確かに不定期刑が少年に対して教育的効果を発揮しているということは確認されておらず、むしろ少年受刑者は成人受刑者より施設再収容率が高いとされている[20]。諸外国の動向に関しても、社会復帰理念自体を放棄したアメ

---

18 小林・前掲注 (3) 8頁。

19 川出・前掲注 (8) 111頁。

20 松本・前掲注 (8) 105頁、菊田幸一「不定期刑についての一考察」家庭裁判月報17巻4号 (1965年) 29頁、

リカ法はともかく、ドイツ法が法治国家原則の貫徹と教育思想の徹底の観点から不定期刑を廃止したこと[21]を軽視することはできない。また、例えば現行制度で最も重い5年以上10年以下の不定期刑が言い渡されたとすると、出所時期は1年8月から10年までの大きな幅の中で決まることになる。これは人権侵害のおそれが大きく[22]、出所時期が見通せないことで少年に悪影響を及ぼすことが懸念される。さらに、裁判実務が中間位説に従っているとすると、仮釈放が長期を基準として運用されていることと相まって、少年刑は成人刑よりも重く量定されていることになり、刑罰の教育効果について過剰な期待を持てない以上、現状は好ましくないと評価される。不定期刑の廃止は検討に値する提案といい得る。ただし、その前提としては、刑事処分を科す際にもできる限り健全育成、成長発達権保障に配慮するという1条の趣旨を損なわないようにすることが必要である。現在の運用を前提に、規定上仮釈放可能時期を早期化するだけでは、有名無実化するおそれが強く不十分である。最低限、1条の趣旨に相応しい少年刑の量刑基準を明示することが必要であり、さらに10年という刑期が本当に成長発達権保障の観点と両立可能かを実証的に検討する必要もあろう。そして、これは現行法下でも必要なことであるが、少年自身の主体的な成長発達を遂げる程度が刑期や仮釈放時期と連動するように行刑・更生保護のシステム全体を改める必要があるだろう。

　なお裁判員制度との関連に関して、裁判員の負担の点は現状のように不定期刑が成人刑と等質的なものとして運用され、かつ量刑データベースを活用して過去の先例を参照する限り、さほど問題にならないと思われる。問題はむしろ不定期刑が本来の趣旨に従って少年自身の状況に応じて個別化された場合に生じる。その際は裁判員裁判の対象事件から外すことも真剣に検討すべきであろう[23]。裁判員の理解・納得の点については、可塑性に富む少年に対しては成人よりも刑を緩和し、かつ健全育成に配慮した量刑をしなければ

森下忠「少年に対する不定期刑の処遇効果」家庭裁判月報27巻8号（1975年）34頁など。

21　比嘉康光「ドイツ少年刑法改正概観」同『ドイツ少年刑法の研究』（成文堂、2010年）57頁。

22　森下・前掲注（7）608頁。

23　犯行時18歳未満の少年について対象からの除外を提案するものとして、八木・前掲注（12）70頁。

ならないという少年法の理念は裁判員を拘束する一種の法解釈であると位置づけるべきであるから、理論上は問題にならない[24]。もちろん理解・納得を得なければ適正な量刑判断は難しくなるため、適切な説明を加えるとともにそれを裏づけるエビデンスを裁判員に提供していくことは必要である。

付　　記

　2012年9月7日、法務大臣から法制審議会に対して少年法改正に関する諮問第95号が発せられた。諮問は「少年に対する刑事事件における科刑の適正化」を目的の一つとする。この点に関する諮問に添付された別紙要綱（骨子）の具体的な内容は、①少年法51条2項による無期緩和刑を、現行の10年以上15年以下から、10年以上20年以下に引き上げること、②少年法58条1項2号における無期緩和刑としての有期刑の仮釈放可能時期を、現行の3年経過後から、刑法28条の一般原則に従った、刑期の3分の1経過後に引き上げること、③少年法52条2項による不定期刑の短期及び長期の上限を、それぞれ、現行の5年と10年から10年と15年に引き上げること、④その他所要の規定を整備することである。

　この提案は、③不定期刑の短期及び長期の引上げに連動する形で、①無期緩和刑の上限を引き上げ、また③に伴い不定期刑の仮釈放可能時期が引き上がることに連動する形で、②無期緩和刑の仮釈放可能時期を引き上げるという構造を有している。裁判例で示された不定期刑の刑期に関する不満を解消することに主眼があることになる。

　裁判実務家から強く主張されていた不定期刑の廃止は見送られ、刑の引上げ幅も提案されていたものよりは抑えられていることからすると、実務の不都合を解消するための最小限の改正という評価もあり得る。しかしながら、少年刑の原則である不定期刑が10年を超えてしまうことが少年法の理念と整合するのかなどにつき、慎重な検討を要すると考える。

24　高山佳奈子「量刑論の現代的課題」刑事法ジャーナル21号（2010年）7頁参照。

第10章 少年有期刑の引上げ
厳罰化か適正化か

1　はじめに

　少年法1条は、「少年の健全育成を期」すために、「少年の刑事事件について特別の措置を講ずることを」目的の一つとする。それを受けて51条以下は刑事処分の特則を定める。少年に対する刑事処分は、少年法の理念である健全育成、すなわち成長発達権保障の観点から解釈・運用されなければならない。この制約は法改正に際しても当然に及ぶ。今般の具体的な立法課題である少年有期刑の引上げの当否についても、この観点からの検討が不可欠となる。

2　法制審議会への諮問内容

　法制審議会に発せられた諮問は、「少年に対する刑事事件における科刑の適正化を図る」ことを目的とする。諮問に添付された別紙要綱(骨子)によれば、具体的な内容は、①少年法51条2項による無期緩和刑を、現行の10年以上15年以下から、10年以上20年以下に引き上げること、②少年法58条1項2号における無期緩和刑としての有期刑の仮釈放可能時期を、現行の3年経過後から、刑法28条の一般原則に従った、刑期の3分の1経過後に引き上げること、③少年法52条2項による不定期刑の短期及び長期の上限を、それぞれ、現行の5年と10年から10年と15年に引き上げること、④その他所要の規定を整備することである。

　提案に至った理由は以下の通りである[1]。まず③について、現行法下では裁判所が適正な量刑を行うことが困難な事案が存在するため、不定期刑の短期

---

[1] 「法制審議会少年法部会第1回会議議事録」(2012年) 6頁以下。

と長期の上限を引き上げる必要がある。次に①について、不定期刑の長期が15年にまで引き上げることを前提とすると、無期の緩和刑である有期刑の上限を15年とするのは不相当であるため、これを連動する形で上限を引き上げる必要がある。また②について、不定期刑の短期を10年まで引き上げることを前提とすると、不定期刑よりも無期緩和刑の方が仮釈放が可能となる時期が早く到来する場合が生じ得ることになるが、それを避ける必要があり、かつ無期緩和刑の刑期の幅が広がることを前提とすると、仮釈放可能期間を特定の期間で定めるのは相当でないため、刑法の原則に倣うことにする。

以上の説明から、今回の改正提案は③不定期刑の科刑範囲を最も問題視しており、①無期緩和刑の科刑範囲はそれに連動する形で、②無期緩和刑の仮釈放可能期間は③と①に連動する形で見直す必要があると考えられていることが分かる。以下では、紙幅の関係で専ら③の点を検討したい。

3　不定期刑改正の要否の検討

現行法は、不定期刑の範囲を5年以上10年以下に制限している。これについては、2004年の刑法改正によって有期刑の上限が20年、さらに加重事由がある場合は30年にまで引き上げられて以降、裁判官の論者により適正な科刑を妨げるものとして見直しの必要が主張されてきた[2]。現行法の問題を分かりやすく示す事例として、少年が主犯で成人が従犯的共犯の場合で、両者に対して有期刑で臨むべきとされる場合、成人に対して懲役20年から30年の刑を科し得ることとの対比がよく挙げられている。また、裁判例においても現行法への不満を述べるものが現れている[3]。具体的には、①成人が同種事案を犯したときとの比較で科刑範囲に不満を述べるもの[4]、②被告人が犯行時18歳以上の場合に、18歳未満であれば51条2項を適用することで科し得る懲役10年

---

[2]　八木正一「少年の刑事処分に関する立法論的覚書」判例タイムズ1191号（2005年）64頁、角田正紀「少年刑事事件を巡る諸問題」58巻6号（2006年）12頁、植村立郎「少年刑事被告事件における刑罰法規の問題状況に関する若干の考察」同『少年事件の実務と法理』（判例タイムズ社、2009年）347頁。

[3]　法制審議会少年法部会第1回会議配付資料7「少年刑に関する裁判例」。

[4]　前掲注（3）資料掲載の東京高判2009（平21）・1・29判例集未登載、鹿児島地判2009（平21）・3・12判例集未登載。

以上15年以下の刑を科し得ないことに不満を述べるもの[5]、③現行制度上科し得る不定期刑の範囲について端的に不満を述べるものがある[6]。

(1) 犯行時18歳未満への10年以上の定期刑の存在

しかしながらまず、②犯行時18歳未満の少年と18歳以上の少年の科刑範囲の比較は失当である。51条2項は、「無期刑をもって処断すべきとき」に、被告人が犯行時18歳未満であったことに着目をして、刑を緩和するものである。犯行時18歳未満の少年であったならば懲役15年までの有期刑が科せると考える前提は、結論として長期10年以下の不定期刑では刑として十分でないという結論先取り的な理由で、処断刑として無期刑を選択できるというものであろう。

確かに少年法は結論先取り的な処断刑選択を認めているふしがある。無期刑で処断すべき場合とは、まずもって、被告人が犯行時に18歳以上であった場合であれば、処断刑として無期刑が選択されるべき重大な事案の場合であろう。しかしながら現行刑法では、法定刑として無期刑以上しか規定のない強盗致死罪（刑法240条）のような犯罪であっても、酌量減軽規定を用いることで処断刑を有期刑に落とすことができる（刑法66条、71条、68条）。酌量減軽を行うかどうかは、「被告人の年齢その他諸般の情状」を考慮して行うとされ[7]、被告人が少年であることは当然加味される。少年法は、そのような場合でも52条によりもう一段階刑を修正し、不定期刑を用いることを排除していない。そのような事態が生じることを承知の上で立法されたと見るべきであろう。事案だけを見ると無期刑相当と判断される場合であっても、被告人への刑の作用が苛酷に働き過ぎることを勘案し、酌量減軽により無期刑を処断刑とした上で不定期刑を適用することは当然に認められている。換言すると、無期刑で処断されるべき場合とは、事案だけを見ると無期刑が相当であり、かつ少年への刑の弊害の観点から無期刑が回避されるべき事案で

5　同上の東京地判2008（平20）・10・2判例集未登載、東京高判2009（平21）・1・29判例集未登載。

6　同上の大阪地堺支判2011（平23）・2・10LEX/DB25470389。

7　最大判1948（昭23）・2・6刑集2巻2号23頁。

第10章　少年有期刑の引上げ─厳罰化か適正化か

はない場合ということになる。

　このような意味で、結論から逆算することは認められるとしても、反対に、有期刑で処断すべき事案ではあるが、その場合に選択できる不定期刑が宣告刑として不十分であるという理由で、処断刑として無期刑を選択することは予定されていないはずである。処断刑とは、法定刑から宣告刑へと言い渡す刑の範囲を絞り込む過程で中間的に形成されるものである。それ自体無期刑相当と言い難い事案について無期刑を処断刑として選択することは、処断刑には罪刑均衡の原理が適用されないことを意味する。それは、刑法の予定するところではない。また、少年法は処断刑が長期3年未満の軽い犯罪を除き、有期刑を言い渡すのが相当と考えられるときは、長期10年以下の不定期刑をもって臨むこととしている。有期刑を相当と判断しつつ、10年以上15年以下の定期刑を科すことは少年法の予定するところではない。このような処理が違法であることは裁判例においても確認されているところであり[8]、立法事実たり得ない。

　なお、学説において、2000年改正において犯行時18歳未満への無期刑の緩和が任意的となったことで、犯行時18歳未満の場合に無期刑に処せられることの代替的な緩和措置であるとの性格が曖昧になり、犯行時18歳未満についてのみ10年以上の重い有期刑を科し得るという逆転現象の存在意義に疑問がさらに生じることになったとの指摘が見られる[9]。しかしこの論者が自ら認めるように[10]、2000年改正が、無期刑を処断刑として選択すべき対象自体を変化させる趣旨を含んでいたとは考え難い。この改正は、犯行時18歳未満を無期刑で処断すべき場合について、選択可能な刑の幅を上方に拡大したと解する以外にはないのである[11]。この点も立法事実たり得ない。

8　前掲注(3)資料掲載の東京高判2007(平19)・12・17高裁刑速(平19)360頁。前掲・大阪地堺支判2011(平23)・2・10も、この点については正確な指摘をしている。さらに東京高判2007(平19)・10・11高裁刑速(平19)336頁も参照。

9　植村・前掲注(2)356頁。

10　植村・前掲注(2)355頁に引用されている、前掲注(8)の東京高判2007(平19)・12・17参照。

11　もちろん、2000年改正自体が合理的かどうかは別問題である。2000年改正を整合的に説明しようとすれば、無期刑が処断刑とされる場合の情状には広い幅があるため、少年の特性を踏まえた刑の緩和を行って

(2) 不定期刑の科刑範囲の制限

　不定期刑批判のうち、最大のものは①2004年刑法改正により成人に対する有期刑は最長30年となったにもかかわらず、少年に対しては原則長期10年以下の刑しか科せないという点であろう[12]。少年に成人共犯者がいた場合を想定するのは、少年刑が不当に軽いことを分かりやすく示す狙いがある。この議論は確かに分かりやすいが、本当に2004年改正が問題なのだろうか。現行刑法は制定時から2004年改正に至るまで、有期刑の上限を20年に設定していた。少年法は、成人が同種事案を犯した場合に比して2分の1の刑しか科し得ない場合があることを承知の上で、敢えて不定期刑の上限を10年に抑制したと考えざるを得ない。改正論は2004年刑法改正後の不合理さを強調するが、仮に改正が行われず成人であれば懲役20年が科されるべき事案で、少年である被告人に長期10年以下の不定期刑しか科し得ない状態であれば、問題を感じなかったのだろうか。おそらくそうではないだろう。改正論は行為者が成人か少年かということよりも犯した罪と刑の均衡性を重視しているからである。にもかかわらず、近年になって初めて改正が取りざたされるようになったことからは、2004年刑法改正は問題をより顕在化させた要因に過ぎず、真の立法動機は少年刑に対する実務の考え方が、成人刑との均衡を意識する方向に変わってきたことにあるのではと思われる。ところが改正論は、少年刑が元々いかなる理念に基づいて設計されたのかについて考察を行わない。それでは実務の変化が正当性を有するかについても判断できないというべきであろう。

　この問題は、③現行の不定期刑の科刑範囲への不満にも相通ずるものがある。裁判員裁判において、不定期刑制度への不満が公然と表明されたことで注目された大阪地堺支判2011（平23）・2・10は、「（不定期刑の科刑制限は）一般に少年は人格が発達途上で可塑性に富み教育による改善更生が多く期待

もなお、無期刑が相当な場合が残るという説明が考えられる。しかしながら、死刑が処断刑とされる場合の犯情はそれこそ青天井である。どんなに犯情が悪くても死刑は必ず無期刑に減軽するという51条1項の趣旨からすれば、2項の刑緩和を任意的なものにとどめることはやはり説明困難といわざるを得ない。

12　八木・前掲注（2）65頁、角田・前掲注（2）16頁、植村・前掲注（2）358頁。

されるからであると説明されているが、5年で刑執行終了となる可能性がある点でも、また、10年を超えては服役させられない点でも、本件犯行の凶悪性、結果の重大性等に照らせば、とても十分なものとはいえない。」と述べるだけでなく、仮釈放や5年経過後の刑執行終了処分は慎重にされるべきであると付言し、不定期刑の科刑範囲の適切な改正を要望している。この書きぶりからは、現行の不定期刑では不十分という評価が、犯行の凶悪性や結果の重大性といった犯情に関わる評価から導かれていることは明らかである。判決は不定期刑制度の趣旨に言及するが、少年法がそれらと事案の重大性の観点をどう調和させているかについての考察は見られない。仮に判示が裁判員の強い要望を反映させたものだとしても、少年法の姿勢を的確に説明するのは裁判官の責務である。それがなされていなければ、裁判員の市民感覚だからといって必ずしも尊重すべきことにはならないであろう。

　不定期刑制度の意義を改めて問わなければならない。

4　現行不定期刑制度の意義
(1) 不定期刑と改善更生

　現行法が、少年に対して処断刑として有期刑が選択される場合に、不定期刑を採用し処遇に弾力性を持たせている理由は、少年は人格が発達途上で可塑性に富み教育による改善更生がより多く期待されることに求められている[13]。刑事処分が科されるのは保護不能又は保護不適として逆送される場合だという通説及び実務は、この理解を妨げない。保護不能とは、あくまで現行の保護処分の枠組みで対応できないということであり、少年自身の改善更生の可能性が低いことを意味しない。また心身の成長途上にあるという事実自体が、成人と比較した場合に著しい改善更生可能性の高さを示しているといってよいだろう。また保護不適の場合は社会防衛や一般予防の見地から刑事罰が科されるのであって、少年自身の改善更生の可能性は保護処分でも十分に対応できるほどに高い。

　そこで少年法は不定期刑を採用した。先に確認したように、処断刑3年未満

13　田宮裕・廣瀬健二（編）『注釈少年法（第3版）』（有斐閣、2009年）466頁。

の軽微な犯罪を除き、あらゆる犯罪に対して、刑法の酌量減軽規定を介することで処断刑として有期刑を選択し、宣告刑を不定期刑とすることができる。少年法は不定期刑を少年に対する刑事処分の原則型と位置づけたといえる。

現行制度の最大の特色は、不定期刑の長期を10年に、短期を5年に制限したことにある。最長10年間刑事施設に収容されるということは一般的にいっても重い刑罰であるが、少年にとっては、10歳代の残り及び20歳代の大部分という人格形成において最も重要な時期を、他者との接触を著しく制限された状態で過ごさなければならないことを意味する。この時期の受刑は、期間終了後の人生の在り方も規定してしまう可能性が高い点で特に重い刑罰といえる。それでも少年法は、どんなに遅くとも30歳前後までに出所できるようにすることで、困難は伴うものの人生をやり直す機会を奪わないよう配慮したと考えることができる。

他方短期については、上限が5年と設定されている。短期の3分の1を経過すれば仮釈放が可能になっているため(58条1項3号)、5年以上10年以下という最も重い不定期刑であっても1年8月経過後には仮釈放が可能になる。少年に1年8月で出所できる希望を抱かせることは、少年刑を少年院長期処遇の延長線上に位置づけることを可能にさせる。また、仮釈放までと同期間が経過することにより刑の執行が終了するため(59条2項)、最短で3年4月経過後に刑の執行が終了する。このように短期経過以前に実質的にまた正式に刑の執行が終了する可能性があることは、少年が短期間で飛躍的な成長を遂げる可能性を考慮したものであろう。

(2) 不定期刑と責任刑

しかし、不定期刑が純粋に改善更生の考慮のみに従って作られていると考えることはできない。10年間刑事施設に収容されることが、改善更生に役立つということは考え難いからである。改善更生ではなく再犯の危険性を根拠としているとすれば、長期の受刑もあり得るところである。しかし再犯の危険性はその予測精度の問題がある。理論的にも、責任主義に抵触するだけでなく、少年の成長発達を支援するという少年法1条の理念と真正面から衝突する考慮であり、正当化する余地はない。しかも10年という期間は隔離

による再犯防止の観点からは逆に短過ぎる。

　そこで、この10年という期間は刑事責任に対応する刑期だと考えざるを得ない。少年法は制定当時、成人であれば刑事責任が20年に相当すると評価される事案であっても、少年に対してはそれが10年に圧縮されると考えたのである。

　少年の刑事責任に関しては、死刑の必要的回避を定めた51条に関する議論が参考になるだろう。51条の刑緩和の趣旨については、①可塑性・教育可能性が高く、より教育的な処遇が必要かつ有効であること、②人格の未熟さから責任の程度が成人より低いこと、③人道的見地から年少者に苛酷な刑を科するのを避けるべきこと[14]、④年少者に対する社会の寛容が期待できること、⑤情操保護の必要性が高いこと[15]、⑥少年の被害者性から、国家による少年に対する非難可能性が減弱すること[16]等が指摘されている。このうち④については、社会の寛容度はその時々の時代状況に左右され、現に少年刑の引上げが議論されている現時点ではどれだけ妥当するか疑わしいが、なお一定の根拠にはなろう。また⑤についても、そもそも刑事施設に収容している時点で情操を害してはいるものの、その程度を抑える必要性は認められるだろう。しかしこれらの根拠だけでは、旧刑法がそうであったように、年少者について相対的な刑事責任年齢を設け、その年齢層の少年に対して刑を減軽する規定を設けることを根拠づけるにとどまるように思われる[17]。

　これに対し、現行少年法は、必要であれば刑法上の酌量減軽を行った上で処断刑を形成したものを基準として、それが有期刑であれば長期10年以下の不定期刑に刑量を圧縮することも予定している。このことを説明するためには、まず②及び⑥の観点を重視する必要がある。少年の非難可能性が低減していることは、経験科学的に実証されつつあるとして、近時アメリカ連邦

14　以上、平場安治『少年法（新版）』（有斐閣、1987年）443頁。

15　田宮・廣瀬（編）・前掲注（13）463頁。

16　廣瀬健二「少年責任の研究についての覚書」『小林充先生・佐藤文哉先生古稀祝賀刑事裁判論集（上）』（判例タイムズ社、2006年）625頁。

17　旧刑法の相対的刑事責任年齢規定については、渡邊一弘『少年の刑事責任』（専修大学出版局、2006年）162頁参照。

最高裁が少年に対する死刑を撤廃し、仮釈放のない終身刑を抑制する方向に舵を切った際に重視された視点である[18]。すなわち、少年は判断能力が未成熟であるが故に、無謀な判断をしてしまいがちである。また周囲の影響を強く受けてしまうがために、不合理な行動を行ってしまう。しかも少年には可塑性があるため、犯罪へと至る少年の意思決定は人格の悪性の発露とはいえない。次に③の観点である。既に言及したように、20歳代の受刑体験及びその後の人生への影響の観点から大き過ぎる拘禁刑の弊害を抑制する必要があるという意味で、刑罰は少年へは苛酷に働き得る。そのため責任の程度を刑量に置き換える際の変換率が成人の場合とは異なってくる。そして①の観点である。可塑性の高い少年は、刑事責任に対する感受性が成人よりも高いことが期待できる。そのため、同じ程度の刑事責任を果たすために必要な刑罰の量は、成人よりも少ないといえる。このように、少年刑は、三重の意味で成人よりも軽くならなければならないことになろう。このような少年特有の考慮が働くために、少年の刑事責任は処断刑として死刑及び無期刑を選択せざるを得ないような極めて重大な事件を除き、最大でも10年という刑期に対応すると考えられたのだと思われる。

それでは不定期刑の短期と責任刑の関係はどうだろうか。現在の学説においては、責任刑は不定期刑の長期に対応し、短期は少年の改善更生の観点から決められるという、いわゆる長期説が有力になっていると思われる[19]。しかしこの考え方は、地方更生保護委員会に、刑事責任が果たし終わらない段階で刑を終了させる権限を認めるもので、責任相当性を重視する応報刑思想[20]とは相容れない[21]。不定期刑制度は応報刑思想の例外であることを正面

18　さしあたり本庄武「少年事件で死刑にどう向きあうべきか」福井厚（編）『死刑と向きあう裁判員のために（第1版2刷）』(現代人文社、2012年)』240頁以下【本書第12章】参照。

19　川出敏裕「少年の刑事裁判」法学教室353号（2010年）110頁など。

20　応報刑思想は近時ますます強まっている。司法研修所（編）『裁判員裁判における量刑評議の在り方について』(法曹会、2012年) 5頁参照。

21　念のため付言すれば、仮釈放制度は刑期終了前に刑を終了させるものではなく、応報刑思想には反しない。

から認めることが必要となる[22]。

5　不定期刑改正案の検討

　現行不定期刑制度は、少年に対する責任刑という観点と改善更生の促進及び致命的弊害回避の観点を絶妙にバランスさせようとしたものであった。裁判例が指摘する、成人刑との均衡性や犯行の凶悪性や結果の重大性の観点だけを考慮した応報刑思想は、そもそも不定期刑制度が少年法上に根拠を持ち、少年法の理念の支配を受けた制度であることを正確に理解した上での批判とは思えない。また要綱(骨子)が提案する長期15年への引上げは、現行制度のバランスを崩すものとなる。30歳を過ぎてなお刑事施設に収容された場合、出所後に安定した自立生活を送るのは極めて困難になる。

　この指摘に対しては、少年法は、より改善更生に弊害をもたらす無期刑や無期緩和刑を承認しているとの反論が向けられるだろう。しかしこれらは、法定刑に死刑・無期刑が含まれる極めて重大な犯罪のみを対象とし、なおかつ不定期刑による対応では不十分となった場合に、例外的に認められるものである[23]。改正法は少年刑の原則型である不定期刑を少年法の理念との整合が難しい形に変えようとするものであり、これが少年法1条と両立するのかは疑問である。

　しかも改正案によっても、成人有期刑の上限との比較でなお2倍の格差が残ることになる。責任の観念を少年に特有のものと捉え直すことがなければ、成人共犯者が30年の定期刑を受ける場合に、主犯格の少年が長期15年以下の不定期刑を受けることで十分とされるのか疑問である。更なる刑の引上げを誘発し、少年法の理念との接合は絶望的に困難になっていかないだろうか。少年の刑事責任の独自性を正面から承認する必要がある。

　そして、応報刑思想を重視して長期を15年とすることには、皮肉なこと

22　詳論はできないが、筆者は不定期刑の短期も責任刑であると観念すべきだと考えている。本庄武「少年刑事事件における、憲法上の権利としての手続的・実体的デュー・プロセス」『刑事法における人権の諸相─福田雅章先生古稀祝賀論文集』(成文堂、2010年) 254頁以下【本書第1章】参照。

23　しかもその場合にもなお仮釈放や刑執行の終了の早期化が予定され(58条、59条)、弊害の発生はできる限り回避しようとされている。要綱(骨子)は無期緩和刑の仮釈放時期を遅くすることで(懲役20年の場合、6年8月経過しなければ仮釈放は可能にならない)、ますます少年刑としての実質を失わせる。

に、アスペルガー障害を抱えるなど刑事施設内での改善更生が容易でない少年に対して、再犯のおそれに対する懸念から責任の程度を超える刑が言い渡されるおそれが内包されている[24]。現行不定期刑の長期が10年に抑えられていることは、この制度が改善更生のためではなく社会防衛のための手段に転化することを防止する意味も有していることが、改正案では看過されている。

また短期の10年への引上げは、仮釈放可能時期が3年4月にまで引き上げられる場合が出てくることを意味する。これでは、短期間で仮釈放になるとはいえず、少年刑を少年院送致の延長線上に位置づけることは難しくなる。そもそも短期が責任の程度にとらわれずに、改善更生の観点から設定されるものであれば、10年という刑期が選択されることにはならないはずである。

しかも不定期刑制度においては、短期を基準とした仮釈放や刑の終了が現実的に機能していることが応報刑主義の例外としての性格を担保する。しかし実際の運用では、短期経過前の仮釈放は1986年時点の41.1％から2011年時点では2.2％へと激減している[25]。そもそも現場では、不定期刑独自の処遇は行われておらず、犯罪内容が凶悪重大であると改善更生の意欲や社会生活に適用する能力という点では良好であっても、被害者感情等に鑑みて、なかなか仮釈放が認められない場合もあるとされる[26]。このような実務の現状は、応報刑主義の例外として刑事責任を果たさずとも改善更生の観点から刑を終了する余地を認めた不定期刑の制度設計を、運用上否定するものである。不定期刑制度に対しては廃止論も有力に主張されていたところ[27]、要綱（骨子）は存続を前提とした改正提案を行っている。そうであれば、不定期刑が実際に活用されるような方策を併せて検討しなければならないはずである[28]。

24　アスペルガー障害の被告人に求刑を超える有期刑の上限を言い渡したことで物議を醸した、大阪地判2012（平24）・7・30 LEX/DB25482502参照。

25　法制審議会少年法部会第1回配付資料4統計資料・第4表「少年に対する刑の執行状況（改訂版）」。

26　「第4回平成20年改正少年法等に関する意見交換会議事録」（2012年）5頁。

27　八木・前掲注（2）67頁、角田・前掲注（2）18頁、植村・前掲注（2）360頁。

28　仮釈放許可基準を定める「犯罪をした者及び非行のある少年に対する社会内における処遇に関する規則」28条は、少年刑と成人刑を区別せずに一律の基準を設けている。しかし少年刑の趣旨が成人刑とは異なるとすれば、本来仮釈放の基準も異なるべきではないだろうか。

それを伴わなければ不定期刑は有名無実化し、少年に現実性のない早期仮釈放の期待を抱かせ、かえって有害な制度ということになってしまいかねない。

6　厳罰化か適正化か

　以上のように、今回の改革案は、成人刑との均衡を図ったり、無期刑と不定期刑の間隙を埋めるための「適正化」ではなく、責任刑と少年法の理念との接合を困難にさせる「厳罰化」であると評価せざるを得ない。被害者団体の方は、犯した罪に見合った処罰を行うのは「厳罰化」ではなく「適正化」であるという[29]。まさに問われているのは、少年にとって犯した罪に見合った処罰とはいかなるものなのかである。収容期間が長期化すれば、それだけ社会に出る時期が遅れる。その分だけ、収容直後から犯した罪と向きあおうと努めるインセンティブは低くなり、漫然とであっても受刑生活を送ること自体が責任を果たすことだと捉えられやすくなる。それよりは有意義で密度の濃い受刑生活を送ることで、犯した罪の責任を十分に自覚した上で社会に戻ることを目指す方が、「適正な」処罰なのではないだろうか[30]。不定期刑制度の趣旨を正確に踏まえていない疑いのある問題提起を受けて法改正を行う必要があるのか、もう一度問い直さなければならない[31]。

　付　記

　　「少年の刑事処分に関する処分の規定の見直し」に関する少年法改正要綱（骨子）は、2013年1月28日に開催された法制審議会少年法部会第4回会議にて、賛成15名、反対1名の圧倒的な賛成多数により可決され、さらに2013年

---

[29] 第5回平成20年改正少年法等に関する意見交換会配付資料・少年犯罪被害当事者の会「意見書」（2012年）。

[30] その意味では、少年行刑のあり方も問い直さなければならない。「第4回平成20年改正少年法等に関する意見交換会議事録」（2012年）1頁以下によれば、少年受刑者処遇が最も充実した川越少年刑務所でも、少年院に近い教育に重点を置いた処遇は20歳になるまで又は刑執行開始から1年経過時までで終了し、心理・教育スタッフによる個別担任制も刑執行開始から3年経過時までとなっている。しかし不定期刑は本来、短期での刑の執行終了及びそれ以前の仮釈放を目指すべきであるから、短期経過時までは教育に重点を置いた処遇を実施すべきだと思われる。

[31] 筆者は、守屋克彦・斉藤豊治（編）『コンメンタール少年法』（現代人文社、2012年）569頁以下において、少年刑全般について検討する機会を持った。併せて参照していただきたい。

2月8日に開催された法制審議会第168回会議にて全会一致で採択され、法務大臣に答申された。改正案の内容については、次章で改めて検討する。

第11章

刑事処分規定に関する少年法改正要綱（骨子）について

1 はじめに

　少年刑の引上げに関する立法提案を含む少年法改正要綱（骨子）は、2013年1月28日に開催された法制審議会少年法部会第4回会議にて、賛成15名、反対1名の圧倒的な賛成多数により可決され、さらに2013年2月8日に開催された法制審議会第168回会議にて全会一致で採択され、法務大臣に答申された。この答申を踏まえて法務省ではできるだけ早期に所要の法案を提出すべく、立案作業を進めているとのことであり[1]、早晩国会への提出が予想される。そのため、前章執筆以降の議論を踏まえて、刑事処分規定に関する要綱（骨子）全体について改めて検討しておきたい。

2 要綱（骨子）の内容

　第1に、少年法51条2項に基づく無期緩和刑を、10年以上15年以下から、10年以上20年以下に引き上げるとともに、その場合、58条1項2号に基づく仮釈放可能時期を3年経過後から、刑法の一般原則に従って、その刑の3分の1経過後に改める。

　第2に、少年法52条1項に基づく不定期刑の適用範囲について、処断刑が長期3年以上という制限を撤廃し、有期刑実刑で処断する場合はすべて不定期刑の対象とするとともに、52条2項が定める不定期刑の長期の上限を10年

---

[1] 榊原清隆「少年法改正の経緯と概要」刑事法ジャーナル36号（2013年）68頁。

から15年に、短期の上限を5年から10年に引き上げる。また、不定期刑の刑期を設定する際は処断刑の範囲内でまず長期を定め、次に、短期を定めるという形で設定の順次を規定する。さらに、従来不定期刑の幅については特段の規定がなく1月以上10年以下といった極端に幅の広い不定期刑を言い渡すことも可能であったところ、短期は長期マイナス5年(長期が10年を超える場合は、長期の2分の1)の範囲内において定めるとすることで不定期刑の幅に限度を設定する。

　第3に、少年法52条1項は不定期刑の短期を処断刑の範囲内で設定するように求めており、要綱(骨子)においても同様に短期は処断刑の範囲内で設定するものとされているところ、例外として、「少年の改善更生の可能性その他の事情を考慮し特に必要があるとき」は、処断刑の下限を下回って短期を設定できる。ただし、処断刑短期の2分の1及び長期マイナス5年(長期が10年を超える場合は、長期の2分の1)の範囲内という制限の範囲内という制限が付される。

　要綱(骨子)の特徴は、以下の通りである。①有期刑が処断刑となる場合の少年刑を不定期刑とすることを維持しつつ、刑の上限を引き上げる、②それに連動して、無期緩和刑の上限も引き上げる、③不定期刑の下限引上げに伴い、不定期刑の仮釈放可能時期が無期緩和刑の仮釈放可能時期を上回る場合が出てきてしまうため、無期緩和刑の仮釈放可能時期を引き上げる、④不定期刑の適用範囲を処断刑が軽い有期刑にまで拡大する、⑤不定期刑の量定の際に、まず長期を設定し次いで短期を設定するという順序を定め、また短期が処断刑の下限を下回る余地を認めることにより、長期説に親和的な規定となっている、⑥他方で短期と長期の幅を一定範囲に収めるという制約を設ける。

3　少年法部会での議論とその評価
(1)刑引上げの正当性
　立案当局の説明では、今回の法制審議会への諮問は、「少年審判や少年の刑事裁判に対する国民の信頼を確保することや、非行少年の再犯防止」とい

う大きな政策課題を具体化するためのものとされる[2]。

　二つの政策課題は、一般論としてどちらも重要なものであろう。しかしながら、少年犯罪の件数が激減しており[3]、検挙者に占める再犯者及び再非行少年の占める比率が上昇している現在[4]、政策の重点は再犯防止の方に置かれなければならないはずである。しかし部会においては、刑の引上げが非行少年の再犯防止に有効であることを示すエビデンスは何ら示されなかった。実際のところ、刑の引上げが再犯防止につながるかは疑問である。犯罪対策閣僚会議が2012年7月に公表した「再犯防止に向けた総合対策」にあっても、少年・若年者に対して、個々の犯罪・非行歴、家庭環境、交友関係、発達上の課題、生活設計等を的確に把握し、これらに応じた指導・支援を集中的に実施するとして、具体的には相談・助言態勢の強化、支援の輪の拡充、人間関係の構築に必要なコミュニケーション能力の伸長、居場所づくり等に取り組むとされている。刑を引き上げた場合、社会から隔絶させられる期間が長期化し、こうした施策によりカバーできないほどに人間関係が切断されてしまうおそれがある。今回の改正案は実効的な改善更生のための施策を行うという刑事政策の大きな潮流に逆行するものだといわざるを得ない。

　次に具体的な立法事実としては、「少年に対して無期刑を科すのは酷であるが、5年以上10年以下の不定期刑では軽すぎる事案や、共犯事件において20歳を僅かに上回る少年が主犯者で、20歳を遥かに超えた成人が従たる役割を果たした事案など、裁判所が適正な量刑を行うことが困難な事案が存在する」とされている[5]。

　このうち成人共犯者との刑の不均衡の問題は、成人刑と少年刑の不均衡を

---

2 「法制審議会少年法部会第1回会議議事録」5頁〔稲田委員発言〕。

3 『平成25年版犯罪白書』によれば、少年刑法犯検挙人員は2004年から毎年減少しており、2012年には、遂に1946年以降最少の値となった。人口比についても2004年以降毎年低下し、2012年には最も人口比が高かった1981年の半分以下にまで低下している。また罪種別に見ても、重い刑事処分の対象となり得る殺人・強盗・傷害等の事件において少年の検挙人員が増加している現象は認められない。

4 再犯者及び再非行少年とは過去に検挙歴のある被検挙者及び被検挙少年のことである。現在は再犯者及び再非行少年自体も減少傾向にあるが、初犯者（初めて検挙された者）がそれを上回る勢いで減少しているため、再犯者率及び再非行少年率が上昇するという状況にある。

5 「法制審議会少年法部会第1回会議議事録」6頁〔佐藤（剛）幹事発言〕。

端的に分かりやすい形で示すものであろう。このような主張を支持する立場から、少年法40条が少年の刑事事件と一般の刑事事件との連続性を明らかにしており、少年の刑事裁判の第一審について成人の刑事事件を担当する第一審裁判所が担う、といった現行制度からすると、少年刑は成人刑と連続した存在であり、成人刑との均衡の問題は、「元々あった考えがより明確な形で示されるようになった」に過ぎないという理解が示されている[6]。

しかしながら、改正案を支持する立場からも、少年について成人よりも軽い刑が定められていること自体に伴うもので、それを改めない限りは、いくら少年に対する有期刑の上限を引き上げたとしても問題を解消することは不可能であり、根本的な問題は、無期刑と有期刑の上限の格差が大き過ぎる点である、との指摘がある[7]。

さらに少年の不定期刑は旧少年法施行時以来、成人であれば有期処断刑の上限である20年の刑が相当である事案について、長期10年以下に圧縮する制度を採用してきている。この2倍の格差が最近まで問題視されることがなかったのは、実務においても、少年刑は成人刑とは異なる原理に従って運用されるべきであるとの意識が存在したからであろう[8]。さもなければ、少なくとも少年の刑事処分を大きく拡大させた2000年少年法改正の際に、少年有期刑の問題に手が付けられたはずである。そうならなかったのは、2000年改正時点では、検察官送致の範囲を拡大し、死刑や無期刑が処断刑となるような極めて重大な事案についての処分を厳罰化しておけば十分である[9]、と考えられたからであろう。ところが2000年改正以降、死刑や無期刑を処断刑とするまではいかず有期刑が処断刑とされる事案で、不定期刑の上限を軽過ぎると感じているように見える裁判例が散見されるようになるのである。

6　植村立郎「少年刑の改正」刑事法ジャーナル36号（2013年）78頁。

7　川出敏裕「少年に対する不定期刑の改正について」罪と罰50巻2号（2013年）94頁。

8　ここで注意したいのは、異なる「原理」とは、少年の健全育成の観点からは刑事処分は廃止されなければならないという議論を直ちに意味するわけではない、ということである。少年刑も刑罰の一種である以上、刑罰という苦痛を賦科することで責任を取らせるという側面を有している。しかし、少年法の理念が加味される結果、責任観念自体や責任の取らせ方のあり方が変容するという意味である。

9　具体的には、20条の改正、51条2項改正、58条2項新設を指している。

この点、立案当局は、凶悪・重大事件はかつても存在していたが、それに対する評価が異なってきたのだ、ということを率直に認めている[10]。しかしそうであれば、さらになぜ評価が異なってきたのか、その変化に正当性があるのかについて説明が必要なはずであるが、それはなされていない。

　それでは、無期刑と有期刑の格差問題についてはどうだろうか。これについては、2004年刑法改正によって有期刑の上限が20年から30年に引き上げられたため、無期刑と少年法が許容する有期刑との格差が拡大し、是正の必要が生じたとの意見が強く主張されている[11]。そして、その際の改正趣旨である、既存の有期刑の上限が、国民の刑罰観に係る規範意識に合致しないとの指摘がある点、また、無期刑に処する場合との実質的な差が大き過ぎるため、その格差を縮小し、両者に連続性を持たせる、という点は少年刑にも同様に妥当すると指摘されている[12]。

　この指摘に関しては、法定刑の引上げを国民の規範意識の観点から正当化することの是非は措くとしても[13]、その議論を少年刑にも妥当させることには疑問がある。少年刑は少年法の理念の下に存在しているが、国民が少年法の理念を正確に理解しそれを踏まえた上で規範意識を形成しているとは考えにくいからである。

　また無期刑と有期刑の格差論は、少年に対する無期刑を成人に対する無期刑と同じものと捉えているように思えるが、その前提自体を疑う必要がある。少年に対する無期刑もまた少年法の理念に規律されており、現に少年時に科された無期処断無期刑については仮釈放可能時期を短縮する特則が置かれているからである(58条1項1号)。少年に対する無期刑は、7年ないし10年(死刑を減軽した場合)という仮釈放可能時期経過後に、速やかにかつ可能な限りにおいて仮釈放を実現することによって、なんとか少年法の理念との整合

10　「法制審議会少年法部会第2回会議議事録」3頁〔上冨幹事発言〕。

11　「法制審議会少年法部会第2回会議議事録」9頁〔佐伯委員発言〕、植村・前掲注(6) 77頁。

12　川出・前掲注(7) 94頁。

13　周知のように、規範意識との合致を根拠とした厳罰化立法の当否に関しては、強い異論が示されている。城下裕二「法定刑の引上げと立法政策」同『量刑理論の現代的課題〔増補版〕』(成文堂、2009年) 13頁など参照。

性を図っているものであろう。現在のような事実上の終身刑としての無期刑の運用は[14]、とりわけ少年に対してはおよそ正当化の余地はないはずである。そう考えると、少年刑としての有期刑と少年刑としての無期刑には問題視されるような格差は存在しないことになるはずである。

(2) 不定期刑の上限引上げ

不定期刑の長期の上限を15年に引き上げることに関して、立案当局は、少年刑であっても本来、罪刑の均衡は当然求められるもので、具体的事案で罪刑の均衡が図れないような場合があれば、それに対応する必要があること、また現行法でも10年を超える刑を科すことができないとは考えられていないことを指摘する[15]。これに対しては、少年の改善更生のために遅くとも30歳までに出所できるようにすることが原則で、現行法上10年を超える刑はあくまで例外的な扱いであるとの反論がなされ、さらにそれに対して、「今回の改正案は、例外を一定の範囲で拡大するということであって、それがおよそ許されないという結論を導き出すことはできないであろう」との再反論がなされている[16]。

しかし現行法は、例外が選択できるのは、あくまで死刑か無期刑を処断刑として選択すべき事案であると積極的にいえる場合に限ることで、例外性を担保している。改正案のように不定期刑自体に例外を含ませてしまえば、それが例外にとどまる保障が失われる結果、立案当局のいう「罪刑均衡」の観点が前面に出てしまうおそれが強い。

次に不定期刑の短期の上限を10年に引き上げることに関しては、「短期が経過時点では、なお被告人は20歳代であり、不定期刑が機能する余地は残されているという考え方に基づくものであろう」という理解が示されている[17]。

---

14 法務省保護局「無期刑の執行状況及び無期刑受刑者に係る仮釈放の運用状況について(2013年10月更新)」によれば、近年の無期仮釈放者の平均在所期間は30年を超えている。

15 「法制審議会少年法部会第2回会議議事録」7頁〔上冨幹事発言〕。

16 川出・前掲注(7)96頁。

17 川出・前掲注(7)97頁。

しかしうまくいけば、20歳代のうちに刑が終了する余地を認めれば少年法の理念が担保されるというわけではなかろう。うまくいかなくても20歳代のうちに刑を終了させることにより拘禁刑が少年の成長発達に及ぼす弊害を抑制する点にこそ、重要な意味があるはずである。また不定期刑の機能をいうのであれば、短期経過時点ではなく、もっと早期の時点で仮釈放になり得る点に着目すべきであり、20歳代で刑が終了し得ることが少年の特性に応じた刑のあり方だというのはあまりに皮相な見方だと思われる。

(3) 不定期刑の性質

　不定期刑の性質については、少年法部会において、裁判実務上、行為責任に見合った刑として長期を決定し、更生可能性や改善更生の見込みといった観点から短期を決定するという長期説が採られているとされ、理論上も広く支持を集めた。ただし長期が責任刑であるかに関して、現行法では15年くらいの責任刑と思っても10年に下がるため、不定期刑自体が生の責任刑ではなく、恩恵的な修正された、刑の緩和されたものだという指摘もあった[18]。

　これに対して、不定期刑の短期は処断刑の範囲内で定め、仮釈放についても短期を基準として定めていることからは短期もきちんとした刑であるというのが現行法の位置づけであるとの指摘、被害者団体代表からの短期も長期も責任刑であると思っていたという発言、不定期刑の短期について、改善更生へのインセンティブを与えるのに最低5年が必要との説明は若干分かりにくく、最低5年は入っておいてもらわないと責任を取ったことにはならないという指摘といったように、全体基準説に親和的な見解が示された[19]。

　全体基準説に対しては、現行法の5年から10年という幅をすべて責任だけで説明するのは難しいとか、少年に対する責任は幅でよいが判決までに成人になると途端に点になるのは説明がつきにくいとの指摘がされている[20]。

18　「法制審議会少年法部会第2回会議議事録」13頁〔合田委員発言〕、同14頁〔佐伯委員発言〕、不定期刑(の長期)も生の責任刑ではないとするものとして、同22頁〔植村委員発言〕。

19　順に、「法制審議会少年法部会第2回会議議事録」17頁〔藤本幹事発言〕、同19頁〔武委員発言〕、「法制審議会少年法部会第3回会議議事録」5頁〔堀江幹事発言〕。

20　「法制審議会少年法部会第2回会議議事録」17頁〔佐伯委員発言〕、同16頁〔植村委員発言〕。

要綱(骨子)は、まず長期を定めた後に短期を定めるとした点、短期が処断刑の下限を下回ることを認めた点で長期説に親和的に見える。

　長期説への支持は要綱(骨子)に批判的な立場からも示されている。すなわち、全体基準説は、刑事責任の幅をあまりに広く設定する点で執行される刑罰としての明確性を欠くし、自らの責任の刑期が明確でなければ少年が納得して刑に服することを妨げることにもなりかねず、教育的な目的からも問題があるため、不定期刑が責任刑であるとの観点からは長期説が妥当であるというのである[21]。

　しかしながら不定期刑の把握の仕方として長期説が妥当なのか、そもそも改正案が長期説に立っているのか疑問がある。

　第1に、長期が責任刑であると認めるためには、成人であれば30年の刑期に相当する責任が少年の場合には、現行法では10年、改正案でも15年に圧縮されることを認めざるを得ない。いずれにせよ刑は大幅に圧縮されざるを得ないのに、「不定期刑たる有期刑の性質は、通常の懲役・禁錮刑と異ならない[22]」として長期は行為責任に対応すると理解するのは強引ではないだろうか。かといって、長期ですら恩恵的な緩和刑であると把握すると、少年刑自体がいかなる性質のものか、成人刑との関係はいかなるものか不明になってしまう。長期は確かに責任刑であるが、前提となる責任概念が少年法の理念による修正を受ける結果、責任相当刑が大幅に圧縮されると観念せざるを得ないように思われる。

　第2に、短期を改善更生の観点から定めるということは、不定期刑については責任を取り終わらないうちに刑を終了させてよいと正面から認めることになる。成人刑についても責任は刑の上限を画するのみで、目的刑的な考慮により刑を定めるとの立場をとるのであればそれでも構わない。しかし、日本の実務及び通説は一貫して応報刑論であり、その傾向は裁判員制度導入以降強まりを見せている[23]。今回の改正の立案当局もまた、刑引上げの根拠を

21　山口直也「第4次少年法『改正』案の検討」同『少年司法と国際人権』(成文堂、2013年) 264頁。
22　川出・前掲注(7) 96頁。
23　本庄武「日本の量刑の特色と判決前調査制度を導入することの意義」龍谷大学矯正・保護総合センター

「罪刑均衡」に求めている。これらの例外として短期による刑の終了を認める理由が「刑事政策[24]」というだけでは説明になっていないのではないだろうか。確かに、現行不定期刑が予定する大きな刑の幅を通常の責任概念と整合させるのは難しいだろう。しかし少年に対しては、少年法の理念を受けて責任概念が修正され、責任の果たし方に応じて必要な刑の程度が事後的に変わってくるのだとすれば、短期も最低限果たさなければならない責任刑だと観念することは、なお可能ではないかと思われる。そして、成人に達した瞬間に責任が点で確定することの説明もつく。まず長期を定め、次いで短期を定めるという方式も全体基準説と矛盾するものではない。

また刑罰としての明確性や少年の納得という問題は、不定期刑の幅の問題ではあっても、それを責任の幅の問題として捉えるかどうかの問題ではないはずである。しかも短期を改善更生の観点から定めるといっても、現在の経験科学の知見において、改善更生に必要な刑の程度を判決時にいかにして明らかにするのかという問題や、改善更生の観点から刑を科すことが必要ないと判断される場合にどう対応するのかという問題がある。また短期の上限は、少年刑務所での教育効果を見極めるために必要な最長の期間という観点から設定されることになるともいわれるが[25]、教育効果の見極めは短期経過後もされるはずであろう。

第3に、改正案は短期が長期から離れ過ぎないようにするための制限を設けている。その理由としては、「長期と短期の幅が余りに広いと、短期が責任からかけ離れたものになり、少年の行為に対する非難を基礎とする制裁という側面が失われてしまいかねない[26]」ことや、受刑者にとって実際の受刑期間の予測が困難になるとともに、受刑の終了時期を矯正当局が決めることになるから、相対的に、刑事責任に応じて刑を科すという裁判所の司法機能

研究年報3号（2013年）31頁。

24 「法制審議会少年法部会第2回会議議事録」17頁〔佐伯委員発言〕。

25 山口・前掲注（21）265頁。

26 「法制審議会少年法部会第2回会議議事録」19頁〔川出委員発言〕。また、桝・前掲注（1）67頁は、長期と短期の乖離が余りにも大きくなることは、不定期刑も刑であり、その全体が行為責任に対応するものであることなどを考慮すると適当ではない、とする。

が弱まる点に求められている[27]。

しかし前者の理由づけからすれば、改善更生の観点からの短期の設定が困難であることと相まって、短期は結局、改善更生の観点からではなく、責任から離れ過ぎないという観点から決められることになる。結局のところ、短期は責任を下回る刑だとしつつ、なお非難を基礎とする制裁という側面を有していなければならないという形で、短期も責任刑であることを裏口から認めることになっているのではないかと思われる。

また後者の理由づけにも妥当することであるが、改正案においては短期7年6月、長期15年という刑が可能であり刑の幅は7年6月にも及ぶ。この幅が、責任概念の少年法の理念による修正を観念しない場合に責任からかけ離れていないといえるのか、受刑期間の予測を困難にするといえないのか、司法機能の弱体化といえないのか、不明である[28]。改正案が、長期10年を超える場合に不定期刑の幅を拡大することにしたのは、現行法での不定期刑の上限である短期5年、長期10年の幅が長期の2分の1という意味を持っていることと、5年より大きな幅を認めることが今回の改正が単純な厳罰化ではないことを示す意味があるためであるとされる[29]。しかし短期1月、長期10年といった極端に大きな幅で不定期刑を言い渡すことのできる現状で、それがなされてこなかったのは、不定期刑を短期で終了させることにより不定期刑を活発に運用することがされてこなかった中で、不定期刑を定期刑に近いものと裁判実務が位置づけていたからではないかと思われる。実務上不定期刑の幅が最大5年、長期の2分の1となっていたのは、法律上最も重い不定期刑について、それ以上に幅を狭めることができないという消極的な選択であった可能性がある。そうだとすると、長期10年を超える非常に重い不定期刑の幅を拡大することは、決して厳罰化の要素を薄めることにはつながらないであろう。現状のように不定期刑を短期で終了させる運用が皆無の状況では、短期は有

---

27 植村・前掲注（6）80頁。

28 「法制審議会少年法部会第2回会議議事録」19頁〔植村委員発言〕は、10年の幅は処遇の面でも非常に困難を伴うし、そうした刑を裁判所が宣告することも疑問視している。

29 「法制審議会少年法部会第2回会議議事録」20頁〔佐伯委員発言〕。

名無実化し、少年にいたずらに早期解放の希望を抱かせ改善更生に悪影響を及ぼしかねない。

　第4に、改正案は短期が処断刑の下限を下回る場合を認めている。しかし改正案は全体基準説と矛盾するものではない。というのも少年に対する不定期刑は成人に対する刑罰を念頭において形成される処断刑をもう一段階減軽して形成されるものであり、その際に前提にあるのは少年法の理念を踏まえて修正された責任であるためである。少年の責任に対応する刑は当然に成人の責任に対応する処断刑を下回ることになる。今回の改正案はこのことを明確にしたものと位置づけることができる。

　ただし改正案において、処断刑の下限を下回り得るのは、「少年の改善更生の可能性その他の事情を考慮し特に必要があるとき」とされている。これについて、「短期が、少年の改善更生意欲を喚起し、少年の可塑性に応じた早期の社会復帰を可能とするものでもあることを示す」とされ[30]、また少年不定期刑が、今後も教育刑的な側面に重きを置かれることを示すものとして非常に大きな意義があると評価されている[31]。こうした評価を加えることは可能であるし、全体基準説の立場からも不定期刑が本来の趣旨に従い、少年の成長発達を促進し得るよう、可能な限りの早期の仮釈放や刑の終了を目指して柔軟に運用されることは望ましい。しかし、この文言は、特段の必要性が示された場合にだけ改善更生の可能性を考慮すれば足りるという意味にも受け取ることができる。しかも特段の必要性の内容が問題である。部会では、①「客観的にその時期に少年の改善更生がなされるであろうことが認められるような場合」、②「改善更生の意欲を持たせることできるという効果を特に期待できるような場合」、③「行為責任の上限が処断刑の下限に近いような場合」が例示されている[32]。適切な宣告刑の形成に支障が生じる③は別として、①についてはいかなる資料・根拠に基づけば、特定の時期に改善更生が達成されることが客観的に期待できるのか不明であり、②についても早期の刑終

30　植村・前掲注（6）80頁。

31　「法制審議会少年法部会第3回会議議事録」8頁〔瀬川委員発言〕。

32　「法制審議会少年法部会第3回会議議事録」2頁〔上冨幹事発言〕。

了の見通しを提示すれば、多かれ少なければ改善更生の意欲は喚起されると思われるため、それが特に期待できる場合とはいかなる場合かが問題となる。具体的な内容は今後裁判例を通じて明らかになっていくところを待つしかないところがあるが、いずれにしても特段の必要性を厳格に要求すると、要件を充足する場合がほとんどないことになりかねない。柔軟に認定していくべきであろう。

(4) 無期緩和刑の引上げ

　無期緩和刑の引上げは、立案当局によれば不定期刑の引上げに連動する形で引き上げるものとされ、それ自体の引上げの立法事実は示されていない。しかし部会でも指摘されているように、無期緩和刑（及び無期刑）は不定期刑とは断絶した、例外的なものだと位置づける場合、その上限を引き上げることがどう評価されるかが問題になるため[33]、検討する。

　無期緩和刑の趣旨については、行為時18歳未満の少年であったことを考慮した上での責任に見合った刑罰という観点からは無期刑が相当な場合であっても、その年齢を考慮すると、なお無期刑は過酷であるという場合に、いわば恩恵的に有期刑とするものだ、との理解が示されている[34]。

　この理解は緩和の趣旨を恩恵と捉えることで、51条2項が減軽を任意的なものにとどめていることを整合的に説明できるし、恩恵をどの程度とするかは政策的に決めるべきこととなり改正案も無理なく説明できることになろう。しかし懲役・禁錮の刑の性格が成人刑の場合と同じであるとしつつ、責任刑を下回ることができる積極的な理由は示されていない。また恩恵であれば酌量減軽規定を用いることで十分に対応可能である。酌量減軽をした上でさらなる減軽を可能とする少年法の趣旨からは、少年法の理念に関連づけることにより、無期緩和刑もまた少年に特有の責任概念を前提とすると解する必要がある。また恩恵説では、どんなに凶悪重大な事案であっても必要的に死刑を無期刑に減軽することを求める51条1項の趣旨は説明しづらいであろう。

33　「法制審議会少年法部会第4回会議議事録」4頁〔堀江幹事発言〕。

34　川出・前掲注（7）95頁。

かといって、51条の1項と2項の減軽根拠について説明を変えるのも不自然である。

　次に、改正案によって有期刑の上限が上がることにより有期刑の選択の余地が広がり、無期刑の緩和の幅が広がるため、この改正は緩和の趣旨をより生かすものだ、という評価がある[35]。しかし、この評価は2000年改正以降に可能になった無期刑を減軽せずに維持する措置が、15年までの有期刑では不十分であるとの理由で消極的に選択されてきたという評価を前提とするものであるが、そうした実務が本当にあったのか疑問である。今回の改正案を前提とするかしないかにかかわらず、無期緩和刑が相当な事案であれば、緩和刑の上限が不十分であってもそれを選択すべきであろう。

　改正案に反対の立場からは、現行法が緩和刑の上限を15年としてきたのは、可塑性が残るであろう30歳程度の青年期後期を限界としてきたことも含まれると考えられるとして、これをさらに5年延長して壮年期に差し掛かるまで収容を継続することは少年法の趣旨に反するし、26歳になって以降の成人刑務所での通常の矯正処遇を長期に亘って受けることは可塑性に配慮した科刑の意義を減殺するとの批判がされている[36]。この立場は、不定期刑の延長線上に無期緩和刑を位置づけるものと解されるが、そうすると少年法自身が死刑を減軽する際に無期刑を許容していることの説明が難しくなるように思われる。またこれまで30歳から35歳前後だった刑の終了時期が35歳から40歳前後に延びることについては、少年法の趣旨からはもちろん望ましくないが、決定的な差異であるのかは必ずしも明らかではない。

　思うに、不定期刑と無期を緩和した定期刑との間にはやはり質的断絶がある。無期緩和刑にも刑期満了以前の刑の終了の規定はあるとはいえ（59条2項）、不定期刑の場合よりも刑の終了時期は遅くなる。たとえ早期の仮釈放が実現し、少年が成長発達を遂げ十二分に改善更生したとしても、刑期満了又は仮釈放前の刑執行期間と同期間経過後までは監督下に置く形により、刑は執行し続けられる。やはり少年刑の原則形態は、短期経過時点での刑終了

35　植村・前掲注（6）81頁。

36　山口・前掲注（21）260頁。

を現実的に意識し、それを前提とした処遇を伴った不定期刑でなければならない。無期緩和刑は、成人が同種犯罪をした場合は無期刑相当であるとの判断と、（必要に応じて酌量減軽を介することにより）不定期刑を選択するのでは不十分であるほど犯罪自体が重大であるとの判断を経た上で、無期刑が処断刑として選択されたことを前提とする例外的な選択肢である[37]。

　では無期緩和刑と不定期刑との間に断絶があることを踏まえると、今回の改正案のように無期緩和刑の上限を引き上げることも許容されることになるのだろうか。そうではあるまい。確かに、無期緩和刑では事後的な変容を伴う形での責任観念の修正は限定的である。改善更生を前面に押し出し責任相当刑の事後的な修正の余地を伴う不定期刑とは異なり、判決時の刑事責任に相当した刑罰という色彩が強くなる。しかし無期緩和刑も少年刑である以上、少年法の理念を踏まえた少年に特有の責任概念の下で科されるものであり、無期刑の緩和は刑の大幅な減軽を伴わなければならない。現行法では、そのことは仮釈放可能時期に現れている。少年法58条1項2号は少年に対して無期緩和刑を科す場合、不定期刑の仮釈放可能時期ほどではないにせよ、3年経過後という比較的早期の時期に仮釈放を可能としている[38]。これは無期刑の場合の7年経過後の、実に半分以下の期間なのである。しかし今回の改正案によれば、無期緩和刑の上限は20年となる。同時に、仮釈放可能時期も刑の3分の1経過時点である、6年8月経過後となる。これでは、無期刑が緩和されない場合に比して、仮釈放可能時期にほとんど差がなくなってしまう。改正案は、無期緩和刑から少年の責任に相応しい大幅な減軽という実質を失わせるものであり、無期緩和刑を例外と位置づける立場からも、容認できない提案であるといわざるを得ない[39]。

37　なお処断刑としての無期刑を緩和するかどうかの判断においては、少年の責任は成人の責任に比して大幅な減軽を伴うのであるから、緩和刑とするのが原則でなければならない。本来緩和を任意的とした2000年改正自体の当否が問われるべきであるが、現行法の下で無期刑を緩和しない場合とは、罪の重さが死刑相当と紙一重のような事案に限られる必要がある。

38　前述した少年の無期刑同様に、無期緩和刑についても、仮釈放が可能な時期が到来すればできる限り仮釈放とできるよう、それに向けた処遇を実施することが必要となる。

39　それに対して、無期緩和刑の仮釈放可能時期について改正を行わなければよいのかとの疑問があり得るだろう。確かにそうなりそうである。しかしそれに対しては、20年の刑について本来の仮釈放時期の半分

4 おわりに

　以上のように、今回の提案には十分な改正の根拠理由があると思われず、また少年法の理念との抵触も免れ難い。しかし今回の議論がされたことにより、不定期刑の運用が定期刑とほとんど変わらないほど硬直化しており、少年法の理念に従っていないことが明らかになったことには意義があったと思われる。改正案に賛成の立場からも、こうした運用が続くのであれば、不定期刑の言渡し範囲を広げたといっても、結局、有期刑の上限を引き上げただけであるという批判を免れ難いため、不定期刑における仮釈放の在り方についての再検討が行われることを期待する、との意見が表明されている[40]。そしてこの指摘は、不定期刑のみならず、濃淡はあるにせよ少年法の理念を踏まえた上で制度設計されている無期緩和刑や無期刑にもいえることである。

　改正が行われるか否かにかかわらず、少年刑は、その前提にある責任概念が少年法により変容していることを踏まえた上で、できる限り早期の仮釈放及び刑の終了を目指して運用されなければならない。

付　　記

　校正時、少年法改正案が2014年2月7日付けで国会に提出されたとの報に接した。

以下である3年で仮釈放とするのはあまりにも早期化し過ぎであるとの批判が向けられることになる。

40　川出・前掲注（7）97頁。

第4部

少年に対する死刑

第12章 少年事件で死刑にどう向きあうべきか

世論と専門的知見の相克の中で

1 はじめに

　裁判員が裁く事件のうち最も悩ましく、判断が難しいものの一つが、犯行時少年であった被告人(以下、単に少年という)に対し死刑を科すべきか否かが問題になる場合であろう。少年法51条1項は犯行時18歳未満である場合、死刑は必要的に無期刑に減軽されなければならないと定める。従って、問題となるのは犯行時18歳以上20歳未満の少年についてである。この問題を巡る議論は、重大少年事件に厳罰を求める世論(及びそれを重視する専門家)と少年法の理念を説く専門家との間で大きく対立しているように見える。本稿は、この対立への折り合いの付け方について、アメリカ合衆国判例を参照しつつ、モデルの提示を試みるものである。

2 少年と死刑を巡る最近の議論

　世論は一般に重大な事件を犯した少年に対して厳しい処罰を求める傾向にある。裁判員制度開始前に実施された調査では、被告人が未成年であるという事情につき、裁判官は刑を軽くする事情としてかなりの重視をしていた。対照的に、一般市民は半数が刑を重くも軽くもしないとし、むしろ刑を重くする事情と評価した者も4分の1いるという状況にあった[1]。

　そして、実際の裁判員裁判において、犯行時18歳の少年に対して死刑

1　司法研修所(編)『量刑に関する国民と裁判官の意識についての研究』(法曹会、2007年) 125頁。

を言い渡した事件が登場した。いわゆる石巻事件(仙台地判2010(平22)・11・25裁判所ウェブサイト)である。この事件には、少年事件に相応しい十分な審理がなされたかという手続上の問題があるが[2]、それとともに一般市民が重大事件を犯した少年に対して抱く厳しい感情を改めて浮き彫りにしたものでもある。

この判決は、いわゆる永山基準に従うことを明記している[3]。永山基準とは犯行時19歳の少年によるいわゆる永山事件において、最高裁判所が定立したものであり(最判1983(昭58)・7・8刑集37巻6号609頁)、考慮要素の一つとして「年齢」を掲げながら、「罪刑の均衡の見地からも一般予防の見地からも極刑がやむをえない」かどうかを基準とするものであった。以来この基準は、死刑適用の是非が問題となる多くの事件において、被告人が少年か成人かを問わず引用され続けている。基準自体に少年を特別視する要素はなく、少年事件においても成人事件と同様の基準が適用されている。もちろん基準は同じであっても、「年齢」の考慮を通して、少年事件かどうかはなお意味を持ち得る。先の調査に見られるように、職業裁判官達は被告人が少年であるという事情をかなり重視してきたと思われる[4]。結果として少年に対する死刑は謙抑的に適用されてきた可能性がある[5][6]。しかし、裁判員時代に

---

2 多く指摘されていることであるが、例えば、武内謙治「少年に対する裁判員裁判」季刊刑事弁護69号(2012年)191頁、斉藤豊治「裁判員裁判と少年の死刑判決」『人権の刑事法学——村井敏邦先生古稀記念論文集』(日本評論社、2011年)797頁参照。

3 ただし、それが本来の永山基準であるかどうかには疑問があり得る。本庄武「少年事件での死刑判決——石巻事件における裁判員裁判」法学セミナー678号(2011年)38頁【本書第16章】を参照。

4 門野博「刑事裁判ノート——裁判員裁判への架け橋として(9)」判例タイムズ1337号(2011年)55頁は、少年事件に携わり、多くの非行少年が更生していく姿を目の当たりにする中で、少年事件では更生可能性を慎重に判断しなければならないと思うようになった旨述べる。このような感覚は多くの裁判官に共有されているのかもしれない。

5 永山事件以降で少年時の犯行について死刑が確定したのは、市川一家殺害事件(最判2001(平13)・12・3集刑280号713頁)、木曽川長良川事件(最判2011(平23)・3・10集刑303号133頁)、そして光市事件(最判2012(平24)・2・20裁判所ウェブサイト)と3件5名しかなく、対象を一旦死刑判決が下されたことのあるものに広げても、石巻事件(控訴審継続中)以外には、大高緑地アベック殺人事件第一審(名古屋地判1989(平1)・6・28判時1332号36頁。控訴審である名古屋高判1996(平8)・12・16(判時1595号38頁)で無期懲役に減軽)が加わるだけである。

6 もちろん裁判所がこれまで個々の少年事件で言い渡してきた死刑判決の妥当性については別論である。

なってみると、この職業裁判官の間で通用していた「暗黙のルール」は裁判員には通用せず、少年に対する死刑適用が積極化している可能性がある、というのが実務の現状であろう。曖昧な永山基準にそれを阻むものはない。世論の影響力が強まっていると評価できることになる。

これに対して、石巻事件判決を論評した学説にあっては、「少年の歪んだ人格は、『育て直し』をすることによって良い方向に変化する大いなる可能性が秘められているのだから、命を絶つという方法は、最後の手段でなければならない[7]」、「少年に対する死刑は、現行法上認められているということを尊重すれば、全く矯正可能性が認められないような史上例を見ない残虐犯罪にだけ適用が許されると解すべきである[8]」というように、少年に対する死刑は成人とは異なる基準の下で極限的な場合にのみ適用されるべきとの見解が強い。さらに、2011年10月に日本弁護士連合会は、「成育した環境の影響が非常に強い少年の犯罪について、少年にすべての責任を負わせ死刑にすることは、刑事司法の在り方として公正ではない」として、「犯罪時20歳未満の少年に対する死刑の適用は、速やかに廃止することを検討すること」と提言するに至っている[9]。伝統的に、少年法の理念を重視する研究者の間では少年に死刑を科すことに対し批判が強かったが、実務の一翼を担う弁護士会が旗幟を鮮明にしたことで、批判勢力もより大きくなってきている。

このように、少年と死刑を巡る世論と専門家の対立は大きく、しかもその激しさを増している感がある。ではアメリカ合衆国ではこの両者にどのように折り合いをつけているのだろうか。

3 アメリカ判例における少年に対する死刑
(1)概要
アメリカ合衆国連邦最高裁判所の判例において、ある属性を持った事件や

---

[7] 川村百合「19歳の少年に対する死刑判決を考える」世界814号（2011年）209頁。

[8] 菅原由香「裁判員裁判初の年長少年に対する死刑判決」季刊教育法169号（2011年）104頁。

[9] 日本弁護士連合会「罪を犯した人の社会復帰のための施策の確立を求め、死刑廃止についての全社会的議論を呼びかける宣言」(2011年)。

被告人に死刑を適用することが憲法に適合するかどうかは、「成熟過程にある社会の進歩の度合いを示す、発展する品位の基準」に従って判断される[10]。具体的には、世論調査などの不確かな資料ではなく、各州の立法や陪審裁判における死刑選択の動向という客観的事情をできる限り参照することで国民的合意の有無を探りつつ、究極的には死刑の目的とされる応報（罪刑の均衡）と抑止という二つの要素に照らし、その事件で死刑を科すことが正当化されるかを裁判所自身が判断することによって結論が導かれる[11]。ここには、立法者や陪審員の判断に見られる世論の動向と裁判所独自の専門的判断の両方を重視する姿勢が見受けられるといえよう。

(2)トンプソン判決

　少年に対する死刑を巡ってはまず、1988年のトンプソン判決が犯行時16歳未満の少年に死刑を科すことは憲法違反であると判断した[12]。ただし、法廷意見に賛成した裁判官は8人中4人であり、判決の基盤は強固ではなかった。法廷意見の理由づけは以下の通りである。

　①子どもと大人の線引きは州により様々であるが、例えば投票や陪審就任などの制度において、16歳未満を未成年と扱うことにはほぼ一致がある。とりわけ、少年裁判所で裁かれる年齢の上限を設定している州で、16歳未満としている州はない。このことは通常の15歳は大人としての完全な責任を担うとは想定されていないことを示している。死刑を廃止している14州、死刑を存置し適用年齢を定めていない19州は、最低年齢設定の問題に直面していないが、それがどんなに低年齢でも死刑を科するという趣旨とは考えられない。これらの州は度外視すべきである。他方、最低年齢を設定している18州はいずれも16歳未満には設定していない。犯行時16歳未満の者に死刑を執行することが文明社会の品位の基準に抵触するという結論は、アメリ

10　*Trop v. Dulles*, 356 U. S. 86 (1958). 以下で言及するものも含めた米判例の邦語での紹介として、小早川義則『デュー・プロセスと合衆国最高裁Ⅰ』（成文堂、2006年）がある。

11　*Coker v. Georgia*, 433 U. S. 584 (1977), *Enmund v. Florida*, 458 U. S. 782 (1982).

12　*Thompson v. Oklahoma*, 487 U. S. 815 (1988).

カ法曹協会やアメリカ法律協会の見解、アングロサクソン系諸国や主要西欧諸国の姿勢とも合致している。

②死刑存置州でもこの年齢層の少年に対して最後に死刑が執行されたのは1948年のことであり、1982年から86年に死刑が宣告されたのは5人のみである。このことは15歳の犯罪者に死刑を科すことが、社会の良心にとって一般的に忌まわしい出来事であることを意味している。

③立法者、陪審、検察官の判断は重視されるべきであるが、究極的な判断は裁判所が行うべきである。若年性を死刑事件で刑を減軽する要素と扱った連邦最高裁判所の判例とそこで引用された20世紀ファンドのタスクフォースレポートは少年は成人より脆弱で衝動的で自己を律する力が弱いこと、成熟性と有責性が低減していることを肯定している。この結論は明らかでさらに説明する必要はない。ティーンエイジャーは経験・教育・知識が不足しているため、行動の結果を評価する能力が減退しており、同時に成人よりも遥かに感情や仲間の圧力に駆り立てられやすい。それを踏まえると、応報の見地からこの年齢層の少年に死刑は相応しくない。またこの年齢層の少年への死刑を廃止してもほとんどの殺人を犯す成人への抑止力は影響がなく、またごく少数の殺人を犯す少年に抑止力が働くことは考えにくい。それ故に、この年代への死刑賦科が、死刑が達成しようとする目的に意味のある寄与をなすとは考えられない。

(3)スタンフォード判決

それから1年後、1989年に出されたスタンフォード判決では犯行時18歳未満の少年に死刑を科すことの是非が問題となったが、今度は合憲と判断された[13]。法廷意見に賛成したのは9人中5人の裁判官であり、トンプソン判決の法廷意見を形成していた4人の裁判官は全員、違憲にすべきとの反対意見を形成するという構図であった。以下に、理由を掲げるが、このうち①、②については過半数である5名の裁判官が賛成した法廷意見であったが、③、④については4名しか賛成せず相対多数意見を形成するにとどまっている。

---

13 *Stanford v. Kentucky, 492 U. S. 361 (1989).*

①37州の死刑存置州のうち、15州が16歳、12州が17歳への死刑執行を禁止しているにとどまり、過半数の州がこの年齢層の少年に死刑を許容している。
　②1982年から88年に死刑宣告を受けたこの年齢層の少年は、16歳以下が15人で17歳が30人である。また、死刑を執行された者のうちこの年齢層の少年は約2％であり、最後に執行があったのは1959年である。しかしもともとこの年齢層の少年が死刑相当の犯罪を犯す確率が低いことを考慮すると、死刑になる確率の相違は見た目よりずっと小さい。また、社会が圧倒的にこの年齢層の少年に対し死刑の適用を否認していることの証拠としては不十分であり、むしろ稀であっても少年に対して死刑が科されるべき場合が存在することについての合意が存在していることを示している。
　③運転免許、飲酒、投票などが18歳から認められているという事情は、考慮すべきでない。これらと死刑適用年齢とは求められる能力が異なり、またそれらはせいぜい当該年齢の大部分の者はそのことに相応しくないという総体としての判断であり、個別に成熟性がテストされるべき死刑の問題とは無関係である。
　④世論調査、利害関係者や様々な専門家集団の見解という不確実な基盤に基づいて憲法判断を行うべきではない。というのも説得すべきは裁判所ではなく国民であり、裁判所の任務は品位の基準を設定することではなく、それを認識することであるからである。

(4) ローパー判決

　最後に、2005年のローパー判決はスタンフォード判決を見直し、犯行時18歳未満の少年に死刑を科すことは違憲であると判断するに至った[14]。しかし、ここでも、法廷意見は9人中5人の裁判官というぎりぎりの過半数により構成されていた。
　その理由をやや詳しく見るならば、①12州が死刑を完全に廃止し、18州が適用対象から少年を除外している。少年に対する死刑を存置している20州においても、スタンフォード判決以来少年に対し死刑を執行したのは6州

14　*Roper v. Simmons, 543 U. S. 551 (2005).*

のみであり、過去10年に限ると3州のみである。スタンフォード判決以降の15年間に少年に対する死刑を廃止したのは5州にとどまり、廃止のペースは遅いが、その時点での廃止州で少年に対する死刑を再導入した州はなく変化の方向性は一貫している。これらの事情は、社会が少年の有責性について成人に比べてカテゴリカルに低いと見ていることの十分な証拠である。

②少年は一般的に3点にわたって成人と異なっている。すなわち、第1に、少年は成熟性が欠如しており、責任感が未発達である。故に、ほとんどの州では18歳未満の少年に対し投票、陪審への従事、親の同意なしの結婚を禁止している。第2に、少年は否定的な影響や仲間の圧力等の外部からの圧力に脆弱であり、さらされやすい。このことは、少年が自らを取り囲む環境をコントロールする程度が低く、またコントロールした経験に乏しい場合が一般的に見られることから説明される。第3に、少年の性格は成人の性格ほど固まっておらず、その人格特性はより流動的である。従って、少年犯罪者は死刑に相応しい最悪の犯罪者には分類され得ない。少年の有責性や非難可能性は実質的に減少しているため、応報の要請は成人の場合ほど強くなく、抑止力も働きにくい。

確かに稀には十分に成熟した少年犯罪者もいるかもしれないが、犯罪の野蛮さや冷酷さが少年の未成熟さ等に基づく刑の減軽の主張から目を奪い、また少年であることがむしろ刑を加重する事情と評価されるおそれもある。アメリカ精神医学会の診断マニュアルでも18歳未満の少年を反社会性パーソナリティ障害と診断することが禁じられているように、専門家にとっても成熟性の判断は難しいことを想起すべきである。

少年を成人から区別する性質は18歳に達したときに消失するわけではなく、線引きには異論があり得る。しかし、社会が多くの制度に関して18歳で線引きをしている以上、この年齢で線を引くのが妥当である。

③裁判所の判断を拘束するものではなく、あくまで参考に過ぎないが、国際的な動向に目を向ける必要がある。第1に、子どもの権利条約、自由権規約などの国際条約が18歳未満の死刑を禁止している[15]。第2に、1990年以降

---

15 この判断は、連邦最高裁史上初めて国際人権法を援用したものとして大いに注目された。

少年事件で死刑を執行した国はアメリカ以外に7ヵ国しかなく、そのいずれもが少年に対する死刑を廃止するか公式に停止しており、アメリカは世界で唯一少年に対する死刑に直面しているといってよい。第3に、アメリカと歴史的に密接な結びつきを持つイギリスでは死刑を完全に廃止するのに先だって、少年に対する死刑を廃止していた。このように圧倒的な国際的意見が、少年の不安定さと情緒の不均衡を理解することで、少年死刑に反対であることを認めなければならない。それは尊重されなければならないし、我々自身の結論を強く裏づけるものである。

4 アメリカ判例に見る世論と専門的判断の関係

このように見てくると、連邦最高裁の中で、立法者や陪審員の判断に見られる世論の動向と裁判所独自の専門的判断のうちの重点が変遷していることが分かる。

トンプソン判決では、①において、死刑適用の最低年齢が定められていなくても自ずと最低年齢はあるはず、という論理が用いられている。どんなに低年齢でも死刑を科すのかと問われると、そうとはいえないであろうからこれは説得的である。それに、②実際ほとんど死刑が用いられてこなかったことが相まって、16歳未満の少年に死刑を科すべきでないとのかなり強固な国民的合意が存在することが確認されている。それを受けた、③裁判所自身の判断においては、「少年の有責性が成人より低いことは明らかで、さらに説明する必要はない」としつつも、脚注でエリク・エリクソンを始め青年期(adolescents)の特性を論じた発達心理学の文献が多く参照されている[16]。裁判所独自の判断といっても、恣意的独善的にならないよう、科学的根拠を挙げることで判断の専門性を確保しようとする姿勢がうかがえる。

この判決では世論と専門的判断は共に重視されているように見える。では仮に強固な国民的合意がないとされた場合に、裁判所独自の判断で違憲の結論が導かれることがあり得るだろうか。確たることはいえないが、国民的合意を強調する以上、考えにくいように思われる。実際に、スタンフォード判

---

16 *Thompson, 487 U. S. 815, 835.*

決の法廷意見は、各州の①立法及び②判決の動向の検討によって国民的合意が存在しないという結論を導いただけで、第2段階の裁判所独自の判断に進むことがなかった。しかし反対に、第1段階の国民的合意の有無の審査だけで決めるべきとする④が過半数の判事の賛成を得ることもなかった。そしてこの判決の反対意見は、18歳未満への死刑禁止について国民的合意が存在するとした上で、裁判所独自の判断としても憲法違反の結論を導いていた[17]。

両判決では、違憲判断を導くためには国民的合意と裁判所独自の判断が一致して、死刑に否定的な評価を下す必要があるとされ、その意味で国民的合意と裁判所独自の判断の両者がともに重視されているように見える。

しかしながら、この両判決は国民的合意の判断方法について対照的な判断を示している。両判決が基礎とした、各州の立法動向や陪審による判断傾向に大きな違いがあるわけではない。判断が分かれたのは、第1に死刑適用の最低年齢を設定していない州について、トンプソン判決はどう考えているかは不明として合意形成を測る上での分母から除いたのに対し、スタンフォード判決は死刑を科すことがあり得るという趣旨に理解したこと、第2に死刑を一般的に廃止した州について、トンプソン判決は同様に分母から除外し、また脚注においてはこの年齢層に死刑を科すべきでないとの判断をした州として数えたのに対し[18]、スタンフォード判決はこれらの州は死刑を存置する前提でどの年齢層に死刑を科すべきかには判断を示していない州と見たこと、第3に死刑判決の少なさについて、トンプソン判決は少年に死刑を科すことに陪審は嫌悪感を有していることを示すと評価したのに対し、スタンフォード判決は少数であっても死刑を言い渡すべき事案が存在するという陪審の意思だと評価したことに由来している。つまり、いずれについても依拠したデータが異なるわけではなく、その解釈が異なっているに過ぎない。しかもやっかいなことに、どちらの見方にもそれなりの根拠がありそうである。このことから、客観的資料から国民的合意の存否を判断するといっても、その評価は一義的には決まらないことが示唆される。

17　*Stanford, 492 U. S. 361, 382.*

18　*Thompson, 487 U. S. 815, 829.*

そしてローパー判決になると、国民的合意と裁判所独自の判断の両者を重視するとの枠組み自体は維持されつつも、国民的合意の重要性は実質的にはかなり後退してくる。ローパー判決は、スタンフォード判決以降5州が死刑を廃止したことを強調しているが、依然として死刑存置州38州のうちの20州、実に過半数が少年に対する死刑を認めており、このことだけでは少年への死刑を廃止することに国民的合意が成立していると判断することは難しかったはずである。もっともこの分布は、連邦最高裁アトキンス判決が少年に対するのと同様に、かつて合憲とした精神遅滞者に対する死刑適用は違憲であると判断を改めた際の分布と同様である[19]。アトキンス判決はこの国民的合意の弱さを、合憲判決以降に精神遅滞者への死刑を廃止した州が16州にも昇ること、反対に再導入した州はなく廃止の方向性が一貫していることにより、補っていた。アトキンス判決自体、死刑廃止への国民的合意を従来よりも緩やかに認定していることに注意すべきである。のみならずローパー判決の場合、少年に対する死刑廃止の潮流自体がより緩やかであった。また反対意見が指摘するように、精神遅滞者の場合と異なり、明示的に死刑適用年齢を16歳と設定した州が2州存在した[20]。確かに再導入に踏み切った州は存在しないが、だからといって、廃止の方向性が一貫しているといい切れるかどうかは微妙である。ローパー判決は①国民的合意の弱さを②少年の有責性の低さに関する裁判所独自の判断と③国際的動向の指摘で補うという構造にあるように思われる。③国際的動向とは一種の世論ではあるが、国内法の自律性からすれば、国際世論により国内での国民的合意の弱さを補うことはできないであろう。そのため国際的動向もまた、科学的知見と同様に、裁判所独自の判断を恣意的でなく行うための参考資料という位置づけになるだろう。

　なお、このような国民的合意の形骸化ともいうべき現象は、ローパー判決後に、ほぼ同様の理由づけで、非殺人事件で少年に仮釈放のない終身刑を科

19　*Atkins v. Virginia*, 536 U. S. 304 (2002). アトキンス判決が覆したのは、スタンフォード判決と同日に言い渡されていた、*Penry v. Lynaugh*, 492 U. S. 302 (1989) であった。

20　*Roper*, 543 U. S. 551, 594.

すことを違憲と判断したグラハム判決においては一層顕著になっている[21]。そこでは、37州もの州が非殺人事件で少年に仮釈放のない終身刑を科すことを許容しており、量刑実務においても123人の少年が実際に仮釈放なしの終身刑で受刑しているにもかかわらず、この刑を受け得る被告人数との比率でいえば稀にしか科されていないという理由で、国民的合意の存在が肯定されているのである。

以上のように、連邦最高裁は国民的合意の存在を確認した後に、裁判所独自の判断で違憲かどうかを決定するという方式を維持している。その限りで世論を重視した判断を行っているといえる。しかし、国民的合意判断の内容は徐々に形骸化しつつあり、いわば裁判所独自の判断を実施するためのトリガーのような役割を果たすにとどまっているといい得る。相対的に、裁判所独自の判断が果たす役割が大きくなっているのである。

5　少年の有責性低減に関する科学的知見

(1)前提

ローパー事件では、多くのアミカス・ブリーフ(当事者以外の第三者による意見書)が提出され、そこでは心理学や脳科学の新しい知見が主張されていた。そしてそれらが、判決の②において、少年は成人より有責性が低減していることの根拠として採り入れられたように見える点で注目された[22]。関連する業績は膨大に出されているが、ここでは、判決で引用されているだけでなく、引用箇所以外でも判決に強い影響を与えたと思われる、法学者と心理学者による共同執筆の論文を手がかりに、主張の内容を概観してみたい[23]。

(2)刑法の基本原則と少年の有責性

議論の出発点は、刑罰は生じた害の量だけでなく行為者の非難可能性とも

21　*Graham v. Florida, 130 S. Ct. 2011 (2010).*

22　Aliya Haider, *Roper v. Simmons: The Role of the Scientific Brief*, 3 Ohio St. J Crim. 369 (2006).

23　Laurence Steinberg & Elizabeth S. Scott, *Less Guilty by Reason of Adolescence: Developmental Immaturity, Diminished Responsibility, and the Juvenile Death Penalty*, 58 Am. Psychologist 1009 (2003).

均衡していなければならないとの基本原則である。従って、少年犯罪者が発達上未成熟である場合、有責性が低減していると評価され、その処罰の厳しさも低減することになる。同時に、完全に免責するわけではないため、潜在的な犯罪者に犯罪が引き合わないという強いメッセージを発し、社会を防衛することもできる。

　一般論として刑事責任の限定は三つのカテゴリーにおいてなされる。①犯罪に関与するとの選択に影響する意思決定能力に内因性の損傷や欠如がある場合である。これは、精神病、精神遅滞、極端な精神的苦痛、影響や支配にさらされることによって生じ得る。②行為者が直面した外部的状況が、通常の(合理的)人であっても同様のプレッシャーにさらされたといえるほどに強制的である場合である。これは、強要、挑発、外傷のおそれや極端な必要性に関係している。③典型的な犯罪と異なり、その行為が行為者の性格を反映しておらず、犯罪が悪性格の産物ではないとされる場合である。例えば、初犯の場合、真摯な悔悟が表明されている場合や損害回復の努力がされている場合、堅実な仕事に就いていた場合、家族への義務を果たしていた場合、よき市民である場合のように、被告人の確立した性格特性や法の価値を尊重する姿勢に照らして犯罪が異常といえる場合には刑が減軽され得るのである。

　これらのカテゴリーに照らして少年の有責性を検討するならば、①については、青年期の認知的・心理社会的な発達水準が十分でないことは犯罪を含む行動選択に影響し、意思決定能力を損ない得る。②については、意思決定能力の未成熟さと自律性の不足の故に、青年期は成人よりも強制的状況の影響を受けやすい。③については、青年期はなおアイデンティティの形成過程にある為、その犯罪は成人の犯罪より悪性格を反映しづらい。故に典型的な青年期にあっては成人よりも有責性は低減しているといえる。

(3) 少年の有責性と経験科学

　①の意思決定能力の減退に関して、推論能力が子ども期から青年期にかけて増進すること、前青年期や10代前半の認知能力が成人とかなり異なっていることは十分に実証されている。推論能力は、教育や経験を介して得られた特殊なあるいは一般的知識の増大や、注意力や短期・長期記憶や組織化と

いった基本的な情報処理技術の改善を通じて向上していく。青年期中期までに理解・推論能力は成人とほぼ変わらなくなるとの見解もあるが、犯罪が行われる実際の状況は、実験室内と異なり、感情をかき立てる状況下でかつ通常集団的状況下での意思決定であり、同列には論じられない。

　さらに、認知能力に違いがないとしても、青年期は心理社会的に未成熟であるため、その判断は成人のそれとは異なり得る。認知能力が意思決定のプロセスに関係するのに対し、心理社会的要素は価値や選好に関連し、意思決定の結果に影響する。第1に、同輩から影響を受ける度合いは親から自立し始める10代中盤まで高まり、その後緩やかに低下していく。このことは、同輩から誘われた反社会的行いと自ら選択した向社会的行いのうちどちらを選択するかに関する実験研究で明らかになっている。第2に、青年は仮定的条件についての認知的限界と人生経験の少なさの故に、成人より短期的な利害を重視する。このことは避妊しない性交渉や美容整形に関してリスクを冒すかを尋ねた研究で明らかである。第3に、時間感覚の乏しさ、リスクを魅力的と感じる価値観、集団で行動することの多さに起因して、青年は成人よりもリスクを過小評価する。このことは、治験への参加やギャンブルをする状況を設定した実験で示されている。第4に、青年期は成人よりも気分、衝動、行動を統制することが困難である可能性を示唆する研究がある。

　これらの研究成果は、神経心理学、神経生物学により補強される。青年期の脳の発達、青年期と成人の脳の活動パターンの相違に関する研究によれば、例えば思春期の大脳辺縁系の変化はより高レベルの新規性を求め、リスクを冒し、情動性やストレス脆弱性を増加させる。また前頭前皮質の発達の様相は、高次の認知能力は青年期後期においても未成熟であり得ることを示唆している。二つの研究領域の知見の関連性は間接的なものにとどまるが、同じ方向性を示しており、少年の意思決定能力が成人に比して減退していると信じる正当な理由がある。

　②の異常な外部的事情の影響に関しては、前述のように仮定的状況で同輩の圧力を受けやすいことからすれば、青年期は成人よりも同輩の影響を受けやすく、より挑発に乗りやすく、強要への耐性が弱いと推測することに説得力がある。もっとも、この点についてはさらなる研究が必要である。

③の性格の未形成に関しては、多くの経験的研究が示すように、青年期中期にアイデンティティの危機が訪れ、しばしば違法活動や危険行動が行われるが、青年期後期又は成人期初期になれば様々なアイデンティティ要素の発達した自我への統合が生じる。ほとんどのティーンはつかの間この種の活動に手を染めるが、アイデンティティ確立とともに手を引く。成人後も継続する者はごく一部に過ぎない。ほとんどの少年犯罪は、悪性格を反映した根深い道徳的欠陥ではなく、危険な行動に手を出すというありふれた試みに由来する。少年犯罪者を駆け出しの精神病質者とみる見解もあるが、精神病質性が青年期から成人期にかけて安定し継続することを示すデータはない。

(4) 少年に死刑を科すことへの示唆

　このように、少年の犯罪への意思決定は、未成熟な判断と性格の未形成を反映している。それは、情緒障害、精神病、精神遅滞、異常な強制状況の故に意思決定能力が損なわれ、従って犯罪が性格を反映していないがため非難可能性が低減している成人犯罪者に類似している。しかし、これらの刑減軽要因が無限に多様性を有するため事案毎の個別評価になじむのに対し、青年期はおおよそ体系的な成熟の過程をたどる相対的に明確な集団であるため、一律に軽減事情として扱うのになじむ。このことは実務を効率的にすることにも役立つ。しかも、そうしなければ、しばしば未成熟性は無視され、懲罰的な反応が引き起こされるおそれがある。同情できる事案や子どもっぽい外観などの些末な事柄がある事案においてのみ、未成熟性が減軽要素として扱われるならば、問題であろう。これに対して、少年が成熟している場合には成人の罰を受けるのが公正だとの意見もあるだろう。しかし、現在のところ、心理社会的な未成熟性を個別に信頼できる方法で評価するための診断ツールは存在していない。事案毎の評価は誤りやすい。

　年齢により能力の相違が存在するという間接的証拠は十分である。決定的な研究はまだされていないけれど、とりわけ生と死に関わる決定がされる場合には、そういった研究がなされるまで死刑回避の方向で判断を誤るのが賢明である。

6　裁判所独自の判断の検討

　このように少年の有責性低減に関する科学的知見は、トンプソン判決で引用された一般的な青年期の特性論にとどまらず、刑法の基本原則に即して整理された形で主張されるに至っており、かなりの説得力を有するように見える。しかし、ローパー判決の反対意見は多方面にわたって反論を試みているため、それを検討しなければならない[24]。

　第1に、青年期が一般的に成人よりも成熟していないとしても、十分に成熟している場合が稀であるとの証拠はない。第2に、成熟性の程度には個人差があり、年齢で線引きを行うことは恣意性を免れない。第3に、アトキンス判決で問題となった精神遅滞者の場合は、「定義上」認知や行動の能力が損なわれているが、青年期と能力の間にはそのような対応関係がない。第4に、罪刑の均衡性をよりよく達成できるのは、一律に少年への死刑を禁止することではなく、陪審が減軽要素を適切に判断できるように個別事情に即した量刑を可能にしておくことである。第5に、陪審に死刑の決定を委ねる制度は、彼らに適切な判断能力があると信頼することが前提となっている。陪審は成熟性の判断を適切に行えないというが、他の要素とは異なり成熟性だけを特別に扱う根拠は示されていない。

　さらに、第6に心理学的知見は妊娠などのリスクについての調査に基づいており、殺人のような重大な結果をもたらす行動を同列に扱うことはできない。第7に、アメリカ心理学協会は、親の同意なしに中絶を決断する能力は16歳未満でも十分に備わっているという科学的知見があると主張しており、その主張と18歳未満の成熟性は十分でないとの主張の整合性は疑わしい。

　以上の批判のうち、1点目については、ある目的のために一定の年齢で線引きを行う制度を設ける際に、そこまでの証拠の存在は通常要求されないと思われる。例えば青年期への悪影響を理由に喫煙禁止年齢を設定する場合、悪影響が及ぶことが一般的に認められるのであれば十分なのではないだろうか。

　2点目、4点目については、例外的に青年期で既に十分な成熟を遂げてい

---

[24]　以下の第1点から第5点はオコナー裁判官の反対意見、第6、7点はそれに加えてスカリア裁判官の反対意見に現れた指摘である。Roper, 543 U. S. 551, 598; 617.

る場合があり得るとしても、それを適切に判別できないとすれば、個別審査に委ねるべきでないという見解には説得力がある。少年期に犯罪を犯した者の予後を調査した研究で、成人後に立ち直った場合と常習的な犯罪者になった場合とで、少年期の犯罪の特徴は類似しているとの指摘は重い[25]。

　3点目については、青年期にあっては必ずしも精神遅滞者ほどに認知・行動能力が低減していない場合があるというのはその通りであろう。むしろそうでない場合が通例だと思われる。しかし、少年の有責性低減の根拠に、人格が形成途上にあり、犯行に本人が本来有している悪性が反映する程度が低いという精神遅滞者には見られない特徴が含まれている点に注目する必要がある。この可塑性とか成長発達可能性という言葉で語られてきた要素を有責性評価に組み込むことで、精神遅滞者ほどに能力が低減していない場合であっても、それを補うという論理構成が用いられているのである[26]。これはまさに、少年に特有の罪責評価といい得るであろう。

　5点目については、未成熟性という要素を特別扱いするのは、それが将来についての予測判断を伴っており、かつ、刑を減軽する要素でありながら加重する要素としても受け取られ得るという両義的な性質を有しているからであろう。再犯の可能性など予測判断は一般に難しいが、科学的知見を適正かつ謙虚に用いれば不可能とまではいえないであろう。他方で、精神障害のように両義的な性質を有する判断は他にもあるが、その場合は必ずしも予測判断には重点がない[27]。この二つの特徴を併せ持つ未成熟性の評価は、陪審の判断にはなじまないという結論は十分な合理性を有すると思われる。

　6点目については、殺人などの行動を別異に扱うというのであれば、むし

25　Steinberg & Scott, *supra*, at 1015.

26　犯行に規範意識（の低さ）が反映している程度に応じて、責任が重くなるという理論は、日本でも性格論的責任論（性格相当性の理論）という名で主張されている。問題点も含め、井田良『講義・刑法学総論』（有斐閣、2008年）360頁を参照。他方で、少年には将来成長発達を遂げることで、自らの犯行を冷静に見つめ刑事罰を受ける以外の形で責任を果たしていくことが期待できる、という点に注目して、少年に特有の有責性の低減論を導く可能性もあると思われる。こうした構想については、本庄武「少年刑事事件における、憲法上の権利としての手続的・実体的デュー・プロセス」『刑事法における人権の諸相―福田雅章先生古稀祝賀論文集』（成文堂、2010年）227頁【本書第1章】を参照。

27　ただし、裁判員裁判で責任能力判断をどう適正に行うかは難問である。

ろその根拠を示すべきであろう。一定の科学的知見を受け入れた上で、その適用範囲について素人的に限定をかける姿勢は科学の用い方として適正とは思われない。

　7点目については、認知的能力は情緒的・社会的成熟性よりも早期に成人と同じ水準に達するため、青年期は、妊娠を終わらせる決断をするのに必要な能力を有しつつ、それでもなお刑事責任の程度は成人よりも低いと主張することは全く合理的である、と反論されている。具体的には、認知能力の発達は16歳までででほぼ頭打ちになるのに対し、心理社会的成熟性は青年期中期に初めて発達し始め、青年期後期から成人期初期にかけて発達し続ける。すなわち10-11歳、12-13歳、14-15歳、16-17歳の各グループ間では心理社会的成熟性に有意な相異はないのに対し、16-17歳と22-25歳の間、18-21歳と26-30歳の間には有意な相異がある、というデータが存在するとされている[28]。

　このように見てくると、裁判所が独自の判断として、少年の有責性は一般に成人より低減しており、そうでない場合があるとしてもそれを適切に判別するのが難しい以上、最悪の犯罪者だけに留保されるべき死刑を少年に科すことは一律にすべきでない、とした判断は、相応の科学的根拠を有し、それに究極の人権侵害でありかつ取り返しがつかないという死刑の特殊性[29]を加味するならば、十分に是認できるように思われる。

7　日本法への示唆

　以上に見てきたようなアメリカの動向を日本はどう受けとめるべきだろうか。まず確認すべきなのは、永山判決以降の少年に対する死刑判決は数えるほどであり、かつてに比べて極端に少なくなってきているということである[30]。ただし裁判員制度開始以前の職業裁判官による判断が、国民の意思を

28　Laurence Steinberg, et al., *Are Adolescents Less Mature Than Adults?: Minors' Access to Abortion, the Juvenile Death Penalty, and the Alleged APA" Flip-Flop"*, 64 Am. Psychologist 583 (2009).

29　本庄武「裁判員時代における死刑事件のデュー・プロセス」季刊刑事弁護64号（2010年）70頁。

30　永田憲史「犯行当時少年であった被告人に対する死刑選択基準」同『死刑選択基準の研究』（関西大学出版部、2010年）73頁。

どれだけ反映しているかという問題はある。また、個別事件で死刑を要求する世論は一般的に非常に強いように見える。しかし、そのようなあまりにも不安定な生の世論をそのまま受けとめることは、アメリカでも避けられており、すべきではなかろう。またアメリカでは、強固な国民的合意が要求されなくなってきており、国民の間に死刑に慎重な姿勢が見受けられれば、裁判所独自の判断を許容する前提としての国民的合意要件はクリアーされると見ることもできるように思われる。そうすると、長い目で見て、少年事件に対しては死刑以外の選択肢でも十分だという意識が徐々に醸成されつつあるかどうかを問うべきことになるだろう。そしてこのことは、少年に対する死刑を極小化する裁判所の動向に対して、世論が強く反発しているように見えない日本においても、十分に肯定されるように思われる。

　次に検討すべきは、日本で問題なのは、アメリカではなお死刑の対象となっている犯行時18歳以上20歳未満の少年であるという点である。しかし先に提示したデータによれば、心理社会的成熟性は18歳以降、さらに成人後もなお発達し続ける。その中で、どこで少年と成人の線を引くかは、ローパー判決がいうように様々な制度に現れる社会の意識を参考にして決めるしかない。この点で、日本では民法の成年年齢を始めとして多くの制度が20歳を区切りとしており、社会的な意識としてもこのラインを超えると成人すると考えられている以上、ラインを20歳に引くことは十分に合理的である。日弁連の提言が援用する、北京ルールズが死刑廃止のラインを「少年」とし、具体的な年齢を明示していないことも、国際的動向としてこの主張を裏づける。

　なお、関連して、日本では近い将来に成年年齢が18歳に引き下げられる可能性があるため、付言する。この構想は元々少年の成熟度が向上したとの認識に基づくものではなく、「大人としての自覚を高める」という政策的な理由により提言されたものである。しかも世論は、未成熟性を理由に成年年齢引下げには反対だが、少年法適用年齢の引下げには賛成というねじれた状態にあるとされる[31]。世論は20歳未満の少年は社会的に未成熟と意識している

31　広井多鶴子「成年年齢と若者の『精神的成熟』―民法と少年法の改正をめぐって」実践女子大学人間社会学部紀要6集（2010年）9頁。

が、専門的知見をよく理解していないがために厳罰化に賛成していると評価できる。そうだとすると、世論の厳罰化要求そのものを受けとめる必要はない。少なくとも死刑の議論に関しては、成年年齢が引き下げられるかどうかを意識する必要はない。

　最後に、日本で立法者及び裁判所に求められる専門家独自の判断について述べる。18歳以上の少年の精神的成熟度は一般に未発達であり、有責性が低減しているという科学的知見がアメリカでは確立しつつあり、それは日本でも同様に当てはまる可能性が高い。このことは日本の研究者や弁護士会が重視する少年法の理念が実証的基盤を獲得しつつあることを意味する。有責性が低減した少年の犯罪に対しては、永山基準にいう「罪刑の均衡、一般予防」を基準としても、罪刑が均衡せず、また十分な一般予防効果も期待できない。究極の人権侵害であり取り返しがつかないという死刑の特殊性をも加味すれば、こういった少年に死刑を科すべきではないことになる。もちろん成人同様の成熟度を示す少年がいないとはいえないが、それを判別するのは困難である。しかも判断者たる裁判員は、この減軽事由を十分に理解せずむしろ外形的な結果の重大性に目を奪われたり、少年であることを刑を加重する事由と評価するおそれがある。この状況では、成人事件と同様の基準を用いつつ事実上謙抑的な運用を行うという従来のやり方に限界があることは明らかである。そこで永山基準の下位基準として、裁判員にも適用が容易で、適切な判断を担保する新たな基準を定立する必要がある。その内容は、少年は原則として未成熟な存在であるから死刑は科されえず、例外的に犯行時被告人に十分な精神的成熟度が存在していたと確認できた場合にのみ死刑の余地が生じるというものであるべきだろう。これは学説上有力な、更生可能性がある限り死刑を回避するという主張とは異なるものの、実質的には重なることが多いものである。しかしこの基準を用いてもなお、判断の誤りが発生するおそれは残る。精神的成熟性の判断は不確実であるためである。究極的には、犯行時20歳未満の少年に対して死刑を科すことを立法あるいは解釈により禁止することが必要になると思われる。以上のことは、アメリカ合衆国憲法の解釈論として展開されている判例法を参考にした立論であり、日本

でも憲法論として要請されるべきものである[32]。

8　おわりに

　少年と死刑という問題に関してアメリカ法を参照した結果、世論を様々な夾雑物にまみれた生の形ではなく、少年に対する死刑適用を謙抑的に行う運用に対して強い反発がないという限度で受けとめることを前提に、最近の経験科学的知見を踏まえて、裁判所や立法者の専門家としての独自の判断において、少年に対する死刑を抑制しさらに禁止すべきという結論に至った。このことは、国連自由権規約人権委員会の「世論調査の結果如何にかかわらず、締約国は、死刑廃止を前向きに考慮し、公衆に対して、必要があれば、廃止が望ましいことを伝えるべきである。廃止までの間、B規約第6条2に従い、死刑は最も重大な犯罪に厳しく限定されるべきである。」との第5回日本政府審査最終見解(2008年)にも沿うものである。この見解もまた専門家の独自の判断を後押しするものである。

　ところが、2012年2月20日最高裁判所第1小法廷は、光市事件第2次上告審において、上告を棄却し、原審の死刑判断を維持した。本件では犯行時18歳になって間もない少年であった被告人の精神的成熟度及びそれと密接な関連のある更生可能性が大きな争点であった。しかし、法廷意見は「更生の可能性もないとはいえない」とするのみで、その程度については言及せず、またこの事情が死刑相当判断において果たすべき役割についても明確にすることがなかった。これに対して反対意見は、精神的成熟度が少なくとも18歳を相当程度下回っていることが証拠上認められるような場合、死刑を回避するに足る特に酌量すべき事情になると主張したものの、補足意見はこれに反論する形で、少年法51条1項は形式的基準であり、精神的成熟度は単なる一般情状に過ぎないとした[33]。

32　罪刑均衡は憲法31条の要請するところである。

33　補足意見は18歳未満と同視できる場合に51条1項を適用するとの解釈は採れない旨を強調するが、反対意見は、18歳という年齢には拘っていない。指導理念としての北京ルールズや刑法・少年法の諸規定から結論を導いているのであり、補足意見の指摘は的外れといわざるを得ない。この点について、さらに本書第15章を参照。

最高裁判所判事の多数派が、少年事件の特殊性と死刑事件の特殊性が交錯し最も慎重な判断が求められるこの領域で、形式的な判断に終始したことは深刻である。この問題を憲法問題として理解した上で、少年の有責性判断の特殊性を適切に評価することを可能にし、かつ十分な安全装置を備えた判断枠組みを確立することが急務である。

第13章 ケース研究①

光市事件第1次上告審判決
（最判2006（平18）・6・20判時1941号38頁）

1　事実の概要

　当時18歳の少年であった被告人が、白昼、配水管の検査を装って上がり込んだアパートの一室において、当時23歳の主婦を強姦しようとしたが、激しく抵抗されたため、殺害した上で姦淫し、その後、同所において、激しく泣き続ける当時生後11か月の被害者の長女をも殺害し、さらに、その後、同所において、被害者管理の現金等在中の財布1個を窃取した、という殺人、強姦致死、窃盗の事案である。

　一審判決は無期懲役とし、控訴審も、①強姦の点は計画的だが、各被害者の殺害は計画的なものではないこと、②被告人には、不十分ながらも反省の情が芽生えていること、③被告人は犯行当時18歳と30日の少年であり、内面の未熟さが顕著であること、窃盗の前歴があるのみで犯罪的傾向が顕著とはいえないこと、生育環境に同情すべきものがあり、それが本件各犯行を犯すような性格、行動傾向の形成に影響したこと、少年審判手続における社会的調査の結果においても矯正教育による可塑性は否定されていないことなどから、矯正教育による改善更生の可能性がないとはいい難いことを指摘して、無期懲役の量刑を維持した。検察官から上告。

2　判決の要旨

　原判決破棄、差戻し。
　死刑制度を存置する現行法制の下では、犯行の罪質、動機、態様殊に殺害の手段方法の執よう性・残虐性、結果の重大性殊に殺害された被害者の数、

遺族の被害感情、社会的影響、犯人の年齢、前科、犯行後の情状等各般の情状を併せ考察したとき、その罪責が誠に重大であって、罪刑の均衡の見地からも一般予防の見地からも極刑がやむを得ないと認められる場合には、死刑の選択をする他ない。

　これを本件についてみると、罪質は甚だ悪質で、結果も極めて重大であるなど被告人の罪責は誠に重大であり、特に酌量すべき事情がない限り、死刑の選択をする他ない。

　そこで特に酌量すべき事情の有無を検討するに、原判決が酌量すべき事情とするうち①は、強姦という凶悪事犯の手段ないし犯行発覚防止のために殺害を実行したもので、各殺害は偶発的なものとはいえず、冷徹にこれを利用したもので、特に有利に酌むべき事情と評価するには足りない。②は、少年審判段階を含む原判決までの言動、態度等を見る限り内省を深め得ていると認めることは困難である。③は、成育環境は特に劣悪とまではいえず、犯行及び犯行後の経過からは犯罪的傾向は軽視できない。そうすると、本件において、しん酌に値する事情といえるのは、犯行当時18歳になって間もなく、その可塑性から、改善更生の可能性が否定されていないことに帰着する。そして、少年法51条の趣旨に徴すれば、被告人が犯行当時18歳になって間もない少年であったことは、死刑選択の判断において相応の考慮を払うべき事情であるが、死刑を回避すべき決定的事情とまではいえず、総合判断において考慮すべき一事情にとどまる。

　以上によれば、原判決及びその是認する第一審判決が酌量すべき事情として述べるところは、いまだ死刑を選択しない事由としては十分ではない。原判決には、死刑選択を回避すべき特に酌量すべき事情につき審理不尽がある。その刑の量定は甚だしく不当であり、これを破棄しなければ著しく正義に反する。

3　判例の解説

(1) 本判決は、刑訴法411条2号に基づき、原審の無期懲役判断が甚だしく不当で破棄しなければ著しく正義に反するとして破棄したものである。上告審の量刑審査は、原則として幅の審査であり、しかも「甚だしい量刑不当」、

「著しく正義に反する」という二重の絞りがかかっているために、単に量刑が不当かどうかを審査する控訴審における量刑審査よりも、その幅は広いとされる。すなわち、上告審自体の量刑判断が原判決のそれと食い違っていても、原判決が甚だしく不合理といえない限り、破棄することはないとされているのである。これには例外があって、原審の死刑判断に対して被告人から上告があった場合、死刑か否かは点の審査、すなわち上告審自身が死刑しかあり得ないと判断する場合にのみ死刑判断を維持するとされているが、本件のように原審が無期判断をした場合には、上告審が死刑判決も無期判決も両方あり得ると判断した場合は原審の判断を尊重するという本来の幅の審査が行われていると指摘されている[1]。実際にも、上告審が原審の無期判断を破棄したのは、死刑の適用基準について一般的判示を行った、最判1983（昭58）・7・8刑集37巻6号609頁（永山事件判決）以降では、最判1999（平11）・12・10刑集53巻9号1160頁（福山独居老人殺害事件判決）のみであった。これらのことに鑑みれば、本判決は、本件には死刑もあり得ると判断したわけでも、単に死刑相当であると判断したわけでもなく、より積極的に死刑しかあり得ないという判断を下したことになる。本判決がいかなる理由でそのような判断に達したのか、またその判断は妥当であったのかについては慎重な検討が必要となる。

(2)死刑の適用基準については、永山事件判決がリーディングケースとなっており、本判決もこれに明示的に依拠している。ところが、永山事件判決では、「犯行の罪質……等各般の事情を併せ考察したとき、その罪責が誠に重大であって、罪刑の均衡の見地からも一般予防の見地からも極刑がやむを得ないと認められる場合には、死刑の選択も許される」と述べられていたのに対し、本判決では、「……死刑の選択をするほかない」との言い換えがなされている。同様の言い換えは本判決同様に原審の無期判断を破棄差戻しした、福山事件判決において、既になされていたところである。

この言い換えにつき、本判決が形式的な判例変更の手続（裁判所法10条3

---

1 以上につき、原田國男『量刑判断の実際〔増補版〕』(現代法律出版、2004年) 278頁以下を参照。

号参照)を経ていないことを根拠に、特に意味のないものと考えるべきとの立場がある[2]。しかしながら、具体的な基準の当てはめ方法を含む永山事件判決全体を見ると本判決との間には著しい差異がある。

永山事件判決は、被告人に不利な情状と有利な情状を並列的に列挙し総合評価した上で結論を導いている。また、原審[3]が「ある被告事件につき死刑を選択する場合があるとすれば、その事件については如何なる裁判所がその衝にあっても死刑を選択したであろう程度の情状がある場合に限定せらるべきものと考える。立法論として、死刑の宣告には裁判官全員一致の意見によるべきものとすべき意見があるけれども、その精神は現行法の運用にあたっても考慮に価するものと考えるのである。」と述べていたところ、永山事件判決は、この判示を切り捨てるのではなく、「死刑を選択するにつきほとんど異論の余地がない程度に極めて情状が悪い場合をいうものとして理解することができないものではない」と、わざわざ捉え直した上で、先に引用した死刑適用の基準を述べている。これらからすれば、「許される」には特別の意味があり、永山事件判決は、罪刑均衡及び一般予防の見地から極刑がやむを得ない場合でも、被告人の矯正可能性を考慮してなお死刑を回避し得るという、死刑に対する抑制的な立場を示したものと考えられる。また、被告人に有利な情状として、一般論において列挙された犯行の罪質など9個の事情に含まれていない被告人の生育歴をも考慮の対象とされたことには、矯正可能性の判断は列挙した9個以外の事情をも幅広く考慮して行うべきということが含意されていた、と見ることが可能である。永山判決以降に死刑を回避した下級審は、特別予防の見地を重視してきたのであり[4]、このような理解に基づいていたと言える。

他方、本判決及び福山事件判決では、事案の犯行の罪質・結果等の客観的事情の評価に基づき、罪責は誠に重大で、「特に酌量すべき事情がない限り、死刑の選択をするほかない」との中間評価をした後、特に酌量すべき事情の

---

2 永田憲史「光市母子殺害事件第一次上告審判決の理論的検討」法時79巻5号(2007年)92頁。

3 東京高判1981(昭56)・8・21刑集37巻6号477頁。

4 城下裕二「最近の判例における死刑と無期懲役の限界」ジュリ1176号(2000年)68頁。

有無の検討を行っており、あたかも原則死刑にすべきとの基準を定立している(以下、便宜上「原則・例外基準」という)。

確かに、死刑判決の分析によれば、被殺者4名以上など極めて死刑になりやすい類型が存在することは認められてきた[5]。福山事件判決で問題となった、無期懲役に処せられ仮出獄中に強盗殺人を犯した類型はその一つである。こういった類型では、死刑選択が「許される」という基準が、実際は選択「するほかない」ものとして機能する場合があったと考えられる。その意味で、福山事件判決での基準の言い換えは、なお実質的な判例変更ではないと見る余地があった[6]。しかし、本件事案はそのような性質のものではない。本件事案の一番の特色は、犯行時少年により犯されたというものである。永山事件判決以降、この種の事案で死刑が確定したのは、永山事件と市川一家殺害事件(最判2001(平13)・12・3裁判集刑280号713頁)だけでいずれも被殺者4名の事案であった。他方、本件と同じ被殺者2名のアベック殺人事件では、一審が主犯格の被告人に死刑を言い渡したものの、控訴審(名古屋高判1996(平8)・12・16判時1595号38頁)で破棄され無期懲役刑が確定している。単純に被殺者数だけを比較すべきではないだろうが、少なくとも本件が「死刑を選択するにつきほとんど異論がない程度に極めて情状が悪い場合」であることが一義的に明確な事案ではないということはいえるだろう[7]。にもかかわらず、本判決が原則・例外基準を適用したことからは、本判決は判例変更の手続を経ることなく、実質的な判例変更を行ったと評さざるを得ないと思

5　渡邊一弘＝岩井宜子「近年の死刑判決の量刑基準—数量化による検討」犯罪学雑誌72巻6号(2006年)172頁など。ただし、従来原則死刑と目されてきた類型であっても、無期となっている事案が存在しているとの指摘がされており、安易に即断することはできない。日本弁護士連合会(編)『死刑執行停止を求める』(日本評論社、2005年)98頁以下参照。

6　ただしこの評価は、福山事件判決が妥当であるということを意味しない。福山事件判決を初めとする1999年末のいわゆる5判決は、次第に死刑に対して抑制的になってきた近年の潮流を押しとどめる効果を有していたと思われるが(本庄武「死刑求刑検察官上告5事件以降の死刑判決の分析」季刊刑事弁護37号(2004年)53頁。渡邊＝岩井・前掲注(5)175頁も、5判決の影響と判断するのは時期尚早と断りつつも、2000年以降、死刑適用基準が積極化方向に変化している可能性を指摘する)、永山事件判決から死刑適用を可及的に抑制するとの趣旨を汲み取ることが正しいとすれば、福山事件判決はこの趣旨に反する疑いが残る。

7　永田・前掲注(2)92頁は、従来の基準からすれば、死刑よりも無期懲役が科されやすい事案であったと評価する。

われる[8]。なし崩し的な死刑適用の積極化が意図されていたとすれば、およそ正当化し難いといわざるを得ない。

　(3) 本判決で原則・例外基準が採用された理由は判然としない。①犯行の罪質が甚だ悪質であること、②結果も極めて重大であること、③犯行の動機及び経緯に酌むべき点はみじんもないこと、④冷酷、残虐にして非人間的な所業であること、⑤犯行後の情状も良くないこと、⑥遺族の被害感情はしゅん烈を極め、慰謝の措置は全く講じられていないこと、⑦社会に大きな衝撃を与えたことが列挙され、「以上の諸点を総合すると」罪責は誠に重大で、特に酌量すべき事情がない限り、死刑の選択をする他ない、とされているのみである。

　この点につき、判例誌匿名解説では、本判決は犯行の罪質、動機、態様、結果の重大性を特に重視しているが、単純に被殺者2名であることからではなく、自らの手で、いずれも確定的殺意に基づき相次いで殺害したこと、うち1名が性犯罪目的で敢行されたもので、もう1名も無抵抗の幼児を殺害したものであることなど、行為及び結果に付帯する事情をも重視したものと理解すべきとされている[9]。仮にこの解説に従うとしても、いずれの事情も、当該事情が存在すれば、ほぼ例外無く死刑が科されてきたような強力な事情ではない。いわば「合わせ技」により原則・例外基準が適用されている。いかなる事情がこの基準の採用に赴かせたのか外部の者には窺い知ることができない。

　従って、本判決の射程は極めて狭いものであると解さざるを得ない。永山事件判決の採用した不利な情状と有利な情状の総合評価基準を用いる場合と、本判決の原則・例外基準を用いる場合とでは、結論に大きな差異が生じ得ると考えられるところ、本判決はいかなる事情を重視して原則・例外基準を採用したのかを明示していない。そのため、下級審が従来から原則死刑と目さ

8　同旨、平川宗信「本件判批」平18重判解（2007年）162頁。土本武司「死刑の適用―光市・妻子殺害事件上告審判決―」捜査研究662号（2006年）126頁も、「永山基準」の判断枠組を大幅に踏み超えるものと評価する。

9　判時1941号（2006年）39頁、判タ1213号（2006年）91頁。

れてきたような類型以外で、安易にこの基準を用いるならば、死刑適用基準を極めて不安定なものとするばかりでなく、上級審が総合評価基準を採用すれば破棄される可能性が高いことになるからである。もともと明確とはいい難い死刑適用基準が、一層不安定なものとなる事態は最高裁も望むところではないだろう。

　また本判決の示した基準は、本件差戻審すら拘束しない可能性もある。本判決は、特に酌量すべき事情の存否に限定して、さらに慎重な審理を尽くさせるため差し戻すとしており、一見すると、犯行の罪質等から原則・例外基準が適用されるべき事案であるとした判断は更なる審理の対象ではないかのようにも見える。しかしながら、本判決は、特に酌量すべき事情の有無の検討の項で、各殺害は偶発的なものとはいえず、冷徹にこれを利用したのであるから、殺害の計画性がないことは、特に有利に酌むべき事情と評価するには足りない、としている。本判決は、この点についてさらに慎重な審理を求めるが、計画性・偶発性の有無は必然的に犯行の罪質や態様等の評価に影響を及ぼすのであるから、差戻審は罪質等も含め再評価を行うことを余儀なくされる[10]。すなわち、特に酌量すべき事情の審理を経なければ、原則・例外基準が適用されるべき事案かどうかも判明しないという関係にあるのである。そして、差戻審で原則・例外基準が適用されるべき事案ではなかったということになると、従来通りの総合評価基準に従うことになるため、たとえ本判決で「特に酌量すべき事情の有無」として検討された諸点につき本判決と同じ評価に至る場合であっても、死刑を科すまでには至らないとされる可能性すらある。この意味でも、本判決の実質的な判例変更の意義は大きくない。

(4) 本判決は、被告人が犯行時18歳になって間もない少年であった事情は、相応の考慮を払うべき事情ではあるが、死刑を回避すべき決定的事情とまではいえないとする。しかしながら、永山事件判決は、環境的負因を特に重視することには疑問があること、犯行時19歳3ないし9か月の年長少年であったこと、犯罪性が根深いことから、被告人を18歳未満の少年と同視するこ

10　このことは、破棄判決の拘束力が及ぶ範囲につき、いかなる立場に立とうとも妥当するものである。

とは特段の事情のない限り困難である、としたものである。この判断に倣えば、本件事案は、生育歴は特に劣悪とまではいえないとされたものの、犯行時18歳になって間もない時期であり、少年審判段階の社会的調査で矯正教育による可塑性が否定されなかったのであるから（本判決は犯行及び犯行後の行動から犯罪的傾向は軽視できないと認定しているが、仮にその認定が正しいとしても、その後の少年審判時点での被告人に対する評価を覆す理由にはなり得ないだろう。また家裁で科学的に行われる社会調査の結果を軽視している点についても問題がある）、18歳未満の少年と同視すべき特段の事情が存在したとも考えられる事案であった。すなわち、たとえ原則・例外基準の下であっても、特に酌量すべき事情が存在し、死刑は回避されるべきでなかったか疑いが残るのである。永山事件判決について、被告人を18歳未満と同視できる事情があれば、死刑適用を否定すべきかについては何ら判断していないというべき、との見解があるが[11]、判文の読み方として不自然なだけでなく、少年法が年長少年の刑事責任評価につき何ら述べていないと解するのは不当である[12]。差戻審ではこの点についても徹底した審理が尽くされる必要があるだろう。

11　甲斐行夫・森田恵実「本件判批」研修704号（2007年）36頁、判時1941号（2006年）40頁及び判タ1213号（2006年）92頁の本判決匿名解説。

12　この点につき、本庄武「少年に対する量刑判断と家庭裁判所への移送判断」龍谷大学矯正・保護研究センター研究年報1号（2004年）104頁以下【本書第7章】参照。

第14章
ケース研究②
光市事件差戻控訴審判決
（広島高判2008（平20）・4・22判時2167号122頁）

1 事実の概要

　当時18歳の少年であった被告人が、白昼、配水管の検査を装って上がり込んだアパートの一室で、当時23歳の主婦（以下、被害者）を強姦しようとしたが、激しく抵抗されたため、殺害した上で姦淫し、その後、同所において、激しく泣き続ける当時生後11か月の被害者の長女（以下、被害児）をも殺害し、さらに、その後、同所において、被害者管理の現金等在中の財布1個を窃取した、とされた殺人、強姦致死、窃盗の事案である。

　第一審、控訴審で被告人は事実をほぼ争わず無期懲役判決が下されたが、上告審（最判2006（平18）・6・20判時1941号38頁）は大要以下のように述べて原判決を破棄し、事件を原裁判所に差し戻した。

　本件の罪質は甚だ悪質で、結果も極めて重大であるなど被告人の罪責は誠に重大であり、特に酌量すべき事情がない限り、死刑の選択をする他ない。特に酌量すべき事情の有無に関して、本件において、しん酌に値する事情といえるのは、犯行当時18歳になって間もなく、その可塑性から、改善更生の可能性が否定されていないことに帰着する。そして、少年法51条の趣旨に徴すれば、被告人が犯行当時18歳になって間もない少年であったことは、死刑選択の判断において相応の考慮を払うべき事情であるが、死刑を回避すべき決定的事情とまではいえず、総合判断において考慮すべき一事情にとどまる。原判決には、死刑を回避すべき特に酌量すべき事情につき審理不尽がある。

　差戻控訴審で、被告人は被害者及び被害児に対する殺意、強姦、窃盗の犯

意を否定する新供述を行い、新供述の信用性及び被告人の精神状態・心理状態に関する証人尋問等が行われた。

2　判決の要旨

　被告人の新供述は、供述内容が旧供述から変遷した理由、被害者及び被害児の各殺害行為の態様、各犯行における故意（犯意）、他の証拠との整合性のいずれからみても信用できず、他方で被告人の旧供述は信用できるから、これに依拠した第一審判決が認定した罪となるべき事実に事実の誤認はない。

　「死刑選択の可否について検討するに、姦淫の目的を遂げるため、被害者を殺害して姦淫した上、いたいけな乳児をも殺害した各犯行の罪質は、極めて悪質であり、2名を死亡させた結果も極めて重大であること、極めて短絡的かつ自己中心的な犯行の動機や経緯に酌むべき点は微塵もないこと、各犯行の態様は、強固な犯意に基づく冷酷、残虐にして非人間的なものであること、両名を殺害した後、窃盗をした他、罪証隠滅工作をするなど、犯行後の情状も芳しくないこと、遺族の被害感情は峻烈を極めていること、社会的影響も大きいことなどの諸般の事情を総合考慮すれば、被告人の罪責はまことに重大」である。そこで、酌量すべき事情について検討するに、「各殺害の計画性が認められないこと、被告人の前科・非行歴、生育環境、犯行当時18歳になって間もない少年であること、精神的成熟度、改善更生の可能性、その他第一審判決後の事情等、被告人のために酌量すべき諸事情を最大限考慮しても、罪刑の均衡の見地からも一般予防の見地からも、極刑はやむを得ないというほかない。」

　被告人が、当審公判で、虚偽の弁解を弄し、偽りとみざるを得ない反省の弁を口にしたことにより、死刑の選択を回避するに足りる特に酌量すべき事情を見出す術もなくなったというべきで、第一審判決の量刑は、死刑を選択しなかった点において、軽過ぎるといわざるを得ない。

3　判例の解説

　(1) 本判決は、上告審で無期懲役の科刑が量刑不当として破棄差し戻された光市事件における差戻控訴審の判決である。上告審は、判例として永山事

件判決(最判1983(昭58)・7・8刑集37巻6号609頁)を引用しつつ、「特に酌量すべき事情がない限り、死刑の選択をするほかない」と述べ、原則死刑を適用すべきであり、死刑を免れることができるのは例外であるとの立場を示した。この原則・例外基準が実質的な判例変更に当たるかはともかく[1]、本判決が死刑適用基準につきいかなる態度を取るかが注目されるところであった。

　本判決は、被告人の罪責はまことに重大で、「死刑の選択を回避するに足りる特に酌量すべき事情」も見当たらないとして、死刑を言い渡した。この判示は上告審の打ち出した原則・例外基準をそのまま受け入れたものである。確かに、上告審は特に酌量すべき事情の有無につきさらに慎重な審理を尽くさせるために差し戻すとしており、本判決は上告審から示された課題を忠実に実行しただけだともいえる。これは、上級審の判断には拘束力が生じること(裁判所法4条)からすると当然にも思える。また差戻控訴審は、結局のところ上告審とほぼ同様の事実認定に至ったのであるから、特に検討するまでもなく原則・例外基準に依拠してよいと考えたのかもしれない。

　しかしながら、差戻控訴審で全面的に新たな証拠調べが行われた時点で、破棄判決の拘束力は解除され、第一審判決の当否は制約なしに審理できることになった。また、上告審判決については、実質的な判例変更を行ったと見るか否かにかかわらず、何故、原則死刑に相当する事案であると判断したかの理由づけが不明であると評されていたところ、原則死刑の根拠が不明である以上、差戻控訴審は従来の永山基準により判断することもできたはずである。少なくとも、自らの判断で原則死刑相当の事案であるか否かを検討し、その理由を説明すべきであったといえ、本判決は審理不尽及び理由不備の違法を犯した疑いがある。このような事態は、死刑の適用基準論を一層の混迷に陥れ、裁判員制度を前にして基準の明確化が必要であるとした最高裁・才口反対意見(最決2008(平20)・2・20判時1999号157頁)にも反するものである。

1　判例変更はないと見るものとして、永田憲史「光市母子殺害事件第一次上告審判決の理論的検討」法時79巻5号(2007年)92頁、実質的判例変更があったと見るものとして、平川宗信「上告審判批」平成18年度重判解(2007年)162頁、本庄武「上告審判批」速報判例解説vol.1(2007年)210頁【本書第13章】。

(2) 上告審は、「本件において、しん酌に値する事情といえるのは、被告人が犯行当時18歳になって間もない少年であり、その可塑性から、改善更生の可能性が否定されていないということに帰着する」とし、また「少年審判段階を含む原判決までの言動、態度等を見る限り、本件の罪の深刻さと向き合って内省を深め得ていると認めることは困難」であるとも述べている。上告審としては、法律審としての限界上自らがなし得ないこと、すなわち現時点で被告人が罪の深刻さと向き合って内省を深め得ているかを判断することにより改善更生の可能性を慎重に審理することを差戻控訴審に求めたと見ることもできる[2]。

よって、差戻控訴審が被告人の新供述について慎重に審理したことは、極めて適切な措置であった。しかし、本判決が少年時の犯行であるという事案の特性を十分に踏まえた判断をしたかどうかには疑問がある。

(3) 第1に、供述の信用性評価についてである。本判決は、被告人の新供述の信用性を全面的に否定しているが、その主な理由は、上告審で新弁護人が選任されるまでの6年半以上もの間、それまでの弁護人に対し新供述のような内容の話を1回もせず、死刑を免れたとはいえ、無期懲役という極めて重い刑罰を甘受するということは到底考え難いという点に求められている。しかし、とりわけ誘導に弱い少年の場合、取調段階で捜査官の誘導により供述が作られることは十分にあり得る。しかも、当該供述を維持した場合、死刑の可能性はあるが無期懲役の可能性の方が高いという状況で、新たに否認供述を行うことで死刑判決のリスクを高めることを弁護人が回避し、あるいは被告人自身が敢えてそれを抑制していたとしても、それ自体は十分合理的な判断といえる。本判決は、上告審で原則・例外基準が持ち出された前後で全く状況が異なることを敢えて度外視している疑いがある。

また上告審が特に酌量すべき事情の存在を否定したポイントの一つである、強姦の計画性に関して、本判決は、被告人は第一審公判で、「戸別訪問をす

---

2 武内謙治「光市母子殺害事件最高裁判決をどうみるか」法セ646号（2008年）5頁。

るうちに本当に強姦できるかもしれないと思うようになり、被害者を強姦しようという思いが抑えきれないほど強くなったのは、被害者方に入れてもらってからである」という趣旨の検察官調書の内容を認める趣旨の供述を任意にしており、この供述で述べられた程度の計画性があったことは、動かし難い事実であるとしている。しかし、一般に供述証拠を動かし難い事実と見て他の証拠評価の基礎とするのは危険であるし、とりわけ、長期にわたって旧供述を維持する動機を有していた被告人の公判供述なのであるから、供述強制がされない法廷での供述であるからといって直ちに高度の信用性が認められることにはならないはずである。

　さらに本判決は、当時18歳の少年であった被告人が精神的に未成熟であったことを認定しつつ、そのことを専ら、勤務先の作業服を着用することで犯行が容易に発覚することにまで思い至らなかったとしても不自然ではない理由に用いている。未成熟であるが故に不合理な行動をとることがあり得るという前提に立つのであれば、本判決が不合理と評した、弁護人に新供述を伝えなかったことや虚偽の旧供述を長期間にわたり公判廷を含めて維持していたことも、少年期から合理的判断能力が十分に備わっていない状況にあり続けた被告人にとっては致し方がなかったという評価も可能になってこよう。また、新供述で、寂しさを紛らわすために戸別訪問をしたと主張しつつ、特段の会話なく立ち去っていることや、戸別訪問の際にこて紐(被害児の首に巻き付けたもの)を携帯したのは、管の通しの見方である「下げ振り」のまねをしようと思っていたという主張を「不自然」としたことについても、別異の評価が可能になったのではないだろうか。

　本判決は供述の信用性評価に当たり、基礎とすべき人間像を場面により使い分けているように見える。これは、犯罪心理鑑定及び精神鑑定の結果について、鑑定の内容自体を吟味することなく、信用できない新供述を前提としているため、前提を欠いていると簡単に退けていることに関連するように思われる。鑑定が主張する事案の真相だけでなく、そこに示されている被告人の心理特性自体の当否を吟味する姿勢があれば、供述の信用性評価に当たっても一貫した被告人像に基づいた評価が可能になったのではないか。

　以上例示したように、本判決の供述の信用性評価は、少年の刑事事件で科

学的知見の活用を求める少年法50条・9条に即しておらず、問題が残る[3]。

(4)第2に、少年法51条の趣旨に関する判断である。本判決は、「少年の責任能力」という一般の責任能力とは別の概念を前提とし、年長少年について限定責任能力を推定する弁護人の主張は、独自の見解に基づくもので採用し難いとする。また、少年法51条は、年齢による形式的基準を設ける他、精神的成熟度及び可塑性といった要件を求めていないことに徴すれば、年長少年について、精神的成熟度が不十分で可塑性が認められる場合に、少年法51条を準用して、死刑の選択を回避すべきとの主張には賛同し難い、とする。

少年の責任能力とはドイツ法に由来する概念であり[4]、明文規定のない日本の法制度の下で、裁判所が概念の一人歩きを懸念して、その採用に消極的であることは一応了解可能である。しかしながら、この概念を用いるかどうかは本質的な問題ではない。少年法は、犯行時18歳以上であれば、判決宣告時被告人がなお少年であっても死刑を科すことを許容しているが、いかに強弁しても、これは「健全育成」を放棄したものといわざるを得ない。そのことが少年法1条になんとか抵触しないというためには、成人同様の精神的成熟度を備えており、実質的にはもはや「少年」とはいえない場合に限るという判断を経由することが必須である[5]。本判決の解釈では、犯行時18歳以上でありさえすれば、年齢上も実質的にも「少年」である者に死刑を科すことを少年法自身が許容していることになりむしろ不自然である。少年が精神的に未成熟な場合は51条が準用され、あるいは特に酌量すべき事情として考慮されるべきであろう。

そしてこの理は、未成熟さ故に実質的に「少年」であると判断された判決宣

---

[3] 少年の精神的未成熟性が事実認定に影響を及ぼした例として、アベック殺人事件控訴審判決（名古屋高判1996（平8）・12・16判時1595号38頁）がある。

[4] 塩盛俊明「刑事責任能力と答責性概念——ドイツにおける刑法と少年刑法の交錯——」広法30巻1号（2006年）157頁など参照。

[5] 本庄武「少年刑事裁判における55条移送決定と量刑」葛野尋之（編）『少年司法改革の検証と展望』（日本評論社、2006年）155頁【本書第4章】参照。

告時20歳以上の被告人にも同様に妥当するはずである。この解釈は、「被告人を18歳未満の少年と同視することは特段の事情がない限り困難であるように思われる」と判示した永山事件判決でも許容されていると解するのが自然であるし、本件上告審判決も「犯行時18歳になって間もない少年であったことは」死刑を回避すべき決定的な事情であるとまではいえないとして、年齢という形式的基準のみで死刑を回避することを戒めているにとどまる。

(5)第3に、改善更生の可能性についての判断である。上告審判決は、罪の深刻さと向き合って内省を深め得ていると判断されるのであれば、それを介して改善更生の具体的な可能性が見出され、それが特に酌量すべき事情に該当すると暗示していたようにも思われるため、この点は特に重要である。

本判決は、被告人の新供述が到底信用できないことに徴すると、被告人は死刑を免れることを企図して、虚偽の弁解を弄しているという他はなく、もはや自分の犯した罪の深刻さと向き合うことを放棄しているとし、また遺族に対する謝罪や反省の弁は表面的なもので、自己の刑事責任の軽減を図るための言動であると見ざるを得ないとする。そして、虚偽の供述を考え出すこと自体、被告人の反社会性が増進したことを物語っているといわざるを得ないとし、自分の犯した罪の深刻さに向き合って内省を深めることが、改善更生するための出発点となるのであるから、虚偽の弁解を弄したことは、改善更生の可能性を大きく減殺する事情であるとする。

しかしながら、新供述をしたことが直ちに反省心を欠いているという評価につながるわけではない。旧供述に基づく事実認定に異論があっても、それをそのまま受け入れなければ罪の深刻さと向き合っていることにはならない、というのは、司法機関の判断に盲従することを求める過度に権威主義的な思想であるか、自ら犯したことに違いない以上は不平不満を述べることはまかりならんという過度の贖罪思想であるかのどちらかであろう。少なくとも、自らの主張を率直に述べて判断を仰ぐことが、罪の深刻さに向き合うための出発点であるとの思想を不合理とはいえないはずである。また、本判決の論理では、反省の有無が死刑かどうかを分ける場合に、反省を強要することになりかねない。これでは、否認のみならず黙秘も実質的に不可能になっ

てしまい、憲法38条1項に抵触するおそれはないだろうか。

　なにより、精神的に未成熟であるがために取調や裁判に萎縮していた少年が、成長を遂げる中で自らの言い分を再構成し、堂々と主張できるようになることは、少年法が予定する成長発達の一過程であるといえる。成長した目で自らの過去の過ちを冷静に振り返ることができて初めて内省を深められ、改善更生への具体的な道筋が開けてくるのではないか。自らの納得できない筋書きを唯々諾々と認めるだけでは、今後主体的に生きていく可能性はむしろ低下するとすらいえる。本判決には、被告人の言い分が説得的かということとは別に、強烈なバッシングの中で果敢に新供述を行ったことへの評価を行うという姿勢が欠けていたといわざるを得ない。

　そして、精神的に未成熟であるが故に犯行に至った少年が、成長を遂げて罪と向き合う中で改善更生の具体的可能性を示すに至れば、より一層、死刑を回避すべき特に酌量すべき事情となるといえるように思われる。

(6) 上告審が求めたのが、少年法の枠組みに従って改善更生の余地を虚心坦懐に検討することだとすれば、差戻審では少年調査記録や鑑定を活用した審理が求められていたことになる。本判決がこの点について審理を尽くしたとはいい難い。

第15章 ケース研究③

光市事件第2次上告審判決
（最判2012（平24）・2・20裁判集刑事307号155頁）

1 事実の概要

　本件は、犯行時18歳の少年であった被告人が、(1)山口県光市内のアパートの一室において、当時23歳の主婦（以下「被害者」という）を強姦しようと企て、同女の背後から抱き付くなどの暴行を加えたが、激しく抵抗されたため、同女を殺害した上で姦淫の目的を遂げようと決意し、その頸部を両手で強く絞め付けて、同女を窒息死させて殺害した上、強いて同女を姦淫した殺人、強姦致死、(2)同所において、当時生後11か月の被害者の長女（以下「被害児」という）が激しく泣き続けたため、(1)の犯行が発覚することを恐れ、同児の殺害を決意し、同児を床にたたき付けるなどした上、同児の首に所携のひもを巻いて絞め付け、同児を窒息死させて殺害した殺人、(3)さらに、同所において、現金等が在中する被害者の財布1個を窃取した窃盗からなる事案である。

　第1審（山口地判2000（平12）・3・22公刊物未登載〈LEX/DB25480335〉）は、「被告人の刑責は極めて重大であり、年長少年であり死刑の選択が可能な被告人に対しては、死刑を選択することも十分検討されるべき」としつつ、①殺害についての計画性がなかったこと、②窃盗の前歴しかなく犯罪的傾向が顕著といえないこと、③犯行当時18歳と30日の少年であり、内面の未熟さが顕著であってなお発育途上の過程にあり、矯正可能性はなお残されていると認められること、④実母が中学時代に自殺する等の同情すべき生育環境が本件各犯行を犯すような性格、行動傾向の形成に影響した可能性があること、⑤被告人なりの一応の反省の情が芽生えるに至っており矯正教育の可能

性がないとはいい難いこと、⑥近時の裁判例との比較において本件で死刑を回避するのは不当ではないこと、⑦少年法の立法趣旨からは、矯正教育による更生可能性はより慎重に判断すべきこと、⑧被害感情ないし被害者保護の考慮にはおのずと限界があることを指摘して、無期懲役とした。次いで、差戻前控訴審(広島高判2002（平14）・3・14判時1941号45頁)は、被告人が原判決前後に友人に対して不謹慎な内容の手紙を書き送っていたことが判明したが、裁判所は時折は悔悟の念を示してもいて、一応の反省の情は芽生えていると評価し、その他の点を含め原審の判断を是認した。

　ところが第1次上告審(最判2006（平18）・6・20判時1941号38頁)は、本件において、「被告人の罪責は誠に重大であって、特に酌量すべき事情がない限り、死刑の選択をするほかないものといわざるを得ない」と評価した。その上で、①殺害の計画性がないといっても、各殺害は偶発的なものとはいえず、反抗抑圧ないし犯行発覚防止のために殺害を冷徹に利用していること、②罪の深刻さと向きあって内省を深め得ていると認めるのは困難であること、生育環境が特に劣悪であったと認めることはできないこと、前科や見るべき非行歴がなくても躊躇のない殺害、直後の財布窃取、盗品の見せびらかしやそれによる遊具購入という事情によれば犯罪的傾向は軽視できないことからすれば、本件においてしん酌するに値する事情といえるのは、被告人が犯行当時18歳になって間もない少年であり、その可塑性から、改善更生の可能性が否定されていないことに帰着するが、18歳になって間もない少年であったことは死刑を回避すべき決定的な事情とまではいえず、総合判断における一事情にとどまると評価する。以上から、原審・第一審の指摘する酌量すべき事情は死刑を選択しない事由として十分ではなく、甚だしい量刑不当があるとして原判決を破棄し、さらに審理を尽くさせるため事件を原裁判所に差し戻した。

　差戻後控訴審(広島高判2008（平20）・4・22高裁刑速（平20）201頁)は、基本的には第1次上告審の評価を踏襲しつつ、①被告人の人格や精神の未熟が本件犯行の背景にあることは否定し難いが、犯行時18歳になって間もない少年であったことと合わせて十分斟酌しても、死刑の選択を回避するに足りる特に酌量すべき事情ではないとし、②また被告人は公判で虚偽の弁解を弄したことで、自ら改善更生の可能性を大きく減殺したばかりか、それにより死刑

の選択を回避するに足りる特に酌量すべき事情を見出す術もなくなったと評価して、第一審判決を破棄し、死刑を言い渡した。被告人から上告がされた。

2 判決要旨

本件上告を棄却する。

被告人の各犯行は、被害者を殺害して姦淫し、その犯行の発覚を免れるために被害児をも殺害したのであって、各犯行の罪質は甚だ悪質であり、動機及び経緯に酌量すべき点は全く認められない。強姦及び殺人の強固な犯意の下で、何ら落ち度のない被害者らの尊厳を踏みにじり、生命を奪い去った犯行は、冷酷、残虐にして非人間的な所業であるといわざるを得ず、その結果も極めて重大である。被告人は、被害者らを殺害した後、被害者らの死体を押し入れに隠すなどして犯行の発覚を遅らせようとしたばかりか、被害者の財布を盗み取る犯行に及ぶなど、殺人及び姦淫後の情状も芳しくない。遺族の被害感情はしゅん烈を極めている。被告人は、原審公判においては、本件各犯行の故意や殺害態様等について不合理な弁解を述べており、真摯な反省の情をうかがうことはできない。平穏で幸せな生活を送っていた家庭の母子が、白昼、自宅で惨殺された事件として社会に大きな衝撃を与えた点も軽視できない。

以上のような諸事情に照らすと、被告人が犯行時少年であったこと、被害者らの殺害を当初から計画していたものではないこと、被告人には前科がなく、更生の可能性もないとはいえないこと、遺族に対し謝罪文と窃盗被害の弁償金等を送付したことなどの被告人のために酌むべき事情を十分考慮しても、被告人の刑事責任は余りにも重大であり、原判決の死刑の科刑は、当裁判所も是認せざるを得ない（金築誠志裁判官の補足意見及び宮川光治裁判官の反対意見がある）。

3 評釈

(1) 死刑適用の基準

本件は、被告人が犯行時18歳になった直後であったこと、被害者の遺族が強く死刑の適用を求めたこと、最高裁判所が原審の無期懲役判決を破棄差

戻しにするという異例の判断を行ったこと、後にBPOが勧告を行ったほど弁護人に対する異様なバッシング報道が展開されたことなどにより、この上ない社会的な注目を浴びた事件であり、第2次上告審である本判決が上告を棄却したことで、事件発生以来13年弱を経てようやく判決が確定したものである。本判決については、社会的にも理論的にも大いなる論争を巻き起こした本件審理の決着を付ける判決に相応しいものであったかが問われることになる。

　問題になるのは、本件で死刑が選択されたことの意味である。死刑適用基準に関する判例とされる永山事件判決(最判1983(昭58)・7・8刑集37巻6号609頁)以降で、犯行時少年であった被告人に死刑を言い渡した事件は、いずれも殺害された被害者が4名と多数に昇る場合に限られていた[1]。他方、殺害された被害者が2名であった大高緑地公園アベック殺人事件では控訴審(名古屋高判1996(平8)・12・16判時1595号38頁)で死刑が無期に減軽され確定している。犯行時成人していた被告人の事件では、殺害被害者が2名の場合、死刑と無期懲役がほぼ半数ずつになっているようであるから、犯行時少年であった被告人の事件では、成人に対するのと事実上異なる基準で死刑が運用されていたと推測される。しかも本件は、被告人が犯行時成人であったと仮定した場合でも、死刑が選択されにくい類型の事件であったと指摘されている[2]。にもかかわらず、本件で死刑が選択されたのはなぜだろうか。

(2) 第1次上告審判決の理解

　第1の理解は、死刑の適用基準が実質的に変更されたというもので、筆者はこの立場に立っている[3]。第1次上告審判決が、判例として引用した永山基準は「罪刑の均衡の見地からも一般予防の見地からも極刑がやむをえない

1　永山事件以外には、市川一家殺害事件(最判2001(平13)・12・3裁判集刑280号713頁)と木曽川長良川連続リンチ事件(最判2011(平23)・3・10裁判集刑303号133頁)のみである。

2　永田憲史「光市事件第1次上告審判決の理論的検討」同『死刑選択基準の研究』(関西大学出版部、2010年)113頁。

3　本庄武「第1次上告審判批」速報判例解説1号(2007年)209頁【本書第13章】。他に、平川宗信「同」平成16年度重要判例解説(2007年)162頁、土本武司「同」捜査研究662号(2006年)126頁など。

と認められる場合には、死刑の選択『も許される』」(『 』は筆者) と述べていた。ところが第1次上告審判決は引用の後半部分を、「死刑の選択『をするほかない』」(『 』は筆者) と敢えて言い換えている。それを受けて、前述のように「特に酌量すべき事情がない限り、死刑を選択するほかない」と事案を総括した後に、特に酌量すべき事情の有無を検討している。オリジナルの永山基準では、罪刑均衡や一般予防の観点から極刑がやむを得ないと認められた場合にも、諸事情の総合考慮において、とりわけ特別予防の観点から死刑を回避する余地が認められていたと考えられる。実際に、死刑の適用において被告人の主観的事情は大きな役割を果たしてきた。これは、「死刑は……まことにやむを得ざるに出ずる窮極の刑罰」(最大判1948 (昭23)・3・12刑集2巻3号191頁) であることから、適用は慎重に行われなければならず、そのため「死刑を選択するにつきほとんど異論の余地がない程度に極めて情状が悪い場合」に死刑の適用を制限することを前提とするものであった。それに対して、第1次上告審判決による基準の言い換えは、死刑回避の余地を狭めることにつながり、例外的に特に酌量すべき事情がない限り、原則は死刑であるとする原則・例外基準を導いたように見える。原則・例外基準のもとでは、基準の当てはめにおいて、特に酌量すべきといえるほど強力であるかが吟味されるが故に、個々の減軽事情についてどの程度の減軽力があるかを慎重に見極める姿勢が稀薄になり、それに連動して酌量すべき事情を総合した結果、死刑を回避するまでに達するかという見極めがおろそかになっているように見える。換言すれば、総合考慮説において時折見られたような、減軽事情を複合的・総合的に考慮して、死刑が不可避であるかを突き詰めて検討するという姿勢が見られないように思われる。これは死刑の適用を積極化することにつながる実質的な基準の変更と評すべきものであるが、判例変更の形式は採られていない。第1次上告審判決は、永山基準をより緩やかな抽象的な基準と捉え、その内部での判断方法の変更は判例変更に当たらないと理解したと推測される。しかしながら、判断方法を変えることで本件の結論が変わったのだとすると、極めて重大な基準の変更であり、実質的に見ると判例変更と評価するに相応しいことになる。ただし、このような判断方法の変更が死刑が問題となるすべての事案で行われるべきということまで最高裁が意図し

ているとは思われず、いかなる事件で適用されるかが問題ということになる。

　第2の理解は、本件は従来の判例の基準に従うと死刑が回避されるべき事案であったという点では第1の理解に共通するが、第1の理解と異なって、第1次上告審判決は実質的にも判例変更を行ってはいないと理解するものである[4]。その根拠は、第1に本判決が大法廷回付という判例変更の手続を経ずに出されていること、第2に永山基準の言い換えは、原審の無期懲役判決を破棄差戻しする際に慣用的に用いられる言い回しであって、特に意味のないものと考えるべきこと[5]、第3に第1次上告審判決が原審の無期懲役判断を破棄するという重大な判断を行ったにもかかわらず、裁判所内部で用いられる裁判集にしか掲載されず、公式の判例集(刑集)に掲載されなかったことに求められている[6]。この見解によれば、特に酌量すべき事情の有無を検討する判断手法についても特別な意味はないことになる。そのため、第1次上告審判決は判決文には明示されていない何らかの事情から、死刑がやむを得ないと判断したのだと推測されることになる。

　第3の理解は、第2の理解と同様に第1次上告審判決は判例変更を行っていないと理解し、かつ死刑適用の基準についても変更はなかったと理解するものである[7]。この見解は前提として、量刑判断一般においてはいわゆる幅の理論を前提に、犯情に関わる事情で形成された責任の幅の内部で、犯情以外の一般情状に関わる事情を考慮して宣告刑を定めるという立場を採る。責任

4　永田・前掲注(2) 111頁。

5　確かに、最高裁は既に福山独居老人殺害事件で原審の無期懲役判決を破棄差戻しするにあたり、本件と同じ言い回しを用いていた(最判1999(平11)・12・10刑集53巻9号1160頁)。しかしながら、当該判決が述べるように、福山事件は無期懲役判決を受け仮釈放中の者による再度の強盗殺人という、従来すべからく死刑とされてきた事案に関わるものである。福山事件では総合評価によっても同様の結論に至った可能性が高いのに対し、本件では言い回しを変えたことで初めて原審を破棄することができた疑いがあるため、大きく事情を異にするといわざるを得ない。

6　確かに、判例集に登載されなかったことから最高裁判所が重要な判例と評価しなかったとはいえる。しかしながら、例えば、責任能力判断において生物学的・心理学的要素についての評価も究極的には裁判所に委ねられる、と述べたことで著名な判例(最決1983(昭58)・9・13裁判集刑232号95頁)は裁判集に登載されているが、以来幾度も判例として引用され続けている。判例集登載の有無が、判例の性格を決める上で決定的な意義を有するとは思われない。

7　原田國男「いわゆる光市母子殺害事件第1次上告審判決」同『裁判員裁判と量刑法』(成文堂、2011年) 231頁。

の幅の内部であれば、一般情状に関わる事情によって刑を加重することもできることになる。それに対して、死刑適用基準においては、犯情に関わる事情で死刑相当性を判断し、犯情以外の一般情状に関わる事情で死刑が回避できるかどうかを判断するという。この場合、一般情状は刑を減軽する方向でのみ考慮されるため、改善更生の不可能性や反省の欠如などを決め手に死刑を適用することはすべきでないことになる、というのである。この犯情による死刑選択と一般情状による死刑回避という両基準の関係は等価である。第1次上告審判決は、犯情等からすると死刑選択をすべきウェイトが大きいと評価できるため、相対的に特に酌量すべき事情がない限り死刑とせざるを得ないとしたもので、あくまでも具体的な事案に基づいた判断枠組みに過ぎないとする。この立場では、第1次上告審判決でそこまで強く死刑相当と判断された根拠が問題となるが、それについては説明されていない。なお提唱者自身が認めるように、第1次上告審判決が特に酌量すべき事情として、犯情に属するはずの殺害の計画性の欠如に言及していることは、この枠組みには沿わない。

このように第1次上告審判決について多様な理解が示されていること自体が[8]、同判決の不明確さを物語っているように思われる。

(3) 本判決の位置づけ

本判決の判示は、まず犯情か一般情状かを問わず刑を加重する事情を列挙し、次いで刑を減軽する事情を列挙した上で、死刑の科刑は是認せざるを得ないとするもので、極めて簡潔かつ伝統的に採られてきた総合評価説の判断手法に則っているといえる。この含意は、第1次上告審判決をどう理解するかにより変わってくる。

第1の理解によれば、差戻後控訴審判決も本判決も実質的に変更された新

---

8 第4の理解として、第1次上告審判決は、相場主義をやめ、事件自体を見て判断すべきとの立場を打ち出したとの見解がある（井上薫『裁判官が見た光市母子殺害事件』（文藝春秋、2009年）249頁）。しかしながら、死刑が無基準に多用されるならば、死刑制度そのものが残虐な刑罰を科する結果となるとの批判（最判1993（平5）・9・21裁判集刑262号421頁〈大野正男裁判官補足意見〉）が妥当するであろう。なお、司法研修所編『裁判員裁判における量刑評議の在り方について』（法曹会、2012年）106頁は、死刑判断について先例を重視する方向性を打ち出している。

たな基準に従って判断され、特に酌量すべき事情を見出すことがなかったため、原則に従って死刑を選択したということになる。総合評価基準は、被告人に有利な事情と不利な事情を総合して評価するというだけであり、最終的な結論がなぜ導かれたかを説明しないものであるため、形式的には死刑を適用するか回避するかどちらの結論も導き得る。そして、判例が永山基準を緩やかな基準として理解しているのであれば、原則・例外基準に従って導かれた結論を本判決のように従来型の総合評価の枠内で説明することに抵抗を感じることもない、ということになる。この理解に対しては、永山基準は、その後の死刑事件の判断に肉づけされることにより、あるいは、その後の死刑事件の判断と一体化することにより、具体的・実質的な死刑選択基準の判断となったと見るべきで、判断要素を列挙しただけの無内容なものと見るべきではないとの批判が向けられる[9]。筆者は前述のように永山基準自体が、死刑への謙抑性をビルトインしたものだと理解しているため、この理解には共感を覚える。しかしながら、第1次上告審判決は、判例違反を主張した検察官の上告趣意は適法な上告理由に当たらないとした上で原審の判断は著しい量刑不当だとしている。すなわち、無期懲役を選択した原判決もそれを破棄した第1次上告審判決もいずれも判例に従って判断した結果だと理解されているのであり、裁判所は永山基準を緩やかなものと理解していることになる。

　次に第2の理解は、差戻後控訴審判決について、犯情の評価だけでは死刑相当でなかったため、被告人の反省のなさを付け加えたことによりようやく死刑相当だと判断したものだと理解する[10]。しかしこの理解によれば、自ら認めるように、主観的事情の過度の重視を戒める近時の判例の傾向[11]に反してしまう。また差戻後控訴審判決は確かに、判決文の最後において不自然な形で、被告人が虚偽の供述を弄したために、特に酌量すべき事情を見出す術もなくなったと述べている。あたかも自らを納得させようとしているかのよ

9　永田・前掲注（2）115頁。

10　永田憲史『わかりやすい刑罰のはなし』（関西大学出版部、2012年）93頁。

11　これはもともと永山事件第1次上告審の上告趣意の中で検察官が主張していたことであったが、最判1999（平11）・11・29判時1693号154頁（国立主婦殺害事件）で最高裁に採用されるところとなり、最決2005（平17）・7・15裁判集刑287号571頁等でも繰り返されている。

うである。しかし判決文の構成自体は、特に酌量すべき事情の有無を検討し、それを見出せなかったとしているものである。虚偽の弁解や反省のなさは刑を加重する事情としては扱われておらず、死刑を回避させるほど強力な減軽事情に該当しない、とされているに過ぎない。そして本判決も、結局のところ、何が死刑相当性を基礎づける事情であるかについて述べていない。そこから本件は、例外的に死刑選択基準から逸脱した事件と位置づけられることになる[12]。しかしながら、判例は可能な限り統一的に理解されるべきで、他ならぬ最高裁自身が判例から逸脱したという評価は、そう理解するしかない場合にのみされるべきもののように思われる。

　そして第3の理解によれば、差戻後控訴審判決も本判決も第1次上告審判決と同様に、犯情により死刑相当判断をした後に、一般情状により死刑が回避できるかを検討したもののそれを否定したのだと位置づけられるであろう。この理解は、実質的にも判例変更が行われなかったことを前提としているため、本判決のように総合評価型の判示方法を採りつつ、結論としては同様の結論に至ったとしても矛盾は生じていないことになる。しかしながらこの理解には、実質的な判例変更がないという前提を置く場合、従来の傾向に反する形で本件で死刑を選択することの正当化は困難ではないか、という根本的問題がある。

　結局のところ、本判決は、実質的な判例変更を行った第1次上告審判決が従来の永山基準の一下位基準であることを明確にした点に意義があるということになるだろう。

(4) 本判決の射程範囲

　第1次上告審判決以降、原審の無期懲役判決を不服として検察官が上告する例が散見されるようになっている。それらの中には、本件よりも犯情が悪いと評価される事案が含まれているにもかかわらず、本件以外について最高

---

[12] 永田憲史「犯行当時少年の被告人に対する死刑選択の変遷」『年報・死刑廃止2012—少年事件と死刑』（インパクト出版会、2012年）91頁。

裁は原審の死刑回避の判断を是認している[13]。上告審レベルでは本件での判断は他事件への影響力を有しておらず、従来通り死刑の適用を抑制的に行っていく傾向が維持されているように見える。

それに対して、下級審においては原則・例外基準の判断手法が一定の影響を及ぼしている[14]。裁判員裁判でもこの手法を用いて死刑判断を導くものが現れている[15]。

こうした事態について、第2、第3の理解からは、特に酌量すべき事情がない限り、死刑を選択する他ない、という言い回しには特別の意味がないことになるため、問題視するに当たらないことになる。第3の理解からはむしろ、犯情と一般情状を区別して判断する点で望ましいと評価されることになる[16]。しかしながら、そうした評価が成り立つのは、この言い回しが結論を説得的に説明するためだけに用いられたという限りであろう。仮に評議の過程において、中間的な犯情に関する評価の判断として、裁判官から、「この事件は刑事責任が極めて重大であり、特に酌量すべき事情がない限り死刑にせざるを得なくなるため、次に特に酌量すべき事情があるかどうかを検討することになる」、という説明が、しかも裁判員を拘束する法令の解釈に相当するものとしてなされるのだとすると、裁判員の思考の自由度が不当に制約される形で死刑の適用が積極化することになってしまう[17]。このような用いられ方は本来あるべきでないと反論されようが、しかしそれを阻む方法はない。裁判官が、死刑の判断方法をどう説明するかによって結論が変わり得るとすれば、判断は非常に不安定なものになってしまう。

---

13 本庄武「最判2008（平20）・2・20判批」判例時報2042号（2009年）176頁、永田憲史「光市事件第1次上告審判決後の動向」同『死刑選択基準の研究』（関西大学出版部、2010年）135頁参照。

14 例えば、高松高判2000（平12）・10・26判タ1064号222頁、東京高判2001（平13）・5・17高裁刑速（平13）94頁、大阪高判2006（平18）・12・15高裁刑速（平18）260頁、大阪地判2009（平21）・2・27公刊物未登載〈LEX/DB25440598〉。

15 横浜地判2010（平22）・11・16公刊物未登載〈LEX/DB25470446〉、仙台地判2010（平22）・11・25裁判所ウェブサイト。

16 原田國男「裁判員裁判における死刑判決の検討」慶應法学22号（2012年）96頁。

17 本庄武「少年事件での死刑判決」法学セミナー678号（2011年）38頁【本書第16章】。

これに対して、第1の理解によれば、第1次上告審判決でなぜ原則・例外基準が用いられたのかが不明である以上、下級審は用いるべきでないことになる。というのも、それに従って従来は死刑が回避されていた事案で死刑判決を下してしまうと、上訴審が従来型の総合考慮を行った場合、破棄される可能性があるためである[18]。先に確認した最高裁の動向からすれば、この懸念は杞憂ではない。たとえ、原則・例外基準が永山基準の下位基準であるとしても、用いるべきでないことになる。

かといって、刑を加重する事情と減軽する事情を並列し総合考慮するだけでは判断過程が不明確過ぎるという懸念はあるだろう。判断過程を少しでも明確にするためには、第3の理解が本来的に提唱している、犯情と一般情状は等価という発想をそのまま定式に採用すればよい。すなわち、犯情に関わる要素により死刑が選択肢として残った場合は、一般情状に関する事情を総合的に考慮して、死刑回避の可能性を探るのである[19]。

(5) 第2次上告審は第1次上告審の要請に応えたか

第1次上告審を前提とする場合、第2次上告審に課された最大の任務は、さらに審理を尽くすように求めた点が十分に審理し解明されたかどうかを明らかにすることであった。

第1次上告審は、本件でしん酌に値する事情は被告人が犯行当時18歳になって間もない少年であり、その可塑性から、改善更生の可能性が否定されていないことに帰着するが、18歳であったこと自体は死刑を回避すべき決定的事情とまではいえない、とした上で、死刑選択を回避するに足りる特に酌量すべき事情があるかどうかさらに慎重な審理を尽くすことを求めていた。この判示は、実質的に見て被告人がなお可塑性を保持し改善更生の可能性が高いという、少年法が少年を特別扱いすることの実質的根拠となっている事情が認定できれば、強力な減軽事由になることを示唆していたといえよう。

この示唆は、最高裁が意識していたかどうかにかかわらず、ある意味で本

---

18 本庄・前掲注（3）211頁。

19 近時の最高裁判例がこの方向を示唆しているようにも見える。本庄・前掲注（13）179頁参照。

質を突いていたといえる。というのも、第1次控訴審までの審理は、被告人がなぜ罪を犯したのか、どの程度内省を深め得ているか、将来改善更生する可能性はどの程度あるかについての徹底した解明を行っていなかった。先例との対比から、いずれにせよ死刑が回避されるという結論は動かないとの考えからであろう。死刑事件の審理としてはそれで問題はない。しかし、経験科学の知見を駆使して犯罪の原因解明や成長発達を遂げるための支援を提供することを目指す少年法の理念からすれば、本件の審理には問題があったといわざるを得ないからである。少年事件としては、本件は明らかに審理が不十分であった。

　差戻しを受けた第2次控訴審は、被告人の人格や精神の未熟が、本件各犯行の背景にあることは否定し難いと認定したが、それは死刑を回避させる特に酌量すべき事情とまではいえない、とした。また、第2次控訴審になって被告人が殺意を否定する等の新供述を行ったことを捉えて、被告人が当審公判で虚偽の弁解を弄したことは、改善更生の可能性を皆無にするものではないとしても、これを大きく減殺する事情といわなければならないと評価した。

　第2次上告審には、この精神的未成熟性に関する判断が十分であるか、仮に新供述が虚偽であるとしてもそれが改善更生の可能性を大きく減殺するという推論が適切なのかについて、応えることが期待されていた。ところがこの点に関する判示は、「更生の可能性もないとはいえない」との一言のみであった。これでは、更生の可能性はかなりの程度存在するが特に酌量すべき事情とまではいえないのか、それとも第2次控訴審のいう大きく減殺された状態を指しているのか判然とせず、極めて曖昧な表現である。この点で多数意見は、社会の期待を大きく裏切るものといわざるを得ないように思われる。

(6) 精神的未成熟性と死刑

　多数意見に代わり、第1次上告審から課された課題に応えようとしたのが、反対意見と補足意見である。

(a) 少年法51条問題

　まず、両意見及び多数意見における少年法51条の理解について確認して

おく。

　補足意見と反対意見は、判例が実質的に18歳未満と同視できる少年に対して少年法51条を準用する可能性を認めているかについて、鋭く対立している[20]。対立点は、永山事件判決が「被告人の精神的成熟度が18歳未満の少年と同視し得ることなどの証拠上明らかではない事実を前提として本件に少年法51条の精神を及ぼすべきであるとする原判決は首肯し難い」と述べた趣旨、及び本件第1次上告審判決が「被告人が犯行時18歳になって間もない少年であったことは、死刑を回避すべき決定的な事情であるとまではいえ」ないと述べた趣旨をどう理解するかにあり、これまでも両様の理解が示されてきた。

　しかし本判決多数意見はこの点に言及していない。これは、事実認定の問題として、犯行時の被告人の精神的成熟度を18歳未満と同視することはできないという心証を得たため、51条準用の可否という問題について判断を示す必要がなかったためと見られる。その認定の是非は当然問題となるが、ともかくも判例上、少年法51条に関する解釈問題はなお未決着であることを確認しておきたい。

(b) 反対意見の検討

　反対意見は、第1に精神的成熟度が少なくとも18歳を相当程度下回っている場合は死刑を回避するに足りる特に酌量すべき事情に当たるとした上で、本件では著しい精神的未成熟をうかがわせる証拠があり、さらに審理を尽くすために再び差し戻すべきとする。

　注意すべきなのは、これは少年法51条を年長少年に準用する議論ではない点である。準用論では、実質的に見て18歳と同視できるかを判断することになるが、反対意見は、精神的成熟度が相当程度低いかという、要するに実質的にみて少年法が典型的に想定している少年に当てはまる場合かという基準で考えようとしているように見える。こうした51条を経由しない立

20　ただし、後述するように、反対意見は結論としては、精神的成熟度が18歳を相当程度下回っている場合に死刑が回避されるとしており、準用論には立っていない。

論は、憲法から直接に導かれるもののように思われる。アメリカ法における判例の展開を見ても分かる通り、死刑をどう適用するかという問題は、少年法の解釈としてではなく、究極的には憲法との関係で決めるべきことである。

ただし、反対意見は憲法論を展開することは回避している。立論の根拠としては、永山事件判決が51条準用論を否定していないこと、国連の北京ルールズが各国で少年とされる者への死刑禁止を求めていること、刑法41条が14歳未満の刑事責任能力を否定していること、少年法20条2項が原則逆送を16歳以上に限っていることをあげているが、法的な根拠としてやや弱いのは否めない。北京ルールズには法的拘束力はなく、永山事件判決は、準用を否定しているようにも肯定しているようにもどちらとも読める。刑法や少年法の規定というのは、まさに一律に年齢で区切る形式的な規定なので、実質論の根拠としてはやや弱い。反対意見の立論を突き詰めるためには、憲法論が必要だったように思われる。

次に2点目として、反対意見は、本件は専門的科学的解明の必要性がある事件であり、鑑定には相応の説得性があると指摘している。しかも反対意見は、被告人の弁解、新供述の内容が不合理だと指摘しつつ、人間的成長が母親の自殺を目撃した時点で停滞しており、その状態で教育的な働き掛けを受けることなく長期間拘置されていることを思えば、そのことをもって原審のように反社会性の増進と評価するのは酷である、と述べている。注目すべきは、そのような中でも適切な処遇を受ければ成長するかもしれないし、進んで教誨を受けるなど次第に事実を受け入れつつあるという面があるのだからそこを見るべきだ、といういい方をしていることである。

反対意見においては、科学的な審理をきちんと尽くすという手続の適正さが保障されなかったことによって、どのくらいの処分が相応しいかという内容面での評価が不十分となってしまったのであるから、もう一度もっと審理を尽くさなければならない、という論理が展開されているように思われる。それ自体は正当なことだと思われる。ただし手続保障を十分に尽くせば、そのこと自体が成長発達を促していくことになる、という視点[21]までは入って

---

21 これについては、本庄武「少年刑事事件における、憲法上の権利としての手続的・実体的デュー・プロ

いないところに、反対意見の限界がある。

3点目として反対意見は、補足意見でいわれたことへの対応として、精神的成熟度というのは当然に犯行自体や犯行後の行動の評価も変わる可能性があるのだと指摘している。この点は補足意見の検討においてまとめて言及する。

(c) 補足意見の検討
　それに対して補足意見は以下のように述べる。第1に、第2次控訴審は被告人の精神的成熟度について証拠を取り調べた上で、鑑定の信用性を否定したが、審理を怠ったとはいえない。第2に、精神的成熟度が18歳を相当程度下回っているかを判断するためには、18歳程度の精神的成熟度はどの程度かを明らかにする必要があるが、そのような判断が可能か疑問である。第3に、精神的成熟度は犯情ではなく一般情状に位置づけられるべき要素であり、そのような観点から量刑に関する判断・審査を行った原審に、審理不尽の違法があるということはできない。

　しかし、第2点について、反対意見は、被告人が実質的に見て成人と同様の刑事責任を負うことのできないほどに未成熟の存在であるかどうかを問うているのであり、18歳の精神的成熟度が確定可能かという補足意見の反論は妥当しない。反対意見が指摘するように、精神的に未成熟であれば状況に応じて冷静に行動することが難しく、また人格が固定化していないが故に周囲から影響を受けやすい。その状態で、不合理な価値判断の下に極端な行動に走ってしまうことがある。それが(必ず刑が減軽される)限定責任能力のレベルに達していなくても、少なくとも死刑に値する「最悪」の犯罪を犯したという評価を免れる程度に責任が低下している場合はあり得る。また犯行時の被告人の内面を問題にしているのであるから当然に犯情の評価は変化する。これらの帰結は、極論すれば、少年法の死刑禁止規定がなかったとしても妥当するものであろう。

セス」水谷規男ほか(編)『刑事法における人権の諸相—福田雅章先生古稀祝賀論文集』(成文堂、2010年) 227頁以下【本書第1章】を参照。

そして、第1点目について、その成熟性の低さが適切な生育環境の中で成長発達の支援を受けなかった故に生じているのだとすると、そういった支援が提供されれば、なお成熟を遂げ、犯した罪と向き合いながら改善更生を果たしていくことも期待できる。その可能性を見極めるために本件は差し戻されたのであるから、第2次控訴審は提出された鑑定結果を真摯に評価し、仮にそれが信用に値しないものであったのであれば、さらなる調査を実施すべきであった。それが行われていない以上、反対意見が述べるように、本件の審理不尽状態はなお解消されていない。
　第3点目については、精神的成熟性の程度というものは確かに成長発達の可能性という、一般情状に関わる要素である。しかし同時に犯行時の動機形成過程、心理状態にも影響するはずであり、犯情にも属する。この点についての補足意見の理解には問題があり、反対意見の理解が適切だと思われる。

(7) 判決が明らかにしたものとは

　以上のように、本件ではなお審理を尽くす必要があったにもかかわらず、第2次上告審は十分な説明もなしに死刑を確定させてしまった。少年事件に相応しい審理を十分に保障しなかった点で差戻しの趣旨に適わず、新たに死刑適用基準を巡る混乱を招いた点で、死刑事件としてみた場合も問題がある。
　結局、第2次上告審判決が逆説的に明らかにしたのは、本件がなぜ死刑かは説明し得ないということではないか。判決書から読み取れないその真の理由とは何か。強いことは当然であるが必ずしも強く表出されるとは限らない被害者遺族の処罰感情や、報道の仕方に強く左右される世論といった、犯罪自体に内在しない事情ではないことを願わずにはいられない。

第16章 ケース研究④

石巻事件第一審判決
（仙台地判2010（平22）・11・25裁判所ウェブサイト）

1 早期の死刑判決

　石巻事件は2010年2月に発生した事件である。裁判所の認定によれば、当時18歳7か月の少年が、元交際相手である被害者の態度に腹を立てて2日間にわたって暴行を加えて傷害を負わせたという傷害事件（第1事実）、被告人から被害者を引き離して守ろうとした被害者の姉やその友人男性、被害者の友人をそれぞれ殺意をもって牛刀で突き刺し、被害者姉や被害者友人を殺害し、被害男性には重傷を負わせたが、殺害目的を遂げなかったという殺人、殺人未遂事件（第2事実）、その後、被害者を無理矢理連れ帰ろうとして、被害者の足を牛刀で切り付けて、連れ出したという未成年者略取、傷害事件（第3事実）、第2事実及び第3事実の際、正当な理由なく刃の長さ約18cmの牛刀1刀を携帯したという銃砲刀剣類所持等取締法違反事件（第4事実）からなっている。これに対し仙台地方裁判所は、2010年11月15日～19日の5日間連続の公判を経て同25日に死刑を言い渡した。

　この裁判員裁判は、事件発生からさほど時が経過しておらず、従って少年自身が事件のことを冷静に見つめ直すことが困難な時期に、しかも短期間で行われた。死刑を科すべきか否かの判断は慎重の上にも慎重に行われなければならず、まして死刑判断に慣れていない裁判員が判断者となる以上、より一層の慎重さが必要である。しかも被告人が特有の配慮を要する少年であれば、考え得る限りで最高度の慎重さが要求されるはずである。にもかかわらず今回の裁判は外形上、拙速さを疑わせるものであった。そして、実質的にも慎重な判断がなされたかにつき重大な疑問のある裁判であった。

2　いかなる基準に従って死刑が下されたのか
(1) 永山事件判決の二つの含意
　死刑の適用は、犯行時19歳の少年がけん銃を用いて4名の被害者を射殺するなどした永山事件において最高裁が示したいわゆる永山基準に従って行うというのが判例である。この事件で最高裁は「犯行の罪質、動機、態様ことに殺害の手段方法の執拗性・残虐性、結果の重大性ことに殺害された被害者の数、遺族の被害感情、社会的影響、犯人の年齢、前科、犯行後の情状等各般の情状を併せ考察したとき、その罪責が誠に重大であって、罪刑の均衡の見地からも一般予防の見地からも極刑がやむをえないと認められる場合には、死刑の選択も許される」と述べていた（最判1983（昭58）・7・8刑集37巻6号609頁）。この判断は判例として裁判員をも拘束する。

　この中でまず注目されるのは被告人に有利な事情を含め、罪質等の各情状要素を丹念に検討することを求めている点である。これらの要素は死刑事件でなくても通常問題になるものであるが、死刑事件では検討を義務的にした点に永山基準の意義が認められる。とりわけ迅速審理が強調される裁判員裁判においても、この要請が働くことには大きな意味がある。

　しかしこれは判断の際に考慮するポイントではあっても死刑適用の「基準」ではない。「基準」としての永山事件判決の意義は、罪刑均衡と一般予防の二つの観点からして死刑が「やむを得ない」と認められる場合でなければならず、かつその場合でも死刑選択が「許される」にとどまり、被告人の改善更生の可能性を考慮してなお死刑を回避する余地があるとした部分にあると見るべきであろう。その上で永山事件判決は、被告人に不利な事情と有利な事情を総合的に評価して死刑を適用すべきかを決している。総合評価基準は不可避的に不明確さを伴うが、死刑適用を極めて謙抑的に行うことにより、少なくとも死刑の過剰適用は避けるという形で問題を緩和したのがこの判決だと理解することができる。実際に永山事件判決以降、死刑の適用は基本的には謙抑的に行われてきたといってよい。

(2)光市事件判決の原則・例外基準

　ところが、最高裁は犯行時18歳の少年が主婦とその幼児を殺害したいわゆる光市事件において、永山基準の引用部分の最後を「死刑の選択をするほかない」とわざわざ言い換えた上で、当該事件について「被告人の罪責は誠に重大であって、特に酌量すべき事情がない限り、死刑の選択をするほかないものといわざるを得ない」とする判断基準を示した（最判2006（平18）・6・20判時1941号38頁）。これは例外的に死刑を回避すべき事情がない限り原則として死刑を科すというもので（原則・例外基準）、永山事件判決が示した死刑をできる限り謙抑的に適用しようとする考え方に反するといわざるを得ない。しかもこの考え方のもとでは個々の減軽事由毎に特に酌量すべきかが問われるため、単独で強力な減軽事由でなければ考慮されないこととなり、かつ複数の減軽事由を総合的に考慮して死刑を回避する余地がなくなってしまう。さらに死刑求刑の可能性のある事件では慎重な審理が求められるはずであるにもかかわらず、特に酌量すべき事情になる可能性のない事情は審理する必要がないと判断され、構造的に審理が不十分になるおそれを内包する。

　このように原則・例外基準は総合評価基準とは異なる帰結をもたらすと考えられるにもかかわらず、光市事件判決は判例としての永山事件判決を変更するものでないばかりか、同判決を明示的に引用している。従って、永山基準はなお生きており、原則・例外基準はその下位基準の一つとして理解されていることになる。ところが同判決はいかなる場合にこの基準が適用されるかを明示していない。実際に最高裁自身も同判決以降も従来型の総合評価基準に従った判断を繰り返している。また最高裁判例の中には総合評価基準に従って原審の無期懲役判断を支持する法廷意見に対し、原則・例外基準を用いて死刑に処すべきとの反対意見が付されているものがあり（最決2008（平20）・2・20判時1999号157頁）、最高裁の中ですらいかなる場合にこの基準を用いるべきかにつき一致がないことが分かる。原則・例外基準は死刑適用を積極化させることで、永山基準においてその謙抑性が緩和していた基準の不明確性を助長させるだけでなく、この基準を適用すべき事案かどうかの判断が曖昧であることでより一層死刑適用基準を不明確にする。また被告人に有利な情状要素の丹念な検討を行われにくくする。実質的には永山基準に反

した基準であり、用いるべきではないと思われる。

(3)石巻事件での死刑適用基準

　本判決は、「最高裁判所がいわゆる永山判決で示した死刑選択の基準に従って、……諸般の情状を考察する」とするのみで、適用基準について具体的に述べていない。しかしながら、最終的に、「被告人の罪責は誠に重大であって、被告人なりの反省など被告人に有利な諸事情を最大限考慮しても、極刑を回避すべき事情があるとは評価できず、罪刑均衡の見地からも、一般予防の見地からも、被告人については、極刑をもって臨むほかない」と述べていることから、原則・例外基準を用いたものと見られる。

　そしてこの基準の採用は、以下のように被告人に有利な事情の評価の余地を狭めている。①本判決は綿密に計画された犯行ではなく、計画に稚拙な側面があると指摘するが、それは酌量すべき事情としては考慮されていない。②犯行は被害者に対する愛情から引き起こされたとの弁護人の主張に対し、被告人の被害者に対する感情は支配的なものであって愛情とは評価できず、仮に愛情と評価したとしても、それが犯行を正当化する理由には到底ならず、被告人にとって有利に考慮することはできないとしている。しかし、支配的感情と愛情は両立し得るものであろうし、犯行を正当化できなければ考慮できないわけではないだろう。③被告人の反省の言葉は表面的であると指摘する中で、被害男性や被害者遺族らに対して手紙を送付したのは1回にとどまり、被害男性らの精神的苦痛を和らげるに足りる謝罪をしていない、という不可能を強いるかのような指摘がある。④被告人の不安定な家庭環境や母からの暴力を受けるなどの生い立ちが認められるとしても、本件犯行の残虐さや被害結果の重大さに照らせば、この点を量刑上考慮することは相当でないとして、従来の裁判例で相応に考慮されてきた生い立ちについても考慮しない姿勢を示す。このように酌量すべき事情たり得るためには過剰なまでに高いハードルが設定されている。裁判員裁判で用いられることにより原則・例外基準の弊害は増幅されているように見える。永山基準の各般の情状を丁寧に検討せよとの命題に反しているおそれすらあるだろう。

　原則・例外基準が用いられた理由は、判決文からは明らかではない。検

察官論告はこの基準の採用を主張しており、それに従ったのかもしれないし、裁判官から裁判員に対しこの基準に従って考えるよう説明がなされたのかもしれない。そうだとすると、死刑適用の可否に関して裁判員の思考の自由度が妨げられた可能性がある。あるいは、評議の過程で裁判員を含む裁判体構成員が自覚的にこの基準で判断すべきとの結論に至ったのかもしれない。しかしその場合、この基準は裁判員が従うべき判例として位置づけられるのであろうから、その適用に当たっては裁判官から適用の要件が提示された上で、適用が可能な事案かどうかを裁判員と共に検討するという過程が必要になるはずである。判決においてもその過程が示されるべきであろう。感覚的に重大な事案であるという理由で、結論を大きく異にし得るこの基準を適用すべきではない。いずれにしても本判決の死刑適用基準には問題が残る。

3　少年事件に相応しい審理がなされたのか
(1) 少年の刑事事件に対する少年法の規律と判例

　少年法は51条以下で少年の刑事処分に関する特則を定めている。少年は人格の形成途上にあり、素質や環境に大きく影響されて事件を起こしてしまうことが多い。このため刑事責任の程度は成人よりも類型的に低く評価され得る。またその反面として、少年は可塑性に溢れており、適切な支援を受けることができれば成長発達を遂げ主体的に非行を克服することが期待できる。そのため刑事処分を科す場合でもその弊害を抑制するために、刑事処分は成人に対するものに比して軽減され、また仮釈放などをより柔軟に運用できるようになっているのである。このうち少年法51条1項は、犯行時18歳未満の少年に対して死刑を科すことを禁じる条文である。問題は本件のように18歳以上の年長少年をどのように扱うかである。

　この点に関する判例の動向を見ると、永山事件判決は「被告人を18歳未満の少年と同視することは特段の事情のない限り困難であるように思われる。そうすると、本件犯行が一過性のものであること、被告人の精神的成熟度が18歳未満の少年と同視し得ることなどの証拠上明らかではない事実を前提として本件に少年法51条の精神を及ぼすべきであるとする原判決は首肯し難いものである」と述べていた。この判示からすると、被告人の精神的成

熟度が18歳未満の少年と同視し得る特段の事情があれば、少年法51条を準用して死刑は回避すべきであるということになりそうである。また、光市事件判決は「(少年法51条の)趣旨に徴すれば、被告人が犯行時18歳になって間もない少年であったことは、死刑を選択するかどうかの判断に当たって相当の考慮を払うべき事情であるが、死刑を回避すべき決定的な事情であるとまではいえず、本件犯行の罪質、動機、態様、結果の重大性及び遺族の被害感情等と対比・総合して判断する上で考慮すべき一事情にとどまる」と述べた。この判示も18歳になって間もないという形式的な基準により51条を準用することを否定したにとどまり、精神的成熟度などの実質的な基準により判断した結果、18歳未満と同視できる場合には死刑を回避する余地を認めたと解する余地がある。少なくとも、年長少年も少年法の適用対象であり、また刑事処分に関する特則の根拠は年長少年にも同様に妥当する以上、年長少年に対し死刑適用の可否が問題となる場合は、精神的成熟度や成長発達の可能性を慎重に見極めた上で、かつ成人に対するよりも一層謙抑的に判断しなければならないことが、少年法の規範内容(従って裁判員を拘束する)として導かれるはずである。

　次に、少年法は50条において、少年の刑事事件の審理は9条の趣旨に従って行われなければならないと規定する。この9条は、家庭裁判所で行われる調査官の社会調査が医学、心理学等の専門的智識を活用した科学主義に則ったものでなければならないことを規定したものであるから、検察官送致後の刑事裁判においても科学主義に則った裁判が行われなければならないことになる。そのため従来は家庭裁判所から社会調査の記録が取り寄せられ、審理に活用されてきた(刑訴規則277条参照)。

　しかし裁判員に大量の書類を読み込むことを期待し得ない裁判員裁判では、証拠を厳選し口頭での説明を聞いて理解できる立証が求められている。また社会記録には少年その他の関係者のプライバシーに係る情報が豊富に含まれており、それを公開の法廷に顕出することは躊躇されるところである。そこで裁判所で行われた司法研究において、社会記録の取調べはその結論部分である「調査官の意見」欄を朗読する方法で行うべきと提言された(司法研修所編『難解な法律概念と裁判員裁判』64頁)。それに対して、意見の根拠とな

る具体的な情報なしに適切な判断ができるのかという懸念も表明されていた。

　またこの問題に関して、光市事件判決が「本件において、しん酌するに値する事情といえるのは、被告人が犯行当時18歳になって間もない少年であり、その可塑性から、改善更生の可能性が否定されていないということに帰着するものと思われる」と述べた上で、「本件において死刑の選択を回避するに足りる特に酌量すべき事情があるかどうかにつき更に慎重な審理を尽くさせるため」原判決を破棄差し戻したことが注目される。この判決が、改善更生の可能性が高いことが推定される少年に対しては、その実際の可能性を慎重に見極めなければならないとした点には、少年事件に相応しい審理のあり方が示唆されていた。即ち、少年の成長発達による改善更生の可能性につき徹底して審理せよと求めていたのである。

(2) 本件での審理と判決内容

　本件でも司法研究の方針に従い、検察官が調査官の意見を朗読し、弁護側は社会記録の一部を構成し、少年鑑別所において行われる資質鑑別の結果を記した鑑別結果報告書の結論部分である総合所見を朗読した。証拠調べに要した時間はあわせて30分であったという。

　判決は、被告人の更生可能性について、①実母に対する傷害事件で保護観察処分を受けた前歴や被害者への暴行をエスカレートさせ本件各犯行に及んだことからその犯罪性向が根深いこと、②被害者などへの常習的暴行・本件での残虐な殺傷行為・共犯者に身代わりを命じたこと・犯行後の被害者への言動からは他者への共感が全く欠けておりその異常性やゆがんだ人間性は顕著であること、③公判廷で述べる反省の言葉は表面的であり、不合理な弁解をするなど本件の重大性を十分に認識しているとはいえず、反省には深みがないことなどを指摘して、被告人の更生可能性は著しく低いと評価した。また弁護人が被告人の鑑別結果において矯正の可能性があると判断されている旨主張したのに対し、「弁護人が指摘する鑑別結果の総合所見については、生育環境上の問題に根ざした人格の偏りは大きく、暴力や共感性等の問題は深刻で、その矯正には相当の時間を要するという点に主眼があるというべきであって、他方、矯正可能性を認めた根拠は、被告人の年齢などの抽象的な

ものに過ぎず、当裁判所が認定した上記事実を排斥してまで被告人の矯正可能性を認める根拠にはなりがたい」とした。

(3) 本判決の問題点
　本件では、判決も指摘するように被告人の抱えている問題性は大きく、そのことは不適切な養育環境で育ったことと関連している可能性がある。それだけに科学主義に則ってその要因を解明するとともに、更生可能性を慎重に見極める必要があった。ましてや死刑適用が問題になっているのであるから、精神的成熟度や成長発達の可能性を慎重に審理する必要があった。にもかかわらず判決は、前歴や犯行事実、公判での印象などからの素人的判断により更生可能性は著しく低いと断じ、科学的に評価されたはずの鑑別結果報告書の結論に優越させてしまった。もっとも具体的な事実を捨象した鑑別結果報告書の結論に裁判員は納得できなかったとしても不思議ではなく、元々司法研究報告書の方針に無理があったことが示唆されているということもできる。しかし社会記録の活用が難しいとしても、行動科学の専門家による鑑定等を実施することにより科学主義を実現することは可能であったのである（ただし、それで十分かどうかは別問題である）。本件での審理や判決が少年法や最高裁判例の要請を満たしたものであったとはいい難い。

4　石巻事件が提起するもの
　本件では、少年に死刑を科すべきかという極めて深刻な問題について裁判員に判断をさせるために必要な条件整備を欠いた状態で判決が下されたといわざるを得ない。裁判員制度が試行錯誤を重ねて改良されていくべきものだとしても、そのために人命が犠牲にされることはなんとしても避けなければならない事態である。抜本的改革が早急に求められる。

付　記
　校正時、2014年1月31日に、仙台高裁が被告人からの控訴を棄却し、死刑判決を維持したとの報に接した。判決の当否を検討することが焦眉の急である。

参 考 文 献

　川村百合「一九歳の少年に対する死刑判決を考える」世界814号（2011年）203頁、永田憲史『死刑選択基準の研究』(関西大学出版部、2010年)、原田國男「光市事件上告審判決評釈」慶應法学17号（2010年）137頁、本庄武「光市事件上告審判決評釈」速報判例解説1号（2007年）209頁【本書第13章】、同「光市事件差戻控訴審判決評釈」速報判例解説4号（2009年）145頁【本書第14章】、同「最決平20・2・20評釈」判時2042号（2009年）175頁、同「少年刑事事件における、憲法上の権利としての手続的・実体的デュー・プロセス」『刑事法における人権の諸相―福田雅章先生古稀祝賀論文集』(成文堂、2010年) 227頁【本書第1章】。

終わりに

終章
少年に対する刑事処分のこれから
近時のアメリカ判例法の動向を手がかりに

　本書での考察を終えるに当たり、アメリカ合衆国判例の近時の動向を参照しつつ、少年に対していかに刑事処分を用いるべきかというテーマに関して、今後を展望してみたい。
　第12章で紹介したように、アメリカでは、2005年のローパー判決[1]において犯行時18歳未満の少年に対する死刑適用は違憲と判断されている。しかし少年に対する刑事処分に関わる判例は死刑禁止にとどまらなかった。以下では、それ以降の二つの判決をやや詳細に紹介しておく。

1　グラハム判決
　まず2011年のグラハム判決[2]では、強盗未遂による保護観察中に武装住居侵入強盗を犯した17歳の少年に対し、もはや矯正不能であるから社会防衛に焦点を当てざるを得ないとして、裁判所が仮釈放なしの終身刑を言い渡したのに対し、連邦最高裁は、非殺人事件を犯した少年に仮釈放なしの終身刑を科すのは、残虐で異常な刑罰として憲法修正8条違反であると判示した。その論理は以下のようなものである。
　従来、判例は罪刑均衡が問題となる場合に二つの審査方法を使い分けてきた。第1に、拘禁刑が問題となる場合は、犯罪と量刑との間に厳密な均衡性

---

[1]　Roper v. Simmons, 543 U. S. 551 (2005).

[2]　Graham v. Florida, 560 U. S. 48 (2011).

は要求されず、犯罪と著しく不均衡な極端な量刑のみが禁止される。第2に、死刑事件については、犯罪の性質や犯罪者の属性に着目して、カテゴリカルなルールが定立されてきた。これにより非殺人事件、行為時18歳未満、精神遅滞者について、カテゴリカルに死刑が禁止されている。カテゴリカルなルールを採用する場合、当該量刑実務に反対する国民的合意の有無が考慮されるとともに、裁判所独自の判断により当該処罰が憲法に違反するかどうかが決定される。このように死刑事件かそれ以外かにより判断基準の使い分けがなされていたところ、グラハム判決は、この事件ではある属性を有する犯罪者が一定の犯罪を犯した場合に適用される特定の量刑が問題になっていることを理由に、カテゴリカル・アプローチが適用されるとした。

そこでまず国民的合意の客観的指標が問題になるところ、37州、DC及び連邦が非殺人罪について少年に仮釈放のない終身刑を科すことを認めているが、実際の量刑実務において、殺人を犯していない少年に仮釈放のない終身刑が科されることは極めて稀であり、判決当時この類型に該当する受刑者は11州の123名にとどまる。この人数は、他の修正8条のケースに比して多いものの、母数の多さからすれば、残虐で異常な量刑実務と評価されるほど稀であるといえ、この類型に反対する国民的合意が形成されているといえる。なお、多くの州が少年を刑事裁判所に移送したり訴追したりすることを認め、刑事裁判所では仮釈放のない終身刑を含む成人と同様の刑罰が科されることになっているが、この事実は多くの州が少年に仮釈のない終身刑を科すことを意図していたことを意味しない。

国民的合意は大いに尊重されるべきものではないが、決定的ではない。刑罰が残虐で異常であるかは、裁判所が、罪質と性格に照らした行為者の有責性と処罰の重大性を考慮して自らの責任で決する事柄である。ローパー判決は、少年は①成熟性が欠如し責任感が未発達であること、②同輩を含む周囲の否定的影響や圧力を受けやすいこと、③性格があまり固まっていないことという特徴を有しているが、少年の犯罪が不幸で流動的な未成熟性を反映したものか、稀に存在する修復不可能な堕落を反映したものか、を判別することは専門家でも難しいとして、信頼性のある方法で少年を最悪の犯罪者と分類することはできず、従って少年の犯罪を成人ほどに非難することはできな

いと判示した。最近のデータによっても、この判示を再考する必要はない。心理学や脳科学の発展は、少年と成人の心には基本的な相違が存在することを示し続けており、例えば行動の統制に関わる脳の部分は青年期後期にかけて成熟し続けるとされている。他方で裁判所は殺害を行わず、殺害を認識・予見していない被告人は殺人者ほど最も重い処罰には相応しくないと判示している。そのため成人殺人者に比べて少年の非殺人者は二重の意味で道徳的有責性が低減している。

　次に処罰に関しては、仮釈放のない終身刑は法が認めた2番目に重い刑罰であり、死刑との間でだけ共有している特徴がいくつかある。犯罪者の最も基本的な自由が回復不可能な形で奪われる。この刑罰が少年に適用されると、希望を否定することをも意味する。少年は成人よりも長く、人生の大部分を刑務所で過ごすことになる点で、少年には特に厳しい刑罰となる。さらに当該刑罰の刑罰論上の正当化が出来なければ、性質上犯罪と均衡しなくなるため、刑罰論的考察が必要となるが、以下のように正当化は出来ない。(i)応報に関しては、社会の道徳的激昂の表明であれ、被害者の被った害悪の是正であれ、少年に対しては成人に対するほど強くはなく、非殺人事件ではさらに弱くなるため、2番目に重い刑罰を正当化しない。(ii)抑止に関しては、少年は抑止されにくく、少年の非殺人者の道徳的責任が低減していることからすれば、仮釈放のない終身刑の限られた抑止効果は、著しく不均衡ではないとはいえない。(iii)隔離に関しては、少年が永久に社会にとって危険だと想定するには、少年が矯正不能だと判断することが必要となるが、それは専門家でも難しいことである。(iv)社会復帰に関しては、仮釈放のない終身刑は少年が社会に戻る権利を否定するものであるが、この判断は少年非殺人者が変化の能力を有し、道徳的有責性が低減していることからは適切ではない。また仮釈放のない終身刑となると、しばしば職業訓練等の社会復帰のための支援を受けられなくなる。

　政府が義務づけられるのは、非殺人犯罪で有罪となった少年犯罪者に対して終局的な自由の保障ではなく、成熟と改善を示すことにより釈放を得る有意義な機会を提供することである。修正8条は、非殺人事件を犯した少年に終局的な自由を保障することで、一生涯を刑事施設内で送ることを妨げるわ

けではなく、あくまでも当初の段階で社会に戻る可能性を閉ざすことを禁じているのである。

　こうしたカテゴリカルなルールが必要になるのは、(a)犯行が、回復不能なほど腐敗した少年の性格を徴表するとの主観的判断に基づいて、仮釈放なしの終身刑が言い渡されることや、少数の矯正不能者を多数の変化の能力を有する者から正確に判別されないことを防ぐ必要があり、(b)少年は、成人への不信感や刑事司法についての不十分な理解により刑事手続で弁護人から有効な援助を受けることが難しいことに起因して、裁判官や陪審員が、仮釈放のない終身刑に値するほどの有責性があると誤って判断するおそれがあり、(c)すべての少年に成熟し改善したことを示す機会を与えなければならないためである。

　さらにアメリカが非殺人事件で少年に仮釈放のない終身刑を科している唯一の国であり、国連の子どもの権利条約が犯行時18歳未満の者に仮釈放のない終身刑を科すことを禁じていることから、圧倒的多数の国際世論の反対が窺えることは、違憲という結論の正しさを確認させる。

2　ミラー判決

　次いで2012年のミラー判決[3]では、アーカンソー州とアラバマ州の二人の14歳の少年が、それぞれ死刑相当殺人（Capital Murder）と放火殺人で有罪となり、いずれも必要的最低刑（Mandatory Minimum Punishment）が仮釈放なしの終身刑であったため、裁判所は裁量の余地なくそれを宣告した。これに対し連邦最高裁は、殺人を犯した少年に対し仮釈放なしの終身刑を科すことを義務づける制度は、修正8条違反であるとした。その理由は以下の通りである。

　本件は2種類の先例に関係する。一つは、ある属性を有する行為者の有責性と刑罰の重さが不均衡である場合のカテゴリカルな禁止である。ローパー判決は少年に対する死刑を禁止し、グラハム判決は非殺人事件で少年に仮釈放なしの終身刑を科すことを禁止した。この両判決はまず、子どもは量刑に

3　*Miller v. Alabama*, 132 S. Ct. 2455 (2012).

際して成人とは憲法上異なることを立証している。これは常識だけでなく、科学的知見に裏づけられたものである。また両判決は、若年性という属性は少年に最も峻厳な罰を科すことの刑罰論的正当化を難しくするとも強調している。グラハム判決は仮釈放なしの終身刑の禁止を非殺人事件のみに適用しており、殺人事件との道徳的有責性の差異に注意を払ってはいるが、しかし子どもの流動的な精神的属性や環境への脆弱性についての指摘には、何ら罪種に特化したものはなく、その特徴は同様にかつ同程度に、強盗が失敗し殺害に至った事例にも当てはまる。より基本的なこととして、グラハム判決は若年であるという事情は、仮釈放なしの終身刑の相当性を考えるに当たり重要な事情であるとしている。にもかかわらず、必要的に刑を科せばこの事情を考慮することができなくなり、グラハム判決の基本原理に反することになる。

そしてグラハム判決が少年への仮釈放なしの終身刑を死刑になぞらえたことにより、死刑を科す際に個別的な量刑を要求する第2の先例群を、仮釈放なしの終身刑に関連づけることが可能になった。必要的に仮釈放なしの終身刑を科す制度は、少年の年齢、実行犯か従犯か、家庭環境の悪さといった事情を考慮できず、さらに悪いことに類似の犯罪をした成人と同じ刑を科され、実際は少年にはより重く作用してしまうという事態を招いてしまう。仮釈放なしの終身刑を科す際に若年性を考慮しない場合、不均衡な処罰となるリスクが大き過ぎるため、修正8条は少年に対して必要的に仮釈放なしの終身刑を科すことを禁止する。本件を判断する上ではこの判示で十分であるため、少年に対する仮釈放なしの終身刑のカテゴリカルな禁止の是非については検討を行わない。しかしながら、ローパー判決やグラハム判決が示すように、少年期に、不幸にも流動的な未成熟性故の犯罪を犯した場合と、修復不能なほどに腐敗したが故の犯罪を犯した稀な場合とを判別することは特に困難であるが故に、仮釈放なしの終身刑が少年に適切と判断される状況はめったにないと考えられる。

650グラムのコカイン所持に必要的に仮釈放のない終身刑を科す制度を合憲とした先例[4]は、少年を念頭に置いていないため、本判決と抵触しない。

4　*Harmelin v. Michigan*, 501 U. S. 957 (1991).

この先例が承認したように死刑が特別（death is different）であるならば、子どももまた特別である（children are different too）。社会で最も峻厳な刑罰に関する法律がそうした区別を行うのは驚くべきことではない。
　国民的合意に関しては、29の法域が殺人を犯した少年に対し仮釈放なしの終身刑を必要的に科しているが、本件では一定の刑のカテゴリカルな禁止が問題になっているわけではなく、また本件はローパー判決、グラハム判決と個別化量刑という二つの先例群から直接に導出される帰結であるため、立法の吟味をする必要はない。また、グラハム判決では39法域が非殺人事件で少年に仮釈放なしの終身刑を科しており、ローパー判決等では死刑禁止州が許容州の半分以下であったのに、その刑に反対する国民的合意があったとされており、いずれにせよ本件では国民的合意が肯定できる。さらに、グラハム判決の場合と同様に、多くの州は少年を成人裁判所に移送することを認める制度と一定の犯罪に対し必要的に仮釈放なしの終身刑を科す制度を有しているだけで、少年を念頭に置いた別個の処罰規定を有しておらず、少年に対し必要的に仮釈放なしの終身刑を科すことを意図していたとはいえない。また移送判断が裁量的に行われる場合でも、個別化量刑としては十分ではない。というのも、移送段階では、典型的には少年自身や犯行状況については限られた情報しかなく、また少年として軽く処罰するか成人として重く処罰するかが争点となっており、仮釈放のない終身刑が念頭にない場合も容易に想像できるためである。

3　両判決の意義

　以上見てきたように、グラハム判決は死刑だけが特別に厳格な均衡性審査に付されるという長きに亘る伝統を打破した。ミラー判決は「少年も特別だ」と明言することにより、少年に対する刑事処分は、独自の原理により規律されなければならないことを示している。
　次に、グラハム判決は、国民的合意に関して、実際に非殺人事件で仮釈放のない終身刑を科されている少年が稀ではないにもかかわらず、賦科の比率を問題にすることによりその稀少性を論証している。これは成熟社会の品位の基準を適用するに当たり、世論の占める地位がローパー判決よりもさらに

一層後退し、経験科学により裏づけられた裁判所独自の判断がより前面に出たことを意味する。またミラー判決では、29の法域が認めている制度について、グラハム判決が問題にした39の法域よりも少ないことを理由に、当該制度に反対する国民的合意の存在を肯定する。しかしながらグラハム判決で重視された、当該刑が実際に賦科された件数は、量刑判断者の裁量を剥奪する必要的に刑を科す制度の場合、必然的に多くなるところ、ミラー判決ではその点は単に殺人を行った少年の数を示すのみであるとして軽視されている[5]。立法者が量刑判断者の裁量を剥奪する判断をしたことも一つの民主的正統性を有する決定であると見る余地もあるところ、敢えてこうした立論が行われている点で、世論というメルクマールが占める地位はグラハム判決に比べても一層後退したと評価できよう。

　第3に、グラハム判決はローパー判決を引き継いで、経験科学の知見を重視している。とりわけローパー判決には見られなかった、脳科学への明示的言及がなされている点が注目される。脳科学については、未だ発展途上の科学であり、過剰に重視すべきではないとの強い批判が学説上提起されており[6]、その批判は正当であると思われるものの、判例はあくまで脳科学を単独で用いているわけでなく、心理学的に実証された知見の裏づけとして脳の発展に関する現段階の知見を援用しているのであるから、そうした副次的な使われ方である限り、脳科学を援用することも許されるのではないだろうか。なおミラー判決は、ローパー判決とグラハム判決の結論を支持する科学的知見は遥かに強化された、との評価を加えている[7]。

　ただし、ローパー、グラハム、ミラーと続いた少年に対する刑事処分に関わる判例の射程がどこまで及ぶのかは、なお未知数である。当面の問題は、殺人を犯した少年に対する仮釈放のない終身刑がカテゴリカルに禁止されるか、というミラー判決が保留した問題である。ミラー判決が敢えて必

5　*Miller, 132 S. Ct. 2455, 2472.*

6　Terry A. Maroney, Adolescent Brain Science After *GRAHAM v. FLORIDA*, 86 Notre Dame L. Rev. 765 (2011), Stephen J. Morse, *Brain Overclaim Redux*, 31 Law & Ineq. 509 (2013).

7　*Miller, 132 S. Ct. 2455, 2465.*

要的な賦科のみを禁じたのは、少年に対する仮釈放のない終身刑賦科に反対する国民的合意はなお成立していないと見たためかもしれない。それに代えて、問題を必要的賦科の是非に限定することで、国民的合意の有無を判断する際に、少年に対する仮釈放のない終身刑の実際の適用状況を問題にせずに済んだ。しかし、それにより判例は深刻な矛盾を抱え込むことになってしまった。ローパー判決、グラハム判決はいずれも少年期において、十分に成熟し最も重い刑罰が相当な少数の少年犯罪者と、それ以外の有責性が低減した大部分の少年犯罪者を的確に判別することは専門家にとってすら難しい、ということをカテゴリカルなルールを設定する根拠としていた。ところがミラー判決は、それと矛盾する個別的な審査による対応という道を選択し、判別困難性は仮釈放のない終身刑が少年に科されることは「めったにない(uncommon)」という予測の根拠としてしか用いていない。そして、「われわれは殺人事件での量刑判断者の判断能力に制約を付すことはしないものの、子どもがどう特別なのか、その特別さが取返しのつかない形で終身刑を量定することに対していかなる忠告を行うのかを考慮することを求めるものである」と述べるのである[8]。

しかし個別的な考慮により、真に当該刑に値する者の正確な判別がなされ、結果として、当該刑の賦科が「めったにない」、という状態が確保され得るのであれば、そもそも量刑の個別化を求める先例群とは別に、カテゴリカルな禁止を宣言する先例群は生まれなかったはずである。また、ローパー判決は、少年犯罪に特有に野蛮さや冷酷さが少年の未成熟さ等に基づく刑の減軽の主張から目を奪い、むしろ刑を加重する事情と評価されるおそれがあることをも、カテゴリカルな死刑禁止の理由としていた[9]。ミラー判決はこの点に言及していないが、同様のことは、仮釈放のない終身刑を量定する際にも妥当するであろう。またミラー判決自身、少年の特性に関するグラハム判決の指摘は殺人の事例にも妥当すると述べている。今後、少年に対する仮釈放のな

---

8 *Miller*, 132 S. Ct. 2455, 2469.

9 *Roper*, 543 U.S. 551, 573.

い終身刑が一律に禁止される可能性はあるだろう[10]。

「少年は特別だ」という理念が、仮釈放のない終身刑を超えてどこまで及ぶかについて、学説は様々な主張を行っている。終身刑以外に必要的最低刑として拘禁刑が予定されている犯罪については見直しを免れないとして射程を比較的狭く解する見解もあるが[11]、相対的に有力に思えるのは、少年の有責性が低減しているということを根拠に、少年に対する刑事処分一般が成人に対するものより軽減されなければならないとの主張である[12]。また少年裁判所から刑事裁判所への移送制度自体が見直しの対象になるとの見解も提出されている[13]。さらにアメリカのいくつかの州では、少年裁判所からの必要的移送を廃止したり、年少少年の移送を禁止する、少年に対する仮釈放のない終身刑を完全に廃止するなど行き過ぎた少年に対する厳罰化を是正するための法改正が実現している[14]。いずれにしても、今後ともアメリカ法の動向に注意を払う必要があると思われる。

4　日本法への示唆

それでは日本法はこうしたアメリカ法の近時の動向から何を汲み取るべきだろうか。第1に、現在アメリカで生じているのは、過剰なまでに行き過ぎた厳罰化を緩和する措置であり、厳罰化が行われたもののなお少年法の理念と整合する範囲内に収められている日本は事情が異なるとのスタンスが考えられる。確かに、グラハム判決の事案に対し日本で無期刑が科されることは考えにくいし、少年に対し必要的な刑として無期刑を言い渡す制度は存在し

10　James Donald Moorehead, *What Rough Beast Awaits? Graham, Miller, and the Supreme Court's Seemingly Inevitable Slouch towards Complete Abolition of Juvenile Life Without Parole*, 46 Ind. L. Rev. 671 (2013).

11　Martin Guggenheim, *Graham v. Florida and a Juvenile's Right to Age-Appropriate Sentencing*, 47 Harv. C.R.-C.L. L. Rev. 457 (2012).

12　Barry C. Feld, *Adolescent Criminal Responsibility, Proportionality, and Sentencing Policy: Roper, Graham, Miller/Jackson, and the Youth Discount*, 31 Law & Ineq. 263 (2013).

13　Neelum Arya, *Using Graham v. Florida to Challenge Juvenile Transfer Laws*, 71 La. L. Rev. 99 (2010).

14　Elizabeth S. Scott, *Miller v. Alabama and the (Past and) Future of Juvenile Crime Regulation*, 31 Law & Ineq. 535 (2013).

ない。そもそもアメリカ法では、少年の刑事裁判所への訴追にしても、量刑にしても、裁判官の裁量を制約する方向でなされた改革が弊害を有していたために揺り戻しが生じているのに対し、日本法の下では原則逆則についてもなお裁判官の裁量を温存しているし、刑事処分についての厳罰化は裁判官の裁量を拡大する形で行われているため、弊害は生じず、むしろ従来不当に寛大な処分しか科せなかったものが適正化されたに過ぎない、という見方もあり得る。

しかしながら、どういった犯罪にどの程度の刑を科すかは、その国の社会的経済的政治的情勢により様々であり、日本の方がアメリカより処分が寛大であるからアメリカに学ぶ必要はない、とは直ちにはならないと思われる。重要なのは厳罰化抑制という改革の方向性であり、少年の有責性の低減という改革を規定する理念であろう。そしてこの理念は、アメリカの判例法の射程がどう画されるかにかかわらず、理論上明らかに、少年に対する刑事処分一般の見直しの根拠となり得るものである。

日本では、2000年時点で厳罰化を求める圧倒的な世論を背景として原則逆送制度を始めとする厳罰化のための少年法改正を実施し、少年犯罪が激減し、厳罰化を求める世論も一時期の勢いを失っているようにみえる2013年段階においても、なお被害者団体の意向を重視する形で、少年刑の上限が引き上げられようとしている。日本法は、世論の動向を重視し過ぎているのではないだろうか。アメリカでは、世論動向よりも経験科学の動向を踏まえ、少年の有責性が低減しているとの裁判所自身の判断の方が重視されるようになってきている。日本においても、少年の有責性の程度が成人とは異なるのだという経験科学の知見を取り入れることにより、少年法の理念と整合的な形で改革を進める方向に舵を切るべきではないか。

ところが、反対に裁判員裁判導入以後は、専門性・科学性を重視する少年法の理念とは逆行する形で、市民感覚による量刑判断がもてはやされている。さしあたりはそれにくさびを打ち込む形で、少年の特性を分かりやすく提示する鑑定を裁判員裁判に積極的に導入すべきである。

より根本的には、少年法の理念を忠実に反映した立法や法の適用を行うべきであろう。即ち、成長発達途上にある少年の有責性は成人より低減してい

るため、処罰は成人より軽くなければならない。しかも、成長発達に伴って、非行性を克服していくことが現実的に期待できるため、少年に対する処罰は成人刑の一等を減ずれば足りるといったものではない。それならば刑法の酌量減軽規定で十分に対応できるであろう。そうではなく、拘禁の弊害を最小化する措置を伴い、なるべく早期に社会に復帰する制度の構築及び運用が必要となる。裁判員に対しても、少年に対する刑事処分の場合、応報の内容、及び応報と社会復帰という刑罰目的の序列が成人の場合とは異なるものであるため、少年刑は独自の制度として構築されていることの説明がされなければならない。

　また、量刑評議に関するに関する司法研究報告書が、死刑事件に関して先例との比較を重視し、通常の量刑に比して、裁判員の常識的判断を劣後させており[15]、かつ「少年も特別だ」ということになるならば、少年事件についても、先例との比較が重視されなければならないことになる。犯情を中心とした責任評価において、先例には見られない重い評価を行うことは避けられなければならない。特に、裁判所が罪責を評価する上で不定期刑では十分でないと考えた場合、結論先取り的に無期刑を処断刑として選択した上で10年以上の定期刑を宣告することがあり得るが、こうした重い刑を宣告する前提として、同種事案が成人により行われた場合、無期刑が宣告されていることが確認されなければならない。

　さらには刑事処分が少年に対し類型的に不利益に作用することからは、逆送決定・55条移送決定の際も、少なくとも徹底した個別事情の考慮が行われなければならず、一定の犯罪について原則逆送とするような制度は再考されなければならないだろう。

15　司法研修所（編）『裁判員裁判における量刑評議の在り方について』（法曹会、2012年）106頁。なおアメリカ法でも類似の考え方が採られていることについて、本庄武「死刑事件の上訴審における審査のあり方——アメリカ法における比較均衡審査を参考に」『人権の刑事法学—村井敏邦先生古稀記念論文集』（日本評論社、2011年）720頁以下を参照。

著者略歴

本庄　武（ほんじょう・たけし）

1972年　福岡県生まれ
1996年　一橋大学法学部卒業
2001年　一橋大学大学院法学研究科博士後期課程修了
2002年　一橋大学大学院法学研究科専任講師
2007年　一橋大学大学院法学研究科准教授

少年に対する刑事処分

2014年3月28日　第1版第1刷発行

著　者　本庄　武
発行人　成澤壽信
編集人　桑山亜也
発行所　株式会社 現代人文社
　　　　〒160-0004 東京都新宿区四谷 2-10 八ッ橋ビル 7 階
　　　　Tel 03-5379-0307（代）　Fax 03-5379-5388
　　　　E-mail henshu@genjin.jp（編集）　hanbai@genjin.jp（販売）
　　　　Web http://www.genjin.jp
　　　　郵便振替口座　00130-3-52366
発売所　株式会社 大学図書
印刷所　株式会社 ミツワ
ブックデザイン　Nakaguro Graph（黒瀬章夫）

検印省略　Printed in JAPAN
ISBN 978-4-87798-577-6 C3032
©2014 by Takeshi HONJO

本書の一部あるいは全部を無断で複写・転載・転訳載などをすること、または磁気媒体等に入力することは、法律で認められた場合を除き、著作者および出版者の権利の侵害となりますので、これらの行為をする場合には、あらかじめ小社または編著者宛に承諾を求めてください。